Beck'sche Reihe
BsR 334

„Während die anderen Mütter zu Hause sind, Plätzchen bakken und dem Seelenleben ihrer Kinder Anregungen geben, lungert das arme fremdbetreute Kind in einer Ecke herum, bis Mami von der Arbeit kommt. Von solchen Bildern leben die Märchen über Tagesbetreuung." Sandra Scarr hält nichts von derartigen Vorurteilen – und sie zeigt auch warum. Ein Handbuch zu allen Aspekten der Kinderbetreuung, das Eltern ermutigt dafür einzutreten, daß Kindern und ihren Bedürfnissen in unserer Gesellschaft mehr Aufmerksamkeit zuteil wird.

Sandra Scarr, selbst Mutter von vier Kindern, ist Professorin für Entwicklungspsychologie an der University of Virginia (USA).

SANDRA SCARR

Wenn Mütter arbeiten

Wie Kinder und Beruf sich verbinden lassen

Zweite, aktualisierte Auflage

mit vollständigem Text des Bundeserziehungsgeldgesetzes
in der Fassung vom 25. Juli 1989

VERLAG C.H.BECK MÜNCHEN

Aus dem Amerikanischen übersetzt von Vivian Weigert. Der Text wurde dort geringfügig gekürzt, wo auf die amerikanische Rechtslage Bezug genommen wurde (Kap. 1, 2 und Kap. 10). Den Anhang zur Bundesrepublik schrieb Dagmar Schweizer, zu Österreich Inge Rowhani-Ennemoser.
Titel der amerikanischen Originalausgabe: Sandra Scarr: Mother Care, Other Care. © Basic Books, New York, 1984

CIP-Kurztitelaufnahme der Deutschen Bibliothek

Scarr, Sandra:
Wenn Mütter arbeiten: wie Kinder u. Beruf sich verbinden lassen / Sandra Scarr. [Aus d. Amerikan. übers. von Vivian Weigert. Den Anh. zur Bundesrepublik schrieb Dagmar Schweizer, zu Österreich Inge Rowhani-Ennemoser]. – 3., aktualisierte Aufl. – München : Beck, 1990
(Beck'sche Reihe ; 334)
Einheitssacht.: Mother care other care ⟨dt.⟩
ISBN 3 406 32310 3
NE: GT

ISBN 3 406 32310 3

3., aktualisierte Auflage 1990
Umschlagentwurf und Umschlagbild: Uwe Göbel, München
Für die deutsche Ausgabe:

Gesamtherstellung: Appl, Wemding
Printed in Germany

Inhalt

Vorwort

Dieses Buch hat sowohl persönliche als auch berufliche Wurzeln. Ursprünglich plante ich, eine wissenschaftliche Monographie über Kinderbetreuung zu verfassen, die sich auf Forschungsergebnisse – auf meine eigenen wie auf andere – über die Auswirkungen von guter und schlechter Fremdbetreuung auf Babys und Kleinkinder stützen sollte. Je mehr ich mich jedoch mit der Forschung über Kinderbetreuung befaßte, desto dringlicher schien es mir, das Thema zu erweitern. Mir wurde zunehmend klar, wie sehr dieses Thema in die breitere Problematik von Mutterschaft und Kinderbetreuung in der Industriegesellschaft des zwanzigsten Jahrhunderts eingebettet war. Meine eigenen Erfahrungen als Frau in der Männerwelt einer Universitätsprofessorenschaft haben mich für den legitimen Anspruch berufstätiger Frauen auf zuverlässige Kinderbetreuung sensibilisiert. Das Nachdenken über Kinderbetreuung hat mir meine eigenen tiefen Gefühle bewußt gemacht.

Mehr als zwanzig Jahre eigene Forschungstätigkeit auf dem Gebiet der Kindesentwicklung haben mich zu der Frage geführt, welche Arten von Betreuung Kindern *wirklich* guttun und welche Interaktionen hilfreich für sie sind. Bedingt durch mein spezielles Interesse für Evolution und Genetik habe ich die menschliche Entwicklung als ein natürliches Fortschreiten von der Kindheit bis ins Erwachsenenalter gesehen, das von Erfahrungen zwar beeinflußt, aber nicht gänzlich von ihnen strukturiert wird. Gerade Kinder halte ich für biologisch starke Individuen, deren Entwicklung durch das Wechselspiel von biologischen Vorgängen und Erfahrungen bestimmt wird, und die in einem weiten Spektrum von Lebenssituationen gut gedeihen können. Eltern spielen deshalb eine ausschlaggebende, aber nicht ausschließliche Rolle in der Entwicklung ihrer Kinder. Babys würden einfach nicht im Alter von zwei Monaten nur deshalb zu sprechen beginnen, weil zu ihnen gesprochen wird. Sie sind nicht reif genug, um aus dieser Erfahrung zu lernen (obwohl andere soziale Fähigkeiten gefördert werden, wenn man mit ihnen spricht). Im Gegensatz dazu ist es *notwendig* für die Sprachentwicklung, daß man mit ihnen spricht, wenn sie zwölf Monate alt sind; ohne diesen Austausch sind Kinder nicht in der Lage, eine Sprache zu lernen. Die Bedingungen, die notwendig und ausreichend sind, damit solche Erfahrungen gemacht werden können, die für die Entwicklung erforderlich sind, wurden deshalb zum Hauptgegenstand dieses Buches.

Die Entwicklungsgeschichte der Kinderbetreuung und ihre derzeitigen Praktiken sind ein weiteres Thema dieses Buches. Unsere heutige Betonung der „Bemutterung" (im Gegensatz zur „Bevaterung" oder Betreuung durch andere) kam mir viele Jahre lang seltsam vor. In der Vorstellung anderer Kulturen und unserer eigenen Kultur zu anderen Zeiten waren Mütter nicht von derartig ausschließlicher Wichtigkeit für die Entwicklung ihrer Kinder. Warum dann heute? Die Frage veranlaßte mich zu verfolgen, wie sich unsere Vorstellungen über die Mutterrolle und die kindlichen Bedürfnisse entwickelt haben – ein Ausflug in die Entwicklungsgeschichte unserer Gesellschaft, den die Leser hoffentlich genauso faszinierend finden werden wie ich.

Dieses Buch über Mutterschaft und Kinderbetreuung gründet sich außerdem auf mein beständiges berufliches und persönliches Interesse an Frauen und Kindern. Ich hoffe, daß Informationen über Mütter, Kinder und Kinderbetreuung jungen Eltern heute helfen werden, bessere Entscheidungen für ihr Familienleben und ihre Berufslaufbahn zu treffen. Es *gibt* Möglichkeiten, die scheinbaren Gegensätze von Karriere und Familienleben zu verbinden. Außerdem sind bestimmte soziale Veränderungen notwendig, um der Alltagsrealität arbeitender Eltern in den 80er Jahren gerecht zu werden. Seltsam, wie unsere Gesellschaft kategorische Ansichten über das Wohl und Wehe der Familien aufrechterhält, ohne auf die wirklichen

Verhältnisse vieler Eltern und Kinder einzugehen. Dieses Buch will dabei helfen, unser schiefes Bild geradezurücken.

Beim Reflektieren meiner Erfahrungen als arbeitende Mutter hat sich – während der Arbeit an diesem Buch – meine Wahrnehmung von mir selbst in dieser Rolle verändert. So wie die paar anderen Mütter, die arbeiteten, arbeitete auch ich trotz ungeheurer Widrigkeiten weiter. Das Fehlen öffentlicher Einrichtungen für Kinderbetreuung bedeutete, daß sich jede von uns ihre individuelle Lösung für ein soziales Problem – die Betreuung unserer Kinder während unserer Arbeit – zurechtschneiderte. Doch dabei haben wir wenig getan, um die Einstellung der Gesellschaft zu arbeitenden Müttern direkt zu verändern. Wir haben nur das Spiel gespielt, während die Männer die Regeln bestimmten. Ich habe lange gedacht, daß wir berufstätigen Mütter die Vorboten der Zukunft wären. Ich denke heute, daß wir mitschuldig wurden an der Erhaltung eines Systems, das, solange Frauen kleine Kinder haben, Müttern und Kindern ihre Bedürfnisse abspricht. Es ist meine Hoffnung, daß dieses Buch mithelfen wird, dieses System zu verändern.

Ich wünschte, ich könnte all den wunderbaren Professoren danken, die mir dabei behilflich waren, Professur und Mutterschaft glücklich miteinander zu verbinden; unglücklicherweise gab es aber in den frühen 60er Jahren keine solchen Professoren in Harvard. Frauen zu höheren akademischen Graden Zugang zu verschaffen galt als eine Verschwendung wertvoller Kräfte und wurde von der rein männlichen Professorenschaft einheitlich übelgenommen. Wenn ich nicht als Studentin vom schlimmsten Sexismus bewahrt geblieben wäre – dadurch, daß ich in Vassar, einer reinen Frauenuniversität, studierte –, hätte ich es wahrscheinlich nicht geschafft. In Vassar glaubte die Fakultät irgendwie daran, daß Frauen eine bedeutende Karriere *und* eine Familie haben könnten, auch wenn das unter den Studentinnen nicht vorkam.

Ich möchte meiner aufmerksamen Herausgeberin im Basic-Books-Verlag, Judith Gressmann, danken. Sie ermutigte mich, die umfangreichere Version des Buches in Angriff zu nehmen.

Judith ist eine wache Intellektuelle, eine brillante Herausgeberin und eine liebe Freundin. Meinen Dank für all ihr Vertrauen, ihre Hilfe und Inspiration. Auch den Lektorinnen Nina Gunzenhauser und Theresa Craig möchte ich meinen Dank aussprechen für ihre Pünktlichkeit und Sorgfalt.

Die Forschungsarbeit über Kinderbetreuung, an der ich beteiligt war, war das Ergebnis einer erfreulichen Zusammenarbeit mit Kathleen McCartney von der Harvard-Universität, J. Conrad Schwarz von der Universität von Connecticut, Deborah Phillips von der Universität von Illinois, und Susan Grajek von der Yale-Universität. Wir leiteten drei Untersuchungen über die Auswirkung von guter und schlechter Betreuung auf die Entwicklung der Kinder. Ich bin ihnen allen dankbar für ihre Freundschaft und ihre Bereitschaft zu gemeinsamer Forschung. Unser Forschungsprojekt wurde unterstützt von der William-T.-Grant-Stiftung, UNESCO, und der Regierung von Bermuda.

Während der Arbeit an diesem Buch erhielt ich Unterstützung vom Center for Advanced Study an der Universität von Virginia. Ich bin der Universität sehr dankbar für die Zeit und den Raum, den sie mir zum Denken und Schreiben gab.

Zum guten Schluß widme ich dieses Buch meinen eigenen vier Kindern, von denen jetzt das jüngste zehn und das älteste zweiundzwanzig Jahre alt ist. Durch dick und dünn – in Ehejahren und den Jahren des Alleinerziehens, in größerem und geringerem Wohlstand, mit mehr und weniger Aufmerksamkeit – haben sie sich zum besten entwickelt. Das Vertrauen in sie, gepaart mit aufrichtigem Umgang, war stärker als die Prophezeiungen einiger Experten, Berufstätigkeit von Müttern, Fremdbetreuung, Alleinerziehung und Wiederverheiratung brächten enorme Gefahren mit sich. Ich glaube eigentlich, daß meine Kinder durch diese Veränderungen in ihrem Leben überhaupt nicht gefährdet waren, weil ihre Interessen bei liebenden Eltern und guten Betreuungspersonen gut aufgehoben waren. Und so wie sie, können alle Kinder beschützt und geliebt werden.

Sandra Scarr

I. Das Dilemma der Mütter von heute

1. Berufstätig sein oder nicht – das ist hier die Frage

Berufstätigkeit erscheint heutzutage den meisten Müttern von Vorschulkindern erstrebenswert, wenn sie nicht sowieso ganz einfach Geld verdienen müssen. Doch wer paßt auf die kleinen Kinder auf, während die Mutter arbeitet? In einem Meer von widersprüchlichen Ratschlägen muß eine Mutter heute die Untiefen der verschiedenen Kinderbetreuungs-Möglichkeiten selbst ausloten. Sofern sie es sich überhaupt aussuchen kann, schlägt sie sich mit der Frage herum, ob sie arbeiten gehen soll oder lieber doch nicht. Soll sie ihr Baby den Launen anderer Betreuungspersonen überlassen, die keine mütterliche Verpflichtung gegenüber ihrem Kind verspüren? Wird die emotionale Entwicklung des Babys nicht erstickt, wenn es einer anderen Bezugsperson überlassen wird? Wird es sich nicht abgelehnt fühlen, wird es liebesfähig bleiben? Wie kann ein Kind seine Begabungen entwickeln, wenn Mutter nicht zu Hause ist, um seinen sprießenden Geist mit all den Bilderbüchern und Babyspielsachen zu nähren, die seine Intelligenz fördern? Schuldgefühle verfolgen jede Mutter, die mit solchen Fragen konfrontiert ist. Und in dieser Konfrontation stehen Frauen oft alleine da.

Die Entscheidung für oder gegen Berufstätigkeit in der Zeit, in der die Kinder noch sehr klein sind, hängt von ökonomischen, sozialen und psychologischen Faktoren ab, die jede Familie in unterschiedlicher Weise betreffen. Dieses Buch wird Ihnen nicht sagen, ob Sie arbeiten gehen sollen oder nicht, aber es wird Sie von einigen gängigen Vorurteilen über die Auswirkungen der Berufstätigkeit von Müttern auf ihre Babys und Kleinkinder befreien. Es ist ein Buch über die Möglichkeiten der Kinderbetreuung und deren Konsequenzen für die

Kinder. Glücklicherweise können Kinder gut betreut werden, egal ob ihre Mütter zu Hause bleiben oder außerhalb des Hauses arbeiten. Babys entwickeln sich in guter Tagespflege genauso gut wie zu Hause bei einer aufmerksamen Mutter. Mit einer glücklichen „Teilzeit"-Mutter und zufriedenen Ersatz-Betreuern sind Kinder tatsächlich oft besser dran, als mit einer verärgerten, frustrierten „Vollzeit"-Mutter.

Es gibt allerdings bestimmte Arten von Kinderbetreuung, die man im Interesse der Kinder vermeiden sollte. Kinder brauchen von Erwachsenen Aufmerksamkeit, die ihren Bedürfnissen angemessen ist, und diese Bedürfnisse verändern sich mit dem Älterwerden. Was für ein Vierjähriges gut ist, wird nicht den Bedürfnissen eines Krabbelkindes entsprechen und umgekehrt. Daneben gibt es auch eine Art von Betreuung, die für keines von beiden gut wäre. Dieses Buch wird sowohl gute wie schlechte Arten von Kinderbetreuung beschreiben und sagen, warum die Forschung diese Bewertungen nahelegt.

Frauen und Kinder

Dieses Buch handelt auch von Frauen und Kindern in unserer Kultur. Die Gesellschaft suggeriert unterschiedliche Vorstellungen von den Rechten und dem angemessenen Platz der Frau. Aber diese unterschiedlichen Auffassungen darüber, ob Mütter arbeiten gehen *sollten*, sind bloß Seitenaspekte der grundlegenden Frage nach der Rolle der Frau in der Gesellschaft. Eng verbunden mit dem Frauenbild sind psychologische Lehren über die angeblichen Bedürfnisse von Kindern. Im 3. Kapitel werde ich die Beziehung zwischen der gesellschaftlichen Stellung der Frau und der Psychologie des Kindes, wie sie in diesem Jahrhundert entwickelt wurde, aufzeigen.

Eine der wichtigsten Fragen, die in diesem Buch angesprochen werden, ist die, warum Mütter von kleinen Kindern unter so viel Unsicherheit darüber leiden müssen, was sie für ihre kleinen Kinder tun *sollten*. Warum ist die Gesellschaft sich so einig darin, was für Männer das Richtige ist, und so uneinig, sobald es um Entscheidungen von Frauen geht, die auch nur ein wenig von der Tradition abweichen? Ehemänner und Väter *sollten* außerhalb des Hauses arbeiten, sie *sollten nicht* zu Hause bleiben und sich um ihre Kinder kümmern. Auf der anderen Seite sollten Mütter zu Hause bleiben, *es sei denn*, daß es zwingende Gründe für eine Arbeit außer Haus gibt. Die Liste, die nach dem „es sei denn" kommt, ist beunruhigend lang und in recht komplexer Weise bedeutungsvoll.

Die meisten Frauen sind verständlicherweise verwirrt, wenn sie die vielen widersprüchlichen Werte gegeneinander abwägen sollen: mehr Einkommen für die Familie; die Bedeutung der Mutterliebe für kleine Kinder; die Notwendigkeit, ihre eigene Karriere fortzusetzen, bevor es zu spät ist; das Selbstwertgefühl, das damit einhergeht, wenn man für seine Leistungen bezahlt wird; der Stolz der Ehemänner darauf, daß sie fähig sind, ihre Familie alleine zu ernähren; der Schaden, den die Kinder nehmen könnten, wenn sie keine Vollzeit-Mutter haben; die Mahlzeiten, die nicht bereitet werden; der Staub unter dem Sofa – und so weiter. Eine Möglichkeit, diesem Dilemma zu entkommen, ist der Versuch, dies alles unter einen Hut zu bringen.

Ellen Goodman, freiberufliche Kolumnistin für den „Boston Globe", faßt die derzeitigen Hauptkonflikte zwischen Individualität und Elternschaft zusammen. Sie vergleicht die Supermama in jederfraus Vergangenheitsbild mit dem Bild der Superfrau von heute und sagt:

Die Supermama, für diejenigen unter Ihnen, die sich nicht erinnern können oder keine hatten, Supermama war die, die ihre Plätzchen immer nach eigenem Rezept gebacken hat, mit Mandelzähnchen und Rosinenäuglein. Sie hatte immer „was Leckeres" im Backofen. Ihre Kinder hatten immer selbstgemachte Faschingskostüme. Sie besaß eine exklusive Garderobe, die ausschließlich aus Schürzen bestand. Sie hat immerzu nur gegeben. Jahrelang haben wir sie in unseren Köpfen herumgetragen, einfach nur, um Schuldgefühle zu haben. Neuerdings haben wir sie durch die Superfrau, oder Supermama Nr. 2 ersetzt, deren typischer Tagesablauf etwa so aussieht: Sie steht morgens mit ihren 2,6 Kindern auf. Sie gehen hinunter, und sie versorgt sie mit einem ausgewogenen Frühstück, das alle wichtigen Vitamine und Mineralstoffe enthält und das die Kinder auch willig essen, bevor sie zur Schule gehen, ohne auch nur ein einziges Mal ihr Pausengeld zu vergessen. Sie begibt sich dann nach oben, um ihr 970 DM teures Jil-Sander-Kostüm anzuziehen. Kurz darauf fährt sie zur Arbeit, die sowohl kreativ ist als auch sozial wertvoll, und die 58 000 DM Jahreseinkommen bringt. Nachdem sie von der Arbeit nach Hause kommt, widmet sie sich eine Stunde lang ganz ihren Kindern; denn schließlich kommt es ja nicht auf die Quantität, sondern auf die Qualität des Zusammenseins an. Danach kocht sie ein leckeres Abendessen für ihren Mann. Sie verbringen noch einige Zeit damit, an ihrer inhaltsreichen Beziehung zu arbeiten, und gehen dann nach oben, wo sie bis Mitternacht multiple Orgasmen hat. (Goodman, 1980, S. 5–6)

Der Gefährte von Supermama Nr. 2 ist Superpapa, der immer aufmerksam und teilnahmsvoll ist und auch größere emotionale Barrieren mit einem einzigen Sprung zu nehmen versteht, während er außerdem gerade Direktor seiner Firma wird. Goodman kommt zu dem Schluß, daß wir alle Schuldgefühle haben, weil wir weder dem alten Image der schürzenbedeckten Mütterlichkeit gerecht werden, noch damit zurechtkommen, Supereltern zu sein. Es reicht ganz einfach die Zeit oder die Kraft nicht, um all diese Aufgaben so hervorragend zu erfüllen. Kann sein, daß wir das anderen vormachen können, zum Beispiel wenn wir unseren Gästen hausgemachte Geflügelpastete servieren oder wenn wir nach einem vollen Tag im Büro am Abend noch die Kinderfußballmannschaft trainieren. Kann sein, daß wir von Zeit zu Zeit sogar uns selbst etwas vormachen können, aber auf die Dauer muß etwas schiefgehen bei einer dermaßen fordernden Rolle.

Die letzte Einladung, die ich gegeben habe, nahm mir zwei Tage von meinem Leben weg, Tage, an denen keine Schreibarbeit erledigt wurde und an denen kein Kind mehr als ein flüchtiges „Hallo“ von mir hörte. Aber ich versichere Ihnen, daß ich neben den sorgfältig arrangierten Gartenblumen und einer ebensolchen Quiche mein anmutigstes Lächeln zur Schau trug, so als ob die ganze Angelegenheit nur eine Lappalie in meinem Supermama-Dasein darstellte. Daß solche Gelegenheiten aber die Arbeits- und Kinderbetreuungszeitpläne durcheinanderbringen, das wissen wir, Sie und ich. Man gibt nicht viele solche Parties, es sei denn, man hat vor, eine Vollzeit-Köchin zu sein, statt Autorin und Mutter. Es ist notwendig, sich einmal die Frage zu stellen: „Was soll das Ganze überhaupt?“

Die Verantwortlichkeiten von Müttern sind erschlagend genug. Aber auch wenn Sie es schaffen, Ihren Tagesablauf einigermaßen hinzubiegen – rechtzeitig zur Arbeit zu kommen, die Kinder zum Zahnarzt zu bringen, eine gute und auch bezahlbare Kinderbetreuung zu finden –, fühlen Sie sich mit Ihrer Entscheidung vielleicht immer noch nicht wohl. Der nächste Abschnitt behandelt eine der allergrößten Sorgen.

Besser oder schlechter

Nehmen wir an, Sie haben ein kleines Kind und sind entschlossen zu arbeiten. Dann werden Sie, wie andere Frauen vor Ihnen, eine passende Kinderbetreuung finden müssen. Viele Probleme bei der Suche nach einer guten Kinderbetreuung lassen sich mit Geld lösen; andere dagegen werden anscheinend in der Währung „Schuld“ gehandelt. Widersprüchliche Antworten auf die Frage, ob Sie arbeiten sollten oder besser nicht und was im Interesse Ihres Kindes ist, können Ihre seelische Verfassung stärker angreifen, als die Suche nach Kinderbetreuungsmöglichkeiten, so schwierig sich diese auch gestalten mag. Wenn es Ihnen so geht wie den meisten Müttern, dann sehen Sie sich einer feindlichen Gemeinschaft von Verwandten, Nachbarn und Experten gegenüber, die Ihnen sagen, daß eine Mutter bei ihrem Baby zu Hause bleiben sollte. Dazu mag noch kommen, daß Ihre eigenen Gefühle von Anhänglichkeit es Ihnen schwermachen, Ihr Baby allein zu lassen. Werfen wir einen Blick auf die unmittelbare soziale Umgebung der berufstätigen Mutter – auf ihre Verwandten und auf den Fachmann, der sich am unmittelbarsten um das Wohlergehen ihres Kindes kümmert, den Kinderarzt. Welche Ratschläge geben diese maßgebenden Leute einer arbeitenden Mutter?

Was wird die Verwandtschaft sagen?

Die Auffassungen, die man in Fachzeitschriften und Familienmagazinen über Berufstätigkeit von Müttern findet, sind bestenfalls ambivalent. Clair Etaugh (1980) belegt mit einer Dokumentation, daß in der allgemeinen Presse eine mißbilligende Haltung gegenüber berufstätigen Müttern vorherrscht. Die Hauptvorwürfe lauten: Vernachlässigung der Kinder, Vernachlässigung des Ehemannes und Vernachlässigung des Haushalts. Solange eine Mutter nicht arbeiten muß, um ihre Familie vor dem Hungertod zu bewahren, werden ihre Motive von vielen Leuten mit Argwohn betrachtet. Ist sie so selbstsüchtig, daß sie ihre eigenen Wünsche auf Kosten ihres Babys und ihres Ehemannes befriedigt? Ältere Frauen und Männer haben im Vergleich mit jüngeren Leuten eher negative Ansichten über berufstätige Frauen. Unglücklicherweise sind diese älteren Leute unsere Eltern, Tanten und Onkel. Ihre Mißbilligung kann weh tun.

Einige Fachleute, wie zum Beispiel Burton L. White (1981), raten Müttern immer noch, bei ihren Kindern zu Hause zu bleiben, mit Begründungen, die wir im 4. Kapitel unter die Lupe nehmen werden. Andere Experten, wie zum Beispiel Joanne Curry O'Connell (1983), argumentieren in denselben Journalen, daß solcher Rat ungerechtfertigt sei, mit Begründungen, die wir im 5. Kapitel untersuchen werden. An dieser Stelle genügt es festzustellen, daß es in Fachzeitschriften und Familienmagazinen ein heilloses Gewirr von Meinungen über Mütter gibt, die außer Haus arbeiten.

Ich glaube, meine eigene Vergangenheit ist der von vielen berufstätigen Frauen ähnlich, die in ihren Mittzwanzigern geheiratet und Kinder bekommen haben. Mein erstes Kind kam, bevor ich meinen Doktor in Psychologie fertig hatte, und ich war ganz versessen darauf, sowohl eine akademische Laufbahn einzuschlagen als auch noch mehr Kinder zu kriegen. Obgleich ich ganz zuversichtlich war, daß ich beides gut schaffen würde, stellte sich meine Verwandtschaft einheitlich gegen meine beruflichen Pläne. Mein Erfolg konnte an dieser

Haltung nichts ändern. Die wöchentlichen Anrufe meiner Mutter enthielten immer die Frage: „Und wann wirst du deine Stellung aufgeben und dich endlich richtig um dein(e) Kind(er) kümmern?" Unablässig sandte sie mir Ausschnitte aus Zeitungen und Zeitschriften über die gefährlichen Auswirkungen der Berufstätigkeit von Müttern auf die psychische Entwicklung der Kinder, mit der Ermahnung, daß ich sie unbedingt lesen und mit meinem Kinderarzt besprechen sollte. Ich ersah daraus, daß sie sicher war, er würde mir ordentlich den Kopf zurechtrücken und mir zeigen, wo meine eigentliche Verantwortung läge.

Bei Familienzusammenkünften konnte ich immer damit rechnen, daß mehrere meiner Kusinen mit Hochschulbildung – inzwischen Vollzeit-Hausfrauen – mir ein schlechtes Gewissen machten, weil ich meine armen Kinder mit einer Haushälterin oder einer Tagesmutter alleine ließ. Sie versicherten mir jedesmal, wieviel besser es für ihre Kinder sei, daß sie die ganze Zeit zu Hause seien. Daß sie ihre Kinder auch oft mit Babysittern daheim ließen, während sie Nachbarinnen besuchten, Einkaufsbummel machten oder an Kursen im Blumenstecken teilnahmen, spielte keine Rolle. Die Tatsache, daß ich berufstätig war, machte sie voreingenommen für alles, was mit Kindererziehung zusammenhing. Ich werde niemals das Familientreffen vergessen, bei dem ich stolz meine neue Stellung als ordentliche Professorin an der Universität von Pennsylvania ankündigte. Die Verwandtschaft seufzte nur auf, daß meine (zwei) Kinder unter meinem Erfolg zu leiden hätten.

1969 schrieb ich einen Brief an „Science", das Prestige-Journal der Amerikanischen Gesellschaft für die Entwicklung der Wissenschaften, um gegen die unfaire Behandlung von Frauen an den Universitäten zu protestieren. Es würde von Frauen erwartet, daß sie ganztags arbeiteten wie die Männer und dabei noch voll verantwortlich seien für das Wohlergehen ihrer Kinder.

Sobald eine Professorin sich entschieden hat, ihren Beruf den männlichen Regeln gemäß ernst zu nehmen, kann ihr das Gemeinwesen, von dem das Wohl ihrer Kinder beurteilt wird, auf unberechenbare Weise in den Rükken fallen. Schulen setzen Müttersprechstunden während der Unterrichtszeit an; der Schulpsychologe entscheidet, daß ein Kind mit einer voll berufstätigen Mutter „besonderer" Aufmerksamkeit bedürfe; Aggressivität oder Unsicherheit des Kindes in der Schule oder beim Spielen wird auf die Vernachlässigung durch die Mutter zurückgeführt. Die im Beruf stehende Mutter ist leicht verletzbar, denn in den Augen vieler tut sie nicht das Beste für ihre Kinder (1969, S. 1260).

Aber das war in den 60er und 70er Jahren – finsteren Zeiten für die berufliche Karriere von Müttern. Unsere Kultur ist inzwischen sicherlich toleranter geworden – oder etwa nicht? Eine frühere Studentin von mir, jetzt wissenschaftliche Assistentin in Harvard, sagt, daß ihre Mutter ihr die gleiche Frage stellt: „Wann *wirst* du deine Stellung kündigen und dich um dein Kind kümmern?" Andere Verwandte fragen sie kopfschüttelnd und mit stillschweigender Mißbilligung, wie sie das bloß alles schaffen könne. So viel also zum Fortschritt in der Einstellung der Verwandtschaft zu berufstätigen Müttern.

Aber auch die Beziehungen zu Schwestern, Kusinen und Freundinnen können Probleme aufwerfen, sofern diese bei ihren Kleinkindern zu Hause bleiben, während man selbst arbeiten geht. Trotz des beiderseitigen Anspruchs, tolerant zu sein, beneiden nicht-berufstätige Mütter normalerweise die arbeitenden Frauen. Sie müssen ihre Entscheidung, zu Hause zu bleiben, dadurch rechtfertigen, daß sie bezweifeln, ob die gewählte Form der Kinderbetreuung den Erfordernissen genügt. Und berufstätige Mütter beneiden ihrerseits oft die Mütter, die zu Hause sind, um die Zeit, die diese für ihre Kinder haben, und vergleichen besorgt die Entwicklung ihrer eigenen Kinder mit der von den Babys der „Vollzeit"-Mütter. In den 80er Jahren haben wir also die Frage nach den Vor- und Nachteilen der Berufstätigkeit von Müttern immer noch nicht so weit geklärt, daß irgend jemand damit wirklich zufrieden wäre. Ich denke, daß dieses Fehlen einer klaren Entscheidung mehr von widersprüchlichen kulturellen Wertvorstellungen über Mütter und Kinder herrührt als von irgendwelchen erwiesenermaßen guten oder schlechten Auswirkungen der Berufstätigkeit oder Nicht-Berufstätigkeit von Müttern.

Die Mißbilligung, die Verwandte und Freundinnen Ihrer Berufstätigkeit gegenüber zeigen, ist deshalb so schlimm, weil Sie wissen, daß Ihnen für alles, was mit dem Kind schiefgeht, die Schuld zugeschoben werden wird. Wenn es Schwierigkeiten hat, egal welcher Art – soziale, emotionale, intellektuelle oder körperliche –, werden Sie verantwortlich dafür sein, weil Sie ihm nicht das richtige Zuhause geschaffen haben. Alles – angefangen bei Schüchternheit bis hin zu eingewachsenen Zehennägeln – kann auf das Konto Ihrer Berufstätigkeit geschoben werden, ganz zu schweigen von schwerwiegenderen psychischen Krankheiten oder geistigen Behinderungen. Entwikkelt sich Ihr Kind ganz gut, dann schafft es das *trotz* der Vernachlässigung. Rechnen Sie also nicht mit Applaus für Ihre Leistung, falls Ihr Kind zufällig ein Star werden sollte!

Diese ganze Lamentiererei richtet sich nicht nur gegen Frauen, die eine Karriere anstreben. Jede arbeitende Mutter ist die Zielscheibe der traditionellen Beschuldigungen, sobald irgend etwas mit ihren Kindern schiefgeht. Sogar die ganz gewöhnlichen Alltagsproblemchen der aufwachsenden Kinder werden wegen Ihrer Berufstätigkeit gegen Sie ins Feld geführt.

Was sagt Ihr Kinderarzt dazu?

Für die meisten berufstätigen Mütter ist der Kinderarzt der wichtigste Ratgeber, wenn es um das Wohl ihrer Kinder geht. Kinderärzte geben nicht nur die notwendige medizinische Unterstützung, sie sind den Müttern in der Sorge um ihre Kleinen auch eine bedeutende emotionale Stütze. Die Einstellung des Kinderarztes kann eine berufstätige Mutter entweder ermutigen oder ihr Schuldgefühle einflößen. Was denken Kinderärzte im allgemeinen über die Berufstätigkeit von Müttern? Psychologen und Kinderärzte der Universität von Arizona veranstalteten eine Umfrage unter den Mitgliedern der Amerikanischen Akademie der Kinderärzte (Heins, 1983). Ungefähr ein Drittel aller amerikanischen Kinderärzte beantwortete den Fragebogen über ihre Einstellung zur Berufstätigkeit von Frauen mit Kindern in verschiedenen Altersstufen.

Generell hatten die Kinderärzte eine sehr positive Einstellung zur Berufstätigkeit von Müttern, ungeachtet des jeweiligen Alters der Kinder. Wenn eine Mutter aus ökonomischen Gründen arbeiten will, sobald ihr Kind drei Jahre alt ist, würden ihr 95% der Kinderärzte dazu raten, und 86% befürworten es schon, wenn das Kind erst sechs Monate alt ist. Sogar wenn die Mutter vorwiegend an ihre eigene Befriedigung denkt, würden fast dreiviertel der Kinderärzte ihr dazu raten, sobald das Kind 6 Monate alt ist, und 88% befürworten es, sobald das Kind drei Jahre alt ist. Solange das Kind gesundheitlich oder emotional keiner besonderen Aufmerksamkeit bedarf, haben Kinderärzte im allgemeinen eine ziemlich liberale Einstellung zur Berufstätigkeit von Müttern.

Allerdings unterscheiden sich die Kinderärzte nach Alter und Geschlecht sehr deutlich in ihrer Einstellung. Ältere Kinderärzte, deren Ehefrauen nicht berufstätig sind, sind gegenüber den Interessen und der Beschäftigung von Frauen viel feindseliger eingestellt als Kinderärztinnen oder jüngere männliche Kollegen, deren Frauen arbeiten. Während Kinderärztinnen und jüngere Kinderärzte die Befriedigung, die Mütter aus dem Beruf ziehen, in der Liste der legitimen Gründe für die Berufstätigkeit von Müttern sehr hoch einordnen, bezogen sich ältere Kinderärzte ganz stark auf die ökonomischen Bedürfnisse der Familie und spielten die Interessen der Frauen herunter. Zu der Frage nach den verschiedenen sozialen, emotionalen und schulischen Problemen, die sich normalerweise bei Kindern entwickeln können, gaben ältere Kinderärzte an, daß für Kinder von berufstätigen Müttern ein größeres Problemrisiko bestehe als für die Kinder, deren Mütter den ganzen Tag zu Hause sind. Ein Großteil der Kinderärztinnen und jüngeren Kinderärzte sagte jedoch, daß es keine Unterschiede gebe zwischen den Kindern von berufstätigen und nicht-berufstätigen Müttern. Das heißt, daß die Kinder berufstätiger Mütter nicht mehr zu Problemen neigen als die Kinder der nicht-berufstätigen Mütter.

Die Autoren schließen ihren Untersuchungsbericht, indem sie die älteren Kinderärzte wegen ihrer grundlosen Angst, daß die Kinder von arbeitenden Müttern gefährdet seien, rügen und sie dazu auffordern, sich mit der Fachliteratur vertraut zu machen:

Seit den 30er Jahren hat es zahlreiche Studien über die Auswirkungen der Berufstätigkeit von Müttern auf Kinder gegeben. Forschungsbeauftragte haben die Berufstätigkeit von Müttern dem kindlichen Verhalten gegenübergestellt, der schulischen Leistung und Anpassung, der inneren Haltung der Kinder, der Pubertät und der Kriminalität ... Es wurde hervorgehoben, daß die Anwesenheit der Mutter zu Hause kein Qualitätsmerkmal der Erziehung ist. Es hat sich auch gezeigt, daß Mütter mit akademischer Ausbildung und auch die aus der Arbeiterschaft auf Kosten ihrer eigenen persönlichen Aktivitäten (auch des Schlafes) Zeit mit ihren Kindern verbringen. Die Studien über die Berufstätigkeit von Müttern haben mehr Fragen aufgeworfen als harte Fakten gebracht, vor allem deshalb, weil berufstätige Mütter eine große Gruppe von Frauen repräsentieren, die unterschiedliche Gründe für ihre Berufstätigkeit und unterschiedliche Auffassungen über Kindererziehung haben. Es fehlt jedoch jeder Beweis für eine schädliche Auswirkung der Berufstätigkeit von Müttern (Heins, 1983, S. 289).

Einige Kinderärzte, so fahren die Autoren fort, glauben hartnäckig an die kulturelle Norm, daß Mütter bei ihren Kindern zu Hause bleiben sollten, ungeachtet der Tatsache, daß die Hälfte aller Mütter arbeiten geht. Und einige beharren in ihrem Glauben, daß den Kindern durch die außerhäusliche Arbeit der Mütter Schaden zugefügt wird, obwohl ihnen Begründungen dafür fehlen. Anstatt in den berufstätigen Müttern Schuldgefühle zu erzeugen, so argumentieren die Autoren, könnten Kinderärzte ihnen behilflich sein. Kinderärzte können die arbeitenden Mütter mit Informationen über die Qualität der vorhandenen Betreuungsmöglichkeiten versorgen und in ihrer eigenen Praxis die Schwierigkeiten mindern helfen, denen arbeitende Mütter gegenüberstehen. „Sowohl die Kinderärzte als auch die, die für die Ausbildung der Kinderärzte verantwortlich sind, sollten der Probleme des Elternseins in der heutigen Welt gewahr sein“ (S. 289).

Merke: Man kann sich seine Verwandten nicht aussuchen, aber seinen Kinderarzt sehr wohl.

Das große Schuldgefühl: Wie wird sich meine Arbeit auf die Kinder auswirken?

Kaum hat eine Frau den kleinsten Spielraum, um von ihrer normalen Rolle abzuweichen, schon wird sie von Experten umschwärmt, die vor Konsequenzen warnen: was auch immer ihr Vorhaben sei, ihre Liebsten würden die Folgen zu tragen haben. In ihrer Mutterrolle wurden Frauen bisher von der Gesellschaft auf ein Abstellgleis der Zweideutigkeit geschoben. Experten, die die Informationen über das, was für Kinder gut ist, unter Kontrolle haben, standen dem Dilemma von Individualität und Mutterschaft nicht mitfühlender gegenüber als der Durchschnittsbürger. Heute gibt es zu Fragen der Kinderbetreuung jedoch schon eine Reihe von Forschungsprojekten, die nicht davon ausgehen, daß eine Mutter den ganzen Tag bei ihren Kindern zu Hause bleiben muß.

Es liegt eine gewisse Ironie in der speziellen Mutter-Kind-Beziehung, die unsere heutige Kultur verlangt. Wieso ist die Verantwortung für die Kinder so sehr zur Sache der Mütter geworden und nicht zu der der Väter oder der Gesellschaft? Obwohl die Antwort auf diese Frage jemandem, der im zwanzigsten Jahrhundert aufgewachsen ist, vielleicht eindeutig erscheint, haben Mütter immer dann nicht die wichtigste Rolle in der Erziehung ihrer Kinder gespielt, wenn sie andere ökonomische Funktionen erfüllten. In vergangenen Jahrhunderten war der Vater der wichtigere Elternteil für die Erziehung der nächsten Generation; denn als ausschlaggebend für eine erfolgreiche Erziehung galt die Sittenlehre und nicht die emotionale Sensibilität. Von Müttern hat man geglaubt, daß sie ihre Kleinen mit zu viel Zuwendung und zu wenig strenger Zucht verderben.

Heute wird jeder Mutter Schuld zugewiesen, die bloß erwägt, außerhalb des Hauses zu arbeiten und ihre Kinder der Obhut anderer zu überlassen. Nicht nur, daß Freunde und Verwandte mehr oder weniger deutlich durchblicken lassen, daß wir nachlässig sind, wenn wir uns trotz Mutterschaft entscheiden zu arbeiten. Eine Quelle der Schuldgefühle, die jeder von uns kleine Alpträume bereitet, liegt auch in uns selbst. Kinderkrippen haben den Geruch von Sozialhilfe, von Familien, die unfähig oder zu arm sind, um zu funktionieren. Mutter muß arbeiten, weil Vater nicht genug herbringt; weil Mutter arbeitet, ist Baby vernachlässigt.

Der Rat der Experten

Die meisten Mütter befürchten, daß es ihr Baby oder seine Beziehung zur Mutter ruinieren wird, wenn sie es in die Krippe geben. Solche Ängste sind nicht bei einer jeden von uns spontan entstanden. Solche Ängste werden von Kinderentwicklungs-Experten verbreitet, die Müttern raten, bei ihren kleinen Kindern zu Hause zu bleiben, weil diese sonst für den Rest ihres Lebens gebrandmarkt wären. Natürlich sind die Experten weit davon entfernt, sich in diesem Punkt einig zu sein. Alle geben Ratschläge – Psychologen, Psychiater, Kinderärzte und andere Eltern –, meistens widersprüchliche, aber allesamt sind sie von den Normen unserer Kultur abhängig, wie ich im 2., 3. und 4. Kapitel zeigen werde.

Aus diesem Mißklang widersprüchlicher Ratschläge sollen Eltern heraushören, was für ihre Babys und Vorschulkinder wichtig ist und sich entsprechend verhalten. Dabei wird nicht nur ihr eigenes Verhalten hinterfragt. Auch die Ersatzbetreuung, die sie für ihre Babys und Kleinkinder gefunden haben, wird verdächtigt, der potentielle Ruin für ihre Kinder zu sein.

Es kann geradezu Ihre seelische Gesundheit gefährden, Ihr Kind den Ratschlägen einiger Experten entsprechend großziehen zu wollen. Daher ist es gut zu wissen, daß die Ratschläge von Experten sich in diesem Jahrhundert drastisch verändert haben. Viele Ratschläge von heute sind überholt und entsprechen nicht den neuesten Forschungsergebnissen zur Berufstätigkeit von Müttern und Kinderbetreuung.

In den 20er Jahren waren sich fast alle Experten darüber einig, daß es notwendig sei, Kinder an die Kandare zu nehmen. Sie wurden als triebhafte kleine Kreaturen gesehen, die strenger Zucht bedürften. Die gefühlsbetonte elterliche Erziehung sei ihnen nicht zuträglich, denn deren undisziplinierte Zuwendung könne die strenge Sittenschulung, wie sie damals üblich war, durchkreuzen. In den 50er Jahren sah man Kinder als hochempfindliche Blumen, die nur in einem Treibhaus bedingungsloser Liebe gedeihen könnten. Die kleinste Frustration, so dachte man, würde ihre Gefühle verletzen und ihre emotionale Entwicklung stören. Und in letzter Zeit macht die Laisser-faire-Haltung der 60er Jahre einem eher insistierenden Elternverhalten Platz – Eltern sagen, was sie meinen, und achten darauf, daß Regeln eingehalten werden. Konsequenz klingt gut in den Ohren heutiger Eltern, die den kinderzentrierten Haushalt satt haben, wo alles bedeckt ist mit Spielzeug und Wachsmalkreiden. Wie beim Einpendeln der meisten sozialen Veränderungen so ist auch hier die Gefahr, daß der Ausschlag vom Gewährenlassen zur Überbetonung von Ordnung-und-Sauberkeit zu weit geht. Das Zuhause, das sich bisher am superlockeren Club-Mediterrané-Image orientiert hat, läuft jetzt Gefahr, ein Gefängnislager zu werden. Dieses Buch gründet sich auf meinen Mittelweg in bezug auf Elternschaft und Kindererziehung: Kinder brauchen sowohl Spielraum, um sich auszudrücken, als auch fest geltende Grenzen für ihr Verhalten – in einer Mischung, die sich aus einer ruhigen und geduldigen Leitung ergibt. Der Schlüssel zum Erfolg liegt darin, die nächste soziale Umgebung sowohl der jeweiligen Entwicklungsstufe des einzelnen Kindes wie auch den individuellen Unterschieden unter Kindern anzupassen. Das 6. Kapitel beschreibt die Entwicklung von Kleinkindern und Vorschulkindern, und das 7. Kapitel bespricht, welche Art von Betreuung Kinder der verschiedenen Altersstufen brauchen.

Die kleinen Alpträume

Die demnächst berufstätige Mutter hat vielleicht Visionen, in denen sie Hunderte kleiner Kinder in ein überfülltes Zimmer hineingestopft sieht. Da sind Babys in ihren Bettchen aufgereiht, jedes einzelne schreit sich die Lunge aus dem Leib nach ein wenig Zuwendung und Wärme. Es ist niemand da, der darauf eingeht. Aufseher schreien Befehle herum, um Krabbelkinder und etwas größere Kinder in Schach zu halten. Müssen Sie sich eine Tageskrippe so vorstellen?

Im Gegensatz zu diesem Alptraum von Kinderkrippen gibt es prächtige Illusionen von einer heilen, mütterlichen Welt: ein Baby schmiegt sich zufrieden an seine Mutter, die sich mit ihm in einem Schaukelstuhl wiegt, während sie lachend mit ihrem dankbaren größeren Kind, das liebevoll lächelnd zu ihr aufblickt, sein Lieblingsbilderbuch betrachtet. Diese gegensätzlichen Bilder – und andere mit anderen Inhalten – plagen Mütter, die darüber nachdenken, ob sie ihre Babys der Obhut anderer überlassen dürfen. Wie realistisch sind sie? Es gibt dreierlei Ängste vor den schädlichen Auswirkungen der Kinderkrippe, sagt Michael Rutter, ein berühmter britischer Psychiater: Sie könnte Kinder der liebenden Fürsorge berauben, die für ihre normale Entwicklung notwendig ist; sie könnte zu einer unsicheren oder aggressiven Persönlichkeit des Kindes führen; sie könnte die Liebe des Kindes zu seinen Eltern zerstören. Wir wollen hier jede dieser Befürchtungen kurz (und in späteren Kapiteln ausführlicher) betrachten.

Arme kleine Waisen. Die erste Befürchtung hängt mit Forschungsergebnissen über Waisenkinder zusammen. Altmodische Institutionen, in denen Babys von vielen verschiedenen Betreuern auf unpersönliche Weise versorgt wurden, haben sich als ungünstig für die Entwicklung erwiesen. Stellen Sie sich ein Baby vor, das Tag für Tag in seinem Bettchen liegt und nichts anderes tun kann, als an die weiße Decke zu starren. Der einzige Kontakt, den es mit seinen Pflegern hat, besteht im Wickeln und Füttern. Niemand spielt und lacht mit ihm, niemand redet mit ihm. Niemand geht auf seine sozialen Annäherungsversuche ein. Es lebt mit vielen anderen Unglücklichen in krankenhausähnlichem Gewahrsam. Die Betreuer sind schon von den rein körperlichen Bedürfnissen ihrer vielen Schützlinge überlastet. Solche Babys sind nicht nur emotional vernachlässigt, sie fangen auch nicht im normalen Alter zu laufen oder zu sprechen an. Zur normalen Entwicklung fehlt ihnen die notwendige soziale und körperliche Stimulation.

Babys brauchen soziale Interaktionen mit sorgenden, aufmerksamen Erwachsenen. Eltern, die so unklug (oder so arm) sind, daß sie ihre kleinen Kinder in unpersönliche, institutionalisierte Pflege geben, gefährden deren Wohl, wie wir in den Kapiteln über Vorschulkinder und deren Betreuung besprechen werden. Aber die Vernachlässigung, die in einigen Waisenheimen beobachtet wurde, entspricht kaum der typischen Erfahrung von Kindern in Tageskrippen. In den meisten Fällen ist es reine Panikmache, wenn kleine Kinder in Tageskrippen mit armseligen Waisen verglichen werden. Die Gründe für solche Panikmache werden wir im 4. Kapitel untersuchen.

Tageskrippen-Schäden. Zweitens wird hinsichtlich der Auswirkung von Krippen auf kleine Kinder befürchtet, daß ihre Persönlichkeit deformiert werden könnte. Das könnte sich dann in unsozialem, unkooperativem Verhalten oder in Unsicherheit und Ängstlichkeit äußern. Man sagt, daß Persönlichkeitsverzerrungen durch unpersönliche oder nachlässige Betreuer bedingt sind, die sich nicht genug um die Entwicklung der kleinen Kinder kümmern.

Die meisten Experten stimmen darin überein, daß kleine Kinder eine kontinuierliche Beziehung mit wenigen Erwachsenen brauchen, die auf ihre Bedürfnisse menschlich und hilfreich reagieren. Diese Interaktionen werden im 7. Kapitel beschrieben. Hier genügt es zu sagen, daß kleine Kinder in *einigen* Arten von Kinderkrippen wohl nicht genug beständige, gleichbleibende und liebevolle Pflege erhalten, um ein möglichst starkes Sicherheitsgefühl zu entwickeln und sich von sich aus an die Normen der Erwachsenenwelt anzupassen. Obwohl die Forschung zu diesem Thema zu keinem abschließenden Ergebnis gekommen ist, gibt es genügend Beweise für die Probleme von kleinen Kindern in großen Gruppen, um Auswirkungen auf die Persönlichkeitsentwicklung befürchten zu lassen. Aber man muß sein Baby nicht in einer großen Gruppe unterbringen: Es gibt bessere Möglichkeiten, wie im 9. Kapitel beschrieben wird.

Mami, ich mag dich nicht. Die letzte und vielleicht schlimmste Befürchtung ist die, daß eine ständige Betreuung durch andere die Beziehung eines Babys zu seinen Eltern zerstören könnte. Nicht nur würden die Eltern der Liebe ihres Babys beraubt, sondern auch das Baby würde aufwachsen, ohne sich von seinen Eltern geliebt zu fühlen. Die meisten Experten stimmen darin überein, daß Säuglinge die Sicherheit einer engen Bindung zu mindestens einer Person, normalerweise zur Mutter, brauchen, um zu liebesfähigen Erwachsenen heranwachsen zu können. Mutterliebe fördert die emotionale und intellektuelle Entwicklung, weil nur Säuglinge, die sich sicher fühlen, ihre Umwelt entdecken und von ihr lernen können. Der Psychologe Harry Harlow trennte im Rahmen eines Forschungsprojekts Rhesusaffen-Säuglinge von ihren Müttern und zog sie isoliert auf. Die Säuglinge ohne Mutterliebe verkrochen sich in den Ecken ihrer Käfige und siechten dahin. Sie waren unfähig zu lieben und unfähig zu spielen. Als Erwachsene waren die Harlow-Affen (1969) unfähig zu Interaktionen mit anderen Affen, sie waren sexuell kaum ansprechbar und ließen ihren gelegentlichen Nachwuchs im Stich. Nach psychoanalytischer Auffassung lernen Säuglinge, sich selbst und andere zu lieben, indem sie in den ersten Monaten des Lebens eine enge Bindung an ihre Mütter entwickeln. Ohne diese Bindung wären sie wahrscheinlich überhaupt nicht liebesfähig.

Zerstört also die Trennung der Säuglinge von ihren berufstätigen Müttern ihre emotionale Bindung? Experten befürchten, daß Säuglinge, die nicht von ihren Müttern, sondern von anderen Leuten versorgt werden, möglicherweise keine so sicheren Bindungen entwickeln würden wie die Babys von Vollzeit-Müttern. Eltern und Experten befürchten auch, daß sich Säuglinge emotional auf die Erzieherinnen in den Tageskrippen fixieren würden, und nicht auf ihre Eltern. Das könnte heißen, daß Krippensäuglinge ihre Mütter und Väter nicht lieben.

Befürchtungen, die Bindung von Säuglingen an ihre Eltern sei in Gefahr, wurden durch die Ergebnisse vieler Studien über kleine Kinder, einerseits in Krippen und andererseits zu Hause, zerstreut (Caldwell et al., 1970; O'Connell, 1983). Kinder in Tagesbetreuung zeigen denselben Grad von Bindung an ihre Mütter und dasselbe Maß an Sicherheit wie Kinder mit Vollzeit-Müttern. Dies trifft für Kinder, die seit den ersten Wochen ihres Lebens in Tagesbetreuung waren, genauso zu, wie für Kinder, die erst mit zwei oder drei Jahren in Tagesbetreuung kamen. Schließlich verbringen arbeitende Eltern die Zeit vor der Arbeit, nach der Arbeit und die Wochenenden mit ihren Sprößlingen. Kinder in Tagesbetreuung sind keine Waisen; meistens haben sie aufopferungsvolle Eltern, die intensiv an ihrer Entwicklung Anteil nehmen.

Gourmet-Kinder

Viele ernsthafte Eltern der 80er Jahre nehmen sich vor, ihre größten Anstrengungen in ein, höchstens aber in zwei Kinder zu investieren. Heutzutage haben wir das Gourmet-Kind, den intensiv erzogenen Säugling, der durch Verführung oder Zwang schon im Babybettchen seltsame Symbole lernt. Zükken Sie diese Wort-und-Bild-Karten, wenn Ihr Baby sechs Monate alt ist – so lautet die Theorie –, und es wird früher zu lesen beginnen als die anderen Kinder im Viertel. Hören Sie Beethoven im Entbindungszimmer, und Ihr Kind wird als Teenager, wenn alle anderen elektronischer Rockmusik lauschen, klassische Musik lieben. Man erwartet von Eltern, daß sie die Zeit, die ihnen mit ihrem Baby zur Verfügung steht, mit Lernspielen verbringen, was dann, wie man sich vorstellen kann, eine andere Beschäftigung mit ihren kleinen Kindern ausschließt.

Aber das Schlimmste von allem ist meiner Meinung nach das Schuldgefühl, das durch diejenigen verstärkt wird, die behaupten, daß die Kindheit das ganze spätere Leben bestimmt. Ellen Goodman stimmt mir zu:

Unsere Unfähigkeit wird uns von diesen wunderbaren Leuten, den Frühe-Kindheit-Leuten, nahegebracht. Jetzt wird uns gesagt, wenn wir nicht das richtige Mobile über das Bettchen hängen, sobald das Baby 18 Monate alt ist, wird es niemals mit 18 den Numerus-Clausus schaffen. Eines meiner Lieblingsinserate, das regelmäßig in unserer Zeitung (Boston Globe) erschien, enthielt die folgende Entscheidungsfrage von Burton White: „Werden sich Ihre Kinder wegen dem, was Sie für sie getan haben, an Sie erinnern oder wegen dem, was Sie ihnen angetan haben?“ Ich bin dankbar, daß meine Tochter schon vier war, als ich herausfand, daß mit drei schon alles gelaufen ist. Das hat unserer Beziehung enorm geholfen (Goodman, 1980, S. 6).

Die Theorie, daß ganz bestimmte Arten von Stimulation in der Kindheit erforderlich sind, um ein von den Eltern erwünschtes Ergebnis zu erzielen, ist gefährlich. Sie nützt die Unsicherheit von Eltern aus und lenkt ihr Interesse auf mechanischen Firlefanz statt auf die Kinder, wie sie wirklich sind. Wie Ellen Goodman, so bin auch ich froh, daß ich nicht „wußte“, daß meine Kinder zu Mißerfolgen verdammt waren, wenn ich nicht pädagogisch wirksame Mobiles aufhängte und Karten mit seltsamen Symbolen zückte. Ihre Erfolge im Leben zeigen, daß dieses Nichtwissen nicht nur ein Glück war, sondern auch gesunden Menschenverstand zeigte.

Babys bekommen alle Anregungen, die sie für ihre normale Entwicklung brauchen, aus dem alltäglichen Familienleben, solange sie in die Familienaktivitäten miteinbezogen werden. Babys brauchen soziale Interaktionen mit liebevollen Erwachsenen, die mit ihnen sprechen, ihrem Gebrabbel zuhören, die Dinge für sie benennen und ihnen die Gelegenheit geben, ihre Welt zu entdecken. Die meisten Eltern finden dieses Tun natürlich und erfreulich, also bekommen die meisten Babys die Stimulation, die sie brauchen, um sich gut zu entwickeln. Solange das Baby nicht Tag und Nacht in seinem Bettchen alleingelassen wird (und was hilft ein Mobile, wenn es dunkel ist?), wird es genug über Formen, Farben und Strukturen von Gegenständen lernen, indem es mit Ihnen zusammenlebt. Ich habe nichts gegen Mobiles – manchmal haben sie eingebaute Spieluhren, denen Eltern gerne zuhören –, aber sie sind nicht notwendig für die geistige Entwicklung der Kinder. Außerdem sprechen, lachen und kuscheln sie nicht.

Oft dient es der Beruhigung der Erwachsenen, wenn sie das Baby mit allen möglichen Sachen ausstatten. Vor allem beruhigt es das schlechte Gewissen der Eltern, weil sie keine Supermama und kein Superpapa sind und dem Baby deshalb so viel fehlt. Alles zu besorgen, was man mit Geld bezahlen kann, ist natürlich eine Möglichkeit, mit seinem Baby umzugehen. Aber glauben Sie wirklich, dem Baby, das alle nur vorstellbaren mechanischen Neuigkeiten im Bettchen hat, geht es besser als dem Baby, das von seinen Eltern überall im Haus herumgetragen wird? Warum soll es nicht einfach in einer Babywippe auf dem Küchentisch sitzen oder auf dem Boden mit einem Löffel und einem Topf spielen, während Sie Äpfel schälen? Ist ein Kassettenrekorder mit Bach-Musik im Bettchen besser als Vatis Schoß, während er sich Country- und Western-Musik anhört? Das hängt von Ihrem Musikgeschmack ab, nehme ich an, und davon, wie Sie die Eltern-Kind-Beziehung haben wollen. Wie wär's mit Bach-Musik auf dem Schoß?

Das Märchen von der alles bestimmenden Kindheit ist noch lebendig – es beruht auf dem Glauben, daß frühe Erfahrungen das weitere Leben stärker beeinflussen als spätere. Wird Leseunterricht in der Wiege das spätere Lernvermögen Ihres Kindes besser fördern als dieselbe Zuwendung in einem späteren Alter? Unsinn! Wie ich im 4. Kapitel zeigen werde, geht diese Theorie auf viktorianische Vorstellungen über die Kindheit zurück, und basiert nicht auf zeitgemäßen Forschungen über die Lernfähigkeit von Kindern. Für den Moment genügt es festzustellen, daß Sechsjährige viel besser lesen lernen können als Einjährige, und daß die meisten Jugendlichen letztendlich verschiedene Arten von Musik schätzen lernen.

Natürlich können Sie in der Zeit, die Sie mit Ihrem Baby verbringen, alles tun, was Ihnen beiden Spaß macht. Aber Lernkarten zu zücken macht eben nicht so viel Spaß, wie Hoppe-Reiter zu spielen oder einen Ball von einem zum anderen rollen zu lassen. Die Zeit, die Eltern mit ihren Babys verbringen, ist für beide Teile wertvoll. Und wenn man etwas tut, was beiden Spaß macht, hat man aus dieser Zeit das Beste gemacht. Die frühe Kindheit ist *nicht* die beste Zeit, um begriffliches Material zu vermitteln, das kann während der Vorschul- und Grundschuljahre viel schneller und mit mehr Spaß gelernt werden. Das Gourmet-Baby ist meines Erachtens eine

Erfindung von Geschäftemachern, die davon profitieren, daß sie Eltern das Gefühl geben, nicht genug für ihre Kinder zu tun.

Eltern könnten sich bei ihrer Kindererziehung viel wohler fühlen, als es ihnen einige Experten zugestehen wollen. Wären Kinder wirklich so empfindlich, und wäre Elternschaft so schwierig zu erlernen, wie sollte es denn dann um uns Erwachsene stehen? Vielleicht hat jeder von uns eine bestimmte Eigenart oder Unart, aber wer könnte sagen, daß unsere Eltern daran schuld sind? Meiner Ansicht nach tun die meisten Eltern ihren Kindern mehr Gutes als Schlechtes. Und das gleiche gilt für die meisten Tagesstätten. Sie bieten den Kindern eine Umgebung, in der sie durchaus ihr normales Entwicklungspotential entfalten können.

Arbeitende Mütter sind auch Mütter

Wann immer sich in der Familienstruktur etwas verändert, fragen irritierte Politiker und Forscher zunächst, welchen Schaden diese unerwünschte Veränderung verursachen könnte. Sie betrachten Veränderungen in der Familie als gefährliche Manipulationen an einer geheiligten Institution. All diese Scheidungen, abwesenden Väter, arbeitslosen Männer und arbeitenden Mütter *müssen* sich negativ auswirken. Sozialwissenschaftler sind schließlich auch nicht immun gegen die herrschende Gesellschaftsmoral. Niemand fragt nach den positiven Auswirkungen, die sich aus Veränderungen im Familienleben ergeben könnten.

Was die Untersuchungen zeigen – und was sie nicht zeigen

Lois Hoffman (1983), ein Sozialpsychologe an der Universität von Michigan, hat fünfzig Jahre Forschungsarbeit über die Kinder von berufstätigen Müttern ausgewertet. Das Thema der meisten Forschungsprojekte lautet: „Wie arm sind sie dran?“. Von den Söhnen berufstätiger Mütter wurde behauptet, daß sie eine geringere akademische Bildung hätten, geringeres Selbstvertrauen und geringeres Was-auch-immer. Töchter werden nicht so sehr geschädigt durch die Arbeit ihrer Mütter, so scheint es, wie Söhne. Als er tiefer in die Forschungsergebnisse eindrang, fand Hoffman heraus, daß die Töchter berufstätiger Mütter in vielerlei Hinsicht sogar besser dran waren als die Töchter von Müttern, die nicht außer Haus arbeiteten. Die Töchter von berufstätigen Müttern waren selbstsicherer, hatten höhere Schulabschlüsse und schlugen mit höherer Wahrscheinlichkeit eine eigene Berufslaufbahn ein. Es schien Hoffman, daß diese Ergebnisse unter den Teppich gekehrt oder vollkommen ignoriert worden waren durch die Absicht der Forscher, das herauszufinden, was bei Kindern von Müttern aus der arbeitenden Bevölkerung schiefläuft. Hoffman resümierte, daß Töchter, was ihre akademischen Erfolge, ihre Unabhängigkeit und Selbstbewußtsein anbelangt, tatsächlich davon profitieren, daß sie das Modell einer kompetenten Frau in der Familie haben, während die meisten Söhne bereits das Modell eines berufstätigen Vaters hatten, egal ob die Mutter arbeitete oder nicht. So kann also eine junge Tochter durch das Vorbild einer arbeitenden Mutter in ihren eigenen Karriereplänen positiv beinflußt werden, während Söhne diesen Vorteil nicht haben und vielleicht ein wenig die mütterliche Zuwendung vermissen, wenn ihre Mutter arbeitet.

Vor einiger Zeit befragten Urie Bronfenbrenner und seine Kollegen (Bronfenbrenner, Alvarez und Henderson, 1983) Eltern über ihre Dreijährigen. Berufstätige Mütter und Väter beschrieben ihre Töchter als weiter entwickelt und zufriedener als ihre Söhne. Nicht-berufstätige Mütter und ihre Ehemänner bezeichneten umgekehrt die Entwicklung ihrer Söhne als fortgeschrittener. Im großen und ganzen hatte die Beschäftigung oder Nicht-Beschäftigung der Mütter keinen Einfluß auf die Beurteilung der Kinder durch ihre Eltern, aber wenn die Mutter arbeitete, waren die Eltern mit den Töchtern zufriedener, und wenn sie nicht außer Hauses arbeitete, mit den Söhnen. Dieses Untersuchungsergebnis mag seltsam erscheinen und wird sich vielleicht nicht mit anderen Studien decken. Es stimmt jedoch mit Hoffmans Ergebnis überein. Töchter profitieren vielleicht tatsächlich davon, ein kompetentes Rollen-Vorbild im Hause zu haben. Aber auch Söhne brauchen unter einer guten Tagesbetreuung nicht zu leiden, wie wir sehen werden. Geht man von den derzeitigen Verhältnissen in den Tagesstätten (Kinderkrippen, Kindergärten und Horte) aus, ist wohl anzunehmen, daß einige der Söhne und Töchter sowohl in Hoffmans als auch Bronfenbrenners Studien eine unzureichende Ersatzbetreuung hatten. Aber auch dann sind für Töchter die Vorteile aus der mütterlichen Berufstätigkeit noch deutlich größer als deren Nachteile.

Hoffman stellte auch fest, daß die meisten Forschungsarbeiten über die Auswirkungen mütterlicher Berufstätigkeit unter negativen Aspekten durchgeführt wurden; nur wenige Forscher fragten, welchen Nutzen sowohl Söhne als auch Töchter von einem höheren Familieneinkommen, einem höheren Selbstbewußtsein der Mutter, einer weniger scharfen Rollentrennung zwischen Mutter und Vater und dem Vorbild einer kompetenten Frau in der Familie für ihr späteres Leben haben könnten. Und außerdem: Wenn wir möchten, daß unsere Söhne die Rechte und Errungenschaften der Frauen respektieren, gibt es dann einen besseren Beweis dafür, daß Frauen genauso gebildet sein können wie Männer, als eine gebildete Mutter? Aber niemand hat die Einstellung der Söhne zu Frauen oder ihre Erwartungen an ihre zukünftige Ehefrau untersucht.

Die Befürchtung, die Berufstätigkeit von Müttern würde möglicherweise zu einer Misere der Kinder führen, spornte zu einer neuen Studie der Nationalen Akademie der Wissenschaften an (Kamerman and Hayes, 1982). Ein erlauchter Kreis von Sozialwissenschaftlern wertete alle Forschungsergebnisse über arbeitende Mütter aus und fand, daß es keine übereinstimmenden Auswirkungen von mütterlicher Berufstätigkeit auf irgendeinen Aspekt der kindlichen Entwicklung gibt. Vielmehr, so sagten sie, seien die Untersuchungen unter falschen Fragestellungen durchgeführt worden (ein wiederholtes Thema in diesem Buch). Berufstätigkeit der Mütter und Psyche der Kinder stehen nicht in einem simplen Verhältnis von Ursache und Wirkung, denn Mütter arbeiten aus verschiedenen Gründen, ihre Kinder befinden sich in verschiedenen Alters- und Entwicklungsstufen, sie leben in Gemeinden mit verschiedenen Einstellungen und sozialen Einrichtungen für arbeitende Eltern, und so weiter. Das Komitee kam zu dem Ergebnis, daß Berufstätigkeit der Mütter keine Auswirkungen auf die Kinder zeigt, aber daß, wie immer, weitere Forschung notwendig ist. Die wichtigste Bilanz aus der Untersuchung war diese:

Über Konsequenzen der Beschäftigung oder Nicht-Beschäftigung der Mütter für die Kinder ist wenig bekannt. Es gibt keine einfachen Aussagen über positive oder negative Folgen elterlicher Berufstätigkeit, und nach komplexeren ist generell nicht geforscht worden. Ergebnisse bei Kindern hielten sich, sofern überhaupt angesprochen, in einem sehr begrenzten Rahmen (S. 320).

Das direkte Ergebnis einer schlechten emotionalen, sozialen und intellektuellen Entwicklung von Kindern arbeitender Mütter ist *nicht* gefunden worden, aber keine Untersuchung kann bisher unerforschte Feinheiten ausschließen. Alles, was wir wissen, ist, daß schulische Leistungen, IQ-Testkurven und die emotionale sowie soziale Entwicklung von Kindern arbeitender Mütter kein bißchen schlechter sind als die von Kindern, deren Mütter nicht arbeiten gehen. Irgendwann in der Zukunft findet vielleicht irgend jemand einen feinen Unterschied zwischen den Kindern von arbeitenden und nichtarbeitenden Eltern. Gegenwärtig sind jedoch alle Nachteile, die den Kindern von arbeitenden Müttern zugesprochen werden, reine Mutmaßungen.

Die schlechte Presse für arbeitende Mütter kommt zum Teil von kulturellen Normen, die gerade erst anfangen, sich zu verändern. Man darf nicht übersehen, daß in den 60er, ja sogar noch in den 70er Jahren, nur eine Minderheit der Mütter von Vorschulkindern gearbeitet hat. Das Gemeinwesen und der weitere Familienkreis war gegen die Berufstätigkeit von Müttern eingestellt. Die Erfahrungen der Kinder in Tagesbetreuung wurden von der Gemeinde negativ bewertet. In der öffentlichen Meinung galt ein Kind in Tagesbetreuung als ein vernachlässigtes Kind. Während die anderen Mütter zu Hause sind, Plätzchen backen und dem Seelenleben ihrer Kinder Anregungen geben, lungert das arme fremdbetreute Kind in einer Ecke herum, bis Mami von der Arbeit kommt. Von solchen Bildern leben die Märchen über Tagesbetreuung.

Was tun Mütter eigentlich?

Während die Einstellung zu Tagesbetreuung generell negativ ist, ist die Einstellung zu mütterlicher Betreuung positiv, ohne daß diese Alternativen untersucht worden wären. Es wird allgemein angenommen, daß Mütter zu Hause eine Menge Zeit mit direkten Interaktionen mit ihren Kindern verbringen, Lernspiele mit ihnen spielen und sie geistig fördern. Das Märchen, daß Mütter, die zu Hause sind, bedeutend mehr Zeit in die intensive Beschäftigung mit ihren Kindern investieren, wird von einer neueren, großangelegten Studie (Hoffman, 1983; Ziegler 1983) über die Zeiteinteilung von berufstätigen und nicht-berufstätigen Müttern entlarvt. Die Studie hat genau untersucht, wieviel Zeit Mütter jeden Tag mit welchen Beschäftigungen verbringen. Sie fand heraus, daß Vollzeit-Mütter, während sie mit ihren Kindern zusammen sind, viel mehr Zeit mit Fernsehen verbringen als mit irgendeiner anderen Beschäftigung (im Durchschnitt einundzwanzig Minuten am Tag). Nur das gemeinsame Essen mit den Kindern (dreizehn Minuten) hat eine ähnliche Anziehungskraft wie das Fernsehprogramm. Im Gegensatz dazu verbringt die Durchschnittshausfrau weniger als zehn Minuten am Tag damit, ihrem Vorschulkind etwas vorzulesen oder mit ihm zu spielen.

Tatsache ist, daß die Mutter, die zu Hause ist, sich die meiste Zeit mit dem Haushalt beschäftigt. In Familien der Mittel- und Arbeiterschicht verbringt das Kind einer Vollzeit-Hausfrau nur 5 Prozent seiner Zeit im Wachzustand in direkter Interaktion mit der Mutter (Ziegler, 1983). Berufstätige Väter in denselben Familien nehmen 4 Prozent der Zeit des Kindes in Anspruch, kaum ein großer Unterschied zur Mutter, obwohl diese den ganzen Tag zu Hause ist. Was Väter während der Woche versäumen, machen sie am Wochenende wieder wett.

Eine Mutter, die zu Hause ist, ist normalerweise zu beschäftigt, als daß sie viel Zeit für direkte Interaktionen mit ihren Vorschulkindern haben könnte. Mag sein, daß sie Plätzchen backt, aber sie staubsaugt auch, wäscht, macht Betten, bügelt, wischt Staub, geht einkaufen und chauffiert die Kinder. Da sie einsam ist, verbringt sie vielleicht auch einige Stunden am Tag am Telefon oder vor dem Fernseher. Das Publikum von „Lindenstraße" und „Ein Heim für Tiere" besteht sicherlich nicht aus *arbeitenden* Müttern. Man erinnert sich an die Klagen der gelangweilten Hausfrau.

Die Untersuchungen über die Zeiteinteilung haben auch gezeigt, daß berufstätige Frauen genauso viel Zeit in *direkten* Interaktionen mit ihren Kindern verbringen wie nicht-arbeitende Frauen. Der einzige Unterschied besteht darin, daß sie natürlich nicht genauso viel Zeit mit ihren Kindern verbringen, indem sie einfach nur da sind. Die Bedeutung des indirekten Kontakts mit der Mutter ist fraglich; niemand hat gezeigt, daß die bloße Gegenwart irgendwelche positiven oder negativen Auswirkungen auf die kindliche Entwicklung hätte. Der gesunde Menschenverstand sagt einem: Kinder müssen Erwachsene zu Hilfe rufen können, wenn es nötig ist. Aber muß die Hilfe von der biologischen Mutter kommen? Vermutlich nicht. Wir wissen aus anderen Untersuchungen, daß sich Kinder auch mit anderen Betreuern vollkommen sicher und zufrieden fühlen können.

Mütter, die zu Hause sind, haben einen großen Vorteil gegenüber denen, die berufstätig sind: Muße. Wie Sie vielleicht aus persönlicher Erfahrung wissen und wie diese Studie zeigt, opfern arbeitende Frauen nicht die Zeit mit ihren Kindern; sie opfern ihren eigenen Schlaf und ihre Muße. So manche übernächtigte berufstätige Mutter schafft die Kleinen morgens in die Kinderkrippe, nachdem sie den ganzen Abend vorher damit verbracht hat, den Kühlschrank zu putzen. Das Zeitunglesen und Pflanzen-Umtopfen wird bis zum Wochenende warten müssen. Die Durchschnittsmutter, die nicht berufstätig ist, arbeitet pro Woche fünfzig Stunden zu Hause; die Durchschnittsmutter, die berufstätig ist, verbringt fünfunddreißig Stunden pro Woche mit denselben hausfraulichen Tätigkeiten, zusätzlich zu ihrer Fünfunddreißig- oder Vierzig-Stunden-Woche (Cowan, 1983). Das ergibt eine Siebzig- bis Fünfundsiebzig-Stunden-Woche für die berufstätige Durchschnittsmutter.

Männer mit Vorschulkindern und berufstätigen Ehefrauen verbringen täglich nur 20 *Minuten* mehr mit Hausarbeit als Ehemänner, deren Frauen ganztags zu Hause sind (Cowan, 1983). Im Durchschnitt arbeiten Väter von Vorschulkindern mit berufstätigen Müttern 12,8 Stunden pro Woche im Haushalt, verglichen mit den fünfunddreißig Stunden ihrer Frauen, was addiert zu ihrem regulären Fünfunddreißig- oder Vierzig-Stunden-Job insgesamt etwa fünfzig Stunden pro Woche ergibt. Väter mit berufstätigen Ehefrauen verbringen etwas *weniger* Zeit mit ihren kleinen Kindern als Väter, deren Ehefrauen zu Hause sind, vielleicht weil die Zeit, die nach der Arbeit für die Kinder übrigbleibt, mit der Mutter geteilt werden muß (Hoffman, Persönliche Kommunikation, 1983). Vollzeit-Müttern gibt die Heimkehr von Papi die Möglichkeit, sich eine Weile von den Anforderungen der Kinderbetreuung zurückzuziehen. Für die berufstätige Mutter ist das Zusammensein mit den Kindern nach der Arbeit eine kostbare Zeit, bevor sie das Abendessen herrichtet, Wäsche in die Maschine steckt und auf allen vieren ins Bett kriecht.

Der Kampf gegen die Überforderung

Auf der ganzen Welt arbeiten Frauen mehr als Männer, für weniger Geld. Es ist hier nicht der Platz, um diese unerfreulichen Tatsachen im einzelnen zu betrachten (siehe dazu Tavris und Wade, 1984). Im Vergleich mit dem Alltag von vielen berufstätigen Müttern wirkt das Schuften in einem Betrieb wie ein Urlaub. Zeit ist der unvermeidliche Zwangsfaktor, denn egal wie tüchtig man ist, man kann nicht in fünf Minuten eine Mahlzeit herrichten, essen und abräumen. Zum Füttern des

Babys braucht man 20 Minuten, und man kann es nicht dazu bringen, sich zu beeilen. Die Waschmaschine läuft nun mal 45 Minuten und nicht weniger. Selbst wenn man das Essen zubereitet, während die Waschmaschine läuft, und das Baby füttert, während man in der Suppe rührt, kann man in der verfügbaren Zeit nur soundso viel tun und nicht mehr. Außerdem ist man wahrscheinlich müde nach einem vollen Arbeitstag.

Wenn man auf das Geld nicht angewiesen ist und die beruflichen Pläne es erlauben, paßt Teilzeitarbeit viel besser zu Babys und kleinen Kindern als eine Vollzeitbeschäftigung. Ein 20-Stunden-Job läßt einem natürlich eher mal Zeit, um in Ruhe einkaufen zu gehen, gelegentlich eine Zeitschrift zu lesen oder die Samstagabend-Sportschau anzuschauen, wenn man Lust dazu hat. Sogar Frauen mit einer Halbtagsstellung arbeiten, wegen ihrer größeren Verantwortung für Kindererziehung und Haushalt, mehr Stunden als der durchschnittliche voll berufstätige Mann. Erwarten Sie also nicht sehr viel Freizeit, wenn Sie es mit einer Halbtagsarbeit versuchen wollen.

Teilzeitarbeit hat auch den Vorteil, daß sie eine gewisse Abwechslung in die Routine des Mutter- und Hausfrauendaseins bringt, ohne daß man dafür allzulange vom Baby getrennt ist. Auch wenn der Job noch so langweilig ist, kann es ein wichtiger Rhythmuswechsel für die Mutter sein, wenn sie bestimmten außerhäuslichen Aktivitäten nachgeht. Sich zurechtzumachen, das Haus zu verlassen, ohne einen Kinderwagen zu schieben oder ein Kind an der Hand zu halten, und in Kontakt mit anderen Erwachsenen zu kommen, das allein sind schon fast schwindelerregende Erfahrungen für eine ans Haus gefesselte Mutter. Eine Anstellung mit weniger als vierzig Stunden die Woche ist vielleicht ideal.

Mein Lösungsvorschlag für die Rollenüberlastung der berufstätigen Mutter lautet, so viel Geld, wie man sich nur leisten kann, für Hilfe auszugeben, auch wenn das heißt, andere Vergnügungen dafür aufzugeben – für die man wahrscheinlich sowieso keine Zeit hat. Auch Väter können im Haushalt und mit den Kindern mehr helfen, als sie es „normalerweise" tun. Aber zwei vollbeschäftigte Eltern werden immer noch überlastet sein, auch wenn sie die Arbeit gerechter verteilen als es in den meisten jungen Familien üblich ist. Wenn Sie finanziell nicht an allen Ecken und Enden der Schuh drückt, so ist das Geld, das Sie für Putzhilfe, Tiefkühlkost und arbeitssparende Dienstleistungen ausgeben, gut angelegt. Es wird niemanden umbringen, wenn es an ein paar Tagen pro Woche Schnellgerichte zu essen gibt.

Arbeitssparende Geräte sind nicht dasselbe wie zeitsparende Geräte (Cowan, 1983). Wenn Sie Geld für die neuesten elektronischen Wunder ausgeben, wird Sie das vielleicht nicht so entlasten, wie wenn Sie es für Dienstleistungen ausgeben, die Ihren Einsatz *ganz* überflüssig machen: zum Beispiel für chemische Reinigung, Frei-Haus-Lieferanten, für Pizza, die ins Haus geliefert wird, und für einen Babysitter, damit Sie mal ins Kino gehen können. Privilegierte berufstätige Frauen kennen den Wert von Hilfeleistungen. Eine Freundin, die ein wichtiges Biochemie-Labor leitet und die in sechs Jahren vier Kinder bekommen hat, wurde oft gefragt, wie um alles in der Welt sie das schaffe. „Wieso ich?“ antwortete sie. „Ich gehe morgens aus dem Haus und komme abends zurück zu glücklichen Kindern, in eine aufgeräumte Wohnung und zu einem fertigen Abendessen. Probleme, welche Probleme?“ Nun, das ist ein extremer Fall, aber meine eigene Lösung mit vier Kindern, die im Alter weiter auseinander waren, sah so aus, daß ich mir so viel Hilfe leistete, wie mein Einkommen zuließ.

Trotzdem muß man von Zeit zu Zeit „weg von allem hier“. Ein Teil des Geldes kann gut zur Befreiung von der ewigen Zwangsarbeit dienen. Bei vielen jungen Paaren sind die Ausgaben genauso hoch wie ihr Einkommen – oder liegen noch darüber –, wenn sie „arbeitssparende“ Geräte anschaffen, um ihre Wohnung tip-top in Ordnung zu halten. Sie haben kein finanzielles Polster, um sich Dienstleistungen oder Urlaub leisten zu können. Vielleicht ist Ihre seelische Verfassung besser, ich jedenfalls habe die Zeit gebraucht, in der ich mich von der Rollenüberlastung erholen konnte. Denken Sie wenigstens darüber nach, ob es nicht klug wäre, auch in sich selbst zu investieren.

Warum, so müssen wir fragen, werden arbeitende Mütter in ihrer Doppelrolle so überlastet? Warum gibt es so wenig Familien-, Gemeinde- und andere Unterstützung für heroisches Verhalten? Ich behaupte nicht, alle Probleme im Zusammenhang mit der Frauenrolle in unserer Gesellschaft ansprechen zu wollen, aber ich teile mein Befremden über die Unterbewertung von Frauen und Kindern in unserer Gesellschaft mit. Ich befürchte jedoch, wir haben da etwas mit vielen anderen Gesellschaften gemeinsam.

Kinderbetreuung

Wenn Ihr Hauptinteresse dahin geht, sich über eine angemessene Betreuung für Ihr Kleinkind klarzuwerden und eine zu finden, werden Sie im 7., 8. und 9. Kapitel erfahren, worauf Sie achten müssen und wie Sie sie finden. In diesen Kapiteln wird auch aufgezeigt, warum Tagesbetreuung für ein Kind tatsächlich gut sein kann. Im Gegensatz zur Meinung einiger Experten zeigt die Forschung, daß es besser sein kann, mehrere zuverlässige Betreuer zu haben als einen. Michael Rutter nimmt an, und Untersuchungen (über die Sie im 4. Kapitel nachlesen können) bei Kindern mit mehr als einer „Mutter" zeigen, daß feste Bindungen an mehrere Personen für Kinder wertvoll sein können. Wie erfahrene Eltern wissen, können kleine Kinder mehr als eine Person lieben. Tatsächlich ist es vielleicht sogar besser für sie, emotional nicht nur von der Mutter abhängig zu sein. Was ist, wenn sie ärgerlich wird, wie es uns allen ohne Frage manchmal passiert? Ist es nicht schön, wenn es mehr als einen Erwachsenen auf dieser Welt gibt, dem man vertrauen kann?

Mehrere Betreuungspersonen zu haben heißt nicht, daß man dauernd von einer unpersönlichen Tagesbetreuungsstelle zur nächsten geschoben wird. Es sollte bedeuten, daß man in einer kleinen und stabilen Gruppe von Kleinkindern ist, mit einem oder zwei festen Betreuern, und daß man in den Morgen- und Abendstunden und an den arbeitsfreien Tagen bei den Eltern zu Hause ist. Es ist für kleine Kinder nicht gut, ein

Heer von ständig wechselnden Betreuern zu haben, von denen keiner ein anhaltendes Interesse für ihre Gefühle und ihre Entwicklung haben kann. Jede Woche mit anderen Kindern zusammenzusein kann sich auch störend auswirken. Es ist für einen Menschen in jedem Alter schwierig, Beziehungen mit einer neuen Gruppe fremder Leute aufzunehmen.

Verschiedene Arten von Kinderbetreuung

Grundsätzlich gibt es vier Arten von Kinderbetreuung: mit Mutter oder Vater zu Hause, mit Babysitter zu Hause, mit Tagesmutter zu Hause und Kinderkrippe. Obwohl man annehmen könnte, daß es das beste ist, von einem Elternteil zu Hause betreut zu werden, ist das nicht der Fall. Eine gute Betreuung, wie sie im 7. Kapitel beschrieben wird, kann durch Eltern gewährleistet sein oder auch nicht, je nachdem ob sie sich gegenüber dem Kind fürsorglich, nachlässig oder sogar ablehnend verhalten. So ist es mit allen Betreuungsmöglichkeiten – einige sind optimal, und einige sind denkbar schlecht. Um die beste für Ihr Kind auszusuchen, müssen Sie informiert sein über die kindliche Entwicklung, die Charaktereigenschaften Ihres Kindes und darüber, was die jeweilige Betreuungsart auszeichnet. Jede der vier verschiedenen Arten hat eigene Vor- und Nachteile für verschiedene Kinder verschiedenen Alters.

Kurz gesagt ist das Zuhause eine mehr informelle Umgebung als die Kindergruppe, und es bietet mehr spontane Interaktionsmöglichkeiten zwischen Betreuern und Kindern. Die typische Tagesmutter, bei der das Kind tagsüber untergebracht wird, ist eine Nachbarin oder eine ortsansässige Mutter, die normalerweise Kinder mag und wahrscheinlich auch eigene hat. Babysitter sind meistens eher ältere Frauen, die zeitlich ungebunden sind und daher auch zu Ihnen nach Hause kommen, um Ihr Kind zu betreuen; mitunter sind es auch ausländische Frauen, deren Arbeitsmöglichkeit begrenzt ist. In Kindergruppen verläuft alles eher nach einem geregelten Stundenplan, es gibt ein Vorschulerziehungs-Programm und andere gleichaltrige Kinder als Spielkameraden. Gute Kindergruppen haben auch eher Betreuer, die etwas von kindlicher Entwicklung und Erziehung von Kleinkindern verstehen. Wenn man die unterschiedlichen, altersmäßig bedingten Bedürfnisse von Babys und älteren Vorschulkindern betrachtet, überrascht es nicht, daß die Eltern der jüngeren Gruppe Betreuung bei sich zu Hause bevorzugen, während die Eltern ihre älteren Kinder in Kindergärten schicken. Diese Themen werden im 7., 8. und 9. Kapitel ausführlich besprochen.

Ist Tagesbetreuung schlecht für Kinder?

Eine Durchsicht der wesentlichen Forschungsergebnisse zu den Auswirkungen und, noch wichtiger, das *Nichtvorhandensein* von schlechten Auswirkungen der Fremdbetreuung auf Kleinkinder, überzeugte Rutter (1982), daß Kindern die meisten Arten von Eltern- und Fremdbetreuung zuträglich sind. Ich stimme von ganzem Herzen dieser abschließenden Beweisführung zu:

> Die früheren Behauptungen, daß eine angemessene Fürsorge nur dann möglich sei, wenn die Mutter nicht arbeiten ginge, und daß die Inanspruchnahme von Tageskrippen ... eine ernstzunehmende und auf Dauer schädliche Auswirkung auf die psychische Verfassung hätte, haben sich nicht nur als verfrüht, sondern auch als falsch erwiesen (Rutter, 1982, S. 3).

Gute Kinderbetreuung ist nichts anderes als – gute Betreuung. Das Wer und Wo ist viel weniger wichtig als das Was. Jedes Kind kommt mit seiner eigenen Individualität auf die Welt und mit seinem eigenen, vorgegebenen Entwicklungsmuster. Gute Kinderbetreuung kann die Entwicklung zu einem gewissen Grad fördern, aber sie kann nicht den gesamten Lebensweg des Kindes bestimmen. Unzureichende Betreuung kann vorübergehend die Entwicklung der Kinder beeinträchtigen, aber solange die schlechte Behandlung nicht wirklich schlimm und von längerer Dauer ist, erholen sich im allgemeinen sogar diese Pechvögel und werden zu normalen Erwachsenen (Clarke und Clarke, 1976; Kagan, 1980). Es versteht sich von selbst, daß ich für eine vorbildliche Betreuung für alle Kinder eintrete. Eine gute Betreuung bedeutet, daß Kinder ihr eigenes Selbst entwickeln dürfen – in ihrer eigenen, einzigartigen Kombination von Genen und Erfahrungen. Man hat weder das Verdienst noch die Schuld an dem, was aus den Kindern wird. So viel Macht hat man ganz einfach nicht, daß man das vorgegebene Entwicklungsmuster des Kindes verändern könnte. Eine gute Betreuung ist für Ihr Baby genauso wichtig wie für Sie, aber übertriebene Beunruhigung darüber ist das Vermächtnis einer anderen Epoche.

2. *Warum sollte es so schwierig sein?*

Berufstätige Mütter – gestern und heute

Man braucht Frauen nicht zu erzählen, daß ihre sozialen Rollen sich in den 70er und 80er Jahren von Grund auf verändert haben. Nicht nur, daß mehr Mütter arbeiten, sie arbeiten auch in mehr Berufen – im Maschinenbau, in der Justiz, in Transportunternehmen, in der Postauslieferung und in anderen „Männerberufen". Zugegeben, in den „typisch weiblichen" Berufen, in der Schule, im Büro, in der Krankenpflege und dergleichen, beherrschen immer noch die Frauen das Feld, und die Arbeits- und Verdienstmöglichkeiten von Frauen liegen immer noch weit unter denen von Männern; allein schon das Spektrum der Beschäftigungsmöglichkeiten würde jedoch die emanzipierte Frau der 20er Jahre überwältigen. Die Statistiken über weibliche Beschäftigung zeigen, wie drastisch sich der Anteil der berufstätigen Mütter verändert hat. Von allen Müttern mit Kindern unter achtzehn Jahren arbeiteten in den USA im Jahre 1940 nur 8,6% außer Haus. Trotz vorübergehender Zunahme der Beschäftigung während des Zweiten Weltkrieges arbeitete 1950 nur eine kleine Minderheit von Frauen mit Kindern. In den frühen 60er Jahren dagegen arbeitete schon fast ein Drittel aller Mütter, 1970 hatten 42 Prozent eine Anstellung, und 1980 waren es bereits 57 Prozent.

Man könnte meinen, die meisten berufstätigen Frauen wären Mütter von Schulkindern gewesen, die leicht außer Haus gehen konnten, wenn ihre Kinder in der Schule waren. Dem ist nicht so. 1970 gingen 32 Prozent der Mütter von Kindern unter fünf Jahren in die Arbeit. 1980 arbeitete fast die Hälfte der Mütter von kleinen Kindern außer Haus. Prognosen für 1990 besagen, daß fast 60 Prozent der Mütter von Babys oder Vorschulkindern in einem Beschäftigungsverhältnis stehen werden, was für ihre Kinder irgendeine Form von Tagesbetreuung erfordert.

Diese Zahlen treffen für alle Familien zu. Der Prozentsatz von alleinlebenden, getrenntlebenden und geschiedenen Müttern, die arbeiten gehen, ist ein wenig höher. Von den alleinerziehenden Müttern mit Vorschulkindern waren 1982 ungefähr 61 Prozent berufstätig (BRD 1984: 40–50%) gegenüber 49 Prozent verheirateter Frauen, deren Ehemänner zu Hause waren. Alleinerziehende Mütter sind finanziell stärker auf eine Erwerbstätigkeit angewiesen, und es wird geschätzt, daß 1990 etwa zwei Drittel von ihnen berufstätig sein werden (Winget, 1982). Von Armut bis hin zum Wunsch nach Selbstverwirklichung reichen die Gründe, aus denen heraus Mütter sich zur Berufstätigkeit entschließen, wobei die finanzielle Not weit mehr Mütter zur Arbeit drängt als das persönliche Interesse.

Ein wenig Hilfe von Vater Staat

Geschichtlich gesehen ist der Kongreß, der sich überwiegend aus Männern zusammensetzt, immer gegen Frauenarbeit gewesen, oder aber er hat dazu eine ambivalente Stellung bezogen. Der richtige Platz der Frau war ihr Zuhause, besonders wenn sie einen Ehemann und Kinder hatte. Unverheirateten Frauen war es erlaubt zu arbeiten, aber sie verließen ihre Stellung im Beruf fast immer zum Zeitpunkt ihrer Eheschließung. Bis zum Zweiten Weltkrieg war es für eine verheiratete Frau aus der Arbeiter- oder Mittelschicht undenkbar, nach der Hochzeit noch zu arbeiten, denn ihre Berufstätigkeit hätte den Ehemann als schlechten Versorger bloßgestellt (Rothman, 1978). Diese Sichtweise hat ihre Wurzeln im 19. Jahrhundert, doch würde es zu weit führen, alle dafür maßgeblichen ökonomischen und sozialen Hintergründe aufzuzeigen. Wichtig erscheint im Zusammenhang dieses Buches die Tatsache, daß sich wenig Unterstützung für Maßnahmen fand, die die Beschäftigung von verheirateten Frauen – oder gar Müttern – erleichtert hätte. In der BRD war die Arbeitskraft von Frauen vor allem während des wirtschaftlichen Aufschwungs in den 50er/60er Jahren sehr gefragt. Durch das große Angebot an Arbeitsplätzen wurden viele Frauen berufstätig. Als dieses Angebot jedoch wieder zusammenschrumpfte, waren die Frauen die ersten, die von Arbeitslosigkeit betroffen waren. Auch in der heutigen wirtschaftlich schwierigen Lage ist die Arbeitslosenquote von Frauen sehr hoch. Somit hängt die Berufstätigkeit von Frauen eher von wirtschaftlichen als von beschäftigungspolitischen oder frauenpolitischen Gründen ab.

Vielmehr gab es eine starke Opposition gegen Berufstätigkeit von Müttern: Vorschläge, Kinderbetreuung für Kinder berufstätiger Mütter zu subventionieren, stießen auf den erbitterten Widerstand derjenigen, die die eigentliche Rolle des Mannes als Ernährer der Familie sahen und die eigentliche Rolle der Frau als Mutter und Hausfrau. Die harte Alltagsrealität der berufstätigen armen Leute, für die das Einkommen beider Elternteile lebensnotwendig war, und der alleinlebenden, verwitweten und geschiedenen Frauen mit Kindern, konnte nicht genug Betroffenheit erzeugen, um eine Politik zur Unterstützung angemessener Betreuung für die Kinder arbeitender Mütter zu erreichen. Steuerliche Erleichterungen für Kinderbetreuungskosten, oder, noch schlimmer, subventionierte Kinderbetreuung für Kinder arbeitender Mütter wurden als Anfang vom Ende der amerikanischen Familie diffamiert.

Die ablehnende Haltung gegenüber Kinderbetreuung in den Vereinigten Staaten steht im Gegensatz zur Politik anderer Industrienationen. Andere Länder fördern im Rahmen ihrer nationalen Politik die Einrichtungen zur Betreuung von

Kindern berufstätiger Mütter, aus welchen historischen, sozialen und ökonomischen Gründen auch immer (Roby, 1975). In Skandinavien, Israel, Frankreich und Osteuropa erhalten 50 bis 100 Prozent aller Säuglinge und Kleinkinder eine von der Regierung subventionierte Betreuung, während ihre Mütter arbeiten. Die meisten dieser Länder ringen immer noch um genügend gute Kinderbetreuungsplätze, aber sie haben sich einer nationalen Kinderbetreuungs-Politik verpflichtet. Es gibt dort ein Recht auf Kinderbetreuung, wenn in einer Familie beide Eltern berufstätig sind. Die meisten Frauenrechte sind in anderen Ländern nicht unbedingt höher geachtet als bei uns, mit einer Ausnahme: dem Recht auf Arbeit – wenn auch nur für die Hälfte des Lohnes eines Mannes.

Die Betreuung, die diese Regierungen zur Verfügung stellen, ist im großen und ganzen sehr gut. Man muß sich nicht riesige Institutionen vorstellen, in denen bedauernswerte Babys vernachlässigt dahinschmachten. Pamela Roby (1975, S. 134) beschreibt ausländische Kinderzentren als gemütlich, mit kleinen, informellen Kindergruppen. „Amerikaner, die skandinavische oder israelische Kinderzentren betreten, sind unmittelbar von der familiären Atmosphäre beeindruckt, die dort herrscht. Vor den Fenstern hängen Gardinen und an den Wänden gerahmte Bilder." Normalerweise hat jedes Zimmer eine Tür zum Spielhof, und die Kinder können, so oft sie Lust haben, hinausgehen, um die Haustiere zu versorgen, zu klettern oder zu spielen. Für die älteren Vorschulkinder gibt es gewisse Lernprogramme, ähnlich wie in unseren Kindergärten. Babys werden von geschulten Betreuern versorgt, die für jeweils drei bis vier Kinder unter drei Jahren verantwortlich sind. Roby vermittelt uns ein sympathisches Bild von Kinderbetreuungsstätten, nicht von öden, trostlosen Institutionen. Selbst wenn dieses Bild mehr den besseren als den schlechteren Betreuungsstätten entsprechen sollte, so zeigt es doch, daß es in anderen Ländern für die Mehrheit der Kinder, bei denen beide Eltern berufstätig sind, eine angemessene Kinderbetreuung gibt.

In all diesen Ländern bilden, und das ist wichtig, die Kinderzentren den Schwerpunkt für ein umfassendes medizinisches, zahnmedizinisches und soziales *Vorsorgeprogramm.* Die meisten industrialisierten Länder erkennen eine gesetzliche Fürsorgepflicht des Staates für die nächste Generation an, egal, wer deren Eltern sind.

Die Eltern in diesen Ländern können, wie wir auch, zwischen mehreren Kinderbetreuungs-Einrichtungen wählen. Subventioniert wird die Betreuung in Pflegefamilien, von Babysittern zu Hause und in Kinderzentren. Nach Marianne Karre (Karre et al., 1975) bevorzugen die meisten Eltern in Schweden Kinderzentren gegenüber Pflegefamilien, weil die Eltern da „sicher sein können, daß ihre Kinder von qualifizierten Personen betreut werden, daß sie regelmäßig von einem Arzt untersucht werden, daß sie richtig ernährt werden, passende Spielsachen bekommen, einen einigermaßen großzügigen Raum zum Spielen haben – unter der Aufsicht von festangestellten Mitarbeitern" (S. 141–142). Wenn alle Kinderzentren in den Vereinigten Staaten solche Vorteile bieten könnten, könnten Eltern mit weniger Sorgen und Schuldgefühlen arbeiten gehen, weil sie ihre Kinder in guten Händen wüßten. Dies ist nicht der Fall.

Die Hoffnung unserer Zukunft

In öffentlichen Reden wird oft gesagt, die Kinder seien „die Hoffnung unserer Zukunft", sie wären „der größte Schatz unserer Nation", „unser Stolz und unsere Freude". Man könnte annehmen, daß der Betreuung von Kindern in unserer Gesellschaft eine Priorität zukäme und daß es so wichtig für uns wäre, seelisch und körperlich gesunde Kinder heranzuziehen, daß die Erwachsenen, die mit Kindern arbeiten, gesellschaftlich auch besonders anerkannt würden. Denn schließlich braucht man, wenn man ein Kind gut erziehen will, noch andere Fähigkeiten, als wenn man Fernseher repariert oder Grundstücke verkauft.

Wenden wir uns der Vorschulerziehung zu. Traditionell gehört dieses Feld den Frauen, und so ist es auch heute noch.

Für Vorschulkinder gilt das gleiche wie für Babys: solange sie nicht öffentlich betreut werden, wird ihre Erziehung gesellschaftlich überhaupt nicht anerkannt. Es werden hierzulande viele große Reden geschwungen über den bedeutenden Einfluß der frühen Kindheit auf die geistige und seelische Entwicklung der nächsten Generation. Aber es gibt herzlich wenig Anerkennung – in Form von Geld oder gesellschaftlichem Status – für die Frauen, die hierzu etwas beitragen. Kindergärtnerinnen verdienen halb so viel wie Grundschullehrerinnen.

Viele, die über den niedrigen gesellschaftlichen Status der Arbeit mit Kindern nachgedacht haben, schreiben ihn dem Umstand zu, daß dieser Bereich so weit entfernt ist von dem der Macht und des Geldes. Ich würde gerne eine andere Erklärung zur Debatte stellen. Kinder gehören in erster Linie zu den Frauen. Ob es uns gefällt oder nicht, wir sind der Elternteil mit der biologischen Verbindung zum Baby, das an der Brust nuckelt. Ich bin zu dem Schluß gekommen, daß Kinder, besonders Säuglinge und Kleinkinder, wegen ihrer engen Verbindung zu Frauen abgewertet werden. Meiner Meinung nach ist es der niedrige Status der Frauen, der der Arbeit mit Kindern den Makel aufgedrückt hat, egal ob sie letztendlich von Männern oder Frauen verrichtet wird.

Viele der direkten Kämpfe für die Rechte der Frauen wurden ausgefochten und gewonnen. Wir dürfen wählen, Eigentum besitzen, die Scheidung einreichen und unsere Mädchennamen behalten. Die *indirekten* Schlachten um die Rolle der Frau müssen noch geschlagen werden. Kinderbetreuung gehört zu der Front, wo um Steuerfreibeträge, Betreuungskostenzuschüsse und eine Politik zugunsten der Kinder gekämpft wird. Das gehört zu den wichtigsten Streitfragen der arbeitenden Frauen. Des weiteren gehört der bezahlte Mutterschaftsurlaub dazu, den wenige amerikanische Frauen länger als ein paar Wochen erhalten. In den meisten europäischen Ländern bekommen Mütter sechs Monate, die sie mit ihren Neugeborenen zu Hause bleiben können, voll oder fast voll bezahlt (vgl. Anhang). Ein weiterer hoher Ausgabenposten für arbeitende Mütter ist die Hilfe im Haus für all die Arbeiten, die auf der ganzen Welt an den verheirateten Frauen hängenbleiben. Männer sind von Hausarbeiten wie Kochen, Saubermachen, Einkaufen so gut wie befreit, egal ob sie in Paris leben, in Belgrad oder Boston (Cowan, 1983). Es wurde viel Propaganda gemacht für die Verwandlung des Mannes zum Neuen Mann, der seinen Teil Hausarbeit auf sich nimmt, aber Tatsache ist, daß nur sehr wenige, vom Glück besonders begünstigte, berufstätige Mütter in diesen Genuß kommen.

So kommt es, glaube ich, daß die Frauenarbeit, der Mutterschaftsurlaub und die Kinderbetreuung, Unterpfande des aktiven, aber indirekten Kampfes zwischen den Geschlechtern sind, des Kampfes um die richtige Rolle der Frauen in der Gesellschaft. Die Schlachten darum, wie Frauen außer Haus arbeiten können, ohne das Wohlergehen ihrer Kinder zu opfern, werden in den kommenden Jahrzehnten geschlagen werden. Es wird Kämpfe geben wegen dem niedrigen gesellschaftlichen Status und wegen dem armseligen Entgelt der typischen Frauenberufe, von denen viele die Arbeit mit Kindern beinhalten. Es wird Kämpfe geben um die Legitimität von Kinderbetreuung, ihre Normen, ihre Verfügbarkeit und darum, wer sie bezahlt. Man kann nur hoffen, daß all diese Streitfragen im Interesse der Kinder gelöst werden. Denn sie *sind* die Zukunft der Menschheit.

II. Ist Mutter die Beste?

3. Historisch bedingter Wandel der Auffassungen über Kinder und Mütter

Es erscheint ganz natürlich zu glauben, daß Mütter wichtig für die Entwicklung ihrer Kinder sind, und doch ist die Ansicht, daß Mütter eine spezielle und unersetzliche Rolle im Leben ihrer Kinder spielen, relativ neu. Die Frau als Mutter statt als Organisatorin des Hauswesens, die außerdem auch Kinder hat, ist eine Erfindung des neunzehnten Jahrhunderts. Kinder, die von der Renaissance bis in die Mitte des neunzehnten Jahrhunderts weitgehend unbeachtet geblieben waren, hatten plötzlich ein Seelenleben, welches spezielle mütterliche Zuwendung brauchte. Warum haben Psychologen und andere Experten damit begonnen, eine besondere Mutter-Kind-Beziehung zu betonen, eine, die die Vollzeit-Betreuung des Kindes durch die Mutter notwendig machte? In diesem Kapitel verfolge ich die Entwicklung der Auffassungen über Mütter und Kinder in den Ratschlägen der Kindererziehungs-Experten. Was haben die Experten den Eltern über Kinder erzählt und über die Verantwortung, die sie in der Erziehung tragen? Wenn wir zurückverfolgen, wie sich die Vorstellungen über Mütter und Kinder gewandelt haben, wird uns das Dilemma der Mutter von heute verständlich. Der Konflikt zwischen Mutterschaft und Karriere, den wir alle fühlen, geht zurück auf vielerlei Vermutungen über das Wesen von Kindern und über die Verantwortlichkeiten einer Mutter.

Das Kind und Mutter Natur

Wenn wir glauben, daß Kinder sich mehr oder weniger selbständig entwickeln, sofern sie beschützt und vernünftig geleitet werden, erfordern die Verpflichtungen der Elternschaft wesentlich weniger Zeit und Energie, als wenn wir meinen, daß Babys intensive Interaktionen und Anleitungen brauchen, um sich optimal zu entwickeln. Laisser-faire-Eltern können sich entspannen und ihre Kinder in ihrer Entwicklung beobachten, während interventionistische Eltern fortwährend das Leben ihres Kindes programmieren müssen. Unsere verschiedenen Theorien über Kinder und ihre Bedürfnisse lassen uns unsere Rolle als Eltern sehr unterschiedlich sehen.

Wenn man als Frau laufend Konflikte und Schuldgefühle erlebt, weil man Mutter ist und sich dennoch als eigenständige Person fühlt, so ist das nicht ein individuelles Problem, sondern ein gesellschaftlich bedingtes Unbehagen. Meiner Meinung nach resultiert das Dilemma moderner Mutterschaft aus einer Diskrepanz zwischen der heutigen Realität des Familienlebens und den Vorstellungen über Mütter und Kinder aus dem späten neunzehnten und frühen zwanzigsten Jahrhundert. Der Konflikt besteht nicht zwischen Mutterschaft und Karriere, sondern zwischen dem, was man im neunzehnten Jahrhundert über Kinder dachte, und der heutigen Frauenrolle.

Das Wesen des Kindes

Jede Epoche erfindet ihr eigenes Kind. Im Verlauf der letzten 500 Jahre veränderte sich die Auffassung vom Kind erheblich: von der Vorstellung eines Noch-nicht-Erwachsenen, der den gesellschaftlichen Zielvorstellungen unterworfen werden mußte, bis zur Vorstellung vom Kind als einem eigenständigen Wesen, das man vor unvernünftigen gesellschaftlichen Forderungen bewahren mußte. Die Kindheit wurde immer mehr als eine besondere Lebensphase des Menschen betrachtet und immer weniger als ein vorübergehender Zustand, der keine bleibende Bedeutung für das Erwachsenenleben hat (Kessen, 1965). In den Vorstellungen einer Gesellschaft vom Kind drücken sich weitergehende Ansichten über gesellschaftliche, ökonomische, religiöse und politische Zusammenhänge aus, und auch Meinungen über die Zukunft der Gesellschaft selbst (Borstelmann, 1983). Normalerweise geht mit einer optimistischen Zukunftssicht der Gesellschaft eine optimistische Betrachtungsweise der kindlichen Natur Hand in Hand und umgekehrt.

Zwei Grundfragen sind mit allen Diskussionen über Kinder und Kindererziehung verknüpft: (1) Ist die kindliche Natur grundsätzlich gut oder böse? (2) Brauchen Kinder eine sorgfältige und intensive Erziehung, oder ist ihre Entwicklung im wesentlichen von der Natur festgelegt?

Zu manchen Zeiten in der Geschichte wurden Kinder als von Natur aus böse angesehen, der Erlösung durch weisere, göttlichere Erwachsene bedürftig. Durch strenge Zucht bis hin zur körperlichen Züchtigung und Mißhandlung konnten ihre Aussichten auf eine Erlösung verbessert werden. Zu anderen Zeiten sah man Kinder als von Natur aus gut an, man konnte sie im Vertrauen darauf ihrer eigenen, natürlichen Entwicklung gemäß aufwachsen lassen. Alles, was sie brauchten, war Schutz vor dem Bösen auf der Welt.

Demokratischer Optimismus hat dazu geneigt, ein Bild von Kindern zu schaffen, das sie als von Natur aus gut und durch Übung und Erziehung vervollkommnungsfähig zeigt. Dieses Kind wird von einer schlechten Umgebung, einschließlich unfähiger Eltern, negativ beeinflußt. Ein anderes Bild, das gute Kind, das man ruhig nach seinen eigenen Gesetzen aufwachsen lassen kann, zeigt die Darwinsche Vorstellung vom höchstentwickelten kleinen Säuger, dessen genetisches Erbe ihm seinen Platz in der natürlichen Ordnung sichert. Ein drittes Kind, in dem potentiell verderbliche Triebe brodeln, verdankt seine Natur der Evolution und seine Vervollkommnungsfähigkeit der elterlichen Behandlung, die repressiv oder einfühlsam sein kann, je nach Epoche. Wir werden alle drei Kinder im zwanzigsten Jahrhundert antreffen.

Kinder bekommen ein Seelenleben

Im frühen neunzehnten Jahrhundert wurde Kindern eine Individualität zugesprochen, von der man nie zuvor gehört hatte. Sie bekamen eigene Namen, nicht mehr die Namen der gestorbenen Geschwister, und wenn sie nach den Eltern oder Großeltern benannt wurden, erhielten sie den Beinamen „Junior" oder „II.". Kinder wurden nun erstmals in Scheidungsklagen erwähnt. Infolge der Verbesserungen des Gesundheitswesens und der Medizin im späteren neunzehnten Jahrhundert erhöhten sich die Überlebenschancen von Kleinkindern und damit gleichzeitig auch das Interesse an ihnen.

In Europa und in den Vereinigten Staaten holten Kinderarbeits-Gesetze Kinder unter dreizehn aus den Fabriken und Bergwerken heraus. Um die Jahrhundertwende wurde in Frankreich, England und den Vereinigten Staaten die Schulpflicht eingeführt. Damit wurde den Kindern ein Freiraum zum Lernen eingeräumt. Jugendliche aus armen Familien gingen immer noch in die Fabriken und in Bergwerken arbeiten, und eine grundlegende Schulbildung war immer noch vielen unbekannt. Aber Kinder waren als eine besondere Gesellschaftsgruppe erkannt worden, die Schutz brauchte.

Mit der Veränderung der physischen und sozialen Lebensbedingungen der Kinder entstand ein neuartiges Interesse für ihr Seelenleben. Die Mütter erhielten die heikle Aufgabe, für die Kleinen, die neuerdings in der gesellschaftlichen Achtung gestiegen waren, eine förderliche Umgebung zu schaffen. Durch ihr gutes Beispiel sollten Mütter Geist und Herz der folgenden Generation bilden. Seltsamerweise wurde jedoch wenig oder gar nichts über das *psychische* Umfeld der Familie gesagt.

Jerome Kagan (1983) bemerkt, daß in Lehrbüchern über Kinder und ihre Familien vor 1910 kaum mehr als ein oder zwei Absätze dem direkten Einfluß der Eltern auf ihre Kinder gewidmet waren. Das Verhalten der Mutter zum Kind blieb völlig unbeachtet. Nach 1920 befaßten sich ganze Kapitel mit dem Einfluß von Eltern, Geschwistern, sozialer Schichtzugehörigkeit und anderer Familienmerkmale auf die kindliche Entwicklung. Zwar wurde in volkstümlichen Schriften um die Jahrhundertwende der Einfluß der Mutter auf die Kinder angesprochen, doch wurde er in ihrem guten Vorbild gesehen und nicht als direkte Auswirkung ihres Umgangs mit dem Kind.

Bei Kindern des neunzehnten Jahrhunderts wurde keinerlei Bindung an ihre Mütter bemerkt. Eher zeigten Mütter „intensive, uneingeschränkte Zuneigung zu ihren Babys, aber Babys haben sie nicht unbedingt erwidert" (Kagan, 1983, S. 541). Selbst in den 30er Jahren haben die führenden Experten für kindliche Entwicklung nicht eine besondere Bindung zwischen dem Säugling und seiner Mutter hervorgehoben. Stern (1930) beobachtete statt dessen, wie rasch Babys sich an eine neue Pflegeschwester gewöhnen oder das Fortgehen ihrer Eltern vergessen. Erst als Freuds Schriften populär wurden, konzentrierten sich die Schilderungen von Säuglingen auf deren Beziehungen zu ihren Müttern (Kagan, 1983). Der Gedanke, daß Kinder Gefühle haben, die von bleibender Bedeutung für ihre Entwicklung sind, ist eine sehr neue Erfindung (oder Einsicht, wenn man so will). Zwei der Experten, die wir in diesem Kapitel vorstellen werden, haben sich kaum zu den Gefühlen von Kindern geäußert, nur Freud betonte die bleibende Bedeutung der Phantasien von Kindern über ihre Eltern und ihre Verletzlichkeit in der Beziehung zu ihnen.

Mütter als Hauptperson

Die Vorstellungen von Müttern haben sich geschichtlich gesehen jeweils mit der Rolle der Frau verändert. Wenn Frauen für die Arbeit auf den Feldern oder in den Geschäften gebraucht wurden, behaupteten Experten, daß Kinder sie nicht so sehr bräuchten. Mütter, die oftmals zu weich und zu sentimental seien, könnten vielleicht sogar einen negativen Einfluß auf die charakterliche Entwicklung des Kindes haben. Aber als Männer während der industriellen Revolution das Haus verließen, um anderswo zu arbeiten, wurden die Frauen zu Hause „gebraucht". Der Häuslichkeits- und Mütterlichkeitskult schuf Tugenden, die dafür sorgten, daß Frauen an ihrem Platz blieben.

In der Mitte des neunzehnten Jahrhunderts betonten Experten die Wichtigkeit von Müttern als Haushaltsvorstand. Müttern oblag die Hauptverantwortung für ihre Kinder, aber sie hatten auch ihren Ehemännern Zuflucht vor der Verderbtheit der Geschäftswelt zu bieten (Lasch, 1979). Sie waren dafür verantwortlich, daß das Zuhause für ihre Ehemänner und Kinder friedvoll, harmonisch und erbaulich war. Vom mittleren bis ins späte neunzehnte Jahrhundert hatten Kindererziehung und Haushaltsführung gleichgewichtigen Anteil an der häuslichen Rolle der Frau. Aber ab der Mitte des Jahrhunderts wurden im Geist der Romantik Kinder idealisiert. Ein Jahrhundert vorher hatten Romantiker wie Jean Jacques Rousseau das Gefühl über die Vernunft gestellt, das Primitive über das Hochentwickelte, das Natürliche über das Künstliche und das Einfache über das Komplizierte. Sie hatten das Bedürfnis der Kinder nach Liebe betont und die Verantwortung der Mütter, sie liebevoll zu erziehen. Im Zuge der Romantik wurden Kinder zunehmend wichtiger, und ihre Mütter mehr und mehr dafür verantwortlich, sie großzuziehen (Degler, 1980, S.73). Man begann, Mutterliebe als Voraussetzung für das Seelenheil der Kinder hinzustellen. Zur selben Zeit begann man, Kindererziehung als eine immer schwierigere und verantwortungsvollere Aufgabe zu betrachten. Mutterschaft ersetzte die Häuslichkeit als Kult, aber Liebe allein war nicht genug. Die neue Auffassung war, daß Mütter sich in der Kindererziehung nicht auf ihre Instinkte verlassen dürften, sondern daß sie *Wissen* benötigten. Das Ziel der Mutterschaft bestand darin, die Jugend darauf vorzubereiten, die Erde zu erben – oder zumindest ihr Stückchen davon. Die psychische Beziehung der Mutter zu ihrem Kind war nicht so wichtig wie ihr gutes Beispiel und ihr ständiger erzieherischer Einsatz, um es zu formen.

Das Ideal einer gebildeten Mutter

Im letzten Viertel des neunzehnten Jahrhunderts wurde das Frauenideal durch weibliche Tugenden geprägt. Mittelschichtsfrauen sollten Moral, Keuschheit und Feinfühligkeit verkörpern, zum Wohle ihrer Familie und der weiteren Gesellschaft, die in ihrem Wesen als weiblich angesehen wurden. Als jedoch Mutterschaft bei den weiblichen Tugenden an die erste Stelle rückte, tauchte ein neues Frauenideal auf: eine Frau, die die Wissenschaft von der kindlichen Entwicklung studierte und praktisch anwendete.

Gegen Ende des neunzehnten Jahrhunderts taten Mütter sich zusammen, um Informationen über ihre entscheidenden Aufgaben auszutauschen. 1897 wurde in den USA der „Nationalkongreß der Mütter" gegründet und folgte damit der „Gesellschaft zum Studium der kindlichen Natur", die 1888 gegründet worden war. Der „Nationalkongreß der Eltern und Lehrer" sog 1910 die Mütterbewegung in sich auf. Mütter, die sich ursprünglich in ihrer Laienorganisation unter dem Motto „Mutterliebe" zusammengefunden hatten, wurden in eine professionelle Bewegung hineingetrieben, die wissenschaftlich begründete Erziehungsratschläge und die Kenntnis der kindlichen Natur proklamierte. Die Epoche der wissenschaftlichen Studien über Kinder hatte begonnen. Sie wurde von Müttern ins Leben gerufen, kam aber bald unter die Aufsicht von Erziehungs-„Experten".

Die Führungsposition von Experten rührte von der Bewegung des wissenschaftlichen Kinderstudiums her, die im späten neunzehnten Jahrhundert begonnen hatte. Die Hauswirtschaftslehre der frühen und mittleren Jahre des neunzehnten Jahrhunderts, die sich mit Haushaltsfähigkeiten befaßt hatte, wurde in eine Kinder-Wissenschaft verwandelt. Kinder standen nun im Mittelpunkt des familiären Dramas, sie hatten Kochen, Nähen, Putzen, Wirtschaften mit dem Geld und Väter in den Hintergrund gespielt. Manche Mütter wollten sogar mit ihren Kindern in Pensionen leben, damit sie ihnen ihre volle Aufmerksamkeit widmen könnten, ohne dabei von

Haushaltspflichten gestört zu werden. G. Stanley Hall, der erste amerikanische Psychologe und Präsident der Clark-Universität, hatte einen enormen Einfluß auf die Mütterbewegung. Mit Untersuchungen über Kinder und der Behauptung wissenschaftlicher Erkenntnisse sprach er auch Experten an (wir mißbilligen seine Studien heute). Hall war der Guru der Erziehungsexperten am Anfang des Jahrhunderts. Es war Hall, der Freud zu seinem ersten Besuch nach Amerika brachte, und es war Hall, der mehr als ein Dutzend Bücher über Kinder und Erziehung geschrieben hat. Er betonte die Entwicklungsstufen von Kindern und die Wichtigkeit mütterlicher Aufsicht. Damit nicht genug, drängte er Mütter dazu, ausführliche Notizen über die Entwicklung der Kinder zu machen, und machte sie damit zu (unbezahlten) Forschungsassistentinnen des großen neuen Abenteuers – der Entdeckung von Geist und Seele des Kindes. Mit dem wissenschaftlichen Segen von Dr. Hall wurde Kindern eine gewichtige Bedeutung beigemessen und die Kindheit wurde zu dem Popanz aufgeblasen, den wir heute kennen.

Der Kampf der Männer, Frauen dem höheren Bildungswesen fernzuhalten, war zwar verloren, aber die Bildung der Frauen konnte zum Vorteil der Kinder gewendet werden, wenn man ihre Bedeutung für richtige Mutterschaft betonte. G. Stanley Hall sagte, daß in der Hand, die die Wiege schaukelt, mehr Verantwortung liege als in der eines Präsidenten. Da die Bedürfnisse von Kindern sich mit ihrer Entwicklung verändern, sind die Anforderungen an die Bildung der Eltern sehr hoch.

Nun konnten Frauen also einen akademischen Abschluß machen und trotzdem Mütter sein. War das nicht optimal? Universitätspräsidenten fanden übereinstimmend, daß ihre Absolventinnen Anmut und Bildung in ihr Zuhause brächten, eine Aufgabe, die wichtiger sei als jede andere.

Die Ausbildung von Frauen kann nie zu umfassend, zu hoch oder zu intensiv sein, um sie zu gebildeten Müttern der künftigen Rasse werden zu lassen, einer Rasse von Männern und Frauen, geboren von gebildeten Eltern. Das Bedauernswerte ist, daß wir nur die vier Jahre der College-Stufe haben, um den Frauen, die einmal Mütter sein werden, solches Wissen zu vermitteln (M. Carey Thomas, Präsidentin des Bryn-Mawr-College, 1908, Rothman, 1978, S. 107–108).

Der Präsident des Wellesley-College echote ähnliche Gefühle, pries die Tugenden des „richtigen“ Tuns, vom Tischdecken und Sich-Herausputzen bis hin zum Leseunterricht für Kinder. College-gebildete Mütter konnten alles besser. Nichts sei wichtiger als die Mutterschaft, sagte der Präsident Theodore Roosevelt vor einer Versammlung von Frauen:

Die gute Mutter, die kluge Mutter – und man kann keine wirklich gute Mutter sein, wenn man nicht eine kluge Mutter ist – ist für die Gemeinschaft wichtiger als selbst der fähigste Mann; ihre Karriere ist anerkennenswerter und für die Gemeinschaft von höherem Wert als die Karriere irgendeines Mannes, egal wie erfolgreich er ist ... Aber die Frau, die, ob aus Feigheit, aus Egoismus oder aus einem falschen und nichtigen Ideal heraus, sich ihrer Pflichten als Gattin und Mutter entzieht, verdient unsere Verachtung geradeso wie der Mann, der, aus welchem Grund auch immer, sich fürchtet, seine Pflicht als Soldat zu tun, wenn das Land ihn ruft (zitiert aus Ehrenreich und English, 1979, S. 190).

Woher kommt dieser Mutterschaftskult? Zu einem Teil kann er erklärt werden aus der Geisteshaltung der Romantik, zu einem anderen Teil durch die höheren Überlebensraten der Kinder, zu einem weiteren Teil als Folge des Darwinismus, durch den die evolutionäre Entwicklung zu einem wichtigen Teil der wissenschaftlichen Theorie wurde. Darwins Hauptwerk „Origin of Species“ (Die Entstehung der Arten durch natürliche Zuchtwahl) wurde 1859 herausgegeben. Parallelen zwischen Evolution und Entwicklung lenkten die Aufmerksamkeit auf die Kinder. So wie man von den „Species“ annahm, daß sie einen Fortschritt vom einfachen Tier zum komplexen, sittlichen Menschen darstellten, so betrachtete man die Entwicklung vom Kind zum Erwachsenen als einen Fortschritt durch noch komplexere Anpassungsvorgänge. Nach-Darwinsche Philosophen wie John Dewey betonten die Erziehbarkeit des Kindes, eine Vorstellung ähnlich der früheren sittlichen Erlösung durch Training, ergänzt durch romantische Vorstellungen von der unverdorbenen Reinheit der kindlichen Natur (Borstelmann, 1983). Wann immer man Kinder als erlösbar und bildungsfähig betrachtete, erhielten Mütter eine besondere Rolle.

Als die vielleicht wichtigste Kraft stand hinter dem Mutterschaftskult die Bewegung der „Progressiven". „Progressive" führten neue Vorstellungen über das Wohl des Kindes ein, die zahlreiche öffentliche, staatlich unterstützte Programme zur Überwachung der kindlichen Gesundheit und Entwicklung hervorbrachten. Das Programm der „Progressiven" war am Kind und seinem Schutz orientiert. Mütter- und Kinderkliniken und Kindergärten wurden gegründet; Schutzgesetze sollten Kinder- und Frauenarbeit verhindern.

Beginnend mit dem zwanzigsten Jahrhundert entstand im Zuge der Fortschrittlichkeit eine neue Definition der richtigen Weiblichkeit, das Modell einer „gebildeten Mutterschaft". Mit neuer Intensität auf die Bedürfnisse des Kindes gerichtet, forderte dieses Ideal, Frauen für die Aufgaben der Mutterschaft zu trainieren. Die Einsichten der Frauen in die kindliche Entwicklung sollten nun über ihre tugendhaften und mütterlichen Instinkte gestellt werden (Rothman, 1978, S. 5).

Mutter und Staat widmeten sich ganz der Wahrnehmung der kindlichen Interessen. (Wenige interessierten sich für die Mutter als Person.) Und die Mutter wurde in ihren Erziehungsaufgaben unterstützt von einer Unzahl von Meinungen über das Wesen des Kindes und das richtige Aufziehen von Kindern. Die Mutter hatte eine besondere Rolle, aber sie bedurfte der Anleitung durch Experten. Drei Experten, jeder mit seinen eigenen Annahmen über das Kind, traten auf, um Eltern zu sagen, wie man seine Kinder erzieht.

Drei Kindererziehungs-Experten

Das Studium des kindlichen Verhaltens kam im frühen zwanzigsten Jahrhundert in eine neue Phase. Zur Illustration der verschiedenen Kinder, die man, je nach Vorliebe, erfinden kann, betrachten wir einmal die Entwicklungspsychologie von drei Experten: Arnold Gesell, John Watson und Sigmund Freud. Jeder dieser drei Männer vertrat eine andere Ansicht über die kindliche Entwicklung. Ihre gemeinsame Einstellung, die sie mit der Kindheitserforschungs-Bewegung teilten, war, daß die kindliche Entwicklung ein angemessener Gegenstand für wissenschaftliche Studien sei. Da die Wissenschaft natürlich von bestimmten Werthaltungen wie auch von Vermutungen ausgeht, kreierte jeder ein Kind und einen Erziehungsstil, der zu seiner eigenen Theorie paßte.

Alle drei waren einflußreiche Kinderexperten von den 20er bis zu den 40er Jahren, und ihr Einfluß ist noch erkennbar in unseren gegenwärtigen kulturell bedingten Annahmen über das Wesen des Kindes und die Verantwortung der Eltern. Ihre Annahmen und ihre Ratschläge für Eltern sind grundlegend verschieden voneinander, aber ein jeder steht für eine wichtige Strömung der amerikanischen Kultur.

Arnold Gesell

Gesell und Watson, beides Amerikaner, repräsentieren die zwei Gegenpole innerhalb der oben beschriebenen Thematik. Gesells Kind ist von Natur aus gut und entwickelt sich selbständig; es wird kaum beeinflußt von elterlicher Behandlung, solange es nicht mißhandelt oder schrecklich vernachlässigt wird.

> Es ist der erbliche Ballast, der das Wachstum eines jeden individuellen Kindes bewahrt und sicherstellt ... Wenn er nicht existieren würde, würde das Kind ein Opfer seiner totalen Formbarkeit, die ihm manchmal in romantischer Weise zugeschrieben wird. Sein Geist, sein Wesen, seine Persönlichkeit würden zur leichten Beute für Krankheit, Hunger, Fehlernährung und, am schlimmsten, für irreleitende Führung (Gesell, 1928, S. 378).

Gesells Kind ist nicht so formbar, daß es durch die „irreleitende Führung" der Eltern vom Kurs abgebracht werden könnte, denn es kennt seine innere Richtung. Gesells Kind ist von der Natur so eingerichtet, daß es ohne viel Zutun der Eltern aufwächst. Die kindliche Entwicklung ist tatsächlich so vorhersehbar, daß Gesell Normen oder Regeln für die Verhaltensentwicklung aufstellen konnte, die denen für das körperliche Wachstum – Größe, Gewicht und Kopfumfang – sehr ähnlich sind. Normen für Sprache, Motorik, für soziale Entwicklung und Entwicklung der Lernfähigkeit (Selbständigkeit, praktische Fertigkeiten) ließen Eltern wissen, daß das durchschnittliche sechs Monate alte Baby nach Gegenständen greifen kann, daß es mit neun Monaten brabbelnd Konsonanten und Vokale kombiniert (ma-ma, ba-ba), daß Zweijährige Klötzchen aufeinanderschichten und daß Dreijährige viele Körperteile benennen können. Obwohl Gesell diese Normen nicht als rigide Regeln aufgestellt wissen wollte, wurden sie von Eltern dazu benutzt, die Fortschritte ihrer Kinder zu beurteilen, ohne Rücksicht auf das Spektrum individueller Unterschiede. Gesells Beschreibungen der normalen Entwicklung waren so erfolgreich, daß sie die Grundlage für seinen Entwicklungstest bildeten, der heute immer noch in Gebrauch ist. Der *„Bayley Test für die geistige und motorische Entwicklung"* und der *„Denver Entwicklungs-Siebtest"*, die von fast allen Kinderärzten angewendet werden, folgen Gesells Vorstellungen sehr eng und verwenden sogar viele seiner Kriterien. Die Tests sind gut dazu geeignet, in frühem Alter herauszufinden, ob ein Kind ernstlich hinter 90 bis 95 Prozent seiner Altersgenossen zurückgeblieben ist.

Gesell erkannte und respektierte individuelle Unterschiede, seine Normen sollten eine Beschreibung der durchschnittlichen Entwicklung ermöglichen. Innerhalb eines normalen Spektrums ist es für Kinder weder von Vorteil noch von Nachteil, wenn sie sich am Anfang oder am Ende ihrer Altersgruppe befinden. Das Baby, das früher laufen gelernt hat, wird die Ziellinie beim New-York-Marathon nicht eher als erster erreichen als ein anderes. Das Kind, das als erstes spricht, wird nicht unbedingt der beste Redner des Landes. Kinder, die später laufen und sprechen, haben genauso gute Chancen zu gewinnen. Kinder haben verschiedene Entwicklungsmuster, die von Eltern und anderen Leuten respektiert werden müssen.

Seine angeborene Tendenz zur optimalen Entwicklung ist so tief eingewurzelt, daß es buchstäblich von allem Positiven in unserer Behandlung profitiert und unter unserer Nicht-Erleuchtung weniger leidet, als es logischerweise müßte. Nur wenn wir diesem innersten Kern des Erbguts Respekt bezeugen, können wir die wichtigen individuellen Unterschiede, die zwischen Kindern genauso bestehen wie zwischen Erwachsenen, respektieren (Gesell, 1928, S. 378).

Gesell hatte so viel Vertrauen in die den Kindern angeborene Tendenz zur bestmöglichen Entwicklung, daß er sogar von der Annahme ausging, daß Kinder von richtigem Verhalten ihrer Eltern stark profitieren, aber durch Fehler der Eltern wenig Schaden nehmen. Der Unterschied zu Watson könnte größer nicht sein.

John Watson

Im Gegensatz zu Gesells robustem Selbstentwickler wird Watsons Kind gänzlich durch Erziehung geformt, als ein passiver Empfänger eines detaillierten Programms. Watsons Neugeborenes ist ein „lebendiges, sich windendes Stückchen Fleisch, gerade fähig zu ein paar einfachen Reaktionen . . . Eltern nehmen dieses Rohmaterial und beginnen, es so zu formen, wie es ihnen paßt. Das heißt, daß Eltern, ob sie es wissen oder nicht, bereits bei der Geburt die intensive Schulung des Kindes beginnen" (Watson, 1928, S. 46).

Gesells robustes Kind reift nach den Vorgaben des genetischen Programms, wobei seine Umgebung eine unterstützende Rolle spielt. Sein Kind ist fähig, in vielen verschiedenen Gärten aufzublühen. Gesell gibt Eltern das sichere Gefühl, daß sie kaum etwas falsch machen können. Im Gegensatz dazu ist Watsons zerbrechliches Kind ein unbeschriebenes Blatt Papier, das erst durch eine sorgfältig gesteuerte, detaillierte Schulung Konturen annimmt. Die beiden Experten boten Eltern im gleichen Jahr (1928) zwei total verschiedene Anleitungen.

Watson, der Vater des amerikanischen Behaviorismus, beeindruckte Eltern mit der Wichtigkeit ihrer Verantwortung und mit den vielen Möglichkeiten, die Entwicklung ihres Kindes zu verderben. Zuallererst und zuvorderst mußten sie dem Kind zeigen, wie man ein richtiger Erwachsener wird. Das Training des Babys nahm viele Gestalten an. Genau festgelegte

Essenszeiten sollten das Kind nach dem Willen der Eltern formen. Füttern Sie das Baby niemals, niemals, wenn es danach verlangt, oder es wird glauben, daß es seine Eltern beherrschen kann. Nehmen Sie das Baby niemals hoch, wenn es schreit, nur wenn es lieb ist. Frühe Sauberkeitserziehung, von den ersten Lebensmonaten an, war gleichfalls dafür gedacht, den Willen des Kindes dem Willen der Eltern zu unterwerfen. Später sollten Tischmanieren und ähnliche Anstandsregeln dafür sorgen, daß das Kind auch wirklich in Stromlinienform gebracht wurde.

Watsons Theorie war reizvoll für Eltern, weil er versprach, daß man aus seinem Kind machen könne, was immer man wolle. Diese Idee paßte prima zu den demokratischen Idealvorstellungen, daß jedermann das Zeug zum Genie und zum Millionär hätte. Besser dran als der mythische Held Horatio Alger, der es alleine schaffen mußte, konnte Watsons Kind sich seine Zukunft von seinen fleißigen Eltern vorprogrammieren lassen. Jeder, so sagte er, könne aus einem Kind ein mathematisches Genie oder einen lyrischen Poeten machen, wenn er sich nur genug bemüht und es konsequent genug erzieht. Zu den heutigen Watsonianern gehören die Gourmet-Baby-Erzieher, die einem für das Kind Doktorgrade versprechen, wenn man nur ihre Produkte kauft und ihren Rezepten folgt.

Watson bestand darauf, daß die Aufzucht von Kindern nicht nur rigoros, sondern auch objektiv und unpersönlich sein sollte. Nichts von dieser gefühlsduseligen Sentimentalität, die Eltern dazu verleitet, ihre langfristigen Ziele zu vergessen und in den vergänglichen Freuden der Gefühle zu schwelgen.

Sie sollten in feinfühliger Weise mit Ihren Kindern umgehen. Behandeln Sie sie, als wenn sie junge Erwachsene wären. Kleiden und baden Sie sie mit Sorgfalt und Umsicht. Seien Sie in Ihrem Verhalten immer objektiv und auf freundliche Weise bestimmt. Küssen und umarmen Sie sie nie, lassen Sie sie nie auf Ihrem Schoß sitzen. Wenn Sie unbedingt müssen, dann küssen Sie sie auf die Stirn, wenn sie Ihnen Gute-Nacht sagen. Reichen Sie ihnen morgens die Hand. Klopfen Sie ihnen auf die Schultern, wenn sie eine schwierige Aufgabe außergewöhnlich gut gelöst haben. Versuchen Sie es. Innerhalb von einer Woche werden Sie herausfinden, wie leicht es ist, absolut objektiv und gleichzeitig freundlich Ihrem Kind gegenüber zu sein. Sie werden sich wegen der gefühlsduseligen, sentimentalen Art, mit der Sie es behandelt haben, äußerst beschämt fühlen ... (Watson, 1928, S. 81–82).

Watsons Erziehungsratschlag entstammt der viktorianischen Ära strenger Sittlichkeitsschulung. Obwohl er sich nicht mit Sexualität aufhielt, würde das Regiment, das er den Eltern zusprach, jedes kindliche Lustbedürfnis von vornherein ausschließen. Die Eltern müssen über das Kind herrschen und seine Interessen in vorteilhafte Bahnen lenken.

Die Erziehung des Gesellschen Kindes ist wie das Anlegen eines Tulpenbeetes. Man pflanzt die Zwiebel in gute Erde, gießt sie und wartet auf den Frühling. Jede Blume wird mit der ihr eigenen, vorgegebenen Farbe, Größe, Gestalt und Substanz hervorkommen. Es gibt nichts, was man tun kann, um die Entwicklung der Blume zu verändern, außer daß man sie durch achtsame oder achtlose Pflege größer oder kleiner werden lassen kann; das grundlegende Muster ihrer Entwicklung ist in der Zwiebel festgelegt. Genauso entsteht durch die Vereinigung von menschlichem Sperma und Eizelle das vorgegebene Entwicklungsmuster für das menschliche Individuum. Die gute Pflege der Eltern verhilft dem Kind dazu, das Beste aus sich zu machen.

Die Erziehung des Watsonschen Kindes ist dagegen wie das Bauen eines Hauses. Der Bauherr kann es planen, wie er will, klein oder groß, im Kolonialstil oder im Tudorstil. Wieviel er in die Größe, in architektonische Einzelheiten und Einrichtung investiert, wird darüber entscheiden, ob es großartig wird oder nicht. Sobald die Baupläne jedoch unterzeichnet sind, kann er nicht mehr von ihnen abweichen, ohne das Gebäude zu verderben. Angenommen, er macht die Türöffnungen zu groß – dann passen die Türen nicht. In die Baupläne des Hauses kann fast alles aufgenommen werden, was der Besitzer wünscht, aber sobald sie einmal feststehen, müssen sie rigoros befolgt werden. Und so, sagte Watson, ist es mit der Erziehung.

Gesell sah das Kind als einen biologischen Organismus, der

durch Evolution dazu angelegt sei, sich mit ein wenig Unterstützung durch die Eltern zu einem normalen Erwachsenen zu entwickeln. Watson sah das Kind als einen Klumpen Ton, der ganz nach den Wünschen der Eltern modelliert werden könne, solange sie ihr Kind entschieden genug nach ihren Wünschen formen. Während Gesell betonte, daß Eltern es genießen sollten, die Entwicklung ihres Kindes zu beobachten, betonte Watson die Verantwortung der Eltern, das Kind zu einem ordentlichen Erwachsenen zu machen. Noch gegensätzlichere Ansichten über Kindererziehung im gleichen Moment der Zeitgeschichte hätte es nicht geben können – bis Freud kam.

Sigmund Freud

Zur gleichen Zeit, als Gesell und Watson ihre gegensätzlichen Ansichten über Kinder und Elternsein propagierten, dämmerte in Wien eine neue Epoche herauf. Sigmund Freud führte eine neue Vorstellung vom Kind ein, die von der Mitte des zwanzigsten Jahrhunderts bis zu seinem Ende in einen großen Teil der Literatur über Kinder und Elternsein Eingang finden sollte. Freuds Kind ist weder ein zuverlässiger, gutausgestatteter Selbstentwickler, noch ist es ein Klümpchen Lehm, das danach verlangt, modelliert zu werden. Freuds Kind ist eine brodelnde Masse von Konflikten, die wie Zeitbomben explodieren können.

> Im Gegensatz zu Watson, der dem Durchschnittsbürger Hoffnungen machte, Pianist, Poet oder König werden zu können, und auch im Gegensatz zu Gesell mit seiner Lobpreisung der von Grund auf guten Entwicklung, zeigte Freud ein kompromißloses Bild des Konflikts. Egal, wie stark die Entwicklungskraft des Kindes, oder wie wohlmeinend und informiert seine Eltern sind – Freuds Kind wird unvermeidlich in die Konfrontation zwischen seinen Wünschen – die seinen Eltern und schließlich auch ihm selbst unerträglich werden – und den Realitäten der Welt hineingetrieben (Kessen, 1965, S. 269).

Freuds Kind ist von seiner Sexualität getrieben und unausweichlich im Konflikt, sowohl mit den Erwachsenen, die danach trachten, seine Exzesse zu zügeln und es zu sozialisieren, wie auch mit sich selbst. Durch mysteriöse Lernprozesse, die Identifikation und Verinnerlichung genannt werden, lernt das Kind, soziale Normen zu akzeptieren und das eigene Verhalten zu kontrollieren. Dies geht aber niemals ohne die ewigen Konflikte zwischen dem, was es sich wünscht (Es), was es als richtig und falsch zu erkennen glaubt (Über-Ich), und was es als den vernünftigsten Weg betrachtet (Ich). Die Geschichte von den gefährlichen kindlichen Trieben gibt es nicht erst seit Freud. In der viktorianischen Epoche wurde viel gepredigt über die Gefahren zügelloser Lust, egal, ob von Kindern oder von Erwachsenen. In dieser Zeit übte die Sexualität eine bedrohliche Faszination aus. Wie wir sehen werden, riet die offizielle amerikanische Kindererziehungsdoktrin den Eltern, die natürliche Verderbtheit von Kindern im Auge zu behalten, die sexuelles Vergnügen suchten, das sie zugrunde richten würde, wenn es sich ungehindert entwickeln dürfte.

Freud legt sein Hauptaugenmerk auf den Ursprung der Sexualität, die seiner Ansicht nach von Geburt an existiert. Kindliche Sexualität zeigt sich im oralen Verhalten des kleinen Kindes. Saugen und Nuckeln sind Beweise seines Sexualtriebes, der Befriedigung durch den Mund sucht. Zuviel oder zuwenig orale Befriedigung führt zu Störungen in der Persönlichkeitsentwicklung. Die Entwöhnung bildet den ersten von vielen unausweichlichen Konflikten des Kindes mit den sozialen Normen. Nach Freuds Ansicht haben Säuglinge das Verlangen, für alle Zeiten nuckeln zu dürfen und kommen im Alter von ungefähr einem Jahr in Konflikt mit der sozialen Norm der Entwöhnung. Wenn die Mutter die Entwöhnung erzwingt, fühlt sich das Baby von der einzigen geliebten Person abgelehnt. Es wird gesagt, daß die Sexualität später in die anale Region verlegt wird. Kleinkinder kommen durch die Sauberkeitserziehung unausweichlich in Konflikt mit den Eltern – der Wille der Gesellschaft siegt über die sexuelle Befriedigung des Babys. Sowohl eine mangelnde wie auch eine zu rigide Sauberkeitserziehung verursachen, nach Freud, Störungen in der Persönlichkeitsentwicklung.

Im Vorschulalter schließlich wird das männliche Kind phallisch, seine Sexualität drückt sich durch seinen Penis aus. Es möchte seine Sexualität direkt zu seiner Mutter hin ausleben (ödipaler Konflikt), hat aber Angst vor dem Zorn seines übermächtigen Vaters, der den Körper seiner Mutter besitzt. Um eine fürchterliche Konfrontation und den Verlust der Vaterliebe zu vermeiden, entsagt der kleine Junge seinem Verlangen nach dem Körper der Mutter und schwört sich, groß und stark zu werden wie sein Vater, damit er, wenn er erwachsen ist, auch eine Frau wie Mutter haben kann. Für Freuds Jungen ist das Familiendreieck eine Art Schlinge.

Freuds Mädchen verlieben sich angeblich in ihre Väter (Elektra-Komplex), erfahren den Penisneid und entschließen sich dann doch dazu, sich mit ihren Müttern zu identifizieren. Warum das alles passiert, war für Freud genauso unklar wie für uns. Er hatte keine befriedigende Theorie über die weibliche Entwicklung, was für eine Epoche, die sich so wenig um Frauen kümmerte, verständlich ist. Männliche Kinder hingegen wurden in dieser Theorie ausführlich behandelt.

Im Gegensatz zu Gesells kleinem, unschuldigen, hochentwickelten Säuger, der sich von selbst zum Menschen entwikkelt, oder Watsons leicht formbarem Klümpchen brodelten in Freuds Kind perverse Energien, die es zu kontrollieren galt. Der Kampf um die Zügelung der finsteren kindlichen Natur mußte immer in eine Zwickmühle geraten – durch zu geringe Kontrolle entstanden Neurosen, durch übermäßige Kontrolle Charakterschwächen. Nur die wenigsten Eltern konnten seelisch gesunde Kinder hervorbringen, weil die Kindererziehung zu einer fast unlösbaren Aufgabe gemacht worden war.

Ein Ratschlag für Eltern: Was für ein Kind möchten Sie großziehen?

Obwohl Freud in den späten 90er Jahren des 19. Jahrhunderts die ersten Artikel über Psychoanalyse veröffentlichte, dämmerten die Konsequenzen seiner Theorie den amerikanischen

Experten nicht vor 1909, als er das erste Mal in den Vereinigten Staaten eine Rede hielt. Selbst zu diesem Zeitpunkt war Freuds Kind noch nicht populär. Nur eine Minderheit unter den amerikanischen Psychologen beherzigte Freuds Auffassung vom Kind, so daß die gängige Erziehungsberatung weniger von dem Konfliktkind durchdrungen war als von Watsons Sittenschulung und Gesells Entwicklungsnormen, an denen man den Fortschritt der Kinder messen konnte. Erst gegen Mitte des Jahrhunderts gewann Freuds konfliktbeladenes Kind einen gewissen Vorsprung in der Presse und in klinischen Kreisen. Die Weltwirtschaftskrise und der Zweite Weltkrieg waren ein unfruchtbarer Boden für das Gedeihen einer Haltung des Zulassens und des In-sich-Hineinhorchens.

Freuds Kind wird amerikanisch

Darüber hinaus war Freuds Kind Wiener und viktorianischer Abstammung, nicht wirklich amerikanisch. Verwässerte Versionen der psychoanalytischen Theorie erschienen in den 50er Jahren in der Gestalt einer Laisser-faire-Haltung: in der Ansicht, daß Kinder konfliktfrei sein könnten, wenn sich ihre guten kleinen Naturen nur entwickeln dürften, ohne von den Forderungen der Gesellschaft deformiert zu werden. (Ironischerweise hätte keine Ansicht weiter von der Freuds entfernt sein können. Er hat bestimmt nicht geglaubt, daß die kindliche Natur gut sei, oder daß den Kindern erlaubt sein sollte, ihre rohen Gefühle auszuleben.) In Zeitungen und Zeitschriften der Jahrhundertmitte erschienen Karikaturen von unsozialisierten Monstern, die Wände und Möbel mit Marmelade verschmierten. Eltern kauerten in den Ecken, aus Furcht, das kindliche Gemüt zu verschrecken. Obwohl die sozialen Unruhen der 60er und 70er Jahre oft darauf geschoben wurden, daß die jungen Leute angeblich zu nachgiebig erzogen worden waren, ist es unwahrscheinlich, daß viele Eltern diesen Rat wörtlicher genommen haben als die strenge Sittenschulung, die Watson vorschlug.

In einer ernster zu nehmenden Abhandlung hat Erik

H. Erikson (1950) die sexuelle Natur von Freuds Kind in ein ansprechenderes psychosoziales Modell uminterpretiert. Das Kind hatte immer noch Konflikte, aber wenn die Eltern dem revoltierenden Kind Liebe und Verständnis geben konnten, war das psychische Desaster nicht unvermeidbar. Entwicklungsschritte wie Vertrauen zu lernen, Selbständigkeit zu entwickeln und Initiative für das eigene Leben zu ergreifen, waren wichtige Meilensteine in den Kleinkind- und Vorschuljahren; diese psychischen Entwicklungsschritte ersetzten Freuds orale, anale und phallische Phase.

Erikson hatte, obwohl er deutscher Flüchtling war, eine Vorstellung von Kindern, die sich mit der in Amerika herrschenden Vorliebe für Perfektionierung vereinbaren ließ. Unter kompetenter und humaner Führung konnten Kinder ihre Konflikte lösen und eine gesunde Persönlichkeit entwickeln. Schlechte Ergebnisse waren sicherlich möglich und keineswegs selten, aber Eriksons amerikanisches Kind hatte ein stärkeres und flexibleres Ego als Freuds Wiener Kind. Der Optimismus im Amerika der 50er Jahre gab der Psychoanalyse einen neuen intellektuellen Rahmen. Ein gestrenger Vater, der in einem düsteren, samtbezogenen Salon über sein unterwürfiges Weib und seine kuschenden Kinder herrschte, war typisch für die viktorianische Familie des Freudschen Kindes. Die Neue Welt in der Mitte des zwanzigsten Jahrhunderts verwandelte die ideale Familie in eine Art Fußballmannschaft im Hinterhof mit Gartengrill. Die Familienmitglieder waren fast gleichwertige Partner, die Kinder waren frech, nicht eingeschüchtert, und Vater kochte – jedenfalls beim Grillen. So machten die viktorianische Neurose und chronische Blässe des Kindes einer aggressiven Selbstbezogenheit und rotbackigen Frechheit Platz. Statt in Angst vor den elterlichen Repressalien zu verharren und neurotische Konflikte zu entwickeln, ist das amerikanische Kind Freuds wild geworden und hat eine unsoziale Persönlichkeit entwickelt. Die Kinder hatten sich verändert, auch wenn die Metamorphose der Mütter von Vorstadthausfrauen zu Angestellten noch auf sich warten ließ.

Warum können sich nicht alle einig werden?

Pluralismus ist ein Schlagwort in der amerikanischen Gesellschaft. Die amerikanische Öffentlichkeit hat meistens verschiedene Meinungen zu wichtigen Themen, wozu Kindererziehung ganz sicher gehört. Manchmal kann man einen Hauptstrom ausmachen, mit ein paar Nebenflüßchen, aber selten kann man feststellen, daß nur eine Ansicht die Oberhand gewinnt; egal, ob es um Steuersenkung geht, um die Umweltplanung oder um die Kontrolle von Handfeuerwaffen. Und genauso ist es mit den Vorstellungen über die Natur des Kindes und die Verantwortung der Eltern. Es hat in diesem Jahrhundert zum selben Zeitpunkt jeweils ein Publikum gegeben, das bereit war, die Ratschläge eines jeden unserer Experten anzunehmen. Jeder von ihnen spricht zu einem anderen Jüngerkreis. Ich charakterisiere diese als die bereits am Ziel Angekommenen (Gesell), die Respektablen (Watson) und die Kämpfenden (Freud).

Den garantierten Platz an der Sonne hat Gesells Kind schon durch sein eigenes sicheres, gesundes Wachstum, das es risikolos ins Erwachsenenleben führt – eine selbstsichere, ja sogar aristokratische Sicht von der Entwicklung. Die Eltern eines Gesell-Kindes können sich zurücklehnen und ihr Elternsein ohne Schuldgefühle genießen. Egal, was sie tun, ihr Kind ist bereits am Ziel angekommen, einfach dadurch, daß es geboren wurde.

Watsons Kind braucht eine konstante Zuwendung in den einzelnen Phasen seiner Entwicklung, aber es ist möglich, es zu vervollkommnen. Jedermann *könnte* (obgleich dies unwahrscheinlich ist) durch völlige Hinwendung und Anstrengung ein absolut perfektes Kind großziehen. Gesellschaftlich anerkannte Mittelschichteltern fanden diese Sichtweise außerordentlich reizvoll, denn sie sprach die Tugenden der persönlichen Verantwortung und des individuellen Erfolges an. Das perfekte Kind Watsons hatte respektable Eltern, die ihrem Kind ein Recht auf den Status, den sie erreicht hatten, garantieren konnten.

Demokratischer Optimismus hat zu allen Zeiten das Bild eines Kindes hervorgebracht, das von Natur aus gut ist und sich durch Übung und Bildung vervollkommen läßt – das Kind des John Watson und des amerikanischen Behaviorismus. Es ist das Kind Watsons, das von den Sozialwissenschaftlern dieses Jahrhunderts bis vor kurzem bevorzugt wurde.

> Der zugrundeliegende Glaube an die angeborene (oder zumindest potentiell vorhandene) Tugendhaftigkeit des Kindes und an seine Verletzbarkeit durch eine schlechte Umgebung (einschließlich unfähiger Eltern), hat in den letzten hundert Jahren unsere Ansichten über Kinder geprägt; es ist eine Ideologie, die ganz generell das Bild der Wissenschaft vom Kind prägt. Vielleicht ist dies teilweise der Grund dafür, warum uns das Kind Freuds, das offensichtlich von Dämonen beherrscht wird, immer unheimlich war (Borstelmann, 1983, S. 35).

Das Freudsche Kind kommt aus einer in Aufruhr geratenen zentraleuropäischen Kultur, einer gefährlichen Umgebung. Der innere Aufruhr des Kindes spiegelt seine kulturellen Wurzeln. Seine Eltern müssen durch eine komplizierte psychologische Behandlung seine Seele retten. In einem fremden Land mühsam um den Erfolg ringend, machen sich die Eltern des Freudschen Kindes viele Sorgen und Selbstvorwürfe wegen seines Unglücks. Die eigenen psychischen Traumata des Freudschen Kindes werden als so heftig hingestellt, daß es ihm erlaubt ist, seinen Eltern die Schuld an seinen Schwierigkeiten zu geben. Das amerikanische Kind Freuds wächst mit einer verwässerten Version der Botschaft auf, aber mit Eltern, die darum kämpfen, das Leben und die Zukunft ihres Kindes unter Kontrolle zu bekommen.

Die Ansicht der Regierung verändert sich

Wenn die Erziehungsratschläge eine Haupttendenz erkennen lassen, dann ist es die, die von der Bundesregierung der USA verfolgt wird. Jeder unserer Experten beeinflußte mehr oder weniger die Anschauungen von Kindern und Kindererziehung in diesem Jahrhundert. Die US-Kinderstelle gibt seit 1914 eine Broschüre mit dem Titel „Die Betreuung des Kindes" heraus, die Eltern bei der Kindererziehung beraten soll. Es erübrigt sich zu sagen, daß sich die Ratschläge von den ersten Jahren bis zur Gegenwart drastisch verändert haben. Martha Wolfenstein (1955), eine Psychoanalytikerin, analysierte die offiziellen US-Stellungnahmen zur Natur des Kindes und zu den Erfordernissen, die mit ihrer Obhut verbunden sind. 1929 und 1942 fand sie bemerkenswerte Abweichungen von vorausgegangenen Ratschlägen.

Vor 1929. In den vor 1929 herausgegebenen Broschüren wurden in Kindern starke und gefährliche Triebe ausgemacht, die in repressiver Weise gezügelt werden mußten. Wie bei Freud wurde das Kind als sexuelles Wesen gesehen, aber im Gegensatz zu Freud empfahl die US-Regierung den Eltern, alles Mögliche zu tun, um eine erotische Befriedigung des Kindes zu verhindern. Daumenlutschen mußte um jeden Preis unterbunden werden, zum Beispiel indem man Handschuhe an die Ärmel des Schlafanzuges oder Nachthemds nähte und indem man die Arme des Kindes am Laken festband. Offensichtlich haben Mütter diese Ratschläge ganz bereitwillig aufgenommen, denn das Regierungspamphlet sah sich genötigt, Mütter vor einer übermäßigen Einschränkung der kindlichen Bewegungsfreiheit zu warnen.

> Der mütterliche Eifer gegen das Daumenlutschen ist anscheinend so stark, daß gemahnt wird, dem Kind zu manchen Zeiten die Hände frei zu lassen, damit es legitime manuelle Fertigkeiten entwickeln könne; aber sobald das Zubettgehen naht, müssen die Hände bedeckt werden (Wolfenstein, 1955, S. 169).

Masturbation war eine ernste Bedrohung, die in gefährlicher Weise außer Kontrolle geraten konnte. Der Rat an die Eltern lautete, die Füße ihres Kindes an den entgegengesetzten Seiten des Bettes festzubinden, damit es seine Schenkel nicht aneinanderreiben konnte. Selbstverständlich war ja bereits durch die festgebundenen Arme die Gefahr der manuellen Stimulation gebannt.

Die 1930er. Unter dem Einfluß von Watson rieten die Ausgabe von 1929 sowie die darauffolgenden Hefte in den 30er

Jahren den Eltern, auf der Hut zu sein, weil ihre Kleinen versuchen würden, sie zu beherrschen. Das Baby, das hochgenommen wurde, wenn es schrie, würde schnell zum Tyrannen über seine Eltern. Sorgfältiges Training in der angeratenen Weise könnte dieses Desaster verhindern. Nehmen Sie sie nicht hoch, wenn sie schreien, nur wenn sie sich gut benehmen. Und so weiter, ganz nach Watsons Doktrin.

Nach 1942. Das triebhafte, böse, vergnügungssüchtige Kind wurde in ein Baby verwandelt, das daran interessiert ist, seine Welt zu entdecken. Babys müssen gelegentlich ihre Genitalien berühren oder Daumen lutschen, aber es gibt viel interessantere Dinge für sie, wenn die Eltern nur für Ablenkung sorgen. Geben Sie ihnen Spielsachen, und sie werden ihre autoerotischen Aktivitäten vergessen. In dieser Periode müssen Babys hochgenommen werden, denn durch eine angemessene Verwöhnung „wird das Baby später, wenn es größer wird, weniger fordernd sein" (Wolfenstein, 1955, S. 171). Ferner wurde dem Baby der 40er Jahre zugetraut, selbst herauszufinden, wieviele Anregungen und wieviel Essen ihm bekömmlich seien. In der frühen Periode konnten Babys nicht sagen, wieviel sie zu essen brauchten oder wieviel Reize sie vertragen konnten; nach 1942 können kleine Kinder gut beurteilen, welches Maß an Anregung und Nahrung sie gut verkraften. In der Mitte des Jahrhunderts mußte das Baby hochgenommen werden, wenn es weinte, und unterhalten werden, wenn es spielen wollte – oder auch, wenn die Eltern mit ihm spielen wollten.

In Übereinstimmung mit dem Wesen des Kindes änderte sich auch die Auffassung von Elternschaft. In den Jahren um 1914 definierte man den mütterlichen Charakter als stark, widerstandsfähig, geduldig und mit einem Höchstmaß an Selbstkontrolle ausgestattet. Später, in den 30er Jahren, wurden Mütter ermahnt, sich über das Watsonsche Kindertraining zu informieren. „Die Eltern mußten die richtigen Methoden benutzen, um Erziehungsregeln festzulegen und um das Kind daran zu hindern, sie zu beherrschen" (Wolfenstein, 1955, S. 173).

In der Mitte des Jahrhunderts waren Elternschaft und

Kindsein zu Quellen der Freude geworden. Der Vater war viel mehr beteiligt als vorher, und das Motto lautete, das Baby zu genießen. Säuglinge genossen das Stillen, das Baden, das Essen und das Spielen mit den Eltern. Kleinkinder genossen soziale Kontakte und Gespräche mit ihren Eltern. Eltern genossen dieselben Aktivitäten (oder andere!). Verschwunden sind die Ängste, daß die erogenen Zonen des Babys dieses selbst und seine Eltern überwältigen würden. Verschwunden sind die elterlichen Ängste, die mit dem Anspruch verbunden waren, das Kind zu einem ordentlichen Erwachsenen zu trimmen. „Geboren" ist das vertrauenswürdige Kind, das sensible Wesen, dessen Triebe akzeptiert werden und das unterstützende, liebevolle Eltern braucht. Dieses ist das heutige Kind, Ihres und meines, das seine Natur Gesell verdankt, mit einer Prise Freud als Würze.

Das flügge gewordene Freudsche Kind hat nie in die offizielle amerikanische Erziehungsberatung Eingang gefunden. Aber Freud beeinflußte die Kindererziehung auf dem Weg über populäre Artikel von Psychoanalytikern und über seine Vorstellung von der Bindung, einem Hauptthema des nächsten Kapitels. Freud beeinflußte amerikanische Eltern indirekt durch Dr. Spock, der schon 1950 das Training zugunsten einer gemäßigten Haltung des Zulassens und Erlaubens vernachlässigte. In einer amerikanisierten Version der Freudschen Theorie rät Dr. Spock den Eltern, die brodelnden Gefühle ihrer Kinder zu beachten, aber er drängt sie auch dazu, Selbstvertrauen zu haben; wenn sie zu sich selbst und zu ihrem Kind Vertrauen hätten, würde alles gut werden (Zuckerman, 1975). Wie die meisten bekannten Experten der Gegenwart belebt Spock das vertrauenswürdige Kind von Gesell mit einem Schuß „Freudscher" Konflikte, um dem Kind unserer Zeit gerecht zu werden.

Das heutige Kind

Die meisten derzeitigen Entwicklungspsychologen vertreten die Auffassung vom robusten, von biologischen Voraussetzungen und Prozessen geprägten Kind (Cairns, 1983). Das heutige Kind reagiert sensibel auf gute wie schlechte Umweltbedingungen, aber es ist flexibel. Schlechte Erfahrungen haben nicht unbedingt eine dauerhaft schädigende Wirkung, noch haben gute Erfahrungen eine dauerhaft günstige. Eine schlechte Kindheit kann durch spätere gute Erfahrungen überwunden werden; eine gute Kindheit kann einen nicht vor den Traumata eines unglücklichen Erwachsenenseins bewahren. Das heutige Kind ist kein Porzellanpüppchen, das bei dem ersten Ansturm seiner Umwelt zerbricht. Vielmehr ist unser Kind eine ziemlich zähe Plastikpuppe, sie ist bruchsicher, ihre Dellen beulen sich wieder aus, aber sie kann durch spätere Schläge erneut verbeult werden.

Nach den derzeit geläufigsten Theorien verläuft die Entwicklung unseres heutigen Kindes glatt nach dem inneren biologischen Plan, solange die Umwelt unterstützend wirkt. Aber wie unterstützend und wie spezifisch müssen gute Einflüsse sein, um eine optimale Entwicklung zu ermöglichen? Der Streit unter den Experten für kindliche Entwicklung konzentriert sich auf die Frage, bis zu welchem Grad die Entwicklung durch die Alltagserfahrungen beeinflußt wird – eine Spielart der Watson-Gesell-Kontroverse. Einige Experten sind überzeugt, daß die soziale Umwelt während einiger Entwicklungsperioden sehr wichtige Auswirkungen haben kann (Wachs und Gruen, 1982). Die Sprachentwicklung, zum Beispiel, kann davon beeinflußt werden, wie oft und wie intensiv die Erwachsenen mit den kleinen Kindern sprechen. Kinder, mit denen nicht viel gesprochen wird, entwickeln möglicherweise keine so komplexe Sprachfähigkeit wie die, mit denen viel gesprochen wird. Weil die Wechselbeziehung von positiven Ereignissen oft mit Kausalität verwechselt wird (wie im 7. Kapitel erklärt wird), sind sich andere Experten über die Details der Kindererziehung im unklaren.

Wieder andere, mehr von Gesell inspirierte Psychologen, wie Edward Zigler und ich, betonen die Wichtigkeit der biologischen Organisation des Kindes und der individuellen Unterschiede von Entwicklungsmustern, wovon die meisten Verhaltensweisen der Kinder bestimmt werden, solange sie eine vernünftige Umgebung haben. Wir meinen, daß Eltern einen bedeutenden Einfluß auf ihre Kinder haben können und auch haben, aber daß die meisten Mittelschichtfamilien sowieso für eine adäquate Betreuung ihrer Kinder sorgen, mit der diese sich normal, sogar optimal entwickeln können.

Einige Psychologen, wie Urie Bronfenbrenner, konzentrieren sich auf die größeren sozialen und ökonomischen Zusammenhänge, in welchen Kinder leben und aufwachsen. Eltern können ihren Kindern zum Beispiel nur so viel Zeit widmen, wie ihre Arbeit und andere Pflichten es ihnen erlauben. Das Verhalten der Eltern wird von äußeren Anforderungen beeinflußt, so daß wir uns Gedanken machen sollten über Familien, die vielleicht nicht fähig sind, eine angemessene Umgebung für ihre Kinder bereitzustellen. Die gesamte Ökologie der Kindererziehung könnte wichtige Auswirkungen auf die kindliche Entwicklung haben, die wir nicht wahrnehmen, wenn wir uns nur auf die unmittelbare familiäre Umgebung des Kindes konzentrieren. Es herrschen kaum Meinungsverschiedenheiten über die Wichtigkeit des ökologischen Aspekts der kindlichen Entwicklung von heute.

Heutige Experten sehen die kindliche Entwicklung viel lokkerer als die Watsonschen und Freudschen Experten der vorhergehenden Generation. Alle erkennen wir die biologische Entwicklung des Kindes an, unterschiedlicher Auffassung sind wir nur in der Frage, wie stark spezifische elterliche Methoden die Entwicklungsrichtung des Kindes beeinflussen können. Die eher von Watson beeinflußten Experten sind sich darin einig, daß die biologische Bedingtheit der Entwicklung wichtig ist; die mehr an Gesell orientierten Experten sind sich darin einig, daß die Umgebung des Kindes eine entsprechende Unterstützung geben muß, wenn das Kind gut gedeihen soll. So liegen die Unterschiede in der Betonung verschiedener Aspekte, nicht im grundlegenden Verständnis vom Kind.

Es ist kaum vorstellbar, daß Eltern jemals die Ratschläge von Gesell, Watson oder Freud buchstabengetreu befolgt haben. Kinder, die nach der lässigen gesellschen Art erzogen sind, würden moderne Eltern nervös machen – denn, würden sie genug leisten? Kinder, die entsprechend der Watson Doktrin erzogen sind, wären herzlos, und die von amerikanischen Freud-Fanatikern erzogenen Kinder würden wegen schlechten Benehmens aus dem Kindergarten geworfen. Ich glaube, daß die meisten Eltern dieses Jahrhunderts ihren Kindern Zuneigung, Erziehung und angemessene Freiheit zuteil werden ließen – und das entspricht dem Rat der heutigen Experten.

Die heutigen Vorstellungen von Kindern und Müttern wurzeln in den gegenwärtigen kulturellen Wertvorstellungen. Das heutige Kind braucht für eine optimale Entwicklung weniger intensive Zuwendung der Eltern als das reine Watson-Kind. Aber das heutige Kind braucht mehr Aufmerksamkeit für Einzelheiten seiner Entwicklung als das reine Gesell-Kind. Setzt man die kontinuierliche Sorge um das kindliche Wohl und das legitime Interesse für die Rechte und eine angemessene Rolle der Frau voraus, so scheint das Semi-Gesell-Kind ein gutes Abbild der Generation der 80er Jahre zu sein. Es gibt hier keine zeitlos gültigen Wahrheiten – lediglich eine unserer eigenen Zeit und Kultur entsprechende Art, Kinder großzuziehen.

Diese Reise durch die verschiedenen Auffassungen von Kindern und Elternschaft soll uns die Augen öffnen für die Tatsache, daß die Vorstellungen über die Natur der Kinder und über das richtige Verhalten der Eltern sich verändern und miteinander in Konflikt geraten. Es mag sein, daß das, was gut *ist*, sich mit den sozialen und ökonomischen Bedingungen verändert, weil Kinder in einer Gesellschaft leben müssen, und weil diese Gesellschaft sich verändert. Einübung von Gehorsam und Willfährigkeit mag für eine Gesellschaft, oder einen Teil einer Gesellschaft, ganz richtig sein. Den Kleinen völlig freien Lauf zu lassen kann zu einer anderen Gesellschaft passen. Kindern zuzutrauen, daß sie sich auf ihre eigene normale Weise entwickeln, paßt zu einer anderen Zeit und einer anderen Kultur – ich sage, zu unserer.

Eltern kann es schwindelig werden von den scheinbar widerstreitenden Ansichten über Kinder und Ratschlägen für ihre Erziehung. Die Veränderungen waren im zwanzigsten

Jahrhundert rapider denn je, so haben sich von 1914 bis 1984 die Ratschläge für Eltern stärker verändert als in den vorangegangenen siebzig Jahren. Zu jeder Zeit und in jeder Gesellschaft sieht man Kinder anders. Und zu einem Teil sind sie alles das, was von ihnen gesagt worden ist. Eltern können sie – mit mehr oder weniger Druck oder Laisser-faire-Haltung, mit Vertrauen oder Mißtrauen in ihre natürlichen Neigungen – großziehen. Alle Eltern können in gewissem Maße eine Sicht wählen, die zu ihrer Zeit und zu ihrer Kultur paßt. Im nächsten Kapitel werde ich die Schuldgefühle besprechen, die aus den Freudschen Vorstellungen über Elternschaft entstehen, welche nicht gerade gut zum Leben einer arbeitenden Mutter passen.

4. Ein psychologisches Konzept, das Mütter ans Haus bindet

Im Kreißsaal der Klinik schreit das Neugeborene, der Geburtshelfer lächelt erleichtert, die Schwestern räumen auf. Der junge Vater ist ganz aus dem Häuschen, hingerissen bestaunt er seinen ersten Sprößling. Nachdem die Nabelschnur durchtrennt wurde, legt die Hebamme das Baby schnell auf den Bauch der Mutter, wo alsbald ein magischer Prozeß beginnt, genannt die *Bindung*.

So beginnt in unseren 80er Jahren die Beziehung zwischen einer frischgebackenen Mutter und ihrem Baby. Kein Krankenhaus, das etwas auf sich hält, würde es anders machen, seit M. Klaus und J. Kennell (1976) aller Welt verkündeten, daß Mütter, die in den ersten Stunden nach der Geburt enge Bande zu ihren Babys knüpfen konnten, noch Jahre danach bessere Mütter waren. Allgemein wurde die Sache mit der Bindung so verstanden, daß Mütter, die wegen der Krankenhausroutine oder weil es ihnen oder dem Baby nicht gut ging, die „sensible Phase“, während der der Bindungsprozeß stattfindet, verpaßt haben, dadurch nie mehr so aufmerksam und liebevoll mit ihren Babys umgehen können wie Mütter, die die ersten Stunden nach der Geburt mit ihren Babys zusammen verbracht haben.

Acht Monate später krabbelt die kleine Sarah in der Wohnung herum und folgt dabei ihrer Mutter von einem Zimmer ins andere. Auf einmal schaut sie von ihren Spielsachen auf und bemerkt, daß ihre Mutter nicht in Sichtweite ist. Sie bricht sofort in Tränen aus und weint so herzzerreißend, als ob sie für alle Zeiten von der einzigen Liebe ihres Lebens getrennt worden wäre. Ihre Mutter hört das ergreifende Geschrei, kommt schnell aus dem anderen Zimmer herüber, nimmt Sarah in die Arme und besänftigt sie. Sie erklärt ihr, wie dumm es doch sei, so zu weinen, wenn Mami nur mal im nächsten Zimmer ist. Sarah kuschelt sich fest an sie und beruhigt sich schnell. Ihr Schluchzen geht in Lächeln über, und sie will wieder zu ihren Spielsachen gesetzt werden. Kurz darauf spielt sie weiter, schaut jedoch ab und zu, ob ihre Mutter in Sichtweite ist.

Diese Szene wiederholt sich auf der ganzen Welt jeden Tag millionenfach. Kleine Kinder haben sich im Alter von vier bis fünf Monaten an ihre Bezugspersonen gewöhnt, zu denen normalerweise auch ihre Mutter gehört. Mit sieben oder acht Monaten zeigen sie oft eine starke Vorliebe für eine oder mehrere Bezugspersonen, zu denen normalerweise wiederum ihre Mutter gehört. Auch diese Vorliebe und die damit verbundenen Proteste, wenn die Person weggeht, wird Bindung genannt. Mütter, deren Babys sich intensiv an sie „gebunden“ fühlen, sind oft recht entnervt. Wie kann es sein, daß dem Baby eine kurze Trennung so verheerend vorkommt? Soll das heißen, daß man nicht mehr alleine zur Toilette gehen kann, geschweige denn zur Arbeit, ohne daß die Seele des Kindes einen Knacks bekommt?

Mütter und Babys: Besondere Beziehungen

Der Begriff der Bindung wird seit einigen Jahren auf eine gute Beziehung zwischen einer Mutter und ihrem Baby angewendet. Das Sprichwort „wie eine wildgewordene Löwenmutter“ vermittelt das Bild einer Mutter, die bereit ist, ihre Jungen gegen alle Gefahren zu verteidigen. Bei vielen Säugetierarten, wie zum Beispiel bei Ratten und Meerschweinchen, lernen die Muttertiere gleich nach der Geburt, ihre Jungen zu identifizieren (und zwar ausschließlich über den Geruch). Sie kämpfen wie wild, um Raubtiere vom Nest fernzuhalten und ihre Jungen zu schützen. Hier sagt man, die Muttertiere haben zu ihren Jungen eine Bindung entwickelt.

Ein anderes Konzept der Bindung betrifft das machtvolle emotionale Band, das Babys zu ihren Müttern entwickeln. Einen Anstoß hierzu gab Konrad Lorenz' Forschung über Graugänse. Direkt nach dem Ausschlüpfen sieht sich das kleine Gänschen nach etwas Beweglichem um, dem es sich anschließen könnte. Seine Vorliebe gilt einem beweglichen und schnatternden Etwas. Wenn dieses Etwas noch dazu wie eine Gänsemutter aussieht, dann ist das um so besser. Der ersten beweglichen, schnatternden, mutterähnlichen Gestalt, die sich nach dem Ausschlüpfen bietet, watschelt es selig hinterher. Genauso folgen Lämmer dem Mutterschaf und Kälber der Mutterkuh. Bei den Herdentieren sind die Jungen, die innerhalb weniger Stunden nach der Geburt schon laufen, in der Lage, ihre eigenen Muttertiere zu identifizieren. So können sie bei ihnen bleiben, sobald die Herde weiterzieht. (Obwohl die Theorie eigentlich nicht besagt, daß die Bindung immer die Mutter betrifft, galt ihr, bis vor kurzem, alle Aufmerksamkeit.) Bei Gänsen und Herdentieren ist es wichtig, daß die Bindung sehr schnell nach der Geburt eintritt, solange die Jungen besonders sensibel für diesen Lernprozeß sind. Wenn es keine entsprechende Mutter gibt, der sie folgen könnten, werden Gänse und Lämmer mit etwas anderem Beweglichen Vorlieb nehmen; auf diese Weise hatten Bauernkinder Lämmchen, die eine so starke Bindung zu ihnen hatten, daß sie ihnen zur Schule folgten, und Konrad Lorenz spielte „Mutter" für eine Herde Gänschen.

Das Konzept der Bindung ist dazu hergenommen worden, um auf besondere Eigenschaften der Mutter-Kind-Beziehung hinzuweisen; Eigenschaften, die den Beziehungen zwischen Vätern und Kindern oder zwischen anderen Erwachsenen und Kindern fehlen. Der Begriff der Bindung ist des weiteren dazu verwendet worden, Müttern eine besondere Verantwortung für das Seelenheil ihres Kindes aufzuerlegen.

Wenn eine Mutter die richtige Bindung zu ihrem Baby entwickelt hat, wie, um alles in der Welt, kann sie dann das Nest im Stich lassen, um ihren Beruf wieder aufzunehmen? Wenn sie ihr Baby tatsächlich der Obhut anderer überläßt, dann hat sie bestimmt keine richtige Bindung zu ihm entwickelt. In manchen Kreisen heißt das genausoviel, wie wenn man sagen würde, daß sie ihr Kleines nicht liebt.

Dazu kommt, daß die Bindung ihres Babys zu ihr gefährdet ist, wenn sie arbeitet und ihr Kind bei jemand anderem läßt. Doch es ist die Bindung zu seiner Mutter, die dem Baby den Mut und die Zuversicht gibt, die es braucht, um in der Welt zu bestehen. Ohne die Mutter ist das Baby ein seelisch entwurzeltes Waisenkind. Angenommen, ein Mutterschaf läuft weg, bevor das Lämmchen eine Bindung entwickelt hat – das Junge müßte aus lauter Gram (und Hunger) verenden. Wenn niemand käme, um sich seiner anzunehmen, wäre es verloren. Dasselbe schreckliche Schicksal wird den Babys arbeitender Mütter prophezeit. Folglich sollte die Mutter zu Hause bleiben, bis das magische Band geknüpft ist – das dauert beim Menschen ungefähr bis zum Alter von acht Monaten. Ist es aber erst einmal acht Monate alt, wird das Baby freilich fürchterlich dagegen protestieren, daß die Mutter zur Arbeit geht, denn ihr Weggehen bedroht sein Geborgenheitsgefühl.

Jede historische Epoche hat ihre Lieblingsvorstellung von Müttern und Babys. Und jede davon enthält vielleicht auch ein Körnchen Wahrheit. So hängt es mehr von der Epoche ab als vom Wesen der Mutter-Kind-Beziehung selbst, ob man Mütter gerade als schlechten Umgang für Babys betrachtet oder als Hüterinnen ihres Seelenheils (Kessen, 1965).

Das Konzept der Bindung paßt wunderbar zu der Ansicht, daß Mütter eine besondere Verantwortung für die emotionale Entwicklung ihrer Kinder tragen. Es liefert „Gründe“ für diese Ansicht: Mütter sind besondere Betreuungspersonen, weil man *annimmt,* sie selbst hätten besondere Gefühle für ihre Babys, und auch, weil man *annimmt,* Babys hätten besondere

Gefühle für ihre Mütter. Diese Konzepte kamen aus der Ethologie, der Lehre vom Verhalten der Tiere, in die Menschenkunde, aber sie haben auch schon anderen Herren gedient.

Bindung: Eine hormonell bedingte Liebe?

Was, so könnte man fragen, haben Ratten, Gänse und Schafe mit menschlichen Müttern und Babys zu tun? Der Begriff der Bindung kommt u.a. aus der Literatur über Nagetiere, die ihren Jungen Nester bauen. Ratten- und Mäusemütter werden durch Hormone dazu veranlaßt, eine Bindung zu ihren Jungen zu entwickeln. Dieselben Substanzen, die die Milchbildung bei der Mutter verursachen, bringen sie auch dazu, sich als Beschützerin ihrer Jungen zu verhalten. Wenn sie davonstrolchen, holt sie sie ins Nest zurück. Sie leckt sie regelmäßig und unterstützt damit ihre Entwicklung, für die diese Stimulation notwendig zu sein scheint.

Mag sein, daß auch beim Menschen die Mutter-Kind-Bindung hormonell bedingt ist. Aber die Frage ist nicht, ob die meisten Mütter ihre Babys süß finden und bereit sind, sie gegen Raubtiere zu verteidigen. Die Frage ist vielmehr die, ob diese frühe Erfahrung für eine gute Mutterschaft *notwendig* ist, und ob sie die Mutterschaft noch jahrelang prägt.

Die menschliche Gefühlswelt hat zwar ihre Wurzeln bei den Säugetieren, aber die verschiedenen Säugetierarten haben in unterschiedlichem Grad eine geistige Kontrolle über ihre emotionalen Reaktionen entwickelt. Unser menschliches Gehirn unterscheidet sich sehr von dem der Nagetiere, und es spielt in unserem Gefühlsleben eine bedeutendere Rolle. Bei allen Säugetieren sind die Reaktionen auf Gefahr oder auf eine Flut von zärtlichen Gefühlen hormonell gesteuert. Bei den Menschen sind sie jedoch weniger hormonell *bestimmt.*

Unsere Gedanken und das Deuten von Erlebnissen können unseren Hormonhaushalt beeinflussen. Wenn wir durch einen übermäßigen Hormonausstoß emotional erregt werden, versuchen wir, einen Grund für unsere erregten Gefühle zu finden. Und wenn wir an beunruhigende oder aufregend schöne

Dinge denken, kann uns das hormonell erregen. Bei uns funktioniert es in beide Richtungen, während die Reaktionen von Ratten und Meerschweinchen viel unmittelbarer von Hormonen bestimmt werden.

So haben sich die Reaktionen von Nagetier-Müttern zu mehr oder weniger automatischen Erwiderungen entwickelt. Sie brauchen über ihre Gefühle nicht nachzudenken, und das ist auch gut so, denn ihre Gehirne sind für die Kontemplation nicht geschaffen. Nagetier-Väter zeigen gegenüber ihrem Nachwuchs, der einer längst vergessenen Paarung entstammt, überhaupt keine Reaktionen, weder im Hormonhaushalt noch im Verhalten, es sei denn, sie leben in der ungewohnten Laborsituation. Wenn männliche Ratten mit mutterlosen Jungen zusammengebracht werden, lassen sie sich irgendwann halbherzig auf deren Nöte ein. In der Wildnis wären diese Jungen allerdings längst verendet, bevor ihr Vater sie fände, um sie zu lecken.

Menschen hingegen haben als Eltern Gefühle, die sich auf ihre Vorstellungen darüber gründen, was es bedeutet, ein Kind zu bekommen. Auch wir können als Mütter zwar Hormonschübe erleben, die positive Reaktionen zum Baby zur Folge haben. Aber im Gegensatz zu Nagetieren denken und fühlen wir in beide Richtungen. Deshalb sind die ersten Stunden nach der Geburt für die Gefühle der Menschenmutter zu ihrem Baby nicht so bedeutsam, wie sie es für Nagetiere sind. Außerdem wird die Liebe der Menschenmutter zu ihrem Kind viel mehr von ihrer Einstellung zur Mutterschaft beeinflußt; davon, was sie die lange Zeit über denkt, die es dauert, bis ein Kind großgezogen ist. Die Natur muß Rattenmütter nur auf vierzig Tage Elternschaft vorbereiten, Menschen müßten auf zwanzig Jahre vorbereitet werden. Hormone alleine schaffen das nicht.

Primaten-Mütter

Schauen wir uns lieber nähere Verwandte an, statt uns lange mit der hormonell bedingten „Liebe“ von Nagetieren aufzuhalten. Menschen gehören zur Familie der Primaten, zu der auch die Affen, einschließlich der Menschenaffen – Schimpansen, Gorillas und Orang-Utans –, gehören. Es gibt noch ein paar entferntere Vettern in dieser Familie, aber mit ihnen wollen wir uns hier nicht befassen.

Primaten-Mütter scheinen ihre Sprößlinge sehr gern zu haben. In der Wildnis, aber auch in Labors, die Muttertieren normale Beziehungen zu ihren Jungen erlauben, tragen die Mütter ihre Jungen herum, füttern und säubern sie zärtlich und schmusen mit ihnen. Die Muttertiere sind liebevoll und aufmerksam, sie disziplinieren die älteren Jungen und spielen mit ihnen. Als Beobachter von Affen sieht man in ihrem Erziehungsverhalten viele Parallelen zu dem der Menschenmütter.

Zwischen den Affenarten gibt es große Unterschiede darin, wem sie es erlauben, mit ihren Jungen umzugehen, und in welchem Ausmaß. Bei vielen Affenarten sind die Mütter nicht gewillt, ihre Jungen mit anderen Weibchen der Horde zu „teilen". Sie wehren die Aufmerksamkeiten von eifrigen Verwandten und Freunden ab, bis das Baby reif ist, die Welt selbständig zu entdecken. Jedoch gibt es auch einige Primatenarten, bei denen Kindererziehung aufgeteilt wird. Bonnet Macaques reichen ihre Jungen nach den ersten Lebenstagen unter den „Tanten" herum, ungefähr so, wie wir unseren Eltern und Geschwistern erlauben, unsere Babys zu halten. Einige Baboon-Mütter reichen ihre Jungen zur Begutachtung herum, sie scheinen die Bewunderung zu genießen, die die anderen für das Junge zeigen. Klingt vertraut.

Ein Modell der Bindung, das aus der Beobachtung von Nagetieren oder Bären hervorgeht, wird die exklusive Rolle der Mutter hervorheben. Väter haben bei diesen Arten keine Bedeutung. Sie leben auch nicht in „Großfamilien" zusammen, wo die Kinderbetreuung aufgeteilt würde. Wäre der Grad der Exklusivität der Mutterrolle ein Maßstab für die Intensität der Bindung, dann schienen Menschen gefühlsmäßig weniger stark an ihre Babys gebunden als die meisten anderen Säugetiere, selbst als die meisten anderen Primaten.

Entwicklungsgeschichtlich entspringt die gemeinsame Kinderbetreuung beim Menschen der Familiengruppe. Wir wandern nicht alleine in den Wald hinaus, um unsere Babys zu bekommen, wie Schimpansen, die erst Tage später zur Horde zurückkehren. Unter den Menschen war die Geburt eines Babys immer ein Ereignis, das zumindest mit anderen Frauen geteilt wurde (oft ist der Vater ausgeschlossen). Von Müttern und anderen weiblichen Verwandten wird erwartet, daß sie während der Geburt und in den Tagen danach im Haushalt helfen. Obwohl die junge Mutter das Baby natürlich alleine stillen muß, ist es doch typisch, daß ihr bei der Babypflege geholfen wird.

Vielleicht ist die Exklusivität der Mutterrolle bei der menschlichen Art kein Hinweis auf die Intensität der Bindung. Man sollte vorsichtig damit sein, welche Art man als uneingeschränktes Vorbild für menschliches Verhalten wählt. Natürlich kommt es auf die kulturell bedingte Sichtweise des Betrachters an, ob das Modell angemessen erscheint.

Die ersten zwölf Stunden

Bevor das Konzept der Bindung populär wurde, war es für die Krankenhäuser der westlichen Welt bezeichnend, daß Neugeborene während der ersten zwölf Stunden nach der Geburt von ihren Müttern getrennt wurden. Das Baby wurde unter medizinische Überwachung gestellt, um sicher zu sein, daß es in gutem gesundheitlichen Zustand sei. Die Mutter wurde ein paar Stunden nach der Geburt auf ihr Zimmer gebracht, wo sie sich von den Anstrengungen der Geburt erholen konnte. Nach zwölf Stunden wurden Mutter und Kind ordnungsgemäß miteinander bekannt gemacht. Klaus und Kennell bezweifelten die Weisheit dieser Praxis und behaupteten, daß eine Trennung nach der Geburt dem Bindungsprozeß zuwiderlaufe.

In ihrer ursprünglichen Untersuchung ließen Klaus und Kennell einer Gruppe von armen, alleinerziehenden Müttern nach der Geburt eine Stunde lang ihre Babys geben, so daß sie sie noch im Kreißsaal bei sich haben und mit ihnen schmusen konnten. Eine zweite Gruppe von Mütter ging durch die übliche Krankenhausroutine und war für die ersten zwölf Stunden von ihren Babys getrennt. Als Klaus und Kennell die Mütter und ihre Babys das erste Lebensjahr hindurch beobachteten, fanden sie, daß die Mütter, die schon im Kreißsaal Kontakt mit ihren Babys hatten, aufmerksamer und kontaktfreudiger mit ihnen umgingen als die, die den frühen Kontakt nicht hatten. Aus diesem Ergebnis wurde geschlossen, daß Mütter in den ersten Stunden nach der Geburt eine besondere Bindung zu ihren Babys entwickeln und daß diese Bindung sie zu besseren Müttern macht.

Auch andere Forscher haben die Bindung zum Gegenstand ihrer Untersuchungen gemacht – mit deutlich geringerem Erfolg. Obwohl mehrere Forschungsgruppen es in der gleichen Vorgehensweise versuchten, ist es ihnen nicht geglückt, irgendwelche dauerhaften Auswirkungen des frühen Mutter-Kind-Kontakts auf die mütterliche Aufmerksamkeit oder Aufopferungsbereitschaft zu finden. In den Untersuchungen anderer Forscher (Lamb et al., 1982; Svejda, Campos und Emde, 1980) zeigt sich einfach keinerlei Unterschied zwischen der Aufmerksamkeit und der Kontaktfreudigkeit von Müttern und Kindern, die sich im Entbindungszimmer das erste Mal sahen, und jenen, die sich zwölf bis vierundzwanzig Stunden später kennenlernten. Es kann sein, daß der frühe Kontakt zum Kind für arme, unverheiratete Frauen, die nicht unbedingt Mutter werden wollten, einen Unterschied macht (Siegel et al., 1980). Andererseits macht es vielleicht für besser ausgebildete, verheiratete Mütter, die sich darauf freuen, mit ihren Babys zusammenzusein, keinen Unterschied, ob dies sofort oder erst nach ein paar Stunden geschieht. Meiner Ansicht nach sind menschliche Bindungen nicht so fragil, daß nur im Entbindungszimmer besondere Beziehungen aufgenommen werden könnten. Wäre dem so, dann hätten Väter, Adoptiveltern, Kaiserschnitt-Mütter und Eltern von kranken Babys keine Chance.

Betrachten wir andere Zeichen der Bindung bei den Primaten. In der Wildnis werden Affen und ihre Jungen niemals länger als ein paar Minuten voneinander getrennt, so daß man unmöglich wissen kann, ob die ersten zwölf Stunden nach der Geburt besonders wichtig für die Bindung sind beziehungsweise ob überhaupt ein Bindungsprozeß stattfindet. Andere Anzeichen deuten jedoch darauf hin, daß Affen, ebenso wie Menschen, wesentlich höher entwickelte Gehirne haben als Nagetiere, so daß hormonell bedingte Zuwendung bei ihnen keine große Rolle spielt.

In einem Labor wurden Affenjungen am ersten Tag nach der Geburt von ihren Müttern getrennt, genauso wie es bei Menschenbabys in den Krankenhäusern üblich war. Diese kurze Trennung schien keine dauerhaft schlechten Auswirkungen zu haben. Die Affenmütter zeigten sich erfreut, als sie ihre Jungen zurückbekamen. Sie reagierten mit freudiger Erleichterung und waren ein paar Tage lang besitzergreifender als sonst. Dann gingen sie zum normalen Mutterverhalten über. Eine Trennung für ein bis zwei Tage nach der Geburt scheint der Liebe einer Affenmutter zu ihrem Kind nicht zu schaden.

Warum sollten Menschenmütter dadurch negativer beeinflußt werden, wo sie doch dabei zusehen können, wie ihr Baby versorgt wird, und sich darauf freuen können, es ein paar Stunden später bei sich zu haben? Dies ist keine Streitschrift für eine Trennung der Neugeborenen von ihren Müttern, ganz im Gegenteil! Manche Mütter werden in der Tat von positiven Gefühlen überflutet, wenn sie, noch im Entbindungszimmer, zum ersten Mal ihr Neugeborenes sehen. Für sie ist es ein bewegendes Erlebnis. Niemand sollte es ihnen vorenthalten, selbst wenn die Bindung nicht als Vorwand für diese Praxis dienen kann. Wer weiß, was das Rotkehlchen fühlt, wenn das erste Küken ausschlüpft? Auch ohne das Konzept der Bindung können wir Gefühle haben.

Für die meisten Mütter ist der sofortige Kontakt zu ihrem Neugeborenen ein aufregendes und lohnendes Ereignis. Aber ob er zustande kommt oder nicht, wird die Beziehung der Mutter zum Kind nicht auf Dauer intensivieren oder zerstören. Die Mutter-Kind-Beziehung *beginnt* bei der Geburt, oder kurz danach, aber viele andere Ereignisse der kommenden Jahre werden sie ebenfalls beeinflussen: Babys erstes Lächeln vergoldet die Liebe der Eltern geradezu, das erste gebrabbelte „Mama“ ist ein echter Hit, genauso wie der wuschelige Zweijährige, der Ihnen vor dem Einschlafen noch ins Ohr flüstert, daß er Sie lieb hat.

Das Bindungskonzept hat seinen Preis

So wie das Bindungskonzept heute dasteht, bleibt es fragwürdig, ob es für unser Verständnis von Eltern-Kind-Beziehungen von Nutzen ist. Der Gedanke, daß Mütter bei der Geburt eine dauerhafte Bindung zu ihren Babys entwickeln können, hat zwar etwas Romantisches an sich, aber er verhindert die Teilnahme anderer wichtiger Leute an diesem Vergnügen. Weil sie nicht mit den entsprechenden Hormonen ausgestattet sind, könnten Väter und Adoptiveltern – bei dieser Sicht der Dinge – das besondere Gefühl der Bindung, wie es die Mutter kennt, nicht teilen. Sie haben jedoch, wie wir gesehen haben, keinen Grund zur Sorge, weil die Ergebnisse der ursprünglichen Untersuchung genaueren Prüfungen und weiteren Untersuchungen nicht standgehalten haben. Es ist ein Glück für die Väter, daß Beobachtungen im Krankenhaus (Parke und Sawin, 1980) gezeigt haben, daß junge Väter ganz genauso aufmerksam mit ihren Neugeborenen umgehen wie junge Mütter. Sie finden ihre Babys reizend und interessant, gerade so wie Mütter auch. Mütter beschäftigen sich mehr mit dem Wickeln und Sauberhalten, wahrscheinlich weil dies dem Rollenverhalten entspricht, das von ihnen erwartet wird. Väter beschäftigen sich mehr mit Spielen, weil die Gesellschaft *ihnen* eher diese Rolle zuspricht. Die jungen Eltern verbringen nahezu gleich viel Zeit damit, ihr Baby zu bestaunen und sich mit ihm zu beschäftigen.

Wenn durch die Bindung keine „besondere“ Beziehung entsteht, dann müssen sich Adoptivmütter keine Sorgen wegen ihrer Liebe zu ihren Babys machen. Noch brauchen dies die Mütter von Frühgeborenen, die bei der Geburt noch zu zart sind, um in den Arm genommen zu werden, und die oft noch viele Wochen im Krankenhaus bleiben müssen. Diese Mütter und ihre Babys können sich genausosehr miteinander verbunden fühlen wie die, die eine normalere Geburt hatten.

Als biologische Mutter von vier vollausgetragenen, gesunden Babys und als Forscherin über Adoptivfamilien und Frühgeborene war ich etwas empört über das Bindungskonzept. Ich habe zu viele Adoptiveltern gesehen, die hingebungsvoll mit ihren Kindern umgingen, und zu viele Mütter, die ihre „Frühchen" nach vielen Krankenhausmonaten enthusiastisch zu Hause empfingen. Ich habe auch normal geborene Babys gesehen, deren Mütter nicht im geringsten enthusiastisch waren, sie kennenzulernen. Die Mutter-Kind-Beziehung *beginnt* in den ersten Lebenstagen, aber von da aus hat sie noch einen langen Weg vor sich.

Nehmen wir einmal an, daß viele Frauen, kraft des Gebärens, das Väter und andere Erwachsene nicht erfahren haben, wirklich eine besondere Verbindung mit ihren Neugeborenen spüren. Und nehmen wir weiter an, daß Mütter, die den ganzen Tag zu Hause sind, intensivere Bande zu ihren Babys entwickeln. Es gibt keinen Beweis für oder gegen diese beiden Annahmen. Selbst wenn eine von beiden oder alle beide richtig wären, würde das denn dann bedeuten, daß Mütter bei ihren Babys zu Hause bleiben müssen, vierundzwanzig Stunden am Tag, jeden Tag des Jahres? Im nächsten Teil des Kapitels werden wir besprechen, warum intensivere Bande nicht unbedingt eine tolle Sache sind.

Bindung: Eine frühreife Liebe?

Ein anderer Aspekt des Bindungsbegriffes kommt aus den Untersuchungen über frühreife Tiere, zu denen Menschen nicht gehören. *Frühreif* sind solche Tiere, die, wie Schafe und Gänse, ihren Müttern schon wenige Stunden nach der Geburt hinterherlaufen können. Damit sie sich nicht verlaufen, hat die Evolution sie mit einem Schnell-Lern-System ausgestattet. Eine innere Stimme sagt: „Folge der ersten beweglichen, mutterähnlichen Gestalt, die du siehst und hörst." In der Wildnis ist die erste bewegliche, mutterähnliche Gestalt, der ein frühreifes Junges begegnet, mit höchster Wahrscheinlichkeit seine eigene Mutter. Diese evolutionäre Lösung ist besonders gut der Verhaltensweise der Tierarten angepaßt, die ihre Jungen nicht im Nest behalten.

Viele andere Arten von Vögeln und Säugetieren behalten ihre Jungen im Nest, bis sie Federn haben und fliegen können, oder ein Fell haben und laufen können. Nest-Tiere werden *altricial* genannt (das bedeutet nackt und hilflos, der Pflege bedürftig), weil die Jungen in einem Nest bleiben und von einer treuen Mutter (gelegentlich auch vom Vater) beschützt werden, bis sie reif genug sind, sich fortzuwagen. Ratten, Katzen, Rotkehlchen und Primaten sind altricial. Die Bindung der Jungen an ihre Mutter entsteht bei diesen Arten viel später. Wenn man Vögel und Menschen miteinander vergleichen möchte – was einem ziemlich waghalsigen Sprung quer über den Evolutionsbaum gleichkäme – sollte man sich vielleicht nicht gerade für Gänse entscheiden. Rotkehlchen wären besser geeignet.

Unsere Babys haben es nicht nötig, eine Bindung zu entwikkeln, damit sie uns vom Krankenhaus bis nach Hause nachlaufen können. Wir tragen sie, wie alle Primaten in der Evolutionslinie, zu der wir gehören, das tun. Primaten-Babys binden sich monatelang nicht an ihre Mütter, denn sie sind geistig nicht reif genug, um Erwachsene überhaupt voneinander zu unterscheiden. Wenn sie nicht wissen, wer ihre Mutter ist, können sie sie auch kaum bevorzugen. Zwischen dem sechsten und zehnten Monat zeigen Menschenbabys jedoch Zeichen einer Bindung zu Eltern und Geschwistern, und manchmal zu anderen wichtigen Leuten in ihrem Leben. Normalerweise, aber nicht immer, betrifft eine dieser Bindungen die Mutter.

Auf die ethologische Sichtweise aufbauend, vertrat John Bowlby (1969) die These, daß die Verhaltensweisen des Säuglings zu seiner Mutter funktionell verstanden werden sollten, das heißt: von welchem Nutzen sind sie dem Kind? Bowlby sagte, daß Bindungen dazu dienen: (1) dem Baby eine sichere Ausgangsbasis zu verschaffen, von der aus es die Welt entdekken und etwas über sie lernen kann, und (2) einen sicheren emotionalen Rahmen zu schaffen, in welchem es Ängstlichkeit und Streß ablegen kann. Einer solchen Bezugsperson nahe zu sein, gibt dem Baby genügend Sicherheit, damit es seine Umwelt erforschen kann, und beruhigt seine Ängste, wenn es unglücklich ist.

Viele Forscher haben versucht, die Bindung von Babys zu ihren Müttern zu ergründen. Sie haben beobachtet, wie Babys ihre Mütter und andere Leute anlächeln, sie haben die Lautstärke des Protestes gegen Mutters Weggehen auf Tonband aufgenommen, sie haben ausgemessen, wie weit das Baby zu der Tür hinkrabbelte oder lief, durch die die Mutter weggegangen war, und sie haben die speziellen Reaktionen auf Mutters Rückkehr aufgelistet. Sie fanden in zwei oder mehr Beobachtungssituationen wenig Übereinstimmung im speziellen Verhalten desselben Kleinkindes (Masters und Wellman, 1974). Mary Ainsworth (1973; Ainsworth et al., 1978) kam zu dem Schluß, daß solch stückweises Vorgehen die *Qualität* der kindlichen Bindung – inwieweit sich das Baby mit seiner Mutter sicher fühlt – nicht erfassen kann. Sie erfand die „Strange-Situation", bei der neun bis achtzehn Monate alte Babys von ihren Müttern in ein unbekanntes Zimmer gebracht und einer Reihe von acht verschiedenen Situationen – zum Beispiel: mit der Mutter sein, mit einer fremden Person sein, alleine sein und wieder mit der Mutter zusammensein – ausgesetzt wurden. In der „Strange-Situation" hat das Baby ein weites Spektrum von Möglichkeiten, um zu zeigen, wie es die Mutter als Sicherheitsbasis und als emotionale Stütze nutzt. Diese Gesamterfassung der Bindung des Babys sollte die Qualität seiner Beziehung zur Mutter einfangen können.

Bowlby und Ainsworth sprechen den Beziehungen zwischen Babys und ihren Bezugspersonen verschiedene Eigenschaften zu. Die Bindungen von Kleinkindern werden von Ainsworth und ihren Kollegen in zwei große Gruppen mit Unterkategorien eingeteilt. Kleine Kinder mit einer sicheren

Bindung protestieren gegen das Weggehen der Mutter, sie freuen sich, wenn sie zurückkommt, und versinken dann wieder im Spiel. Kleine Kinder mit unsicherer Bindung protestieren gegen Mutters Weggehen, verhalten sich ambivalent, wenn sie zurückkommt, und verweigern dann manchmal sogar den Kontakt mit ihr, so als wenn sie verärgert wären. Babys mit unsicherer Bindung weinen zu Hause mehr als Babys mit sicherer Bindung. Sie wehren sich dagegen, hochgenommen zu werden, und sie wehren sich dagegen, wieder abgesetzt zu werden.

In verschiedenen Untersuchungen haben Ainsworth und ihre Kollegen herausgefunden, daß ungefähr 65 Prozent der Mittelschicht-Kleinkinder eine sichere Bindung zu ihren Müttern haben und ungefähr 35 Prozent eine unsichere. Die Kleinkinder der Unterschicht, besonders die von jungen, unverheirateten Müttern, entwickeln mit geringerer Wahrscheinlichkeit eine sichere Bindung – nur ungefähr die Hälfte von ihnen benimmt sich so, als wäre ihnen ihre Mutter eine emotionale Stütze und eine sichere Ausgangsbasis für Entdekkungsreisen.

Ainsworth sagt, daß die meisten Unterschiede in der Qualität der Bindungen von Babys auf die Unterschiede in der Sensibilität zurückzuführen sind, mit denen die Mutter in den ersten Lebensmonaten auf die Bedürfnisse des Babys eingeht. Mütter, die schnell und angemessen auf die Signale ihrer Babys für Hunger, Unbehagen und Langeweile reagieren, haben in den späteren Monaten zufriedenere Babys mit sicherer Bindung. Mütter, die langsam reagieren, oder die die Signale ihrer Babys nicht „lesen“ können, sind dieselben, die beim Füttern, Baden, Wickeln und so weiter schwer mit ihren Babys zurechtzukommen scheinen. Sie wirken unbeholfen und verständnislos im Umgang mit ihren Kindern. Es ist unwahrscheinlicher, daß ihre Babys eine sichere Bindung entwickeln.

Andere Forscher, so wie Lamb und Campos (1983), hinterfragen die exklusive Rolle, die die mütterliche Sensibilität im Bewirken einer sicheren Bindung spielen soll. Sie verweisen auf die Rolle, die dem kindlichen Temperament als wichtigem

Faktor in der Kind-Mutter-Beziehung zukommt. Manche Babys sind leicht zu haben, denn sie sind entspannt und anpassungswillig, sie haben gleichmäßige Eß- und Schlafrhythmen und sind überhaupt erfreuliche Gesellen. Andere Babys dagegen sind reizbar und unruhig und werden durch jede leichte Veränderung ihrer Schlaf- und Essenszeiten leicht aus der Fassung gebracht. Sie kommen leicht unter Streß, haben ausgedehnte Schreiphasen und sind schwer zu beruhigen. Schwierige Babys werden mit geringerer Wahrscheinlichkeit eine sichere Bindung zu ihren Müttern entwickeln als unkomplizierte Babys – weniger weil die Mutter unsensibel ist, sondern vielmehr weil es für jede Mutter außerordentlich schwierig ist, mit einem solchen Baby zurechtzukommen.

Meiner Meinung nach sieht man die Sache mit der Bindung am besten als das Ergebnis einer Begegnung zweier Menschen, von denen jeder zur Beziehung beiträgt. Die meisten Eltern können mit einem ruhigen, heiteren und geduldigen Baby eine sichere Beziehung herstellen. Besonders sensible und geduldige Eltern können auch einem schwierigen Baby eine sichere Bindung ermöglichen.

Das Konzept der Bindung und die viktorianische Auffassung von Mutterschaft

Der Bindungsbegriff ist ein nützliches Konzept zur Beschreibung der emotionalen Verbundenheit, die Babys gegen Ende des ersten Jahres mit einer oder mehrerer ihrer Bezugspersonen entwickeln. Problematisch ist dabei, daß ein ethologischer Gedanke in die psychoanalytische Sicht der Mutter-Kind-Beziehung gepreßt wurde. Das traditionelle psychoanalytische Konzept besagt, daß Kleinkinder eine Bindung zu ihren Müttern entwickeln *müssen,* sonst würden sie im späteren Leben durch emotionale Höllen gehen. In der Theorie Freuds und den Ableitungen daraus sind Mütter die zentralen Figuren im Leben ihrer Kinder. Mangelnde Bemutterung ist die Ursache aller Persönlichkeitsprobleme des Kindes. In der oralen Phase (Freud) führt fehlendes Vertrauen zur fütternden Mutter angeblich zu ernsten Persönlichkeitsstörungen in späterer Zeit. Mit diesem Mangel an grundlegendem Vertrauen (Erikson) bliebe das Kind unfähig, andere Menschen zu lieben oder ihnen zu vertrauen. Mütter, die ihre Babys verlassen, um arbeiten zu gehen, riskieren Mißtrauen. Ohne eine feste Bindung zur Mutter könnte das Kind bestenfalls eine unangepaßte Persönlichkeit mit oberflächlichem Gefühlsleben entwickeln.

Bowlby (1969) und Ainsworth (1973) versteiften sich auf den Vorrang der Mutter-Kind-Beziehung. Obwohl die Bindungstheorie eigentlich einer „Mutter-Figur" Raum gelassen hätte, stand die biologische Mutter im Zentrum ihrer Aufmerksamkeit. Rückblickend betrachtet hätten sie keine besondere Beziehung zur Mutter zu betonen brauchen, sondern nur das universelle Bedürfnis von kleinen Kindern (und allen anderen menschlichen Wesen) nach engen Beziehungen zu anderen. Ihre Forschungsarbeit verdient höchstes Interesse – auch ohne die Hervorhebung von Müttern per se.

Das Problem der psychoanalytischen Sichtweise, daß ausschließlich Mütter die Bedürfnisse kleiner Kinder erfüllen können, liegt darin, daß sie keinen empirischen Boden hat. Viele Untersuchungen zeigen heute, daß kleine Kinder in einer Vielzahl von Betreuungssituationen – mit Bindungen zu Leuten außerhalb der biologischen Mutter – eine vollkommen gesunde Persönlichkeit entwickeln können; diese Untersuchungen werden im letzten Teil dieses Kapitels behandelt. Hier genügt es zu verstehen, warum die Mutter als die einzige Liebe des Babys dargestellt wurde. Um dies zu verstehen, ist es notwendig, die Psychoanalyse in ihrem kulturellen Zusammenhang zu betrachten.

Das Ideal der Mutter-Kind-Beziehung in der viktorianischen Epoche war eine Symbiose – eine intensive, gegenseitige Abhängigkeit. Mütter schliefen oft viele Jahre lang im selben Bett mit ihren Kindern, Väter hatten ein separates Schlafzimmer. Durch die Intimität des gemeinsamen Bettes waren Mütter und Kinder wahrscheinlich sehr eng miteinander verbunden (Rothman, 1978). In einem solchen Rahmen erscheint der Ödipuskonflikt fast unvermeidlich. Mutters Platz im Haus als vorrangige, wenn nicht alleinige Erzieherin war dafür die ideale Voraussetzung. Vater ging aus dem stillen Heim in die schlechte Welt hinaus, um das Brot für die Familie zu verdienen, während Mutter den Zufluchtsort hegte (Lasch, 1979). Im viktorianischen Wien diente die Psychoanalyse als Rechtfertigung für eine intensive und ausschließliche Mutter-Kind-Verbundenheit. So galten mit einem Schlag sowohl Mutters Platz im Haus als auch Vaters Freistellung von der Kindererziehung nicht nur als zeitgemäße Lösung, sondern als das einzig und ewig Richtige. Wenn Babys sich ohne die ausschließliche Zuwendung ihrer Mütter nicht emotional entwikkeln konnten, dann durfte wohl kaum eine Mutter etwas dagegen haben, zu Hause zu bleiben. Es war gut, richtig und entsprach einfach der Natur der Dinge, daß Mütter und Babys aneinanderklebten.

Freuds Beobachtungen der Persönlichkeitsstörungen bei seinen Patienten haben ihn nicht dazu veranlaßt, die Rahmenbedingungen der viktorianischen Gesellschaft zu hinterfragen, die er in seiner Theorie wiederholt rechtfertigte. Seine Interpretationen psychischer Nöte sind von den kulturell festgelegten Frauen-, Männer- und Kinderrollen ausgegangen. Wie die Verteidiger einer jeden Epoche, so fand auch er „Gründe" für persönliche Schwierigkeiten, die an dem gesellschaftlich und kulturell gesteckten Rahmen nicht rüttelten.

Kulturelle Perspektiven der Kindererziehung

Obwohl er ein Genie war, sah Freud die Realität durch die Brille seiner Epoche. Man könnte sich wünschen, daß er ein Teleskop gehabt hätte, um in die Zukunft zu schauen, aber, wie wir alle, konnte auch er nur in die Vergangenheit schauen. Abgesehen davon war er kurzsichtig. Freud scheint von Familienverhältnissen außerhalb der Mittelschicht wenig gewußt zu haben und historische Berichte über Vorbilder der Kindererziehung in anderen Jahrhunderten hat er offensichtlich auch nicht studiert. Obwohl Freud fast als Zeitgenosse der aufblühenden Kulturanthropologie gelebt hat, die der Welt von seltsamen, ganz anderen Kinderbetreuungs-Modellen berichtete, die anscheinend doch normale Menschen hervorbrachten, schien er blind gegenüber der Bedeutung von transkulturellen Informationen für eine Theorie der menschlichen Entwicklung.

Um zu verstehen, welche Wirkung Freud auf die Erziehungsratschläge hatte, müssen wir uns die grundlegende Wende in der Auffassung von Kindern und Müttern vor Augen halten, die in den 40er Jahren des zwanzigsten Jahrhunderts eintrat. Amerikanische Mütter des vorausgegangenen Jahrzehnts waren angehalten worden, ihre Kinder zu ordentlichen Erwachsenen zu *erziehen*, ganz nach Watson-Manier, und unnötige Sentimentalitäten zu vermeiden. Die Erziehung eines Kindes war eine ernstzunehmende Aufgabe, Pflicht war Pflicht. Ab der Mitte des Jahrhunderts war die offizielle Auffassung von Kindererziehung gekennzeichnet durch die Vorstellung eines entspannten und freudigen Elternseins, wie Gesell es vertrat, während die allgemeine Literatur jedoch von Freuds Botschaft durchdrungen war. In Büchern und Zeitschriftenartikeln erfuhren Mütter, daß sie ihre Kinder über alles lieben sollten. Die ideale Mutter war die, die leidenschaftliche persönliche Erfüllung darin fand, die Bedürfnisse ihres Kindes zu stillen. „Instinktiv brauchte sie ihr Kind genauso sehr, wie ihr Kind sie brauchte. Sie verstand es, außerhäusliche Verpflichtungen zu vermeiden, damit sie nur keine faszinierende Entwicklungsstufe ‚versäumte' oder sich selbst einer lohnenden Mutterschaftsphase ‚beraubte'" (Ehrenreich und English, 1979, S. 221).

In den Augen der Psychoanalyse ist Mutterschaft keine Pflicht, sondern, wie Gebären und Stillen, eine biologisch vorgegebene Funktion. Psychoanalytiker machten Mutterliebe sogar zu einem Instinkt, „der unantastbare Kern der Mutter-Kind-Beziehung, der Kleister, der allein es vermochte, die Mutter beim Kind, und die Frau im Haus zu halten" (Ehrenreich und English, 1979, S. 221). Der bekannte Kinderarzt und psychoanalytisch orientierte Erziehungsexperte T. Berry Brazelton glaubt, daß Mütter für einfühlsame Kinderbetreuung, mit seinen Worten, „feingestimmt" sind, während Väter und andere Betreuungspersonen nur einen armseligen, unsensiblen Ersatz für die biologische Mutter abgeben. Außerdem litten Mütter, wenn sie nicht die ganze Zeit mit ihren Babys zusammen wären, denn sie spürten dann, daß sie wichtige Entwicklungsphasen ihres Babys versäumten. Wenn man von Freuds Annahmen über die kindliche Natur und die biologische Bestimmung der Mütter ausgeht, ist es für Mütter undenkbar, ihre Babys freiwillig der Obhut anderer zu überlassen. Sie würden sich damit am Wohlergehen ihrer Babys verschulden und sich außerdem selbst berauben. Mütter brauchen ihre Babys für ihr eigenes psychisches Wohl, und Babys brauchen ihre Mütter für ihr psychisches Wohl – eine gegenseitige symbiotische Beziehung.

Lassen Sie mich ein Fernsehinterview schildern, das überregional ausgestrahlt wurde, damit Sie nicht etwa denken, diese Ansichten wären heute nicht mehr „in". Das Interview wurde im Herbst 1983 aufgezeichnet. Die schwangere Moderatorin einer TV-Show interviewte den psychoanalytisch versierten Autor eines Erziehungsbestsellers. Die Moderatorin fragte den Experten, ob sie sich darüber Sorgen machen müßte, ihr Kind während der Arbeit einem Babysitter zu überlassen. Der Experte verwies auf die wissenschaftliche Forschung, die zeigt, daß Babys mit guten Betreuungspersonen gut gedeihen, und daß die Mutter nicht die ganze Zeit mit ihrem Baby zusammenzusein braucht. Aber, stellte er fest, Mütter, die ihre Babys während ihrer Arbeit anderen überlassen, spüren unweigerlich, daß sie wichtige Phasen der Entwicklung ihres Babys versäumen, kostbare Erfahrungen, die nicht nachgeholt werden können. Alle „guten" Mütter leiden darunter, wenn sie ihre Babys jemand anderem überlassen. Wenn man nicht leidet, ist man, folglich, keine gute Mutter. Die Interviewerin wirkte beschämt.

Warum sollten berufstätige Mütter sich schuldig oder beraubt fühlen? Berufstätige Mütter verbringen vier bis sechs Stunden pro Tag mit ihren Babys und nicht acht bis zwölf Stunden, die das Baby wach ist. Versäumen sie wesentliche

Entwicklungsphasen? Sollten sie darunter „leiden", zeitweise von ihren mütterlichen Pflichten getrennt zu sein, wo sie doch außerdem eine bezahlte Arbeit haben, die ihnen und ihrer Familie wichtig ist? Wozu diese Geschichte mit den Schuldgefühlen? Berufstätige Mütter verbringen genausoviel Zeit in direktem Umgang mit ihren Babys wie nicht-berufstätige Mütter. Woran sollte es ihren Babys mangeln, außer, vielleicht, an einem gewissen Überfluß?

Neuere Untersuchungen zeigen, daß Babys, die tagsüber betreut werden, genauso oft und lebhaft gegen einen Abschied von ihrer Mutter protestieren wie Babys, die den ganzen Tag bei ihren Müttern zu Hause sind (Kagan, Kearsley und Zelazo, 1978; Belsky und Steinberg, 1978). Babys, die den ganzen Tag bei ihren Müttern zu Hause sind, und Babys, die tagsüber betreut werden, bevorzugten ganz übereinstimmend ihre Mütter als sichere Ausgangsbasis und emotionale Stütze, als sie im Rahmen eines Forschungsprojekts von ihnen getrennt und wieder mit ihnen zusammengeführt wurden. Die Erzieherinnen wurden den Müttern nicht vorgezogen. Zu beiden Kindergruppen gehörten prozentual gleich viele Kleinkinder mit sicherer und unsicherer Bindung.

Ist dieses Ergebnis überraschend? Wenn ja, dann deshalb, weil wir sowieso schon das Schlimmste befürchten, und weil diese Befürchtungen von den Experten, die uns mit der Mutter-Kind-Symbiose kamen, noch verschlimmert worden sind. Denken Sie einmal darüber nach. Arbeitende Mütter, die acht bis neun Stunden pro Tag von ihren Babys getrennt sind, sind trotzdem die Hauptbezugspersonen ihrer Kinder – vor und nach der Arbeit, an freien Tagen und im Urlaub. Außerdem haben Eltern etwas Besonderes in ihre Kinder investiert, das sich darin zeigt, in welcher Weise sie Verantwortung für das Baby übernehmen. Babys reagieren auf Feinfühligkeit, wie Mary Ainsworth aufgezeigt hat.

Wie erfreulich die eigenen Sprößlinge auch sein mögen – und ich fand meine Babys genauso unkompliziert und süß, wie irgendwelche anderen, die ich kannte – es ist doch eine Erleichterung, wenn man ein paar andere Interessen und Aktivitäten mit Erwachsenen teilen kann, als Ausgleich zu all den Stunden voller Baby-Geplapper und Essens-Geklecker. Die Berufstätigkeit nimmt bei den meisten Frauen nicht alle Zeit und Energie in Anspruch, nicht mehr als bei den Männern, beiden Eltern bleibt Zeit für ihre Kinder, und sie nehmen sie sich auch. Wir wissen, daß sich Babys mit nicht-mütterlicher Fürsorge genauso gut entwickeln wie mit mütterlicher, *solange es eine gute Fürsorge ist.* Die Frage ist nicht, *wer* sich um das Baby kümmert, sondern welche Qualität die Fürsorge hat. Dies werden wir im 9. Kapitel besprechen. Meiner Ansicht nach ist das Schuldgefühl eine Art „Kater", der von einer anderen Zeit und von uneingestandenen Taktiken herrührt, die Frauen an ihrem rechten Platz halten sollten – ganztags zu Hause.

Die psychoanalytisch orientierten Experten singen immer noch dasselbe Lied, das Freud einst komponierte. Viele Freud-Schüler halten eine viktorianische Sicht von Müttern und Kindern aufrecht. Freud-Schüler waren gegen Tagesbetreuung, weil sie glaubten, kleine Kinder bräuchten eine intensive, ausschließliche Beziehung zu ihrer biologischen Mutter, um sich normal zu entwickeln. Sie beladen Mütter, die außer Haus arbeiten müssen oder wollen, mit Schuldgefühlen. Sie diffamieren die wichtige Rolle, die andere Erwachsene, einschließlich der Väter, im Leben von Babys und Kleinkindern spielen können. Im Falle einer Ehescheidung sind sie vielleicht sogar dagegen, daß Väter ihre Kinder besuchen, weil kleine Kinder intensive Beziehungen mit ihren Müttern brauchen (Goldstein, Freud und Solnit, 1973). Kurz: Sie erhalten eine viktorianische Sichtweise aufrecht, durch die eine verflossene Epoche gerechtfertigt wird. Meiner Ansicht nach haben solche Ideen für Kinder, Frauen und Väter den sozialen Fortschritt gebremst.

Trotz umfangreicher psychologischer Forschungen, die der psychoanalytischen Forderung nach einer intensiven, ausschließlichen Bemutterung widersprechen – und tatsächlich die potentiell schädigende Wirkung davon aufzeigen – klammern sich die Freudianer an die Annahmen ihres Meisters.

Schauen wir uns die Forschung einmal genauer an, die die positiven Auswirkungen von mehreren gleichzeitigen Bindungen untersucht hat.

Es ist gut, mehrere Bindungen zu haben

Fällt Ihnen irgendein Grund ein, warum Säuglinge nicht darin unterstützt werden sollten, mehr als einem Menschen zu trauen? Kann es schlecht sein, einen liebevollen Vater, eine liebevolle Schwester, Großmutter oder Nachbarin zu haben? Es ist ein Glück für den gesunden Menschenverstand, daß psychologische Forschungen erwiesen haben, daß Babys mit mehr als einer Bezugsperson weniger unglücklich sind, wenn ihre Mutter sich verabschiedet, um zur Arbeit zu gehen. Sie sind in Gegenwart von anderen Erwachsenen zufriedener und verspielter, das heißt sie fühlen sich auch mit anderen Leuten sicher, nicht nur mit ihrer Mutter (Schaffer, 1977; Rutter, 1982).

Kinder mit Bindungen zu mehr als einer Person sind auch weniger unglücklich bei der Geburt eines Geschwisterchens, das viel von der Zuwendung der Erwachsenen in Beschlag nimmt. Ein Kind mit mehr als einer Bezugsperson ist eher dazu in der Lage, Zuwendung mit einem potentiellen Rivalen zu teilen, als eines, dessen Mutter seine einzige Bezugsperson war. Judy Dunn und Carol Kendrick von der Cambridge Universität (1982) beobachteten Vorschulkinder, die Geschwisterchen bekommen hatten. Sie stellten fest, daß Kinder mit besonders engen und ausschließlichen Mutterbeziehungen unter dem neuen Baby viel mehr litten als andere Kinder. Kinder mit ausschließlicher Mutterbindung verhielten sich dem neuen Baby gegenüber viel negativer als andere Kinder, die auch Beziehungen zu ihren Vätern und anderen Erwachsenen hatten. Des weiteren, und das ist fast noch wichtiger, haben sie festgestellt, daß die negative Beziehung zwischen den Geschwistern, die bei der Geburt des zweiten in Gang gesetzt wurde, sich jahrelang in häßlicher Weise erhielt. Das ältere Kind, das das neue Geschwisterchen von Anfang an haßte, war noch im Alter von sechs Jahren darauf aus, mit ihm zu kämpfen und zu streiten, was in die ganze Familie Spannungen brachte. Diese zunehmend negative Beziehung trat am meisten dann auf, wenn die Mutter eine besonders enge Beziehung zu ihrem ersten Kind hatte.

In den Untersuchungen von Rudolph Schaffer und Peggy Emerson von der Universität von Strathclyde, Glasgow (Schottland), sowie in vielen anderen Untersuchungen entwikkeln Kleinkinder meistens etwa gleichzeitig eine Bindung zu mehreren vertrauten Menschen. Schaffer und Emerson (1964) beobachteten Familien mit Babys eine gewisse Zeit lang, um herauszufinden, wie die Babys dazu kamen, Bindungen zu den Personen im gleichen Haushalt oder zu anderen Erwachsenen und Kindern zu entwickeln, mit denen sie in Kontakt kamen. Sie entdeckten, daß Babys nicht immer das tun, was die psychoanalytische Theorie besagt, das heißt, die Bindung zu ihrer Mutter ist nicht immer so stark oder primär, selbst nicht immer dann, wenn die Mutter ganztags zu Hause ist. Die Kleinkinder machen manchmal mehr Geschrei, wenn ihr Vater sich verabschiedet oder die größere Schwester, mit der sie ganz besonders gerne spielen.

Meistens bevorzugen Babys im Alter von neun bis zwölf Monaten die Gesellschaft von Mutter *und* Vater *und* Großeltern *und* größeren Geschwistern. Sie bleiben gerne bei jedem einzelnen von ihnen, und sie protestieren, wenn einer von ihnen weggeht. Die Anzahl der Bindungen hängt zu einem großen Teil davon ab, welche Möglichkeiten das Kind hat, andere Menschen kennenzulernen. „Wir müssen daraus schließen, daß nichts auf ein biologisches Bedürfnis zu einer ausschließlichen, primären Bindung (an die Mutter) hinweist, nichts, was dagegensprechen würde, daß mehrere Personen das Baby gemeinsam ‚bemuttern'" (Schaffer, 1977, S. 100).

In letzter Zeit haben mehrere Forscher (Lamb et al., 1982; Main und Weston, 1981) die Bindungen von Säuglingen zu ihren Müttern und Vätern untersucht. Sie haben herausgefunden, daß manche Babys, die unsichere Bindungen zu ihren Müttern haben, dagegen gute, sichere Bindungen zu ihren Vätern haben, und natürlich auch umgekehrt. Ainsworth stimmt zu, daß Babys mit verschiedenen Menschen, die in ihrem Leben wichtig sind, verschiedene Beziehungsmuster haben können. Schaffer (1977) faßt die derzeitige Meinung über Babys, Mütter und den Bindungsbegriff zusammen:

> Bis vor kurzem betonte die konventionelle Sichtweise der Mutter-Kind-Bindung vor allem deren Ausschließlichkeit. Man betrachtete es als ausschlaggebend für die seelische Gesundheit des Kindes, daß das Monopol für seine Betreuung in den Händen einer einzigen Mutterfigur lag. Man ging sowieso davon aus, daß das Kind von sich aus nicht dazu fähig wäre, besondere Bindungen zu mehr als einem Menschen herzustellen – und dieser Mensch war, natürlich, seine allzeit gegenwärtige Mutter.
>
> Empirische Studien haben offenbart, daß die Wirklichkeit ziemlich anders aussieht. Ein Säugling ist nicht, wie Bowlby meinte, auf eine einzige Bindung beschränkt: Sobald er die Phase erreicht hat, wo er spezifische Beziehungen entwickeln kann, ist er durchaus dazu in der Lage, mehrere gleichzeitig aufzunehmen. (Schaffer, S. 100).

Babys finden es toll, mehrere Beziehungen zu haben. Sie fühlen sich geborgen und glücklich mit vertrauten und zuverlässigen Betreuern, Spielkameraden und freundlichem Besuch. Die Spezies Mensch ist anscheinend nicht so sehr auf eine ausschließliche Bemutterung ausgerichtet, als vielmehr auf verläßliche Beziehungen mit anderen.

Brauchen Mütter die ausschließliche Bindung?

Für manche Mütter ist es schwer zu akzeptieren, daß ihre Babys auch zu anderen Menschen Bindungen entwickeln. Sie sind nicht angetan von dem Gedanken, daß ihre Kleinen die Gesellschaft von anderen so sehr schätzen könnten, daß sie die Mutter nicht vermissen, wenn sie weggegangen ist. Ich fürchte, da klingen noch viktorianische Gefühle in uns nach. Es liegt ihnen die Auffassung zugrunde, daß Babys eigentlich ihre Mütter *mehr* lieben sollten als irgend jemand anderen, inklusive Vater und Kindermädchen.

Vielleicht scheint es ihnen so, als würde das heitere Akzeptieren von Mutters Abwesenheit ein schlechtes Licht auf die Mutter-Kind-Beziehung werfen. Ein Baby, das seine Mutter liebt, sollte *leiden,* wenn sie weggeht. Wenn man gerne die einzige sein möchte, die vom Baby geliebt wird, ist das genauso, wie wenn man möchte, daß die beste Freundin keine anderen Freundinnen hätte. Klingt egoistisch, nicht wahr? Und zu erwarten, daß das Baby wegen Mutters Abwesenheit leidet, ist auch nicht gerade in seinem Interesse.

Wir können es auch anders betrachten. Ein gut angepaßtes Baby müßte die meiste Zeit glücklich sein. Verspieltheit, Lust zum Kuscheln, Lächeln und Lachen sind Anzeichen einer guten seelischen Verfassung. Ausgedehnte Schreiphasen, Trübsinn und ablehnendes Verhalten, wenn vertraute Menschen sich freundlich nähern, sind keine guten Zeichen. Säuglinge können auf die ausschließlich mütterliche Fürsorge gut eingespielt sein, und sie können ebenso gut auf die zeitweise Betreuung durch andere vertraute Menschen eingespielt sein, zu denen sie eine Beziehung haben.

Wenn ein Baby ausschließlich an die Fürsorge der Mutter gewöhnt ist, kann es ein paar Tage oder Wochen dauern, bis es die freundliche Fürsorge einer Ersatzperson annehmen kann. Wenn es aber andererseits an zwei oder mehr Betreuungspersonen gewöhnt ist, wird es sich wahrscheinlich schneller an eine neue anpassen. Babys nehmen, wie Erwachsene auch, neue Beziehungen nicht ohne weiteres auf, sondern, gleichfalls wie Erwachsene, je mehr Freunde sie haben, desto leichter akzeptieren sie neue.

Mütter, die eine Beschäftigung außer Haus brauchen, müßten sich wohlfühlen bei dem Gedanken, daß der seelischen Gesundheit des Babys damit gedient ist, wenn es mehr als eine Bezugsperson hat. Sobald wir uns von der Idee lösen können, daß die ausschließliche Bindung ein Zeichen für eine bessere Mutter-Kind-Beziehung sei als mehrere Bindungen, können wir mit der Art von Betreuung, die wir einrichten wollen, zufrieden sein. Vielleicht hilft es, wenn man die ausschließliche Bindung zu der Mutter als ein Ideal unserer kulturellen Vergangenheit sieht, ein Relikt aus der erzwungenen Berufslosigkeit der viktorianischen Frauen.

Morgens um sieben ist die Familie Schneider schon seit mindestens einer halben Stunde auf den Beinen. Thommy macht sich für die Schule fertig, Papa steht unter der Dusche, und Mama füttert die kleine Laura. Alle vier Familienmitglieder werden um halb acht das Haus verlassen und sich auf den Weg zur Schule, zur Tagesstätte und zur Arbeit machen. Etwa gegen 17.30 am Spätnachmittag werden sie alle wieder zurück sein. Sie haben also einen langen, anstrengenden Tag vor sich.

Vater wird die achtzehn Monate alte Laura bei der Tagesmutter abliefern, während Mutter den siebenjährigen Thommy bei Freunden absetzt. Dort kann er eine halbe Stunde bleiben, bis er sich dann auf den Schulweg macht. Als Angestellter einer Bank muß Vater von 8.30 bis 16.00 Uhr arbeiten. Mutters Arbeit als Laborantin beginnt um 8 Uhr 15 und dauert bis 16.30 Uhr. Sie wird auf ihrem Heimweg Laura abholen, beim Supermarkt vorbeifahren, um das Nötigste einzukaufen, und sich dann beeilen, damit das Abendessen für die Familie noch rechtzeitig fertig wird. Vater wird Thommy bei den Freunden abholen, wo er den Nachmittag verbracht hat, unterwegs die Sachen von der Reinigung mitnehmen und noch das Auto auftanken, bevor er dann auch nach Hause kommt.

Der Zeitplan der Familie ist straff, aber der Geldbeutel würde noch straffer sein, wenn Mutter ihren Beruf nicht wieder aufgenommen hätte. Beide Elternteile waren sich darin einig, daß es ihnen mit zwei Einkommen besser gehen würde, auch wenn sie dann mit den verschiedenen Zeiten und Terminen, ihren eigenen und denen ihrer Kinder, jonglieren müßten. Es gibt wenig Spielraum. Wenn Thommy einmal krank ist, muß jemand bei ihm zu Hause bleiben. Glücklicherweise ist er ein robustes, gesundes Kind. Wenn Laura eine Erkältung oder eine andere leichte Unpäßlichkeit hat, nimmt die Tagesmutter sie trotzdem. Aber keiner weiß, wie es gehen soll, wenn sie, womit man rechnen muß, einmal die Windpocken bekommt.

Auch bei Maria Hoffmann ist es gerade sieben Uhr früh.

Ihre drei Kinder sind gerade fertig, um in den Kindergarten und in das private Tagesheim zu gehen. Als alleinerziehende Mutter von drei Vorschulkindern braucht Maria ein Einkommen. Ihr Verdienst liegt jedoch nur wenig über dem Sozialhilfesatz, den sie bekommen würde, wenn sie zu Hause bliebe. Wenn sie die Kosten der Kinderbetreuung von ihrem Nettoverdienst abzieht, hat sie pro Stunde nur ungefähr eine Mark mehr, als sie von der Sozialhilfestelle bekäme. Es gibt Tage, da denkt sie, ihre Arbeit als Kassiererin in einem Supermarkt sei die Mühe nicht wert.

Ihre Älteste, Gaby, ist vormittags im Kindergarten und muß während der Mittagspause abgeholt und zur Tagesmutter gebracht werden. Maria Hoffmann hat versucht, eine andere Mutter zu finden, mit der sie sich das Abholen hätte teilen können, aber bisher hat sie keine aufgetrieben. Der Zweijährige und das Baby sind ganztägig bei derselben Tagesmutter. Die Tagesmutter betreut auch vier andere Vorschulkinder, an den Nachmittagen kommen noch Marias Älteste und zwei andere Kindergartenkinder dazu. Und das alles in einem einzigen Wohnzimmer. Es sind zu viele kleine Kinder in einem zu kleinen Raum, aber es kostet weniger als woanders. Es ist die einzige Betreuung, die Maria sich überhaupt leisten kann.

Für manche Mütter, wie Maria Hoffmann, ist Berufstätigkeit fast unmöglich. Sie kann sich die Art von Betreuung, die ihre Kinder bräuchten, nicht leisten. Die Kinder hätten es zu Hause mit ihrer Mutter und dem Geld von der Sozialhilfe vielleicht besser als in dem überfüllten Wohnzimmer der Tagesmutter. Andererseits würde Marias Selbstwertgefühl sinken, wenn sie von der Sozialhilfe leben müßte. Deprimierte Mütter können auch keine gute Atmosphäre für ihre Kinder schaffen. Wie man's macht, ist es falsch.

Für Familien oberhalb der Armutsgrenze, so wie Schneiders, ist das Dilemma der Berufstätigkeit der Mutter nicht so akut. Hier führt es eher zu einer chronischen Nervenbelastung der ganzen Familie, weil es so wenig Rückgriffsmöglichkeiten gibt für den Fall, daß etwas Ungewöhnliches passiert. Tatsächlich kann schon das normale Auf und Ab des Lebens – Krankheit eines Kindes oder der Tagesmutter, Urlaub der Betreuerin oder halbe Feiertage – ein Chaos in das Leben berufstätiger Eltern bringen. Zu den normalen Praxiszeiten zum Arzt oder zum Zahnarzt zu gehen ist fast unmöglich. Klavierstunden sind ein Unding.

Die Großeltern leben Hunderte von Kilometern weit entfernt. Die Großmutter arbeitet sowieso beim Mercedes-Händler an ihrem Wohnort. Die Mütter der anderen kleinen Kinder sind auch berufstätig. Niemand ist da, der auf kranke Kinder aufpassen könnte, also müssen berufstätige Eltern ihre kostbaren Urlaubstage dafür in Anspruch nehmen. Das geht auf Kosten der gemeinsamen Freizeit. Familien mit kleinen Kindern brauchen häufig die Hilfe anderer. Im letzten Kapitel dieses Buches werden wir die Möglichkeiten betrachten, sich solche Unterstützung zu holen.

Zusätzlich zur komplizierten Logistik von Berufstätigkeit und Beschaffung angemessener Kinderbetreuung bedrückt viele berufstätige Mütter eine schwere seelische Last. Mütter haben oft das Gefühl, daß andere ihre Kinder nicht so gut betreuen, wie sie es selber könnten, wenn es ihnen nur möglich wäre, zu Hause zu bleiben. Manchmal ist dieses Gefühl realistisch, wie im Falle wirtschaftlich ärmerer Berufstätiger, manchmal aber ist es dies nicht.

Auch wenn Mütter ihre Berufstätigkeit genießen und denken, daß sie ohne dieses Berufsleben eines erwachsenen Menschen verrückt würden, gibt es immer noch einige, die trotzdem Schuldgefühle haben, weil sie ihre eigenen Interessen eventuell auf Kosten der Interessen ihrer Kinder verwirklichen. Diese Befürchtungen haben möglicherweise nichts mit einem wirklichen Defizit ihrer Kinder zu tun, sondern rühren von dem Katzenjammer der viktorianischen Psychologie her, wie im 3. und 4. Kapitel dargelegt wurde. Berufstätigkeit kostet Geld, nämlich so viel, wie man für die Kinderbetreuung und für Extra-Kleidung, die man braucht, wenn man täglich unter Leuten ist, ausgibt. Berufstätigkeit kostet aber auch Nerven, und das sind die höheren Kosten, glaube ich. Sie entstehen durch die Sorge, die sich berufstätige Mütter darüber machen, daß ihre Kinder vielleicht wertvolle Zeit in unzulänglicher Betreuung vertun, und darüber, ob sie gute Mütter sind oder nicht.

Es braucht keine Psychologie, um die Berufstätigkeit von Müttern zu rechtfertigen. Mütter arbeiten wie andere Leute auch, aus vielen verschiedenen Gründen, von der ökonomischen Notwendigkeit bis hin zum Streben nach Selbstverwirklichung. Ökonomische Gründe sind weit häufiger als psychologische, wie wir im 2. Kapitel gezeigt haben. Legitimer werden sie – allein durch ihre Häufigkeit – jedoch nicht.

Die Psychologie kann Müttern dabei helfen, eine gute Betreuung für ihre Kinder zu wählen und sich mit ihrer Wahl wohler zu fühlen. Dieses Kapitel beschäftigt sich mit der Forschung über Väter, dem „neu entdeckten Elternteil". Es bespricht außerdem Eltern-Kind-Beziehungen in traditionellen und nicht-traditionellen Familien und die Auswirkungen von Ehescheidung und Alleinerziehung auf die Kinder und ihre Eltern. Es stellt Fragen dazu, warum berufstätige Mütter sich schuldig fühlen sollten. Und gleich zu Beginn führt das Schuldgefühl berufstätiger Mütter zu einer anderen wichtigen Frage: Warum fühlen sich eigentlich Väter nicht schuldig wegen ihrer Berufstätigkeit?

Der Vater als Elternteil – eine Wiederentdeckung

Es ließ sich nicht vermeiden. Als die Mütter kleiner Kinder berufstätig wurden und die Frauenbewegung im Kampf gegen die legalen und emotionalen Hindernisse für die Gleichberechtigung Fortschritte erzielte, blieb diese Frage unvermeidlich: Wo sind die Väter geblieben? Die Antwort lautet: Sie haben sich seit 200 Jahren hinter ihrer Arbeit versteckt. Vor dieser Zeit war die Familie eine ökonomische Einheit, die zusammen arbeitete. Dann, als die industrielle Revolution den Arbeitsplatz und das Zuhause trennte, wurde der Vater dem Haushalt entzogen. Er mußte jeden Tag fortgehen, um viele Stunden lang in der Fabrik, im Bergwerk, im Büro zu arbeiten.

Dieselben ökonomischen und sozialen Kräfte, die Frauenarbeit unmöglich machten, schlossen auch den Vater von der Kindererziehung aus. Die psychologische Rechtfertigung für diese Abtrennung zwischen den Frauen im Haus und den Männern am Arbeitsplatz lautete, daß Frauen besonders fürsorglich seien und daß Väter in der Elternrolle sowieso nichts taugen. Das mindeste, was Vätern nachgesagt wurde, war, daß sie unfähig seien, kleinen Kindern die gleiche emotionale Unterstützung und Intimität zu geben wie die Mütter. So wie die Mütter Gefangene im Haus waren, waren die Väter Geiseln am Arbeitsplatz. Frauen war es nicht erlaubt, wirtschaftlich unabhängig zu sein, Männern war es versagt, sich emotional kompetent zu fühlen.

John Nash (1976), ein Familienhistoriker, sieht vom neunzehnten Jahrhundert bis zur Mitte des zwanzigsten nur eine allmähliche Veränderung der häuslichen Rolle des Vaters. Bis zur Mitte des zwanzigsten Jahrhunderts war der ideale Vater streng und distanziert. Er war das emotionslose Vorbild an Würde und Ehre, über Sentimentalität und Kinder erhaben. Die protestantische Ethik verlangte einen Vater, der mit seiner Arbeit der Allgemeinheit diente und damit seine Gottesfurcht bewies.

> Der Herr des Hauses arbeitete hart, um seine Familie zu ernähren, und seine Rolle als Ernährer entschuldigte ihn von einer direkten Teilnahme an Angelegenheiten des Hauswesens. Tatsächlich wurde es fast von ihm erwartet, daß er sich von der Familie abgrenzte, um seinen Pflichten nachzugehen. In ländlichen Gemeinden begann sein Umgang mit den Söhnen erst, wenn diese alt genug waren, um ihm bei der Arbeit zu helfen. In den meisten Fällen sah der Vater wenig von seinen Töchtern, die ihre Zeit mit der Mutter verbrachten.
>
> In städtischen Kreisen wurden seit der industriellen Revolution nach derselben Sitte die Väter viele Stunden lang in der Fabrik oder im Büro festgehalten. Auch hier wurden ihnen keinerlei häusliche Verpflichtungen abverlangt. (Nash, 1976, S.74).

Die Sitte des abwesenden Vaters und der ans Heim gebundenen Mutter herrschte vor, bis zu Beginn des Zweiten Weltkriegs Millionen Frauen an die Arbeitsplätze gerufen wurden. Mit Kriegsende endete auch die Berufstätigkeit der meisten unter diesen Millionen. Eine andere Art von Krieg begann, als viele Frauen von ihren Arbeitsplätzen weg und in die Küche zurückgedrängt wurden.

Der Zweite Weltkrieg: Zwei Revolutionen

Der Zweite Weltkrieg brachte zwei große Veränderungen im Muttersein und in der Kindererziehung. Die deutschen Luftangriffe auf London riefen eine bleibende Veränderung in der Geburtshilfepraxis hervor. Mütter mit Neugeborenen mußten jeden Abend in die Sicherheit der Kellerschutzräume gebracht werden, um den nächtlichen deutschen Bombenangriffen zu entkommen. Die einzige Möglichkeit, wie man Wochenbettpatientinnen in die Schutzräume bringen konnte, war, sie selbst dorthin gehen zu lassen, mit ihren Babys auf dem Arm. Aus diesem Grund mußten die Babys in unmittelbarer Nähe der Mütter untergebracht werden. Später nannte man das Rooming-in.

Wenn sie bald nach der Geburt aufstanden und sich bewegten, hatten die Mütter überraschenderweise weniger medizinische Probleme, als wenn sie im Bett blieben. Statt sich nach zwei Wochen als Halbinvalidinnen aus dem Wochenbett zu erheben, blieben die, die schon am Tag nach der Geburt aufstanden, kräftig und gesund. Die deutschen Luftangriffe brachten also wenigstens ein Gutes mit sich. Der Umschwung in der Geburtshilfepraxis war von bleibender Dauer – aus soliden, wirtschaftlichen Gründen. Wenn junge Mütter nach der Entbindung statt zwei Wochen drei Tage im Krankenhaus bleiben, kommt das viel billiger. Außerdem kostet es weniger, wenn man gesunde Neugeborene bei ihren Müttern läßt, statt sie in einem speziellen Säuglingszimmer unterzubringen.

Ein vorübergehender Umschwung war die landesweite Billigung der Berufstätigkeit von Müttern kleiner Kinder. Jede arbeitstaugliche Person hatte die patriotische Pflicht, ihren Teil an den Lasten des Krieges zu tragen. Viele Männer kämpften im Ausland, es waren nicht genug Männer zurückgeblieben, um die Lücken an den Arbeitsplätzen zu füllen. Da gab es nur eine Lösung: Die Frauen mußten aus dem Haus und in die Fabriken und Büros hinein. „Rosi, der Schlosser" symbolisierte die untraditionelle Arbeit, zu der sich Frauen von einem Staat, der plötzlich ganz unsexistisch war, genötigt sahen.

Weil die Frauen dringend gebraucht wurden, wurden von Regierung und Industrie auch Tageshorte für die kleinen Kinder eingerichtet. Vorschulkinder wurden zu Zehntausenden in Tagesstätten untergebracht. Offenbar entwickelten sie sich dort gut, denn die Presse aus dieser Zeit vermeldete keinerlei negative Auswirkungen der Hortbetreuung. Im Jahre 1943 hat die amerikanische Bundesregierung Tagesstätten für mehr als 400000 Babys und Kleinkinder subventioniert.

Es ist seltsam, wie Mütter in Kriegszeiten einem Beruf nachgehen können, ohne das Seelenleben ihrer Kleinsten zu gefährden. Aber wenn ihre Arbeitskraft nicht benötigt wird, wird ihre Berufstätigkeit zur Gefahr für die seelische Verfassung ihrer Kinder. Viele der amerikanischen Psychoanalytiker waren Flüchtlinge, die vor und während des Krieges aus Europa gekommen waren. Aus dieser Gruppe kamen während des Krieges keinerlei Hinweise auf die Gefahren der Berufstätigkeit von Müttern oder der ersatzweisen Kinderbetreuung. Freud und seine Nachfolger hatten natürlich schon in dem halben Jahrhundert vor 1942 die Tugenden ausschließlicher Mutterschaft gepriesen, und die Notwendigkeit für Mütter, zu Hause bei ihren Babys zu bleiben. Aber während des nationalen Notstands hieß es: erst das eine, dann das andere. Selbst der Ku Klux Klan sagte währenddessen nichts über Neger. Der Sexismus wurde zurückgestellt, bis die Welt für die Demokratie „reif" war.

Vom kurzen Krieg zum langen Kampf

Für die Vereinigten Staaten dauerte der Zweite Weltkrieg nur viereinhalb Jahre. Der Kampf um Gerechtigkeit und Gleichheit zwischen den Geschlechtern ist der längste der Geschichte (Tavris und Wade, 1984). Ersterer steht, was die Bedeutung für die Mutter- und Vaterrolle, und die Berechtigung von Kinderbetreuung angeht, in keinem Vergleich zum letzteren.

Die 50er Jahre waren eine solide, reproduktive Periode. In den Nachkriegsjahren, als Millionen Männer nach Hause zurückkehrten, gab es eine beispiellose Reproduktionsrate in den Familien. Von den späten 40er bis zu den mittleren 60er Jahren wünschten sich Frauen generell vier bis fünf Kinder und bekamen sie auch. Die Väter mischten sich unter die Meute der Erfolgreichen, die Kinder durchstreiften die neuen Vorstadtumgebungen, und die Mütter hüteten das Haus. Väter dachten nicht an Haushaltsarbeiten oder Kinderbetreuung. Mütter dachten nicht an Berufstätigkeit. Es war ein nettes, solides Abkommen.

Aber die Stabilität der Familien war morsch. Die Ehescheidungsrate schoß in die Höhe. Uneheliche Kinder wurden selbst in den besten Familien zum Gegenstand höflicher Konversation. Ein sexueller Freischein wurde, so schien es, jedem Teenager als Geburtsrecht zugestanden. Außereheliche Affären gaben spritzige Themen für Theaterstücke, Kurzgeschichten und Filme ab. Die solide Familie, die auf Reproduktion und Ansehen erpicht war, war am Zerfallen. Allerdings könnte man sagen, daß zur gleichen Zeit untraditionelle Familien entstanden.

Viele Frauen mußten bald bemerken, daß ihnen der Schutz von Ehe und Mutterschaft oft nicht viel mehr einbrachte, als den Apfelstrudel, den sie jeden Freitag in den Ofen schoben. Was es wirtschaftlich bedeutete, geschieden und alleinerziehend zu sein, ging in vielen Frauenköpfen plötzlich wie ein Licht auf.

Um sich gegen diese Unwägbarkeiten vorzusehen, gab es die Möglichkeit, wirtschaftlich und persönlich unabhängiger zu werden. Aber es genügt nicht, wenn man weiß, was in einem bestimmten Beruf verlangt wird. Man braucht auch die Kraft, morgens aufzustehen, aus dem Haus zu gehen und ihn auszuüben. Man braucht das Selbstvertrauen, das erforderlich ist, um sich auf dem Markt zu behaupten und unvermeidbare Rückschläge zu überstehen, ohne zu kündigen. Das ist persönliche Unabhängigkeit, ein kostbares Gut, das vielen Frauen nach fünfzehn Jahren Hausarbeit verlorengegangen war.

Die kameradschaftliche Lösung für eine größere Unabhängigkeit der Mütter war die Einbeziehung der Väter in die Kindererziehung. Während Mutter in der Arbeit war, um ihren wirtschaftlichen und persönlichen Fähigkeiten einen Schliff zu geben, konnte Vater es sich leisten, einen Teil seiner Zeit und sich selbst den Kindern zu widmen – ganz zu schweigen vom Staubsaugen, Einkaufen und Geschirrspülen. Einige Väter nahmen die aktivere Elternrolle freiwillig an, andere wurden durch das Beispiel anderer Väter hineingedrängt – und durch ihre Ehefrauen, die auf mehr Gleichheit bestanden. Die meisten Männer drückten sich um die Hausarbeiten, aber sie begannen, mehr Zeit mit ihren Kindern zu verbringen. Und so kam es, kurz gesagt, daß einige Väter für ihre kleinen Kinder ein realer Elternteil wurden.

Kinderbetreuung kann peinlich sein

Für diese Väter waren die 50er Jahre eine peinliche Periode. Diese Väter waren dabei, neue Wege auszuprobieren. Ihre eigenen Väter hatten sich niemals in diesen Rollen versucht, die sie selbst gerade erprobten. Väter begannen zwar tatsächlich, einen Teil der Kindererziehung zu übernehmen, aber sie fühlten sich nicht wohl damit. Von den 50er Jahren bis zur Mitte der 60er Jahre spielten Väter die Elternrolle nur versuchsweise.

Durch lange Strecken dieser Periode hindurch wurden Väter, die bei der Betreuung kleiner Kinder halfen, als unmännliche Pantoffelhelden verspottet. In Karikaturen und Filmen aus der Zeit vor 1960 etwa wurden Väter, die sich um kleine Kinder kümmerten, in einer peinlichen, unpassenden und albernen Weise dargestellt. Mit Mutters zerknüllter Küchenschürze angetan, sah man Vater sich mühen, seinem widerstrebendem Baby ein paar Löffelchen Brei einzuverleiben. Das Baby war natürlich vom Scheitel bis zur Fußsohle mit dem klebrigen Zeug bekleckert. In einem bestimmten Film stülpt das Baby –

auf dem Höhepunkt der Szene – dem Vater die Schüssel über den Kopf. Während der Brei langsam über das Gesicht des armen Vaters herabtröpfelt, brüllt das Publikum vor Lachen. Vaters angebliche Unfähigkeit, die Kunst des Wickelns zu lernen, löste unter den Besuchern einiger Filme der 40er und 50er Jahre die gleiche heitere Erleichterung aus. Man nehme ein zappelndes, zehn Monate altes Baby und einen wichtigtuerischen Vater, mit Babypuder im ganzen Gesicht, in den hoffnungslosen Kampf um die Bedeckung des Babypopos verwickelt, und schon hat man die komischste Szene. Väter wurden im Umgang mit ihren Kindern ungeschickt dargestellt, und vor allem zeigte man sie in peinlicher Angst davor, jemand könnte denken, dies sei ihre Hauptbeschäftigung.

Vater als aktiver Elternteil

Nach und nach erfaßte der Wind der kulturellen Wende die Psychologen und andere Experten, und sie begannen, die Vaterrolle neu zu bewerten. 1953 erschienen zum ersten Mal Bücher und Artikel mit Titeln wie „Väter sind auch Eltern" (English und Foster, 1953), „Höchste Zeit, daß Vater wieder zur Familie gehört" (Nash, 1956), und „Der Vater gehört zum Kind" (Ostrovsky, 1959). Anfänglich beschränkte sich das Interesse auf ein paar einzelne Psychologen und Väter, aber mit dem Aufblühen der Frauenbewegung wurden Väter ein aktuelles Thema.

Von den 50er bis zu den 70er Jahren folgten die Psychologen freudig der kulturellen Strömung und halfen bei der Wiederentdeckung des Vaters als aktivem Elternteil. Trotzdem konnte er nicht einfach ein zweiter Elternteil der gewohnten mütterlichen Art sein. Es hätte ihn überflüssig erscheinen lassen, wenn er einfach wie die Mutter gewesen wäre, er wäre wie die Zweitmannschaft auf dem Familienschiff gewesen. Also konzentrierten sich die Forschungsfragen auf Vaters einzigartigen Beitrag zur kindlichen Entwicklung.

Eine Untersuchung nach der anderen beschäftigte sich damit, in welcher Weise der Einfluß des Vaters sich von dem der

Mutter *unterschied.* Was kann der Vater, das die Mutter nicht kann? Der deutlichste Unterschied zwischen den beiden Elternteilen ist ihr Geschlecht. Der Umstand, daß ein Elternteil ein Mann und der andere ein Frau ist, muß ganz sicher etwas damit zu tun haben, daß Jungs Jungs sind und Mädchen Mädchen. Andere Merkmale der Eltern, wie zum Beispiel Intelligenz und Persönlichkeit, die den Kindern von beiden Elternteilen gleichermaßen geboten werden konnten, wurden übergangen. Die Geschlechterrollen der Kinder, wie sie lernen, männlich und weiblich zu sein, nahmen das ganze Interesse der Forschung in Anspruch. Wenn der Vater eine einmalige Rolle in der Familie spielen sollte, dann müßte sie wahrscheinlich mit seinem Geschlecht zu tun haben. Und wenn Vater wieder an der Kindererziehung teilnehmen sollte, dann brauchte er eine besondere Rolle.

Mit dem Anbruch der neuen Ära der aktiven Väter entdeckten die Experten, daß viele Kinder keine „richtigen" Väter in der Familie hatten – wegen Ehescheidung, Unehelichkeit, Todesfällen und Krieg. Dies galt besonders für soziale Minderheiten und Unterschichtfamilien. So kam der Vater in die Familie und in das psychologische Bewußtsein als ein Elternteil zurück, der zu guter Letzt überhaupt nicht da war. Also erhob sich die Kernfrage: „Was läuft *falsch* bei Kindern, wenn sie keinen Vater haben?" Wenn Väter für die psychologische Entwicklung der Kinder wichtig waren, dann mußte ihre Abwesenheit schlechte Auswirkungen haben.

Es ist amüsant, daß Psychologen und andere Experten Väter als bedeutenden Elternteil anerkannten, indem sie sein häufiges Fehlen beklagten. Schließlich hatte unsere Kultur ihn seit zwei Jahrhunderten auf der psychologischen Ebene als Elternteil ausgeschlossen.

Von den späten 50er bis zu den frühen 70er Jahren gab es viele Untersuchungen über feminines und maskulines Verhalten bei Buben in Bezug darauf, ob ihre Väter in ihrem Leben anwesend oder abwesend waren. (Um Mädchen hat sich damals noch niemand besonders gekümmert.) Es stellte sich heraus, daß Buben, die während der Vorschulphase keinen Vater hatten, nicht so schablonenhaft maskulin waren wie die Buben, die ihren Vater erst während der Schuljahre verloren, oder Buben, deren Vater verfügbar war. Aus dem überwiegenden kulturellen Klischee von Männlichkeit und Weiblichkeit heraus betrachtete man es als eine unglückliche Entwicklung, daß das maskuline Verhaltensschema bei Buben, die in der Vorschulphase ohne Vater waren, abnahm (Belsky, Lerner und Spanier, 1984).

> Wir waren so eifrig bemüht, den besonderen oder einmaligen Beitrag des Vaters – des männlichen Erwachsenen in der Familie – herauszufinden, daß wir ganz übersehen haben, daß er, zusammen mit der Mutter, ein wichtiger Mittler zwischen dem Kind und der Gesellschaft ist. Er vermittelt und zeigt nicht nur die Geschlechterrolle, er vermittelt und zeigt auch andere Werte und Sitten (Lamb, 1979, S. 940–41).

Beachtenswert, daß niemand danach gefragt hat, wie Väter sich ihren Kindern gegenüber tatsächlich verhalten oder welche Beziehungen sie zu ihren Kindern haben. Kaum jemand hat daran gedacht, daß Familienstrukturen, wie zum Beispiel Vaters Abwesenheit, in verschiedenen Kulturen verschiedene Bedeutungen haben könnten.

Niemand hat danach gefragt, ob die Familie aus Mutter, Vater und zwei Kindern für die Kindererziehung ideal ist – davon wurde einfach ausgegangen. Mutter und Vater mußten natürlich verheiratet sein. Der einzige Mann, der dafür geeignet war, einen Einfluß – einen guten, selbstverständlich – auf die Kinder auszuüben, war der Vater des Kindes, Ehemann der Mutter. Niemand stellte zur Debatte, daß die Ehe vielleicht nicht der einzige Weg sei, um einen Mann in das Leben eines Kindes zu integrieren. Niemand bemerkte, daß oft andere Männer, zum Beispiel Onkel, Großväter, Mutters Liebhaber oder ältere Brüder wichtige Rollen im Leben kleiner Kinder spielten. Und niemand sagte etwas über die Tatsache, daß Kinder mit und ohne Väter im Haus mehr Ähnlichkeiten als Unterschiede aufwiesen. Forscher und Politiker waren darauf aus, herauszufinden, wo das Problem der Kinder aus Frauenhaushalten lag. 1969 schrieb Daniel Patrick Moynihan die sozialen, ökonomischen und erzieherischen Probleme der

Schwarzen in der amerikanischen Bevölkerung ihrer besonders hohen Rate von Alleinerziehenden zu (siehe 2. Kapitel). Mit einem meisterhaften Streich löschte Moynihan kulturelle Unterschiede und Armut aus unserem Bewußtsein, indem er unsere Aufmerksamkeit auf das Böse lenkte, das durch Vaters Abwesenheit heraufbeschworen wurde.

Erst in den späten 70er Jahren haben die Sozialwissenschaften damit begonnen, die verschiedenen Familienstrukturen, die für Kinder geeignet sein können, anzuerkennen. Es gibt nicht eine bestimmte Art von Familie, die unter allen Umständen geeignet ist, eine jede eignet sich dafür, Kinder gut zu erziehen. Andere Faktoren, wie zum Beispiel die Art von Beziehungen, die die einzelnen Familienmitglieder zueinander haben, und die Art, wie die Erwachsenen mit den Kindern umgehen, sind von größerer Bedeutung als die biologische oder legale Verbindung der Familienmitglieder.

Was Väter für Kinder tun können

Die heutigen Väter können ihren Kindern gute Eltern sein. Viele junge Väter haben entdeckt – und neueste psychologische Forschungen bestätigen es –, daß Männer genauso liebevoll mit kleinen Kindern umgehen können wie Frauen. Im Gegensatz zum früheren, distanzierten Stil spielt der heutige Vater mit seinen Kindern und macht Späße mit ihnen. Mütter putzen ihnen die Nase, Väter wirbeln sie in der Luft herum. Mütter wechseln dem Krabbelkind die Windeln, Väter spielen Verstecken mit ihnen (Parke, 1981). Auch wenn dieses Bild klischeehaft wirkt, und es auch ist, haben die Sozialwissenschaftler ihre Ansichten in den letzten zwanzig Jahren weiterentwickelt. Sowohl das Verhalten der Väter als auch die Aufmerksamkeit, die wir ihnen schenken, haben sich verändert.

Den heutigen Ansichten über Mütter und Väter entsprechend sind sie beide wichtige Personen im Leben ihrer kleinen Kinder, aber sie erfüllen gewissermaßen verschiedene Aufgaben. Beide Elternteile sind Bezugspersonen, die dem Säugling ein sicheres Gefühl geben können, auch schon bevor er ein

Jahr alt ist. Aber mit Vater machen Spiele mehr Spaß (Lymb, 1975). Das Kleinkind wird wahrscheinlich eher dann zur Mutter kommen, wenn es Kummer hat, denn Mutter ist öfter die Tröstende. Aber auch viele Väter erfüllen diese Aufgabe, und die meisten Kleinkinder sind durchaus zufrieden, ihre kleinen Wunden von Vater versorgt zu bekommen, wenn Mutter gerade nicht da ist. Natürlich können auch andere Erwachsene kleine Kinder trösten. Aber wenn sie der Schuh drückt und sie die Wahl haben, bevorzugen sie meistens ihre Mutter.

Schon im Alter von zwei Jahren bevorzugen viele Buben die Gesellschaft ihres Vaters, der rauhe und wilde Spiele mit ihnen spielt. Mädchen sind mit beiden Elternteilen gleich glücklich. Der Umstand, daß Väter eher mit den Kindern spielen, hängt mit dem Umstand zusammen, daß in den meisten Haushalten immer noch die Mütter die Hauptverantwortung für das körperliche Wohl tragen. Kleine Kinder zu füttern, zu waschen und zu erziehen ist untypisch für die pflegeleichte Rolle, die viele Väter innehaben (Lamb, 1975; Parke und Sawin, 1980; Parke, 1981).

Und doch verhalten sich Mütter und Väter ihren Kindern gegenüber meistens ganz ähnlich. Die Psychologen stellen immer noch die kleinen Unterschiede groß heraus, statt die überwältigenden Übereinstimmungen im Verhalten beider Elternteile zu betonen. Ich glaube, dies ist ein Überbleibsel aus der Zeit der Wiederentdeckung der Vaterschaft in den 50er Jahren. Er muß etwas Besonderes sein. Die beste Zusammenfassung der Erkenntnisse über Mütter und Väter mit ihren Kleinen ist, daß kleine Kinder beiderlei Geschlechts in den meisten Fällen beide Elternteile gleich gern haben. Väter, genau wie Mütter, sind in erster Linie gute Eltern und erst in zweiter Linie Repräsentanten ihres Geschlechts.

In den 80er Jahren wurden Väter zu wirklichen Menschen. Männer waren immer wirkliche Menschen – oftmals großartiger als das Leben selbst – aber Väter eben nicht. In früheren Jahrzehnten dieses Jahrhunderts waren Väter schemenhafte Gestalten, die nur im Lichtkreis des familiären Lagerfeuers herumlungerten. Jetzt haben sich Väter der Familienrunde angeschlossen, als wichtige Elternteile mit eigener Berechtigung. Und es war keine Sekunde zu früh. Nachdem die Mütter in nie dagewesener Zahl berufstätig geworden waren, mußte jemand mithelfen, das Familienfeuer in Gang zu halten. In mehr und mehr Familien hängt heute ein wesentlicher Teil der Verantwortung für die Kindererziehung, sowohl direkt wie auch indirekt, an den Vätern. Väter sind zunehmend in die eigentliche Pflege ihrer Babys miteinbezogen, und sie haben auch mehr damit zu tun, die Betreuung zu organisieren, wenn ihre Frauen berufstätig sind. Ich kann nur applaudieren und der nächsten Generation von Vätern mehr Spaß beim Teilen wünschen, als meine eigene Generation hatte.

Familien können mancherlei Strukturen haben

Familien nehmen mancherlei Formen an. Eine Familie ist nicht ein heterosexuelles Paar mit 2,2 Kindern und einem niedlichen Vorgarten. Aus der Perspektive der Kindesentwicklung wird eine Familie am besten als ein System zur Kindererziehung definiert. Die Familiengruppe kann sich aus einem verheirateten Paar und seinen Kindern zusammensetzen, aber genausogut kann sie auch aus einer Mutter und ihren Kindern bestehen, einem Vater und seinen Kindern, Großeltern und Enkelkindern, verschiedenen anderen Verwandten, Freunden, selbst aus einigen unverheirateten Leuten, die gemeinsam Kinder erziehen.

Eine andere Definition bezeichnet die Familie als eine ökonomische Einheit, zu der nicht unbedingt Kinder gehören müssen. Für Ökonomen ist eine Familieneinheit eine Gruppe aufeinander bezogener Personen, die sich ihr Einkommen teilen. Viele ökonomisch organisierte Familien erfüllen die Aufgabe, Kinder großzuziehen, aber auch ältere Leute, kinderlose Paare und Wohngemeinschaften gehören zu den ökonomischen Familieneinheiten.

Aus praktischen und psychologischen Gründen ist es wichtig, jede einigermaßen stabile Gruppe, die Kinder erzieht, Familie zu nennen. Jemand muß sich darum kümmern, daß die Kinder in einem Haushalt wohnen, essen, zur Schule gehen, medizinische Versorgung erhalten und beaufsichtigt werden. Egal, wie sich die Erwachsenengruppe zusammensetzt, vom juristischen Standpunkt aus wird sie im allgemeinen von der Schule und anderen Autoritäten als die Familie des Kindes betrachtet. Diese Betrachtungsweise hat den Vorteil, daß in ihr traditionelle und nicht-traditionelle Familien gleichermaßen den Interessen des Kindes dienen können. Und die Kinder fühlen sich wohl in einer anerkannten Familienform, auch wenn sie nicht traditionell ist.

Alle Familienstrukturen haben ihre Stärken und Schwächen. Die typischen Aktiva der Mutter-Vater-Form sind nicht die gleichen wie die der Alleinerzieher-, der Stiefeltern- oder der Großeltern-Variationen, obwohl es praktisch keine psychologische Untersuchung über eine andere als die Mutter-Vater-Form gibt. Erst kürzlich haben einige Studien damit begonnen, sich mit nicht-traditionellen Familien zu befassen.

> (Psychologen) haben sich mit der Familiendynamik beschäftigt, dem Verhalten der Eltern und mit der kindlichen Entwicklung in Mutter-Vater-Familien, in denen die Mütter Vollzeit-Hausfrauen sind, während die Väter hauptsächlich das Brot verdienen und nur minimal Anteil an der Kindererziehung nehmen. Die ausschließliche Fixierung auf diesen Familientypus ist jedoch immer anachronistischer geworden angesichts der bevölkerungsstatistischen Veränderungen, nach denen die traditionelle Familie für die häusliche Situation der meisten Kinder immer weniger charakteristisch ist (Lamb, 1982b, S. 1).

Bevölkerungsstatistische Veränderungen lenken die Aufmerksamkeit mehr und mehr auf alleinerziehende Eltern und geschiedene Familien. Meine eigene Arbeit über Familien mit kleinen Kindern (Scarr, 1983) bezog sich auf 125 Familien, sowohl alleinerziehende als auch Paar-Familien. Die kindliche Entwicklung hing nicht davon ab, daß beide Eltern im Haushalt lebten. Vielmehr kamen die Kinder mit höheren Intelligenzquotienten, höherer emotionaler Stabilität und besserer persönlicher Anpassungsfähigkeit aus Familien mit klügeren Müttern, die mit ihren Zwei- bis Vierjährigen verständnisvoller umgingen. Gut entwickelte Kinder haben meist Mütter, die eher einmal ein vernünftiges Wort mit ihnen reden und Schwierigkeiten mit ihnen besprechen, als daß sie sie schlagen. Ob der Vater mit im Haushalt lebt oder nicht, ist für die kindliche Entwicklung irrelevant. Überdies halten viele Väter, die nicht mit der Mutter zusammenwohnen, die Beziehung zu ihr und dem Kind aufrecht.

Diese Studie wurde in einer Gemeinde durchgeführt, in der die überwiegende Mehrheit der Mütter berufstätig ist, während die Kinder in irgendeiner Art von Tagesbetreuung untergebracht sind. Die Gemeinde steht der mütterlichen Berufstätigkeit also wohlwollend, oder zumindest verständnisvoll gegenüber. Alleinerziehende Mütter rufen ein leichtes Stirnrunzeln hervor, kein sehr ernstes. Es ist wichtig zu sehen, daß alle kulturellen Gruppen ihre eigenen Normen für anständige Familien haben. Aktiva und Passiva verschiedener Familienstrukturen hängen von der Zustimmung oder Mißbilligung der Gemeinde ab. Was eine Familie für ihre Kinder tun kann, hängt oft weniger davon ab, wozu sie in der Lage ist, als von der *Bedeutung*, die ihrer spezifischen Struktur in der Gemeinde zugemessen wird. Wenn die Gemeinde zum Beispiel die Familien Alleinerziehender kritisiert und ihre Bedeutung untergräbt, werden sich Eltern und Kinder gleichermaßen benachteiligt fühlen, auch wenn sie eigentlich ganz gut zurechtkommen.

Keine Familienform ist für alle Probleme im Leben der Kinder zu jeder Zeit die beste. Für traditionelle Familien ist es typisch, daß sie Kinder gut in der Hand hat, aber sie dann oft schwer loslassen kann. Alleinerziehende Eltern erwarten oft ein hohes Maß an Selbständigkeit von ihren Kindern, was für kleine Kinder manchmal schwer ist, aber älteren sehr guttut. Unabhängig von der Familienstruktur verändert sich das, was Kinder brauchen, mit ihrem Älterwerden. Die Grenzen, die man ihrem Verhalten setzt, müssen mitwachsen, die Kontrolle der Eltern muß sich der Veränderung anpassen. Größere Kinder brauchen weniger physische Fürsorge, aber anspruchsvollere psychologische Einfühlsamkeit als kleinere Kinder. Alle

Kinder brauchen für ihr Verhalten Grenzen, die ihrer individuellen Entwicklungsstufe entsprechen. Zweijährige kann man nicht selbst entscheiden lassen, wann sie die Straße überqueren wollen, Zehnjährige normalerweise schon. Teenager brauchen elterlichen Rat für ihre Zukunftspläne und feste Grenzen, was ihre Beteiligung an Aktivitäten ihrer Altersgruppe betrifft. Aber sie mögen nicht, daß man ihnen sagt, was sie anziehen oder essen sollen. Sie brauchen mehr Zeit für sich selbst und mehr Raum, um ihren eigenen Umgang mit sich und der Welt zu erproben. Wenn sie dann schließlich erwachsen werden, ist es wichtig, daß sich die Eltern noch weniger in die Details ihrer Alltagsprobleme einmischen, sonst können sie keine selbständigen, erwachsenen Menschen werden.

Wenige Psychologen haben ihre Familienforschung im Hinblick auf die möglichen Stärken und Schwächen von verschiedenen Erwachsenen-Konstellationen in der Kindererziehung betrieben. Unsere Verbundenheit mit der Mutter-Vater-Kernfamilie hat uns dazu verleitet, die möglichen Stärken anderer Strukturen unberücksichtigt zu lassen. Im nächsten Abschnitt werde ich die Forschungsergebnisse zusammenfassen und Vermutungen über die Auswirkungen traditioneller und nichttraditioneller Familienstrukturen anstellen. Ich stelle fest, daß individuelle Familien so verschieden sind wie individuelle Personen, und daß es sehr riskant ist, vom Gruppendurchschnitt ausgehend die Situation einer einzelnen Person zutreffend beschreiben zu wollen. Ich glaube jedoch, daß es möglich ist, die charakteristischen Probleme einiger Familienstrukturen zu beschreiben und aufzuzeigen, daß sie für die Kindererziehung allesamt gut geeignet sind.

Traditionelle Familien

In den traditionellen Familien haben Väter und Mütter meistens eindeutige Aufgaben. Die Väter haben andere Beziehungen zu ihren Kleinkindern als die Mütter. Die traditionelle Art, in der die Mütter sich um ihre Kinder kümmern, ist, daß sie sie füttern, anziehen, sauberhalten und mit ihnen schmusen. Die Väter verdienen traditionellerweise das Geld außer Haus, und wenn sie zu Hause sind, spielen sie mit den Kindern und unterhalten sich mit ihnen. Den Vätern fällt in solchen Familien weniger körperliche Arbeit mit den Kindern zu, sie zeigen weniger Gefühle, sind aber unterhaltsamer als die Mütter.

Väter verbringen in den traditionellen Familien auch weit weniger Zeit mit kleinen Kindern als Mütter. Weil die Väter zudem normalerweise nicht so zärtlich sind, entwickeln die Kinder meistens eine stärkere Bindung an die Mutter, die sie als Sicherheitsfaktor betrachten. Es kommt vor, daß der Vater sich dann ausgeschlossen und unwichtig fühlt. Obwohl die heutigen traditionellen Väter mehr Zeit mit ihren Kindern verbringen als die viktorianischen Väter, findet sich in der Vater-Kind-Beziehung immer noch mehr Distanz, als es für Väter notwendig oder lohnend wäre. Denn der Lohn der Elternschaft ist distanzierten Vätern weniger zugänglich.

Viele Mütter der traditionellen Familienstruktur blühen durch die Abhängigkeit ihrer Kinder auf. Weil ihre primäre Rolle die der Kindererziehung ist, brauchen es traditionelle Mütter, daß sie gebraucht werden. Ihre Rolle besteht darin, der Familie zu dienen. Es ist ganz klar, daß kleine Kinder sorgende, liebesfähige Erwachsene brauchen. Traditionelle Mütter füllen diese Rolle meistens sehr gut aus, und kleine Kinder befriedigen auch ihre Bedürfnisse gut.

Heutzutage fühlen sich aber viele Mütter nicht mehr wohl in dieser Rolle. Mehr als die Hälfte aller Mütter von Vorschulkindern sind berufstätig geworden, und wenn man sie fragt, ob sie es vorziehen würden, den ganzen Tag zu Hause zu sein, sagt die Mehrheit von ihnen nein dazu. Die Aufopferung für die Vollzeit-Kindererziehung, die einmal erwartet und auch anerkannt wurde, wird heute weniger respektiert. Die Bezeichnung „Nur-Hausfrau“ verdeutlicht die Selbstherabsetzung der 70er Jahre. Meiner Ansicht nach ist es eine Schande, wenn Mütter – im Rahmen ihrer ökonomischen Mittel – nicht selbst entscheiden können, wieviel Zeit sie ihrer Elternrolle und wieviel ihrer Berufstätigkeit widmen wollen.

Ich bedauere jeden Verlust an Entscheidungsfreiheit, denn jede Wahl kann gut sein, das hängt ganz von den Wünschen der Mütter ab. Manche Frauen wollen zu Hause bleiben, bis ihre Kinder in die Schule kommen oder größere Selbständigkeit erlangt haben. Sie sollten das tun können und dafür auch belohnt werden. Andere werden andere Wünsche haben, und auch sie sollten die Wahl treffen können, mit der sie sich wohl fühlen. Es ist wahr, daß die jetzige Frauengeneration um Arbeitsmöglichkeiten kämpfen und sich für die Kindererziehung abstrampeln mußte, dennoch sollten wir diese wertvolle Familienform, die im allgemeinen ganz gut mit kleinen Kindern umgeht, nicht aus den Augen verlieren.

Schwieriger wird es mit größeren Kindern. Traditionellen Müttern, Vollzeit-Hausfrauen mit Kindern unter achtzehn, fällt es oft schwer, ihren größeren Kindern und Teenagern genug Raum und Zeit zu lassen. Denn die traditionelle Mutterrolle besteht in erster Linie aus der Kindererziehung. Die nicht-berufstätige Mutter wird durch das wachsende Bedürfnis ihrer Kinder nach Unabhängigkeit aus ihrer Rolle gedrängt. So mancher Mutter tut der Übergang zum Nicht-mehr-gebraucht-werden weh. Sie ist zu Hause geblieben, nur um da zu sein, wenn ihr Zwölfjähriger von der Schule nach Hause kommt. Aber alles, was sie davon hat, ist, daß sie ihn kurz „Hallo, Mama" rufen hört, bevor er sich zwei Äpfel schnappt und schon wieder aus der Tür rennt, um mit seinen Freunden Fußball oder Tischtennis spielen zu gehen (Goodman, 1979). Er macht sich seine Brote selber, und es ist ihm auch lieber so. Auch die Gesellschaft Gleichaltriger ist ihm am Nachmittag lieber als die seiner Mutter. Also beschäftigt sich Mutter mit den Vorbereitungen für das Abendessen und wartet darauf, daß ihr Ehemann von der Arbeit nach Hause kommt.

Wenn das Nest leer ist

Für viele traditionelle Mütter zeichnet sich das „leere Nest" wie ein drohendes, schwarzes Loch ab. Ihre Kinder sind zu groß geworden, sie benötigen ihre Vollzeitbetreuung nicht mehr. Die Zuwendung, die für die Vorschulkinder angemessen war, wird für größere Kinder zur ungerechtfertigten Zudringlichkeit. Sie entfliehen dem Zuhause, um ein wenig mehr Unabhängigkeit zu verspüren. Der unvermeidliche Reifungsprozeß der Kinder bringt für die berufslose Mutter, die ihrem Werdegang entsprechend keinen Beruf hat, Anpassungsprobleme mit sich. Wie das 6. Kapitel beschreiben wird, machen die Kinder schon zwischen dem zweiten und fünften Lebensjahr einen bemerkenswerten Schritt in Richtung Unabhängigkeit und erlangen eine höhere Kompetenz, ihre eigenen Angelegenheiten selbständig zu regeln. Man braucht bloß noch zehn weitere Jahre des Reifungsprozesses hinzuzählen, und schon hat man ein teilweise leeres Nest.

Ich kenne traditionelle Mütter, die weinen, wenn ihre Kleinen in den Kindergarten kommen, sie bejammern deren Übertritt in das Gymnasium, und sie verfallen in Trauer, sobald ein Kind sein Universitätsstudium in einer anderen Stadt aufnimmt. Ständig sind sie versucht, es anzurufen, nur „um zu hören, ob alles in Ordnung ist". Solche Mütter brauchen den Teenager, der sie braucht, aber zu ihrem Unglück ist das Kind kein herziges Kleinkind mehr, das unter Mutters hingebungsvoller Zuwendung gedeiht. Wenn das Kind ein gesunder junger Mensch ist, will es selbst entscheiden, wann es mit Mama telefonieren möchte. Und das ist wahrscheinlich nicht so oft, wie eine traditionelle Mutter das gerne hätte. Wenn die Kinder groß werden, hat die Mutter ihre Rolle ausgespielt. Sie ist wie ein Rotkehlchen, das kein Ei hat, auf dem es sitzen könnte.

Traditionelle Mütter erwarten oft von ihren Ehemännern mehr Befriedigung ihrer Bedürfnisse, sobald die Kinder groß geworden sind. Manche Paare erleben jetzt die befriedigendste Periode ihres Lebens. Sie können sich gegenseitig die liebevolle Zuwendung geben, die bisher von den Kindern absorbiert wurde. Andere Paare werden einander unerträglich, sobald das gemeinsame Interesse an den Kindern nicht mehr als Verbindung zwischen ihnen dient. Nachdem das letzte

Kind das Haus verlassen hat, reichen viele Paare, oft nach zwanzig bis dreißig Jahren Ehe, die Scheidung ein.

Die Anzahl der Stunden, die die Mutter jeden Tag für die direkte Betreuung ihres Kindes braucht, nimmt mit zunehmendem Alter des Kindes deutlich ab, dennoch brauchen selbst die größeren Kinder noch eine Beaufsichtigung nach der Schule. Die traditionelle Mutter bleibt zu Hause, um diese notwendige indirekte Betreuung zu gewährleisten, aber dies füllt nur ein paar Minuten ihres Lebens aus. In den Industrienationen haben manche Gemeinden für alle ihre größeren Kinder und Jugendlichen Sport- und Erholungseinrichtungen geschaffen, wo sie nachmittags beaufsichtigt sind. So müssen die Mütter nicht zu Hause bleiben, um auf etwas zu warten, das nicht passiert.

Das Muttersein ist im Wandel begriffen. Ich kenne viele Mütter von Zehn- bis Zwanzigjährigen, die die direkte Betreuung durch eine weitere Form von indirekter Erziehung ersetzen, sobald die Kinder ihre ständige Zuwendung nicht mehr benötigen. Die Erfüllung von Gemeinschaftsaufgaben für Schulen, Büchereien, Kliniken und andere soziale Einrichtungen sind eine traditionelle Form von, wenn man so will, erweiterter Bemutterung. Die nicht-berufstätigen Mütter älterer Kinder beteiligen sich an Schulfahrten, nähen Kostüme für Schulaufführungen und organisieren Flohmärkte für wohltätige Zwecke der Gemeinde. Auf diese Weise sind sie immer noch mit Kindererziehung beschäftigt, aber nicht mehr auf die Gesellschaft ihrer Kinder angewiesen. Viele Einrichtungen der Gemeinde bauen auf diese freiwilligen Hilfeleistungen der Mütter, aber das Engagement ist rapide zurückgegangen, seitdem mehr Mütter berufstätig geworden sind. Schulen, Kirchen und andere Einrichtungen sind heute viel mehr auf Bargeld angewiesen, mit dem sie Material und Dienstleistungen kaufen können, als sie es noch vor zehn Jahren waren, als Mütter ihre Zeit wohltätigen Zwecken widmeten, um ihr Muttersein auszufüllen und zu erweitern.

Eine andere Möglichkeit, die künftige Umklammerung durch das leere Nest zu vermeiden, liegt darin, daß man andere Quellen der Befriedigung sucht, andere Ziele und Interessen entwickelt. Ob Mutter oder Vater – die traditionellen männlichen und weiblichen Rollen sind einschränkend. Traditionelle Eltern haben Schwierigkeiten mit den Veränderungen in ihrem Leben, weil ihre Rollen durch ihr Geschlecht definiert sind. „Echte" Männer kümmern sich nicht um kleine Kinder oder um das Essen. „Richtige" Frauen reparieren nicht das Auto und bringen keine Erfolge nach Hause. Menschen mit einer solchen Einstellung scheinen die heutigen Götter gegen sich aufzubringen. Denn im Falle einer Ehescheidung sind Eltern und Kinder gleichermaßen negativ betroffen.

Die Auswirkungen der Ehescheidung

Das Thema Scheidung stellt die traditionelle Mutter vor harte persönliche Entscheidungen, besonders dann, wenn sie dadurch nicht nur ihren traditionellen Ehemann verliert, sondern gezwungen ist, arbeiten zu gehen. Sie hat viele Jahre lang nicht außer Haus gearbeitet. Verfügt sie noch über die Fähigkeiten, die auf dem Arbeitsmarkt gefragt sind? Wird sie es schaffen, ihr Leben so zu organisieren, daß sie trotz ihrer Berufstätigkeit für ihre Kinder da sein kann? Was wird aus den Kindern werden, wenn sie jetzt doppelt verlassen sind, von ihrem abwesenden Vater und ihrer berufstätigen Mutter? Und wer wird sie selbst einmal abends zum Essen einladen? Ihr ganzes gesellschaftliches Leben lief über den Ehemann. Eine Mutter, die sich ausschließlich dem Beruf der Kindererziehung gewidmet hat, ist weniger darauf vorbereitet, mit den emotionalen, sozialen und ökonomischen Auswirkungen einer Scheidung fertig zu werden, als eine Frau, deren Rollen vielseitiger gewesen sind. Die Scheidung überrollt die traditionelle Mutter wie ein schwerer Sattelschlepper, die weniger traditionelle Mutter überfährt sie eher wie ein leichter VW-Bus.

Im ersten Jahr nach der Scheidung fühlen sich Mütter, die vorher nicht berufstätig waren, besonders unzulänglich, als Mutter und als Frau. Depressionen und ein verwahrloster Haushalt sind kennzeichnend für sie. Mavis Hetzerington und ihre Mitarbeiter beobachteten zweiundsiebzig frisch geschiedene Paare mit Vorschulkindern. Sie verglichen die psychische Verfassung von Eltern und Kindern mit der gleichen Anzahl intakter Familien. Die Studie verfolgte Veränderungen der Familienmitglieder, über den Zeitraum von zwei Jahren nach der Scheidung. Es erwies sich, daß die Scheidung für die meisten Eltern und Kinder natürlich belastend ist, daß aber manche Eltern von der Auflösung der Ehe besonders hart betroffen waren. Mütter, die bis dahin nicht berufstätig gewesen waren – in meiner Terminologie traditionelle Frauen –, waren am schlechtesten dran, wenn sie zur Zeit der Ehescheidung berufstätig werden mußten. Zwar bekamen die Mütter Selbstbewußtsein und hatten Erfolgserlebnisse durch ihre neue Arbeit, aber ihre Kinder entglitten ihnen. Die Disziplin ließ nach, und das Benehmen der Kinder verschlechterte sich.

Die Berufstätigkeit von Müttern war ein Beispiel für eine Situation, die sich zwar positiv für die Mütter auswirkte, aber nicht unbedingt für ihre Kinder. Wenn die Mutter schon immer berufstätig war oder die ersten zwei Jahre nach der Scheidung noch nicht arbeiten ging, zeigten sich keine schädlichen Auswirkungen auf die (Vorschul-)Kinder. Wurden die Mütter jedoch etwa gleichzeitig mit der Trennung und Scheidung berufstätig, zeigte sich ein Zusammenhang mit einem häufigen Auftreten von Verhaltensstörungen bei Kindern, besonders bei Jungen. Es war, als hätten die Kinder dadurch einen doppelten Verlust erlitten, den des Vaters und den der Mutter, was ihre seelische Belastung verstärkte (Hetherington, Cox, und Cox, 1982, S. 248–49).

Traditionelle Mütter, deren Familie auseinandergebrochen ist und die wegen einer Berufstätigkeit kleine Kinder alleine lassen müssen, erleiden einen enormen Bruch in ihrem Leben. Genauso geht es den Kindern, die nicht daran gewöhnt sind, andere Bezugspersonen zu haben oder die meiste Zeit des Tages von zu Hause weg zu sein. Hetherington stellte fest, daß die Kinder frisch berufstätiger Frauen besonders ungehorsam und gestört sind, wenngleich die meisten geschiedenen Familien Störungen sowohl in der elterlichen Fürsorge als auch im kindlichen Benehmen erfahren. Die Kinder geschiedener Eltern sind abhängiger von ihrer Umwelt, sie spielen im Hort nicht so ausdauernd, und sie sind zu Hause schwer zu haben.

Die geschiedene Mutter wird von ihren Kindern ständig genervt, besonders von ihren Söhnen. Im ersten Jahr nach der Scheidung gehorchen und helfen sie ihr nicht und sind überhaupt recht unfreundlich. Sie nörgeln und quengeln, verlangen Aufmerksamkeit und ignorieren ihre Versuche, sie zu bändigen. Söhne sind in geschiedenen Familien aggressiver, auch noch zwei Jahre nach der Scheidung. „Manche geschiedenen Mütter beschreiben ihr Verhältnis mit ihrem Kind als ‚reinen Überlebenskampf', als ‚erklärten Krieg', ‚die alte chinesische Wasserfolter' oder ‚wie wenn man von Enten zu Tode gebissen wird'" (Hetherington, Cox, und Cox, 1982, S. 258).

Nach dem ersten Jahr hat sich die typische geschiedene Mutter jedoch wieder in der Hand, ihre Kinder sind wieder unter Kontrolle, und sie hat sich ihrer neuen Rolle als Berufstätige und Mutter angepaßt. Die Töchter haben sich beruhigt und ihr gutes Benehmen wiedergefunden, und die Söhne bessern sich langsam. Aber das erste Jahr ist die Hölle (Hetherington, Cox, und Cox, 1982).

Interessanterweise geht es den Vätern, die nicht das Sorgerecht für die Kinder haben, und die in traditionellen Familien gelebt haben, im ersten Jahr nach der Scheidung sogar noch schlechter als den Müttern. Sie haben nicht nur den Kontakt zu ihren Kindern in hohem Ausmaß verloren, sondern sie sind oft nicht einmal dazu in der Lage, Wasser zu kochen, geschweige denn ein richtiges Essen. Der Staubsauger ist für sie eine fremdartigere Erfindung als ein Mikrocomputer. Auf sich allein gestellt sind viele traditionelle Väter zum Scheitern verurteilt. Solche Väter sind ein Jahr nach der Scheidung depressiver als die Mütter, die mit den Kindern allein sind (Hetherington, Cox und Cox, 1982). Es stimmt, daß geschiedene Väter es oftmals „wettmachen" wollen, mehr Geld ausgeben können als ihre geschiedenen Frauen und den Kindern jedes zweite Wochenende eine weihnachtliche Bescherung liefern. Aber es stimmt auch, daß ihr Leben leerer ist, einsamer und zerrütteter als das der Mütter, die die Kinder haben, um die sie sich kümmern müssen. Aber Väter erkämpfen sich ihren Weg zurück zu seelischem Wohlbefinden schneller als Mütter.

Zwei Jahre nach der Scheidung haben sich Väter der neuen Situation besser angepaßt, zum Teil weil sie mehr Zeit in Gesellschaft Erwachsener und mit gesellschaftlichen Aktivitäten verbringen, als geschiedene Mütter das können.

John Santrock und seine Mitarbeiter beobachteten geschiedene Familien, in denen die Väter das Sorgerecht für ihre Kinder haben, im Vergleich mit Familien, in denen die Mütter das Sorgerecht haben (Santrock, Warshak, und Elliott, in Lamb, 1982b, S. 289–314). Ein interessanter Unterschied zwischen diesen beiden Arten geschiedener Familien besteht darin, daß Väter mit Sorgerecht mehr Gebrauch von Tagesstätten, Tagesmüttern und Babysittern für ihre Kinder machen, als Mütter mit Sorgerecht (vierundzwanzig Stunden pro Woche gegenüber elf Stunden pro Woche). Väter haben oft mehr Geld und können sich mehr Fremdbetreuung leisten. Aber die positiven Auswirkungen der Fremdbetreuung wurden in beiden Familienformen offenbar. In beiden Familienformen „ließ sich der gesamte Kontakt zu erwachsenen Bezugspersonen in positiver Weise in Beziehung setzen zu Wärme, Kontaktfähigkeit und Anpassungsfähigkeit des Kindes, wie in der Beobachtungssituation zu erkennen war" (S. 294). Kinder mit mehr Kontakt zu Eltern und anderen Erwachsenen sind besser dran, als Kinder mit weniger Kontakt zu Erwachsenen, selbst wenn sie statt dessen viel Kontakt mit einem Elternteil haben. Kinder können aus Beziehungen mit anderen Erwachsenen tatsächlich ein gewisses Maß an innerer Stabilität gewinnen. Da diese Erwachsenen nicht von der Scheidung betroffen sind, bieten solche Beziehungen oft auch Schutz vor den unvermeidlichen elterlichen Verstimmungen.

Meine Zusammenfassung der Forschung zum Thema Scheidung kommt zu dem Schluß, daß traditionelle Familien, in denen die Mutter die ganze Zeit zu Hause ist und der Vater wenig Verantwortung für die Kinder oder den Haushalt hat, größere Schwierigkeiten haben, mit einer Scheidung fertig zu werden als weniger traditionelle Familien. Wenn die Mutter bereits berufstätig war, wenn die Kinder schon an Fremdbetreuung gewöhnt sind und wenn der Vater schon weiß, wie man Spaghetti kocht, leiden Eltern wie Kinder weniger unter einer Scheidung. Ich trete hier nicht für eine defensive Lebensweise ein, etwa so wie für eine defensive Fahrweise, die einen Unfall verhüten soll. Es muß allerdings etwas gesagt werden, um auf mögliche Gefahren rechtzeitig hinzuweisen. Wenn man sowohl im Beruf als auch im Haushalt Fähigkeiten besitzt, ist das, wie wenn man mit Sicherheitsgurt fährt: Im Falle eines Unfalls ist die Verletzungsgefahr geringer. Die meisten Länder haben jetzt ein Gesetz, das von Eltern verlangt, ihre Babys und Kleinkinder während der Autofahrt in Sicherheitssitzen anzuschnallen. Ich glaube, es müßte eine ähnliche Regelung zum Schutz der Kinder im Falle einer Scheidung geben.

Nicht-traditionelle Familien

Die 60er und 70er Jahre erlebten eine Flut von Expertenratschlägen und Forschung über die „Tragödie" einer Ehescheidung, die Unzulänglichkeiten von Alleinerzieher-Familien, die Riesenprobleme berufstätiger Mütter und die Katastrophe der Teenagerschwangerschaft. Diskussionen darüber, ob homosexuelle Paare das Recht haben sollten, Kinder großzuziehen, und ob es ratsam wäre, die Möglichkeit des gemeinsamen Sorgerechts für geschiedene Paare einzuführen, füllten mehrere tausend Zeitschriftenseiten und nahm jedermanns Aufmerksamkeit in Anspruch. Talkshows, Tageszeitungen und Frauenzeitschriften widmeten den angeblich katastrophalen Veränderungen in der amerikanischen Familie eine Flut von Artikeln. Veränderungen in den Familienstrukturen können zwar ein soziales Problem darstellen, aber nicht immer deshalb, weil sie für Kinder schlecht sind. Manchmal erregen sie nur die Erwachsenen. Alternative Familienformen sind eine größere Bedrohung für unsere eingefahrenen Wertvorstellungen als für unsere Kinder.

Nicht-traditionelle Familienstrukturen tauchten erstmals auf, als die Scheidungsrate und die Anzahl der unehelichen Kinder in den 60er Jahren in die Höhe schnellten. Auf einmal hörte man von der unverheirateten Doris Müller aus dem Nachbarhaus, daß sie schwanger war und ihr Baby behalten wollte, und die Buchwalds, drei Häuser weiter, lebten in Scheidung. Frau Buchwald mußte eine Arbeit aufnehmen, und sie hatte Probleme, eine Betreuung für ihre zwei kleinen Kinder zu finden. Ihre Eltern lebten 500 km weit weg, und ihre Schwester fast genauso weit. In ihrer Stadt gab es keine öffentliche Betreuungseinrichtung für Kinder, also mußte sie eine ältere Dame aus der Nachbarschaft dafür bezahlen, und sie betete zu Gott, daß die Kinder ihr nicht den letzten Nerv rauben würden. Die solide, traditionelle Paarfamilie der 50er Jahre schien im Aussterben begriffen zu sein. Viele Leute bemerkten jetzt, daß es wenig Gemeindeeinrichtungen gab, die ledigen und geschiedenen Eltern mit der Kinderbetreuung geholfen hätten, während sie ihrem Beruf nachgingen. Aber das öffentliche und staatliche Interesse war ganz darauf gerichtet, das Übel von Alleinerziehung und Ehescheidung zu bejammern, statt danach zu fragen, welche Art von Unterstützung solchen Familien helfen könnte, besser zurechtzukommen.

Alleinerzieher-Familien

Heute, in den 80er Jahren, mag es wie ein Stück Vergangenheitsgeschichte klingen, wenn man beschreibt, mit welchem Abscheu nicht-traditionelle Familien behandelt wurden. Aber ihr Auftreten inmitten der soliden Mittelschicht verursachte eine Revolution im Denken. Man wußte nicht mehr, was man von der amerikanischen Familie halten sollte. Der Gebrauch des Wortes Familie im Singular ist bemerkenswert, es wird benutzt, als ob es immer nur eine Form von Familie gegeben hätte, als ob Kinder vorher nie mit alleinlebenden Müttern oder mit Großeltern aufgewachsen wären. Und was ist mit Jungfer Annemarie, die in den 20er Jahren die Kinder ihrer verstorbenen Schwester großgezogen hat? Das Wort Familie steht natürlich nur für die ideale Familie, bestehend aus Vater und Mutter, zwei Kindern und einem niedlichen Vorgarten.

Alleinerziehung wurde für viele Übel verantwortlich gemacht, die eigentlich der Armut zugeschrieben werden müßten, dem Mangel an staatlichen und familiären Mitteln. In Studien über Alleinerzieher-Haushalte werden niedriges Einkommen, niedriges Bildungsniveau, Zugehörigkeit zu einer Minderheit und eine Menge anderer Nachteile automatisch mit Alleinerziehung verwechselt. Wenn sich zeigt, daß die schulischen Leistungen von Kindern aus Alleinerzieher-Familien nicht so gut sind wie die von Kindern aus Paar-Familien, könnte das ebenso gut diesen anderen Faktoren zugeschrieben werden.

Ich will mich hier nicht für Alleinerziehung starkmachen, aber ich denke, daß die Forschung in bezug auf nicht-traditionelle Familien nicht die richtigen Fragen gestellt hat. Zum Beispiel könnte man sich vorstellen, daß eine reife, intelligente, alleinerziehende Mutter, ohne die Ablenkung durch einen Ehemann im Haus, ihrem Kind tatsächlich mehr Aufmerksamkeit schenken könnte. Obwohl ich keine Untersuchungen über familiäre Interaktionen kenne, die sich mit dem Vergleich befassen zwischen der Zeit, die zusammenlebende Elternteile mit ihrem Kind verbringen, und der Zeit, die alleinerziehende Eltern mit ihrem Kind verbringen, würde ich von meiner eigenen Erfahrung her annehmen, daß Kinder in einem Alleinerzieher-Haushalt mehr ungeteilte Aufmerksamkeit bekommen. Laborstudien über Mütter, Väter und Kinder im schulfähigen Alter bei experimentellen Spielen und Gesprächen zeigen, daß das Kind viel weniger Zeit bekommt, seine Meinung beizusteuern, wenn beide Elternteile zusammen sind, als wenn es mit nur einem Elternteil alleine ist, weil die Eltern untereinander kommunizieren. Ob dieses Ergebnis nun auch für Vorschulkinder und alleinerziehende Eltern zutrifft oder nicht, jedenfalls ist es interessant.

Betrachten wir einmal, ob alleinerziehende Familien wirklich so eine Katastrophe sind, wie Psychologen und andere Experten dies in früheren Jahrzehnten behauptet haben. Was sich in den 80er Jahren wandelte, war die Bereitschaft der Experten, in Erwägung zu ziehen, daß vielleicht auch andere Familienstrukturen gute Kindererziehung gewährleisten. Mit dem enormen Anwachsen der Zahl geschiedener und anderer alleinerziehender Eltern, kann es nicht überraschen, daß in den 80er Jahren nun allmählich Untersuchungen über die Vorteile der Erziehung in nicht-traditionellen Familien veröffentlicht werden.

Im Rahmen einer neuen Untersuchung über traditionelle und nicht-traditionelle Familien beobachtete eine Gruppe von Forschern (Eiduson et al., 1982) die Familien von fünfzig alleinerziehenden Müttern, von fünfzig Paaren, die nicht verheiratet waren und in „eheähnlichen Verhältnissen" lebten, von fünfzig Wohngemeinschafts-Familien und fünfzig traditionellen Mutter-Vater-Familien. Die Beobachtung begann im letzten Drittel der Schwangerschaft und dauerte an, bis das Kind vier Jahre alt war. Wie man sich bei einer solchen Zusammensetzung von Familien vorstellen kann, gab es große Unterschiede in den Wertvorstellungen der Eltern von sich selbst und ihren Kindern, viele Unterschiede im materiellen und kulturellen Lebensstil und verschiedenerlei Beziehungen zum weiteren Familienkreis und zu anderen Menschen. Wohngemeinschaftseltern waren eher bereit, die Versorgung des Babys mit anderen Erwachsenen in der Gruppe zu teilen, auch gab es hier mehr stillende Mütter als in den traditionellen Familien. Traditionelle Paare hatten mehr Geld und mehr materiellen Besitz als irgendeine andere Gruppe, und sie haben die Betreuung ihrer Kinder seltener mit anderen geteilt. Natürlich gab es in jeder Gruppe einige Familien, deren Mitglieder besonders gut miteinander auskamen, und andere, von denen man das nicht behaupten konnte – dasselbe Spektrum individueller Unterschiede, das man in jeder Untersuchung über Familien findet, ob traditionell oder nicht.

Man könnte annehmen, daß Wohngemeinschafts-Familien den Tagesablauf des Kindes lockerer handhaben würden, zum Beispiel in bezug auf Essens- und Schlafenszeiten, oder in solchen Dingen wie Sauberkeitserziehung. Das Klischee von der traditionellen Familie mit einer Mutter, die den ganzen Tag zu Hause ist, besagt, daß es da einen strikten Tagesablauf gibt, daß rechtzeitig gegessen wird, daß es jede Menge erzieherischer Kontakte zwischen Mutter und Kind gibt, daß es in der Küche nur so blitzt, und daß man an den Hemdkrägen keine schmutzigen Ränder sieht. Vom Haushalt alleinerziehender Eltern würde man annehmen, daß das Kind von der überlasteten Mutter wahrscheinlich vernachlässigt wird. Die Ergebnisse der Untersuchung sind deshalb überraschend. Ganz allgemein gab es zwischen den Gruppen keinen Unterschied darin, wie gut die jeweiligen Eltern als Eltern waren.

In der tatsächlichen Praxis gab es weniger Unterschiede als in der Erziehungsphilosophie. Die Interaktionen der Eltern mit ihren kleinen Kindern, die zu Hause beobachtet wurden, zeigten manche Unterschiede, aber weit mehr Parallelen. Das Grundmuster im Alltag der Kinder setzte sich aus denselben typischen Details der Erziehung zusammen, die überall auf der Welt beobachtet werden könnten. Die Kinder wurden regelmäßig gefüttert und ins Bett gebracht, es wurde ungefähr gleich viel mit ihnen gespielt, man nahm sie gleich oft mit zum Einkaufen oder zum Arzt. Sogar in der Disziplin und bei extra geplanten Unternehmungen, wo man große Unterschiede zwischen traditionellen und nicht-traditionellen Eltern erwarten würde, waren die Unterschiede in der tatsächlichen Praxis sehr klein, verglichen mit den individuellen Unterschieden innerhalb der Familiengruppen.

Die bedeutendste Feststellung war jedoch, daß es keine Unterschiede in der kindlichen Entwicklung im Säuglingsalter oder in der frühen Kindheit gab. Im ersten Lebensjahr zeigten alle Kinder der vier Familiengruppen die gleiche geistige und körperliche Entwicklung und dasselbe Bindungsverhalten gegenüber ihren Eltern. Im Alter von drei Jahren gab es keinen Unterschied zwischen den Kindern der vier Gruppen in bezug auf ihre durchschnittliche Intelligenz, Kreativität, Aggression, die Sicherheit in der Bindung zu ihren Eltern, die Lebhaftigkeit, Frustrationstoleranz, soziale Selbständigkeit, emotionale Anpassungsfähigkeit oder Reife. Trotz vieler grundlegender und bedeutsamer Unterschiede zwischen den Familien in bezug auf ihre Erziehungsphilosophie gab es *keine* Unterschiede in der kindlichen Entwicklung.

Alles in allem wurde die psychologische Entwicklung der Kinder in den ersten drei Jahren ihres Lebens gründlich und wiederholt getestet. Obwohl eine ganze Anzahl von Entwicklungsmustern beobachtet werden konnten, hatte der Lebensstil der Familie, in der die Kinder aufgezogen wurden, keine systematische Auswirkung auf die kindliche Entwicklung. Anders ausgedrückt, haben sich die Kinder aller Gruppen offenbar normal entwickelt (Eiduson et al., 1982, S. 344).

Der interessanteste Punkt dieser wichtigen Untersuchung ist also, daß sich Kinder in einer Vielzahl von familiären Strukturen bestens entwickeln können, daß sie sich mit alleinerziehenden Eltern, mit unverheirateten Eltern, mit den vielen verschiedenen Bezugspersonen der Wohngemeinschaft und in der traditionellen Paar-Familie ganz normal entwickeln. Was Kinder brauchen, sind liebevolle und aufmerksame Erwachsene, nicht eine bestimmte Familienstruktur.

Väter als primäre Bezugspersonen

In den 80er Jahren haben sich immer mehr Väter auf nicht-traditionelle Weise mit der Erziehung ihrer Kinder befaßt. Sie versorgen zum Beispiel die Kinder, während ihre Frauen einem Beruf nachgehen. In diesen Familien sind die Rollen vertauscht, die Mutter geht arbeiten, während der Vater sich um das Kind kümmert. Sind Väter im täglichen Einerlei der Kinderbetreuung und als emotionale Stütze für Babys und Kleinkinder genauso gut wie Mütter? Die viktorianische Psychologie, ob nach Freud oder Watson, würde mit Sicherheit eine Katastrophe vorhersagen. Aber in den 80er Jahren wurden nicht-traditionelle Väter durch das gesellschaftliche Bewußtsein einer hochgebildeten Gruppe junger Eltern zu den Helden der Epoche erkoren.

In einer Reihe von Untersuchungen in den Vereinigten Staaten (Radin, 1982), Australien (Russel, 1982), Israel (Sagi, 1982) und den Niederlanden (Lamb et al., 1982) bestätigen die Forscher einige vorteilhafte Resultate der Beteiligung des Vaters als primäre oder gleichwertige Bezugsperson der Kinder. In manchen Familien versorgte der Vater den Haushalt ganz, in anderen lösten sich Vater und Mutter zu gleichen Teilen in der Kindererziehung ab; während der eine sich um die Kinder kümmerte, konnte der andere arbeiten oder studieren. Die Väter mit primärer oder gleichwertiger Verantwortung für das Kind werden mit dem Tagesablauf des Kindes und dem Haushalt ungefähr genauso gut fertig wie die Mütter. Es stellt sich heraus, daß sie regelmäßig Mahlzeiten auf den Tisch bringen, Wäsche waschen und bügeln, einkaufen gehen, fernsehen, mit den Kindern plaudern und spielen – was für Männer, die willens sind, die primäre Verantwortung für das Kind zu übernehmen, nicht weiter überraschend ist. Mit anderen Worten: Die Anforderungen der Aufgabe bringen ziemlich die gleichen Verhaltensmuster mit sich, egal welcher Elternteil zu Hause bleibt und die Verantwortung für die Kinder und den Haushalt übernimmt.

Die wissenschaftlichen Beobachter dieser nicht-traditionellen Familien kommen zu dem Schluß, daß diese Kinder anderen, die in traditionelleren Familien aufwachsen, tatsächlich einiges voraus haben. Bei Kindern, die vom Vater betreut werden, wurden etwas höhere intellektuelle Fähigkeiten festgestellt als bei denen, die mit ihren Müttern in traditionellen Familien aufwachsen. Ich möchte bezweifeln, daß dieser Schluß berechtigt ist. Denn es sind normalerweise intelligente und hochgebildete Eltern, die solche Arrangements wählen, und die hätten immer eher intelligente Kinder, egal welcher Elternteil zu Hause bliebe oder welche andere Art von Betreuung sie wählen würden. Es gab keine Unterschiede in der emotionalen oder sozialen Entwicklung – das beweist zumindest deutlich, daß Väter keine emotionale Katastrophe sind.

Die Beobachter werden enthusiastisch, wenn sie von den Qualitäten der nicht-traditionellen Familien als Erziehungsmilieu für Kinder berichten. In der Beschreibung einer solchen Studie über nicht-traditionelle Familien, in denen die Väter ernsthaft an der Kindererziehung beteiligt waren, berichtet eine amerikanische Forscherin, Norma Radin, daß die intensive Beteiligung des Vaters eine bemerkenswerte *kognitive Bereicherung* in das Zuhause bringt, die von beiden Eltern ausgeht, und daß die Eltern seltener zu Strafen greifen. Wiederum finde ich, daß beide Faktoren vorwiegend mit der höheren Intelligenz der Eltern zu tun haben und nicht mit der Bezugsperson Vater per se. Jedenfalls berichtet Radin, daß es für manche Eltern ein passendes und gutes Arrangement darstellt, wenn der Vater als primäre Bezugsperson für das Kind fungiert.

Wenn ein solches Arrangement sich erst einmal eingespielt hat und die Väter mit dem Tausch zufrieden sind, stellt es sich heraus, daß die Väter, die ihre maskuline Identität bewahrt haben, mit verstärkter Anstrengung das kognitive Wachsen ihrer Kinder anregen, besonders das ihrer Töchter, und sich noch stärker in direkte Wissensvermittlung an ihre Söhne einbringen; die Mütter, immer noch traditionell feminin orientiert, reduzieren solche Aktivitäten. Es zeigt sich, daß die Internalität (Ausrichtung an sich selbst) und die intellektuellen Fähigkeiten der Kinder sich gut entwikkeln, wobei ihre sexuelle Identität unbeeinflußt bleibt. Insgesamt gesehen sollte dieses Ergebnis andere Familien nicht entmutigen, diese alternative Familienstruktur in Erwägung zu ziehen (Radin, 1982, S. 201–202).

Man braucht Norma Radins Enthusiasmus über „new wave"-Familien nicht zu teilen, um zu erkennen, daß alternative Familienstrukturen durchaus geeignet sind, eine gute Kinderbetreuung zu gewährleisten. Wiederum haben wir einen Beweis dafür, daß Kinder unter Bedingungen, die ihnen liebevolle Interaktion mit Erwachsenen ermöglichen – nicht unbedingt nur mit ihrer biologischen Mutter – sich wunderbar entfalten.

Berufstätige Mütter sind anpassungsfähig

Und schließlich kann die Berufstätigkeit sich auf die psychische Verfassung der Mutter und ihrer Familie sehr positiv auswirken. Ob Sie es glauben oder nicht, berufstätige Mütter, die ihre Arbeit mögen, sind anpassungsfähiger und glücklicher, sie neigen weniger zu Depressionen als Vollzeit-Mütter, auch dann, wenn diese gerne bei den Kindern zu Hause bleiben. Besonders die geschiedenen Mütter sind mit einem Beruf weit besser dran als ohne (Hetherington, Cox und Cox, 1982). Arbeitskolleginnen können die schlimmsten Auswirkungen des emotionalen Traumas der Scheidung ausgleichen helfen.

Die am wenigsten anpassungsfähigen und die unglücklichsten Frauen sind Mütter, die zu Hause sind und gerne berufstätig wären (Crosby, 1982). Nicht-berufstätige Mütter, die gerne aus dem Haus kommen und arbeiten würden, sind die frustriertesten und depressivsten Mütter. Das geht aus Stichproben über Frauen in verschiedenen Untersuchungen hervor. Sie fühlen sich einsam, wie in einer Falle, ohne Selbstbewußtsein und innerlich zerrüttet.

Depressive Mütter haben einen deprimierenden Einfluß auf ihre Kinder. Die Kinder depressiver Mütter scheuen den Kontakt mit ihnen und weichen auch der Aufmerksamkeit anderer Erwachsener aus. Es scheint, daß Kinder eine Strategie entwickeln, um emotionale Kontakte mit anderen Menschen zu vermeiden, wenn ihre Mütter unter Depressionen leiden (Kellam et al., 1983). Also muß man sich Gedanken machen über die emotionale Anpassungsfähigkeit von Müttern an ihre Rollen und darüber, wie Mutters Anpassungsfähigkeit sich auf ihre Vollzeit-Kinder auswirkt.

Alles in allem und trotz der logistischen und psychologischen Hindernisse, die am Anfang dieses Kapitels erwähnt wurden, glaube ich, daß eine Berufstätigkeit, in der Sie sich wohlfühlen, sich für Sie und Ihre Familie wahrscheinlich positiv auswirkt, egal ob Sie verheiratet, allein, geschieden sind oder in irgendeiner anderen nicht-traditionellen Familienform leben.

III. Was Kinder brauchen

6. Babys und Kleinkinder

Florian spielt auf dem Teppich; er knallt seine Holzklötzchen aufeinander und genießt den Krach. Seine Mutter deckt nebenan gerade den Tisch für das Mittagessen. Da läutet es an der Wohnungstür – Oma kommt. Seit vier Monaten hat sie ihr einziges Enkelchen nicht gesehen. Als sie das letzte Mal zu Besuch war, konnte er gerade sitzen. Inzwischen ist er zehn Monate alt, und sie freut sich darauf, ihn wieder einmal in die Arme nehmen zu können. Aber während sie auf ihn zukommt, fängt Florians Unterlippe an zu zittern, er wendet sein Gesicht zur Wand hin und beginnt, jämmerlich zu wimmern. Sowie sie sich bückt, um ihn in die Arme zu nehmen, fängt er so schrecklich an zu schreien, daß man glauben könnte, ein hungriger Wolf hätte ihn angefallen. Seiner Mutter ist das furchtbar peinlich, sie kann das nicht begreifen. Wieso verhält sich ihr Baby plötzlich so zu seiner Oma, wo es doch sonst immer so freundlich ist?

Jessica ist heute zwei geworden, ihre Geburtstagsfeier ist in vollem Gang. Ein paar Kinder verstreuen gerade die neuen Spielsachen über das ganze Wohnzimmer, und dann bricht ein Streit aus. Keine Auseinandersetzung, dazu können sich die Kleinen nicht genug artikulieren. Nein, ein richtiger Streit, darüber, wer womit und wann spielen darf. Jessicas Mutter versucht, Ordnung in das Chaos zu bringen und den Streit zu schlichten. Was ist bloß aus der schönen Geburtstagsparty geworden?

Christophers Mutter hat soeben ihren Beruf wieder aufgenommen. Zum ersten Mal verbringt er den größten Teil des Tages bei einer Tagesmutter. Für Christopher ist dieser erste Tag sehr lang, denn er ist unglücklich. Er hat geweint, als seine Mutter ihn ablieferte und jetzt, wo sein Vater gekommen ist, um ihn abzuholen, schaut er verärgert drein. Er will seinen Vater nicht ansehen und weigert sich, seine Sachen zusammenzusuchen, damit sie gehen können. Beide Eltern fühlen sich ratlos gegenüber dieser offensichtlichen Ablehnung.

Vielen Menschen sind Kinder ein Rätsel. Wieso weisen sie die freundliche Zuwendung ihrer Verwandten ab, wieso kriegen sie auf Geburtstagspartys Wutanfälle, wieso weigern sie sich, ihre Eltern nach stundenlanger Trennung zu begrüßen? Eltern werden oft von Neuigkeiten in der Entwicklung ihrer Kinder überrascht; ein andermal sind sie enttäuscht, daß bestimmte Entwicklungsschritte auf sich warten lassen. Selbst überaus gebildete Eltern sind sich nicht sicher, was sie als nächstes zu erwarten haben. Ist mein Kind frühreif in seiner Entwicklung, beim Sprechen, beim Denken, beim Sauberwerden, oder ist es hinterher? Was soll ich tun, um sicherzugehen, daß es sich richtig entwickelt?

Dieses Kapitel beschreibt die Entwicklung von Babys und Kleinkindern in der Hoffnung, daß Wissen über das, was auf sie zukommt, den Eltern hilft, sich ihren kleinen Kindern gegenüber konstruktiv zu verhalten. Auch hoffe ich, daß Eltern die unvermeidlichen schlimmen Momente in der Beziehung zu ihren Sprößlingen annehmen können, ohne zu fürchten, das Kind werde davon für immer geschädigt. Kindern schadet nicht gelegentlicher Ärger, sondern eine Umgebung, in der sie permanent unterdrückt, schikaniert und frustriert werden. Da Sie dieses Buch lesen, dürften Sie kaum zu den Eltern gehören, die ihre Kinder in einer solchen Umgebung aufwachsen lassen.

Wenngleich die Beschreibung der normalen Entwicklung für alle durchschnittlichen Kinder bis zum Schulalter zutrifft, möchte ich ausdrücklich darauf hinweisen, wie sehr sich vollkommen normale Kinder voneinander unterscheiden. Ganz normale Kinder können in der Entwicklung ihrer Motorik, ihrer Intelligenz und ihrer Persönlichkeit weit auseinander liegen. Alles, was ich hier sage, sollten Sie auf den Entwicklungsgang Ihres Kindes abstimmen, egal ob er ein bißchen schneller oder ein bißchen langsamer ist als bei anderen Kindern. Überdies sind Kinder einander *nie gleich*, schon gar nicht in ihrem Temperament. Manche sind scheu, andere dreist; manche sind lebhaft, andere ruhig; manche sind recht selbstbewußt, andere weniger. Meiner Meinung nach ist das Respektieren der individuellen Unterschiede der Grundstein jeder guten Eltern-Kind-Beziehung.

Kleinkinder

Das Neugeborene

Über die Fähigkeiten der Neugeborenen wurde in den letzten fünfzehn Jahren mehr geforscht, als in der gesamten Menschheitsgeschichte. Vor gar nicht allzu langer Zeit meinten Experten und Eltern noch, daß Neugeborene nicht sehen und nicht hören könnten, daß ihre Welt ein „blühendes und summendes Durcheinander" sei (William James, 1890). Heute wissen wir von Neugeborenen, daß sie dafür eingerichtet und ausgestattet sind, die Welt außerhalb des Mutterleibs auf ihre eigene Weise zu erfahren. Die Verhaltensstruktur Neugeborener unterscheidet sich gehörig von der größerer Babys, Kinder und Erwachsener, aber das heißt nicht, daß ein Neugeborenes blindlings Informationen aufnimmt und verdaut.

Neugeborene sehen, hören, riechen, schmecken und fühlen Berührungen und Nadelstiche. Ihre Sinne sind noch nicht so scharf wie ein paar Monate später, aber sie sind fähig, ihre Welt mit ihren Sinnen zu erfassen. Wahrscheinlich sehen sie in den ersten Lebenswochen immer nur mit jeweils einem Auge. Die Augäpfel haben die Drehung von der Seite des Kopfes (wie im Embryonalstadium) zur Gesichtsvorderseite, durch die der Mensch erst beidäugig sehen kann, noch nicht vollzogen. Ihre Sehschärfe entspricht 20/200 – das ist für feine Einzelheiten zu verschwommen, aber gerade richtig für große und nahe Gegenstände. Die Sehschärfe von Neugeborenen nimmt rapide zu, so daß sie mit zwei Monaten ganz gut Nahes und Fernes sehen können.

Oft sind Eltern erstaunt, weil ihre Neugeborenen bewegliche Dinge mit den Augen zu verfolgen scheinen. Jawohl, sie sind von beweglichen Dingen fasziniert, und sie können ihnen nachschauen, wenn sie ihr Gesichtsfeld kreuzen. Neugeborene schauen auch gerne in Gesichter oder auf andere komplizierte Objekte, denn die Natur hat sie darauf ausgerichtet, ihre Welt nach Informationen abzusuchen. Sie können lange Zeitspannen damit verbringen, nur herumzuschauen, wenn sie wach, munter und satt sind (das sind sie aber nur ungefähr 10 Prozent der Zeit während der ersten paar Lebenswochen).

Von den ersten Lebensstunden an zeigen Babys eine starke Vorliebe für Süßes. Lewis P. Lipsitt (1977) von der Brown Universität hat nachgewiesen, daß Neugeborene schneller und fester saugen, wenn sie den Geschmack von Zuckerwasser statt von reinem Wasser schmecken, und daß sie enttäuscht wirken, wenn auf süßes Wasser pures Wasser folgt. Die Enttäuschung läßt sich daran erkennen, daß sie bei purem Wasser weniger kräftig saugen, *nachdem* sie süßes Wasser gekostet haben, nicht so jedoch, wenn sie von Anfang an nur reines Wasser bekamen. Menschenbabys kommen als Schleckermäulchen zur Welt, und sie bleiben es, wie wir alle wissen, bis ins Erwachsenenalter hinein.

Genau wie Erwachsene mögen auch Neugeborene keinen penetranten und scheußlichen Geruch und keinen bitteren Geschmack. Von Schwefelgeruch wenden sie sich ab, und sie schneiden Grimassen, wenn man ihnen einen Tropfen bitterer Flüssigkeit gibt. Nicht nur der Gesichtssinn, sondern alle Sinneswahrnehmungen des Babys sind dem menschlichen Spektrum von Lust und Unbehagen angeglichen, sobald sie auf die Welt kommen.

Während der Geburt und in den ersten Monaten danach wird das Verhalten des Babys von den unteren und mittleren Gehirnzentren gelenkt und nicht von der obenliegenden Hirnrinde. Man kann sich das Gehirn in drei Schichten vorstellen. Zuunterst, dort wo Hals und Kopf miteinander verbunden sind, befindet sich der Hirnstamm, der die vegetativen Funktionen, wie etwa Herzschlag, Verdauung und unwillkürliche

Atmung lenkt. Dieser Teil des Gehirns ist, aus augenscheinlichen Gründen, bei der Geburt am meisten ausgereift. Das Mittelhirn, die Schicht, die den Gehirnstamm bedeckt, regelt die Emotionen und solche Reflexe wie Erschrecken und Zukken bei schmerzhaften Reizen, einen großen Teil des Sehvermögens und der anderen Sinne, das Wachsein und viele andere unwillkürliche Verhaltensweisen. Das Mittelhirn ist bei der Geburt nur mangelhaft ausgereift, es braucht noch einige Monate, bis es seinen ‚erwachsenen' Zustand erreicht hat. Die Neokortex, die Hirnrinde, befindet sich direkt unter dem Schädelknochen. Sie ist das Zentrum des Denkvermögens, der Entscheidungsfähigkeit, der Bewegungskoordination und des Sprachvermögens – nichts davon beherrschen Neugeborene richtig gut. Sie haben schon erraten, daß die Hirnrinde zum Zeitpunkt der Geburt noch recht unterentwickelt ist, und sie wird auch bis zur Pubertät nicht voll ausgereift sein, wenngleich im Alter von sechs Jahren 90 Prozent des Gehirnwachstums abgeschlossen ist. Beim Neugeborenen ist die Hirnrinde fast überhaupt noch nicht in Funktion.

In den ersten Monaten nach der Geburt wird das Verhalten der Babys zum großen Teil von den Gehirnbereichen unterhalb der Hirnrinde kontrolliert. Ihre Aktivitäten werden von Reflexen gelenkt, einer Reihe nahezu automatischer Erwiderungen auf Reize der Außenwelt. Babys haben eine geschickte Art, wie sie aus der Mutterbrust Milch heraussaugen. Sie brauchen sich nicht den Kopf darüber zu zerbrechen, wie sie saugen sollen, um an die Nahrung zu kommen. Die Evolution hat alle Säugetiere (Kätzchen, Schimpansenbabys, Welpen usw.) mit einem Saugreflex ausgestattet, mit dem die Babys die Situation spielend beherrschen. In den darauffolgenden Monaten lernen sie noch, wie stark und wie schnell sie saugen müssen. Dank ihrer Lernfähigkeit können sie bald die Stärke und den Rhythmus ihres Saugens dem Milchstrom anpassen, egal ob er aus der Brust oder aus der Flasche kommt. Aber dieser Saugreflex ist eine evolutionsgeschichtliche Errungenschaft des Mittelhirns und wird durch jeden Gegenstand ausgelöst, der in den Mund gesteckt wird.

Neugeborene verfügen noch über viele andere Reflexe, die ihnen sehr nützlich sind. Sie drehen ihren Kopf auf die Seite, an der man ihre Wangen berührt. Das hilft ihnen, beim Stillen die Brustwarze zu finden. Sie ziehen ihre Arme und Beine von scharfen Gegenständen oder brennender Hitze zurück. Sie drehen den Kopf weg, wenn etwas ihre Nase oder ihren Mund bedeckt. Sie schlagen mit den Fäustchen, wenn etwas ihre Atemwege zu verschließen droht. Sie schließen ihre Augen, wenn sich ihnen ein Gegenstand mit großer Geschwindigkeit nähert. Mit anderen Worten: Neugeborene verfügen über eine Reihe von reflexartigen Verhaltensmustern, die sie vor gelegentlich auftretenden Gefahren verhältnismäßig gut schützen.

Neugeborene haben außerdem Reflexe, die im menschlichen Erfahrungsbereich offensichtlich keinen Sinn ergeben, eine Art Überbleibsel aus der Evolutionsgeschichte. Sie spreizen ihre Zehen, wenn ihre Fußsohlen berührt werden. Sie machen im Wasser koordinierte Schwimmbewegungen, und unter Wasser halten sie ihren Atem an! Ein Neugeborenes muß nach wenigen Sekunden aus dem Wasser herausgehoben werden, weil es sonst *ersticken* würde, nicht ertrinken. Durch ihre koordinierten Reflexe könnte man den Eindruck haben, daß sie mühelos schwimmen, aber man darf nicht vergessen, daß sie schließlich keine Kiemen besitzen, um unter Wasser atmen zu können.

Neugeborene schreiten frisch drauf los, sobald man sie mit ihren Füßchen auf eine feste Fläche stellt. Junge Eltern sind überrascht, wenn ihr Baby solche koordinierten Gehbewegungen macht. Sie sollten sich jedoch nicht wundern, wenn diese Errungenschaft mit circa drei Monaten wieder verschwindet. In diesem Alter beginnt die Hirnrinde des Babys zu funktionieren und übernimmt Kontrollfunktionen von den unteren Hirnzentren. Der Mensch hat eine große Hirnrinde, die es ihm ermöglicht, willentliche Entscheidungen zu treffen und auf eine weitaus vielseitigere Weise zu lernen als die meisten Säugetiere. Der Gehreflex, die Schwimmbewegungen, das Zehenspreizen und viele andere unwillkürliche Reflexe verschwinden unter der Kontrolle der Hirnrinde, um sich in späteren Jahren als willentliche Bewegungen wieder zu entwickeln.

Diese Umwandlung der Neugeborenenreflexe in Verhalten, das von der Hirnrinde gesteuert wird, ist für die menschliche Art vollkommen normal. Unsere Säuglinge kommen mit unausgereiftem Gehirn auf die Welt, denn wenn ihr Kopf nur wenig größer wäre, würden sie nicht mehr durch das Becken der Mutter passen. Also hat die Natur das Wachstum des Gehirns für die Zeit nach der Geburt aufgehoben, der Säuglings- und Kleinkinderzeit, was auch gut mit unserer hingebungsvollen Pflege unserer Sprößlinge zusammenpaßt. Wir tragen sie herum, weil sie noch nicht laufen können. Wir füttern sie und ziehen sie an, weil sie das alles noch nicht selbst tun können. In dem Maße, in dem sich ihr Gehirn entwickelt, lernen sie, dies alles selbst zu tun.

Sowie die Hirnrinde ihre Dendriten (Nervenfasern) sprießen und ihre Synapsen (Kontaktstellen) wachsen läßt, wird Information von einem Teil des Gehirns zum anderen transportiert. Mit drei Monaten beginnt der Entwicklungsgang des Verhaltens vom Kleinstkindstadium bis zum Erwachsenenalter. Vom anfänglich kortikalen Verhalten bis hin zum jugendlichen Aufbegehren und zur moralischen Urteilsfähigkeit ist es ein langer Weg. Aber es ist ein faszinierender Weg, und alle Eltern haben die Möglichkeit, ihn mitzuerleben.

Die soziale Entwicklung

Babys sind soziale Wesen. Neugeborene kommen mit dem Bedürfnis auf die Welt, von anderen gehalten, besänftigt und herumgetragen zu werden. Auch das lauteste Neugeborene wird – meistens – still, wenn es hochgenommen wird. Primatenbabys, auch unseren eigenen, tut es nicht gut, wenn sie längere Zeit vom Kontakt mit anderen isoliert sind. Menschenbabys protestieren, wenn man sie in ihr Bettchen legt, und zeigen deutlich ihre Vorliebe für Körperkontakt mit anderen. Kleine Babys werden munter, wenn sie etwas Interessantes hören oder sehen, es bringt sie auch dazu, mit dem Weinen aufzuhören. Nehmen Sie Ihr schreiendes Baby auf den Arm, so daß es sich im Zimmer umsehen kann, und es wird mit großer Wahrscheinlichkeit aufhören zu weinen, um den Raum zu erforschen und sich an Ihre Brust zu schmiegen.

Die Evolution hat Primatenbabys mit einer Empfänglichkeit für engen Kontakt ausgestattet und mit der Fähigkeit, gegen Isolation auf so unerträgliche Weise zu protestieren, daß Eltern angerannt kommen, um das Schreien abzustellen. Das Geschrei ihrer Kleinen beunruhigt Eltern extrem und läßt ihren Blutdruck steigen. Wir sind so geschaffen, daß wir die Qual eines Säuglings als sehr qualvoll empfinden. Eltern denken manchmal, Neugeborene seien hilflose Wesen. Tatsächlich hat ein Säugling aber das Verhalten der Erwachsenen weit mehr unter seiner Kontrolle als umgekehrt. Kommt er vielleicht angerannt, wenn Sie weinen?

Babys Lächeln. Wenn das Lächeln des Neugeborenen auch nur ein Reflex ist, seine Eltern sind dennoch entzückt. Babys lächeln schon kurz nach der Geburt – nicht wenn sie ihre Eltern erblicken, sondern wenn sie in den Schlaf fallen. In den ersten Lebenswochen lächeln sie meistens, wenn sie schläfrig und zufrieden sind. Mit ungefähr sechs Wochen, wenn die Dendriten zu sprießen beginnen, fangen Babys an, menschliche Gesichter und andere interessante, lebendig wirkende Gegenstände anzulächeln. Obwohl Eltern dies ungern wahrhaben wollen, sind Säuglinge gleichwohl dazu geneigt, jedes Gesicht anzulächeln, nicht nur das ihrer hingebungsvollen Eltern. Ebenso gerne lächeln sie die Tapete oder den Kühlschrank an.

Der Grund dafür ist ein zweifacher. Erstens scheinen Säuglinge von der Evolution her darauf festgelegt zu sein, auf einen bemerkenswerten Anblick – und das menschliche Gesicht ist ein solcher – mit einem Lächeln zu reagieren. Zweitens können Babys bis zum Alter von drei oder vier Monaten ein Gesicht nicht von einem anderen unterscheiden. Ihre Hirnrinde ist einfach nicht funktionsfähig genug, um die Gesichter von Leuten, die sie einmal gesehen haben, wie Mutter oder

Vater, wiedererkennen zu können. Angesichts der Unsicherheit darüber, ob die Leute neue Besucher sind oder alte Bekannte, lautet die Anweisung des Gehirns, einen jeden anzulächeln. So machen Erwachsene die Beobachtung, daß vier und fünf Monate alte Babys wahre Lächelautomaten sind – man braucht sie nur lächelnd zu begrüßen, und sie werden darauf mit einem äußerst charmanten, zahnlosen Lächeln reagieren, ganz gleichgültig, ob man die ständige Bezugsperson oder die Kassiererin im Supermarkt ist.

Nicht alle Babys lächeln gleich viel. Manche strahlen jedesmal wie der Times Square, wenn sie jemanden sehen. Andere müssen erst durch bewegte Stimmen, nickende Köpfe und ein breites Erwachsenenlächeln dazu verführt werden. Natürlich hängt das Lächeln davon ab, wie sich das Baby im Augenblick fühlt. Wenn es schlecht gelaunt, müde, hungrig oder einfach gelangweilt ist, wird es, wie ein jeder von uns, wohl kaum strahlend lächeln wollen.

Babylächeln ist für Eltern ungeheuer reizvoll. Ich habe das Babylächeln sogar als den Kleister in der Eltern-Baby-Beziehung bezeichnet. Lächelt das Baby, dann lächeln die Eltern ohne Nachdenken zurück. Beginnt das Baby mit zwei Monaten auch „gesellschaftlich" zu lächeln, dann fühlen sich die meisten Eltern für all die Anstrengungen, die diese ersten Monate voll Fürsorge gekostet haben, reich entlohnt. Es wird ihnen ganz warm ums Herz, und sie kommen zu dem Schluß, daß sich die Mühen der Elternschaft doch lohnen – auch wenn sie gerade zwei Stunden lang mit einem schreienden Baby auf dem Arm im Flur auf und ab gegangen sind. Plötzlich ist das eine Beziehung zu einem anderen fühlenden menschlichen Wesen, welches eine Anerkennung zum Ausdruck bringt – vielleicht sogar ein Dankbarkeitslächeln?

Angst vor Fremden. Erst wenn sie ungefähr fünf Monate alt sind, beginnen Babys damit, bekannte Gesichter eher anzulächeln als fremde. (Fremde Kinder lächeln sie vielleicht immer noch an, die sind nicht so bedrohlich wie fremde Erwachsene.) Was da vor sich geht, ist die Steigerung der Erinnerungsfähigkeit durch die zunehmende Myelinisierung des Gehirns.

Jede Nervenfaser des Gehirns entwickelt einen fettigen Mantel, genannt Myelin-Hülle, der die Übermittlung von Impulsen und die Speicherung von Erfahrungen sehr erleichtert. Wenn sich das Erinnerungsvermögen einmal so weit entwikkelt hat, daß das Baby sich an bekannte Gesichter erinnern kann, tritt eine andere Regel im evolutionären Entwicklungsprogramm in Kraft, die besagt: „Hüte dich vor Fremden, sobald du sie erkennen kannst!" Bei Menschenbabys kommt diese Anweisung zwischen dem fünften bis achten Lebensmonat ins Spiel, bei Affenjungen etwas früher.

Wenn die Oma zu Besuch kommt, fühlen sich viele Eltern von acht oder neun Monate alten Babys verunsichert, weil sie sehen, daß ihr Baby nicht mehr auf Omas Schoß sitzen will. Wo es doch früher seine Oma immer so angelächelt hat, die dann immer sagte, wie süß es doch sei. Jetzt weist es die Großmutter zurück und quengelt, wenn sie es auf den Arm nehmen will. Und Oma fragt, was *Sie* mit dem Baby gemacht haben, daß es sich jetzt so fürchtet. Ob Sie wohl zugelassen hätten, daß ein Fremder es erschreckte?

Sie haben gar nichts gemacht. Es ist ein normaler Entwicklungsschritt in der zweiten Hälfte des ersten Lebensjahres, daß das Baby Angst vor Fremden entwickelt. Die meisten Säuglinge in diesem Alter reagieren ablehnend auf die Zuwendung von Leuten, die sie nicht besonders gut kennen. Wenn sie kein häufiger Gast des Hauses ist, wird das Baby seine Oma nicht erkennen, und sie als Fremde einstufen. Wir sollten nicht vergessen, daß wir es mit einem sehr unausgereiftem Gehirn zu tun haben. In diesem Alter wird ein Säugling einen Fremden aus der Distanz mit Interesse betrachten. Es wird aber meistens anfangen zu quengeln, wenn diese Person ihm zu nahe kommt.

Das Gegenstück zur Angst vor Fremden ist die Bindung, die Babys zu ihren Bezugspersonen entwickeln, wie wir sie im 4. Kapitel besprochen haben. Ein acht Monate altes Baby wird aller Wahrscheinlichkeit nach gerne im gleichen Zimmer spielen, in dem seine Eltern sind. Es wird protestieren, wenn es sie aus den Augen verliert. Sowohl die Angst vor Fremden als auch die Entwicklung einer Bindung ergibt sich aus bedeutsamen Veränderungen im Erinnerungsvermögen und in der Denkfähigkeit des Säuglings.

Folgerungen für die Betreuung. Aus dieser ausführlichen Beschreibung des menschlichen Säuglings läßt sich folgern, daß in den ersten beiden Monaten jede kompetente Person sehr gut die Betreuung des Babys übernehmen kann, ohne daß das Baby geistig dadurch Schaden nimmt. Was kleine Babys brauchen, ist ein rasches Eingehen auf ihre Unmutsäußerungen. Sie sind nicht imstande, eine Person von einer anderen zu unterscheiden. Selbst wenn sie Gerüche oder Geräusche einer bestimmten Bezugsperson erkennen können, zeigen sie in dieser Phase keine Vorliebe für bekannte oder unbekannte Personen. Auch in den folgenden drei Monaten zeigen Babys wenig bis gar keine Vorliebe für bestimmte Bezugspersonen: Sie lächeln unterschiedslos alle an.

Wenn Sie also erwägen, Ihr Baby in Tagesbetreuung zu geben, scheinen die ersten fünf Monate ein guter Zeitraum dafür zu sein. Hier stört es das Baby am wenigsten. Sobald es reif genug ist, einzelne Personen zu unterscheiden, wird es auf diese Weise gleichzeitig mit den Eltern und mit anderen Bezugspersonen vertraut werden. Ich gebe zu, daß sich dieser Rat radikal von der üblichen Expertenmeinung unterscheidet, die Mütter dazu anhält, wenigstens das erste Jahr bei ihren Kindern zu Hause zu bleiben. Doch glaube ich, daß diese Meinung größtenteils auf veralteten Ansichten über Mütter und Kinder und auf falschen Informationen über die Eigenheiten von Säuglingen und Neugeborenen beruht.

Erst wenn sie ungefähr acht bis zehn Monate alt sind, entwickeln Babys eine starke Vorliebe dafür, vertraute Menschen um sich zu haben. Zu diesem Zeitpunkt können Mütter, die jetzt ihren Beruf wieder aufnehmen, ihre Babys vorübergehend in große innere Not stürzen. Wenn die Babys dann jedoch bereits mit anderen Erwachsenen vertraut sind, ist es meistens weniger schlimm für sie. Aber auch wenn ein Baby seinen alltäglichen Betreuer schon gut kennt, kann es trotzdem sein, daß es eine starke Vorliebe für einen Elternteil oder für alle beide Eltern ausdrückt oder dagegen aufbegehrt, daß sie sich morgens von ihm verabschieden. Der sechs Monate alte Säugling, der bisher seine Betreuerin jeden Morgen anlächelte, kann sich plötzlich zu einem schreienden Protestler entwickeln, der die vertraute Bezugsperson ablehnt und sich verzweifelt an die Eltern klammert, wenn sie zur Arbeit gehen wollen. Sich jeden Morgen ein weinendes Kind von den Schultern zu zerren, ist eine deprimierende Erfahrung, die viele Mütter mit Tränen in den Augen zur Arbeit gehen läßt. Betreuer fühlen sich zurückgewiesen, und Eltern überkommen Zweifel, ob die gewählte Art der Betreuung wirklich die richtige ist. Es ist schwer zu verstehen, wie das bisher so glückliche Kind zu einem so verzweifelten und scheinbar verwahrlosten Wesen werden konnte.

Man muß die Trennungsangst der Primaten philosophisch betrachten, es sei denn, man möchte das halbe Jahr, vom achten bis zum fünfzehnten Monat, vierundzwanzig Stunden am Tag mit seinem Baby zusammensein. Selbst wenn die Mütter den ganzen Tag zu Hause sind, protestieren die meisten Babys dieser Altersgruppe, wenn sie zum Schlafen in ihr Bettchen gelegt werden, und sie schreien verzweifelt, wenn die Eltern sie bei einem Babysitter lassen wollen. Überhaupt erheben sie vollen Anspruch auf ihre Bezugspersonen, und zwar permanent und absolut. Ist dem Baby der Babysitter fremd, dann kann es sein, daß es eine volle Stunde oder noch länger mit seinem Protestgeschrei fortfährt. Ist ihm der Babysitter aber vertraut, dann wird es vielleicht schon wenige Minuten nach dem Weggehen der Eltern die gewohnt freundliche Beziehung mit ihm wieder aufnehmen.

Die Eltern leiden jedoch, wenn ihr Baby sich gegen die Trennung auflehnt. Die Kombination aus Schuldgefühlen wegen ihrer Berufstätigkeit und Schuldgefühlen, weil ihr Baby unglücklich ist, wenn sie weggehen, kann ziemlich vernichtend sein – es sei denn, man begreift den vorübergehenden, entwicklungsbedingten Charakter dieses Protestes. Aus vorübergehenden Trennungen entsteht kein bleibender Schaden, ganz gleich, wie laut das Kind schreit. Es gibt nichts, was man tun könnte, außer freundlich und ruhig zu bleiben und zu warten, bis sein Gehirn dazu in der Lage ist, sich daran zu erinnern, daß man am Nachmittag wieder zurückkommt. Wenn Sie und die Betreuerin etwas vom Bindungsverhalten von Säuglingen verstehen, können Sie beide gute Miene zum bösen Spiel machen. Sie werden wissen, daß es sich bald beruhigen und einen schönen Tag haben wird, und daß es sich freut, Sie bei Ihrer Rückkehr wiederzusehen.

Die Entwicklung des Erkenntnisvermögens

Das Baby forscht. Ein neues Gedächtnis und ein neues Denkvermögen bringen auch neue Arten des Lernens über den Umgang mit der physischen Welt mit sich. Im Alter von ungefähr einem Jahr sind Babys praktische Wissenschaftler. Sie experimentieren mit den Dingen, die sie um sich haben, probieren verschiedene Möglichkeiten aus, die Haushaltsgegenstände und Spielsachen zu gebrauchen und zu mißbrauchen. Wenn sie Papas Unterwäsche ins Klo werfen oder das Toilettenpapier über die ganze Treppe hin aufrollen, dann sind das nur verschiedene Wege, herauszufinden, was mit verschiedenen Gegenständen durch verschiedene Handlungen geschieht. Eltern sind von den Ergebnissen unbeaufsichtigter Babyexperimente selten begeistert, Babys jedoch lernen viel daraus. Mit einem Waschlappen in der Badewanne oder einem Wollknäuel, das man herumziehen und dabei beobachten kann, wie es sich abwickelt, können sie ebensoviel lernen, und es schafft weniger Unordnung für die Erwachsenen. Jedenfalls müssen Babys ihr Tun an der Welt ausprobieren, um zu erfahren, was sie tun können. Da Sicherheit gewährleistet sein muß, sollten Babys Experimente von Erwachsenen überwacht werden.

Aus den Augen, aus dem Sinn. Man kann sich nur schwer vorstellen, daß Leute oder Dinge, die man aus den Augen verloren hat, buchstäblich verschwunden sind. Als Kinder haben wir uns vielleicht darum gestritten, ob ein Baum, der alleine in einem Wald umfällt, dabei Lärm macht oder nicht. In diesem Streit sind die Kinder verwirrt bei einer Vorstellung von Lärm, die sowohl Schallwellen verursachen als auch einen menschlichen Empfänger derselben haben müßte. Der Baum fiel um, was zweifellos Schallwellen verursachte, aber es war niemand da, der sie wahrgenommen hätte. Baby versteht dieses Paradoxon so, daß alles, was man nicht (mehr) sieht (oder hört, oder riecht), nicht (mehr) besteht.

Wenn Sie ein sechs bis neun Monate altes Baby haben, dann versuchen Sie einmal das folgende kleine Experiment: Nehmen Sie ein Spielzeug oder etwas Eßbares, das das Baby gerne mag (Kekse eignen sich gut), und legen Sie ein Taschen- oder Geschirrtuch bereit. Nun setzen Sie das Baby in seinen Hochsitz und geben ihm den gewählten Gegenstand. Dann nehmen Sie ihn ihm sanft aus den Händen und sagen ihm, daß Sie den Gegenstand jetzt gleich unter dem Tuch verstecken werden, um zu sehen, ob es ihn wiederfinden wird. Tun Sie nichts weiter als das. Bedecken Sie den Gegenstand vollständig mit dem Tuch.

Wenn es wirklich ein Interesse an dem Spielzeug oder an dem Keks gehabt hat und es zurückhaben will, dann wird es jetzt dagegen aufbegehren, daß es verschwunden ist. Wenn es wenig Interesse daran gehabt hat, dann wird es Sie bloß anschauen, und darauf warten, was als nächstes passieren soll. In jedem Fall ist, vom Baby her gesehen, der versteckte Gegenstand einfach verschwunden. Es wird ihn nicht unter dem Tuch suchen, trotz der schönen Beule, die er in das Tuch macht, und die alle sehen können. Es wird nicht danach greifen, auch dann nicht, wenn ein Teil davon unter dem Tuch hervorspitzt. Versuchen Sie das ruhig auch.

Dieses Experiment ist interessant, weil es demonstriert, daß Babys unter einem Jahr wenig Ahnung davon haben, daß Dinge oder Menschen, die man gerade nicht sieht, trotzdem existieren. Ist es daher verwunderlich, daß Ihr Baby Ihnen hinterher krabbelt, wenn Sie aus dem Zimmer gehen, und daß es schreit, wenn es bei einem Babysitter bleiben soll? Wie soll es wissen, daß Sie nicht für immer verschwinden? Es lohnt sich nicht, wegen dieser Verlustängste des Babys Schuldgefühle zu entwickeln, sie dauern nur ein paar Monate. Es führt auch kein Weg daran vorbei, es sei denn, man weicht Tag und Nacht nicht von seiner Seite. Außerdem erfahren alle Babys zu einem gewissen Grad die Angst vor dem Verlust von Menschen und Dingen.

Glücklicherweise reift ihr Gehirn heran. Langsam bekommen Babys mit, daß ihre Eltern und ihre Lieblingsspielsachen auch dann noch auf der Welt sind, wenn sie sie nicht mehr sehen. Aber erst mit etwa achtzehn Monaten werden sie verstehen, daß Dinge, die sie am Tag davor versteckt haben, nicht für immer verschwunden sind. Und Mütter entdecken, daß Babyspielsachen, die sie ein paar Wochen lang weggeräumt hatten, dann, wenn sie sie wieder hervorholen, genauso interessant sind wie neue. Das Gedächtnis eines Säuglings hat eben seine Vor- und Nachteile.

Kann man Babys verwöhnen?

In den ersten drei Lebensmonaten ist es *nicht möglich,* Babys zu verwöhnen, in dem Sinne, daß sie etwa lernen, ihre Eltern zu manipulieren. In diesem Alter haben sie einfach nicht die Gehirnkapazität, um sich an gute Erfahrungen zu erinnern und sie wieder zu verlangen. Wie oft Sie Ihr Baby auch in die Arme nehmen, um es zu trösten, es wird nicht davon ausgehen, daß Sie es wiederum hochnehmen werden, weil es ganz einfach nicht mehr weiß, was vor zwei Minuten war.

Neugeborene verlangen Zuwendung und Trost, weil sie das *jetzt* gerade brauchen, nicht etwa, weil sie Hintergedanken dabei hätten. Die Forderungen des Säuglings zu erfüllen, ist oft unbequem für die Eltern. Aber es ist nicht fair, ihm schlechte Absichten zu unterstellen. Säuglinge kann man nicht so verwöhnen, daß sie Eltern manipulieren, denn subkortikale Wesen sind dafür nicht schlau genug.

Ab dem Alter von drei Monaten verbessert sich das Gedächtnis von Babys (Cohen, 1979). Mit vier oder fünf Monaten sind sie dazu in der Lage, sich daran zu erinnern, daß der Vater kam und mit ihnen spielte, als sie das letzte Mal weinten. Zu diesem Zeitpunkt können Eltern und Kind ein Interaktionsmuster entwickeln, das Eltern bereuen. In unserer Kultur, in der Kleinkinder seltsamerweise alleine in ihren eigenen Zimmern schlafen, statt bei ihren Müttern, werden Interaktionen in den ganz frühen Morgenstunden von Eltern normalerweise nicht geschätzt. Und Eltern müssen sich auch nicht den Wünschen ihres Babys anpassen, denn im Alter von vier bis fünf Monaten braucht es nicht mehr unbedingt mitten in der Nacht etwas zu essen oder frische Windeln oder Unterhaltung. Man *kann* sie dazu erziehen, Tagesmenschen zu werden.

Es kann eine schmerzliche Angelegenheit werden, wenn man Babys dazu bringen will, daß sie sich dem Zeitplan der Eltern anpassen. Denn manche sind, genau wie manche Erwachsene, ausgesprochene Nachtmenschen. Andere hingegen schlafen die ganze Nacht durch. Entschlossenheit auf Seiten der Eltern sowie Geduld und gute Laune, um das Baby während des Tages wachzuhalten und sein Leben mit anregenden Erlebnissen zu füllen (auch bekannt als Ermüdungstaktik), genügt in vielen Fällen, um sie zum Durchschlafen zu bewegen. Selbst in den hartnäckigsten Fällen werden es ein paar schlaflose Nächte schaffen, in denen man das Baby nach der Gesellschaft der Eltern schreien läßt – wenn die Eltern diese Erfahrung ertragen. (Ich habe es immer ertragen, denn morgens zur Arbeit zu gehen, wenn man nachts nicht geschlafen hat, wirkt auf die Dauer verheerend.)

Andererseits muß man sich bewußt machen, daß Babys die Zuwendung Erwachsener brauchen, um sich zu richtigen Menschen entwickeln zu können. Die traurige Situation verwaister Babys, die Tag und Nacht in ihrem Bettchen alleingelassen werden, ist alles andere als witzig. Interaktionen mit Menschen, die lächeln, plaudern und sie in den Armen halten, sind für ihre soziale, emotionale und intellektuelle Entwicklung überaus wichtig. Es steht folglich den Eltern frei, ob sie die Interaktionen mit ihrem Kind prinzipiell lieber in die Tages- oder in die Nachtstunden legen wollen. Aber sie sollten nicht erwarten, das kindliche Bedürfnis nach Körperkontakt und sozialen Interaktionen Tag und Nacht ignorieren zu können. Menschenbabys sind Primaten, die evolutionsbedingt sehr viel Stimulation und Körperkontakt brauchen, um sich normal zu entwickeln.

Kontakt mit anderen Babys

Manche Eltern haben die Vorstellung, daß Babys vom Kontakt mit anderen Babys profitieren. Mit Gleichaltrigen spielen – das hört sich gut an. Eigentlich sind andere Babys für die Entwicklung des Säuglings jedoch ziemlich irrelevant. Sie sind ihr aber auch nicht abträglich, abgesehen davon, daß sie das Ausmaß der Erwachsenen-Kind-Interaktionen verringern, die für seine Entwicklung wichtig sind. Sie sind nicht förderlicher als Spielzeuge und Schoßtiere, denn Babys behandeln sich gegenseitig wie interessante Gegenstände.

Babys spielen nicht wirklich *miteinander*. Sie mögen gleichzeitig im gleichen Raum und nebeneinander spielen. Wechselseitiges Spiel, in dem ein Kind auf die Initiative des anderen Kindes reagiert, und in dem sie gegenseitige Rollen annehmen („Du bist jetzt das Baby, und ich bin der Doktor"), kommt nicht wirklich zustande, bevor die Kinder drei bis vier Jahre alt sind (Hartup, 1983).

In den ersten beiden Lebensjahren nehmen Babys Notiz voneinander. Sie stubsen sich an und geben zueinander hin unartikulierte Laute von sich. Vorübergehend teilen sie vielleicht sogar ein Spielzeug und beobachten, was der andere damit macht (Eckerman und Whatley, 1977; Eckerman, Whatley und Kutz, 1975). Fortlaufende Interaktionen, in denen sich die Kinder wiederholt im Spiel abwechseln, kommen nicht vor. Aber gelegentlich treffen sich ihre Vorstellungen.

Das Spiel zwischen Babys und Kleinkindern gleicht der flüchtigen Konversation auf einer Cocktailparty. Zuerst sage ich etwas. Du magst mir zwar zuhören, doch kannst du mir nicht antworten, da jemand anderer inzwischen deine Aufmerksamkeit auf sich gezogen hat. In der Zwischenzeit bin ich durch einen alten Freund, der gerade kam, abgelenkt worden. Unsere Interaktion ist kurz, sie ist vorbei, bevor sie zu irgend etwas geführt hätte. Die Interaktionen größerer Kinder gleichen eher einer Einladung zum Essen, wo man mit wenigen guten Freunden ausführlich zusammensitzt. Da gibt es Zeit und Interesse genug, um sich wirklich zu unterhalten oder wirklich miteinander zu spielen.

In vielen Kulturen wird den größeren Kindern die Hauptverantwortung für kleine Kinder unter drei Jahren gegeben. Sie tragen sie mit sich herum und nehmen sie vom Rücken, wenn sie selbst mit anderen kindlichen Aufpassern spielen. Wahrscheinlich kümmern sich Erwachsene besser um kleine Kinder als deren ältere Geschwister, denn Kinder von sechs bis zwölf haben ihre eigene Tagesordnung. Sie brauchen Zeit und Raum, um ihre eigenen Beziehungen zu Gleichaltrigen zu pflegen, während die Versorgung von Babys für sie kein größeres persönliches Anliegen darstellt, jedenfalls nicht in unserer Kultur. Aus den Beobachtungen der Geschwisterbeziehungen in meiner eigenen Familie würde ich schließen, daß der Versorgung von Babys und Kleinkindern durch Erwachsene der Vorzug zu geben ist. Aber wir können auf keine Forschung zurückgreifen, die die verschiedenen Vorteile, die Erwachsene und größere Kinder in der Kleinstkindbetreuung zu bieten haben, miteinander verglichen hätte. Daß wir über dieses Thema keine Forschungsergebnisse vorliegen haben, ist kein Zufall. Die Frage wurde nicht gestellt, denn sie war undenkbar. Mütter sollen bei ihren Kindern zu Hause bleiben.

Babys verändern sich in den ersten eineinhalb Lebensjahren beachtlich, von unbewußt Wahrnehmenden zu überlegt Handelnden. Sowie ihr Gehirn heranreift, erfahren sie die Welt der Dinge und Menschen mehr im Zusammenhang – sie erinnern sich an das, was gerade vorher war, und kennen vertraute Personen. Zwischen Eltern und Baby entwickelt sich eine Beziehung, die – mit etwas elterlicher Geduld – zur Quelle der Freude für beide wird.

Viele Eltern finden Baby-Kinder im Alter zwischen achtzehn und sechsunddreißig Monaten nicht nur entzückend, sondern auch lästig. Hier beginnt der Kampf. Das Baby-Kind sagt nachdrücklich „Nein", und die Eltern sind beleidigt. Wie kommt dieses sechsundsechzig Zentimeter kleine Monster dazu, mir zu sagen, was es tun und was es lassen wird? Die Eltern nehmen das Kleinkind wörtlich und kontern zurück. Weil Kleinkinder die Sprache beherrschen, zumindest teilweise, werden sie zu ernst genommen.

Das Erlernen der Sprache ist ein entscheidender Fortschritt in der kindlichen Entwicklung. Das Kind kann sich jetzt viel effektiver mitteilen als früher, als es noch „Mimi" brabbelte um deutlich zu machen, daß es durstig war. Kleinkinder können unmögliche Sätze äußern, wie zum Beispiel „Mich nein gehen!" und „Kein Nudel will!", wenn ihre Eltern sie ernsthaft bitten, aus dem Sandkasten zu steigen und zum Essen zu kommen. Wie unvernünftig von diesem Baby-Kind, eine eigene Meinung zu haben! Und wie unvernünftig erst von den Eltern, es so ernst zu nehmen, daß daraus dicke Luft entsteht!

Kleinkinder brauchen Erwachsene

Kleinkinder sind emotional noch vollständig oder fast vollständig von der Unterstützung der Erwachsenen abhängig. Vielleicht haben manche schon wichtige Beziehungen mit größeren Kindern, aber in unserer Gesellschaft ist das rar. Kleinkinder brauchen die Liebe und Unterstützung der Erwachsenen, sie brauchen den Kontakt mit ihnen und mit ihrer Interpretation der Welt. Gleichaltrige sind weniger interessant, weniger bedeutsam. Für Zweijährige ist es typisch, daß sie sich bei einer Geburtstagseinladung mehr für die Spielsachen und die Erwachsenen interessieren als für die anderen Kinder, die eher Rivalen darstellen als Freunde oder Spielkameraden. Deshalb können auf einem fröhlichen Kinderfest urplötzlich Ströme von Tränen fließen, wenn ein Kampf um die Lieblingsspielsachen ausbricht. Kindergartenkinder hingegen zeigen nicht nur ein viel sozialeres Verhalten, sie sind auch viel mehr an Spielgefährten interessiert als Kleinkinder, für die die Aufmerksamkeit der Erwachsenen immer noch ausschlaggebend ist.

Wenn Primatenjunge aus dem Säuglingsalter heraus sind, lassen sie es sich nicht nehmen, vom Rücken der Mutter herunter- oder aus ihrem Schoß herauszuklettern, um sich ein kleines Stück von ihr fort zu wagen und die Welt zu erforschen. Sowie sie älter und mutiger werden, wagen sie sich weiter und weiter fort. Da draußen lauert die Gefahr, also laufen sie hin und her, immer wieder zurück zu diesem sicheren Schoß. Gefühlsmäßig brauchen Primatenbabys ihre Bezugspersonen als Inseln der Geborgenheit, von denen aus sie sich auf ihre Streifzüge wagen können. Mit zunehmendem Alter fühlen sie sich bei Trennungen über größere Abstände und Zeiträume hinweg sicherer, dann spielen sie öfter und intensiver mit Gleichaltrigen.

Menschliche Kleinkinder können ängstlich oder mutig sein, aber sie können auch von Fall zu Fall verschieden sein. Manche Zweijährige schauen an einem fremden Ort die Leute mindestens zehn Minuten lang nicht an. Es kann zwanzig Minuten und länger dauern, bevor sie sich auf Zehenspitzen hinter dem Rücken der Bezugsperson hervorwagen, um Spielsachen und andere Attraktionen zu erkunden. Andere Kinder stürzen sich kopfüber in neue Erfahrungen, egal in welche, ohne Angst um ihr eigenes kleines Leben. Manche Kinder, die im Supermarkt mutig sind, werden vor lauter Angst ganz klein, wenn sie sich beim Kinderarzt ausziehen sollen. Aber egal welche, Kleinkinder brauchen Erwachsene, die zu ihnen stehen und ihnen Mut einflößen.

Erwachsene dienen als Mittler zwischen dem Kind und seinen Erfahrungen. Nach Jerome Bruner (1983), Reuven Feuerstein (1980) und anderen können kleine Kinder nichts über diese Welt lernen, solange nicht die Erwachsenen ihren Erfahrungen eine *Bedeutung* verleihen. Ein Feuerwehrauto ist solange bloß ein lautes, furchterregendes, namenloses Ding, bis ein

Erwachsener dem Kleinkind erzählt, daß es ein „Feuerwehrauto“ ist, das vom Feuerwehrhaus zum Feuer rast, mit Pumpe und Schläuchen und tapferen Feuerwehrmännern, die die Feuersbrunst bekämpfen und die Bewohner retten, am besten über lange Leitern. Eine Fahrt durch das Rheintal, vorbei an vielen Lastkähnen, Hausbooten und Bahnhöfen, bleibt für ein Kleinkind ein Ereignis ohne Bedeutung, solange ihm nicht ein Erwachsener die Worte gibt und einen Zusammenhang herstellt für das, was es sieht. Kleinkinder sind ohne die Hilfe von Erwachsenen nicht dazu imstande, ihren Erfahrungen eine Bedeutung zu geben.

Zweijährige gehören andererseits sicherlich zu den charmantesten Leuten der Welt. Angesichts neuer Erfahrungen machen sie ganz ehrliche große Augen. Sie haben ein ehrliches Verhältnis zu Menschen; manche mögen sie, andere nicht. Was können wir mehr verlangen? Sie geben sich vollkommen ihren Spielen hin; Autos machen „öööööön, öööööön!“ auf dem Fußboden, Flugzeuge segeln über den Kaffeetisch, und den Puppen werden ihre verkühlten Näschen geschneuzt. Kleinkinder sind entwaffnend in ihrer Offenheit und sollten nicht zu sehr beim Wort genommen werden. Wenn man sie als größere Babys sieht, kann man über ihre Herausforderung der Autorität hinwegsehen, ihre entwaffnende Ehrlichkeit genießen und sie als heranwachsende Kinder betrachten.

Kleinkinder wissen genau, daß es nach den Regeln der Erwachsenen richtige und falsche Wege gibt, um Dinge zu tun (Kagan, 1981). Kaputte Spielsachen und verschüttete Milch verursachen „uh-oh“-Töne des Unbehagens. Ein Punkt im Baley-Test der geistigen Entwicklung von Kleinkindern untersucht ihre Haltung zur Übertretung von Erwachsenen-Regeln. Dem Kind wird eine kleine Puppe gezeigt, deren Kopf vom Körper abgerissen ist. „Oh, schau!“ sagt der Testleiter, „die Puppe ist kaputt. Kannst Du sie wieder richten?“ Zweijährige reagieren mit Interesse und Anteilnahme. Alle versuchen, der Puppe den Kopf wieder aufzusetzen, manchmal verkehrt oder verdreht, aber sie versuchen es.

Zweijährige entfalten auch ein immer stärkeres Ich-Gefühl.

Sie erkennen ihr Spiegelbild im Spiegel als „Ich“ und nicht als ein anderes Kind. „Ich“ ist natürlich ein Lieblingswort, es wird fast so oft benutzt wie „nein“. Die Bedeutung des „Ich“ kann nicht genug hervorgehoben werden, denn es steht für das wachsende Ich-Gefühl des Kindes, das sich selbst als annehmende und ablehnende, verlangende und wünschende Person erlebt. Des Kleinkinds Entdeckung seines Selbst ist die Wurzel vieler Konflikte mit den Eltern, deren Wünsche nicht immer mit denen des Kindes übereinstimmen.

Kämpfe

Die sogenannte Trotzphase bekam ihren Namen durch die Überbeanspruchung des Wortes „Nein“. „Willst du mit Mammi einkaufen gehen?“ „Nein.“ „Wollen wir jetzt ein kleines Nickerchen machen?“ „Nein.“ Eltern, die solche Fragen stellen, sind selber schuld. Kleinkinder sind ganz groß im Ablehnen der Bitten Erwachsener, besonders wenn sie mit Fragen bedrängt werden, die auf ihr Mittun abzielen. Manche Kleinkinder überlisten scheinbar ihre Eltern, aber das müßte nicht so sein. Es ist klüger, diese Herausforderung der eigenen Autorität und Vernunft zu ignorieren. Kleinkinder meinen ihr „Nein“ nicht wörtlich. Sie meinen es symbolisch – oder wenigstens sollten wir es so verstehen.

Die Herausforderung für Erwachsene besteht darin, die Kleinen abzulenken und miteinzubeziehen, aber sie bloß nicht zu sehr zu reizen. Das hätte nur zur Folge, daß man gegen die aufbrausenden Wutanfälle der Kleinen den kürzeren zieht und enorm viel emotionale Energie verbraucht, die man für die Bewältigung des Alltags benötigt. Es ist doch kein Sieg für einen Erwachsenen, ein Fünfzehn-Kilo-Wesen mit einem unreifen Gehirn zu überwältigen! Manche Eltern sind versucht, ihre Kinder durch Schläge zur Unterwerfung zu zwingen, aber dieses Unterfangen ist auf kurze und auf lange Sicht zum Scheitern verurteilt. Es gibt keinen Grund, es zu einem Kampf kommen zu lassen. Man kann sie einfach überlisten.

Das Gefährlichste an den Kämpfen von Kleinkindern mit

ihren Eltern ist, daß die Baby-Kinder manchmal verprügelt werden. In extremen Fällen werden sie mit kochendem Wasser verbrüht, mit Zigaretten verbrannt oder so schlimm geschlagen, daß sie Knochenbrüche und Gehirnschäden davontragen. Wutentbrannte Eltern glauben, sie würden dem Kind eine Lektion erteilen. In weniger extremen Fällen werden Kleinkinder angeschrien und bekommen ein paar auf den Hintern, ohne daß sie auch nur verstehen könnten warum. Kleinkinder ziehen keine konstruktiven Lehren aus Mißhandlungen durch ihre Eltern, sie lernen dabei nur, wie man in der Gegenwart der Eltern ängstlich kuscht und es später an den Spielkameraden ausläßt.

Ein paar einfache Beispiele für den Umgang mit Kleinkindern

Ihr Kleinkind will nicht mehr vom Spielplatz weg. „Weißt du, wo wir jetzt hingehen? Wir gehen einkaufen, und du bekommst eine große Banane. Hilfst du mir, die Bananen im Geschäft zu finden? Kannst du dich noch erinnern, wo sie letztes Mal waren?“ In der Zwischenzeit ist Ihr Baby-Kind so in das Gespräch verwickelt, daß es gar nicht bemerkt hat, wie es bereits zwei Häuserblöcke weit mit Ihnen mitgegangen ist. Kleinkinder müssen sanft angefaßt werden.

Keine Nudeln zum Mittagessen? Dann vielleicht Quark? Rührei mit Toast? Warum sollte man das Kleinkind nicht selbst entscheiden lassen, was es essen will? Dies ist ein Gebiet, wo man es unter einem großen Angebot gleichwertiger Nahrungsmittel ruhig selbst wählen lassen kann. Warum soll man es zu einem Kampf kommen lassen?

Stellen Sie keine Fragen, auf die Sie nicht wirklich eine Antwort wollen: Fragen Sie es nicht, ob es mitkommt Oma zu besuchen, wenn Sie sein „Nein“ nicht wirklich akzeptieren können. Sagen Sie ihm, daß Sie beide Oma besuchen werden, und daß es dabei etwas Schönes erleben wird. Gibt es aber nichts Verlockendes für das Kind bei diesem Besuch, dann arrangieren Sie eben etwas. Für ein Zweijähriges sollte der Besuch bei der Großmutter kein moralischer Rubikon sein.

Fragen Sie es nicht, ob es baden möchte, wenn Sie wissen, daß es nichts mehr haßt, als gewaschen zu werden. Nehmen Sie es einfach, sagen Sie ihm, daß es Zeit für ein Bad sei, und daß es etwas Besonderes kriegt, womit es im Wasser spielen kann. Ein neues Unterseeboot oder ein Gummientchen können gegen die Aversion Wunder wirken. Wenn es sich aber weiter sträubt, werden Sie es wohl baden müssen und versuchen, dabei ruhig zu bleiben. Es hat keinen Sinn, sich darüber zu ärgern. Vielleicht ist es nicht notwendig, es täglich zu baden? Vielleicht reichen zwei Badetage die Woche und ein paarmal Katzenwäsche zwischendurch?

Die Grundsätze für den Umgang mit Kleinkindern sind: (1) Man nehme sie nicht zu ernst, und versuche (2), sie soviel wie möglich miteinzubeziehen. Sie brauchen nicht zu glauben, daß die Worte, die aus dem kleinen Mund kommen, absichtlich trotzig sind. Wenn Sie das glauben, sind Sie leicht zu verletzen. Warum sollten Sie sich das antun, wo doch Ihr Kind, wie alle anderen, bald in das vernünftigere Vorschulalter kommt? Mit ein wenig Distanz und Nachsicht wären viele Kräche vermeidbar, die das Verhältnis zwischen Eltern und ihren Zweijährigen verderben.

Das Kindergartenalter

Dreijährige

Dreijährige sind genau auf der Kippe zwischen dem Baby und dem Kleinkind. Gewöhnlich beherrschen sie die Sprache gut genug, um ihre Meinung kundzutun und eine Frage nach der anderen zu stellen. Manchmal hören sie sogar zu, wenn man antwortet. Sie lieben es, wenn man ihnen Geschichten vorliest, sie sehen begeistert fern und spielen gerne mit anderen Kindern. Im Umgang mit Erwachsenen sind sie jetzt viel weniger scheu, als sie es seit ihrem neunten Lebensmonat waren. Sie kennen nicht alle Verhaltensregeln der Erwachsenen, aber ihre Fehler sind jetzt nicht so naiv wie vor einem Jahr. Ein Dreijähriges wird nicht mehr die Blumen mitsamt dem Wasser auf den

Boden kippen, um die Vase als Raumschiff benutzen zu können, aber es wird vielleicht die Vase rot bemalen, um sie der Mutter zum Geburtstag zu schenken. Es weiß wenigstens schon, daß es ihr etwas schenken sollte.

Dreijährige werden leicht überschätzt. Vor allem bei den ersten Kindern machen viele den Fehler, von ihnen Riesenfortschritte zu erwarten, sei es beim An- und Ausziehen, Schuhezubinden, Ablesen der Uhrzeit oder Erinnern von Anweisungen. Daß sie ziemlich gut sprechen können, heißt noch lange nicht, daß sie drei Anweisungen in der richtigen Reihenfolge im Kopf behalten können. Sie sind schlicht nicht dazu in der Lage, wie auch der Stanford-Binet Intelligenztest erwiesen hat. Dreijährige sind logischer als Zweijährige. Sie verwenden ununterbrochen die Wendung „warum ... darum". Nach den Maßstäben der Erwachsenen liegen sie mit ihren Schlüssen oft falsch, doch haben die Erwachsenen das Gefühl, es mit einem denkenden Wesen zu tun zu haben. Zweijährige erscheinen mehr wie fühlende Wesen.

Dreijährige werden auch leicht unterschätzt. Eine der führenden Forscherinnen über die Intelligenz von Vorschulkindern, Rochel Gelman von der Universität von Pennsylvania, drückt ihr Erstaunen darüber aus, was kleine Kinder alles über Zahlen und Mengen wissen. Sie hat mit ihren Mitarbeiterinnen nachgewiesen, daß Dreijährige die Grundsätze des Zählens und Schätzens von Mengen beherzigen, auch wenn sie noch keine Erwachsenenausdrücke verwenden (Gelman und Gallistel, 1978; Gelman, 1979).

Nach Gelman gelingt das Zählen, wenn zugleich fünf aufeinander abgestimmte Prinzipien befolgt werden: (1) Das Eins-nach-dem-anderen-Prinzip – jeder Gegenstand in einer Menge darf ausschließlich nur mit einem Wort bezeichnet werden; (2) das Prinzip der gleichbleibenden Ordnung – die verwendeten Bezeichnungen müssen aus einer Liste mit gleichbleibender Ordnung stammen (eins, zwei, drei ..., un, deux, trois ...); (3) das Kardinalprinzip – das letzte Wort der Reihe gibt die Gesamtzahl der Reihe an; (4) das Abstraktionsprinzip – jede Ansammlung von Gegenständen kann gezählt werden, egal, ob es sich um Bälle, Hunde oder Würfel handelt oder um alle drei Dinge auf einmal; und (5) das Prinzip der beliebigen Reihenfolge – die Reihenfolge, in der die Gegenstände bezeichnet werden, ist unbedeutend, solange die anderen Prinzipien befolgt werden.

Das Zählen ist intellektuell viel komplizierter, als wir allgemein annehmen würden! Dennoch befolgen die meisten Dreijährigen diese fünf Prinzipien und können mit Erfolg kleinere Mengen zählen. Sie verwenden vielleicht ihre eigene Liste von Zahlwörtern, wie zum Beispiel *eins, sechs, zehn,* oder *zwei, Ball, Bär,* aber sie benutzen dieselben Wörter in derselben Reihenfolge, um die Gegenstände der Menge zu bezeichnen, ungeachtet deren Anordnung. Das letzte Wort gibt jeweils die Gesamtzahl an, so wie es sein soll, selbst wenn die meisten Erwachsenen dieses Wort nicht verstehen.

Kleine Kinder machen beim Sprechen ziemlich die gleichen Fehler wie beim Zählen: Sie kennen das Prinzip, aber sie wenden es nicht immer korrekt an. Tatsächlich zeigen uns gerade die Fehler, die sie beim Sprechen machen, daß sie die Regeln kennen. Im Deutschen wird die Vergangenheitsform zum Beispiel dadurch gebildet, daß man *te* an den Stamm der Gegenwartsform des Zeitwortes anhängt, aus „schauen" wird „schaute", aus „kochen" wird „kochte". Viele gebräuchliche Zeitwörter im Deutschen sind jedoch unregelmäßig. Die Vergangenheitsform von „gehen" ist „ging", von „tun" ist „tat".

Zweijährige verwenden in ihrem Sprachschatz oft die richtige Form der Vergangenheit. Sie können sagen: „Mama ging zur Arbeit" und „Vati wusch die Teller ab". Etwas größere Kinder, die bisher die richtige Vergangenheitsform gebildet haben, beginnen jetzt damit, unregelmäßige Zeitwörter regelmäßig zu bilden („Mama gehte zur Arbeit" oder „Vati waschte die Teller ab"). Über solche Fehler ärgern sich die Eltern oft, weil sie sich nicht vorstellen können, wo das Kind plötzlich diese unkorrekte Sprechweise herhat.

Fehler dieser Art weisen darauf hin, daß das Kind wichtige *Regeln* der Muttersprache gelernt hat. Es ist viel mehr wert, die Regeln der Vergangenheitsform zu kennen, als jedes Wort einzeln zu lernen, um es dann in den Sprachschatz aufzunehmen. Das Kind macht nur den Fehler, daß es die Regel der Vergangenheitsbildung zu sehr verallgemeinert. Zum Glück werden die Kinder, nachdem sie diese Regeln beherrschen, auch die unregelmäßigen Zeitwörter noch lernen, aber erst im Alter von sechs bis acht Jahren.

Die Pluralbildung zeigt ein ähnliches Muster. Fügt man im Deutschen ein *e* an die Singularform, so hat man die Pluralform – jedenfalls in den meisten Fällen. In der Sprache von kleinen Kindern wimmelt es nur so von „Hause" (statt Häuser), „Fuße" (statt Füsse). Das Korrigieren seitens der Erwachsenen zeigt keine große Wirkung. Die Kinder müssen zuerst einmal – so scheint es – die Regeln beherrschen, dann werden sie die Ausnahmen berücksichtigen.

Neueste Forschungen haben viele intellektuelle Fähigkeiten der Dreijährigen zum Vorschein gebracht. In diesem frühen Alter können Kinder ihre Fähigkeiten jedoch nur auf einen sehr begrenzten Problemkreis anwenden. Ihre Grenzen haben drei Ursachen: sie haben Schwierigkeiten mit komplexeren Problemen, sie sind unfähig, sich über längere Zeit hinweg mit der Lösung eines Problems zu beschäftigen und sie können ihr eigenes Wissen nur schlecht einschätzen. Drei- und Vierjährige können kleine Mengen abzählen, wie zum Beispiel zwei oder drei Gegenstände. Zwanzig oder fünfunddreißig Gegenstände jedoch können sie nicht zählen, das ist einfach zuviel auf einmal. Obwohl sie das Prinzip des Zählens verstehen, können sie nicht lange genug dabeibleiben, um es richtig hinzukriegen.

Ein Teil des Problems beim Zählen großer Mengen kommt also von der zweiten Einschränkung ihrer Fähigkeiten: von mangelnder Konzentration. Kleine Kinder lassen sich leicht ablenken. Bedeutender ist jedoch der Umstand, daß sie sich nicht so gut wie Schulkinder zur Aufmerksamkeit „zwingen" können. Eltern beobachten, daß Dreijährige die „Sesamstraße" eine Stunde lang aufmerksam anschauen können, ohne abzuschweifen, aber wenn sie sie bitten, eine schlampige Spielsachenkiste aufzuräumen, sind sie schon nach dreißig Sekunden nicht mehr bei der Sache. Diese Beobachtung beweist nicht, daß kleine Kinder absichtlich unkooperativ sind. Es beweist vielmehr, daß sie leicht zum Opfer äußerer Reize werden.

Einige Fernsehprogramme werden für Kinder sehr reizvoll gemacht, indem sie kurze, schnellbewegte Folgen, mit ständig wechselnden Episoden zeigen. Die Forschung über die Fernsehgewohnheiten von Kindern zeigt auf, daß dies eine erfolgreiche Methode ist, um ihre Aufmerksamkeit zu erregen. Ob so eine schnellbewegte, hypnotisierende Fernsehkost für kleine Kinder gut ist, wurde in Frage gestellt (Singer und Singer, 1982). Wird dadurch im Kind die Erwartung geweckt, daß seine Aufmerksamkeit von jedem Lernstoff ähnlich gefangengenommen wird, statt daß es lernt, selbst Aufmerksamkeit zu entwickeln? Bücher wechseln ihre Farben und Bilder nicht in Bruchteilen von Sekunden, sie wiederholen auch ihre Wörter nicht schnell hintereinander. Jetzt behaupten manche Experten, daß Fernsehsendungen in langsamerem Tempo, die Kinder Zeit zum Nachdenken lassen, wertvoller seien als die vorbeirasenden Programme, die nur ihre Aufmerksamkeit erhaschen wollen.

Man kann jedoch nicht behaupten, daß kleine Kinder Schwierigkeiten hätten, aufmerksam zu sein. Eine Spielzeugkiste auszuleeren und ordentlich einzuräumen ist weder aufmerksamkeitsheischend noch reizvoll für viele Kinder. Sie spielen lieber mit ein paar Sachen und lassen die anderen herumliegen. Daß sie nicht fähig sind, ihre Aufmerksamkeit unter Kontrolle zu halten, ist eine echte Belastung für sie. Denn obwohl sie ihren Eltern Freude machen möchten, können sie oft einfach nicht lange genug dabeibleiben, um der gestellten Aufgabe gerecht zu werden. In vielen Fällen überschätzen Eltern einfach die Fähigkeiten ihrer Kinder.

Die dritte Einschränkung der Fähigkeiten kleiner Kinder ist ihre mangelhafte Selbsteinschätzung. Sie wissen nicht, was sie wissen und was sie nicht wissen (Flavell et al., 1981). Jahn Flavell bat Vorschulkinder, den Anleitungen zum Bau von Klötzchentürmen zuzuhören. Einige der Anleitungen blieben unvollständig, weil die Person, die sie gab, mittendrin hustete und nieste. Andere waren undurchführbar, weil es unter den Klötzchen, die die Kinder zur Verfügung hatten, keine blauen, rechteckigen Klötzchen gab.

Größere Kinder reagierten darauf, indem sie darum baten, die Anleitungen zu wiederholen, wenn sie von Husten und Niesen unterbrochen worden waren. Sie sagten dem Testleiter, daß die Aufgabe undurchführbar sei, wenn die verlangten Klötzchen nicht zur Verfügung standen. Vorschulkinder hingegen folgten der Anleitung, bis sie nicht mehr weiterkamen und keine Ahnung hatten, was sie als nächstes tun sollten. Sie bemerkten den Haken an der Sache solange nicht, bis sie Schwierigkeiten bekamen. Der Unterschied zwischen den Schulkindern und den Vorschulkindern ist der, daß die Schulkinder sich fragen, was sie wissen und was sie nicht wissen, *bevor* sie eine Sache angehen. Vorschulkinder handeln einfach drauf los, bis sie nicht mehr weiter wissen. Dies zeugt von mangelnder Übersicht über ihr Wissen.

Jeder, der einmal ein Vorhaben mit einem Vorschulkind geplant hat, kann ein Lied davon singen. „Bauen wir doch ein Flugzeug!“ Kaum liegen das erste Stück Holz und ein Pinsel auf der Werkbank, schon will das Kind mit Malen beginnen. Es stört sich nicht daran, daß das Flugzeug zuerst einmal gebaut werden müßte, bevor es angemalt werden kann. Ein Vorschulkind ist voller Tatendrang – ob fertig oder nicht, ich mach’ schon mal!

Vierjährige

Vierjährige sind richtige Kinder, keine Babys mehr. Durchschnittlich kommen sie den Verhaltensnormen und dem Denkvermögen Erwachsener viel näher als die kleineren Kinder. Wenn sie an Kindergartenkinder denken, stellen sich die meisten Leute Vierjährige vor, wie sie im Kreis um die Kindergärtnerin sitzen und ihr mit gespannter Aufmerksamkeit zuhören, während sie ihnen „Wo die wilden Kerle wohnen“ oder „Was tust Du dann“ vorliest; sie denken an Fingermalereien, die noch feucht sind, wenn sie stolz mit nach Hause gebracht werden, oder an Ausflüge in das Museum für begeisterte Dinosaurier-Fans, und an echte Gespräche über Gefühle – alles typische Beschäftigungen von Vierjährigen.

Vierjährige sind unabhängiger und kennen sich in der Welt der größeren Kinder schon besser aus als Dreijährige. Ihre Sprachbeherrschung ist schon sehr gut, mit Ausnahme der oben erwähnten Unregelmäßigkeiten. Sie wissen genau, was sie über sich als Buben oder Mädchen zu denken haben. Und sie sind versessen darauf, mit anderen Kindern zu spielen oder sich formelleren, lehrreichen Aktivitäten zuzuwenden. Eltern und Kindergärtnerinnen lieben die Vierjährigen, denn sie sind für viele Anregungen der Erwachsenen zugänglich und können ihre Aufmerksamkeit besser steuern als Dreijährige. Aber allzu leicht wird die emotionale Reife der Vierjährigen überschätzt. Dann ist man überrascht, daß sie an ihrem ersten Tag im Kindergarten oder im Tageshort einfach losheulen.

Die Logik der Vierjährigen ist in einer mehr offiziellen Weise erwachsen als die von kleineren Kindern. „Wenn ... dann"-Formulierungen werden jetzt schon des öfteren geäußert. „Wenn ich mein Zimmer aufräume, dann gehst du auch mit mir in (hier bitte den neuesten Kino-Hit einsetzen)!" Sie beginnen, einige verschwommene Unterschiede zwischen Wirklichkeit und Phantasie zu durchschauen, von denen sich jüngere Kinder durcheinanderbringen lassen. Die Träume sind jetzt weniger real und erschreckend als sie es bisher waren; das Vierjährige versteht, daß seine Wünsche und Ängste nicht unbedingt wahr werden, daß Gedanken nicht die Kraft haben, etwas Wirklichkeit werden zu lassen.

Mit vier bis fünf können Kinder schon viel besser verstehen, wie die Dinge funktionieren. Ihr Verstehen von Ursache und Wirkung kommt dem Verstehen Erwachsener schon ziemlich nahe, wenn auch noch nicht ganz. Sie fragen sich, was die Maschinen antreibt, warum Flugzeuge fliegen können und warum die Frösche nicht einfach so laufen wie unsereiner. Vierjährige wenden sich mehr der äußeren Welt zu, der

Nachbarschaft, den Freunden, dem Kindergarten, und es interessiert sie weniger, was in den eigenen vier Wänden so vor sich geht. In dem großen Unabhängigkeitsmarathon der Primaten machen sie gerade ihre ersten Aufwärmsprints.

Es ist kein Zufall, daß in den meisten Kulturen dieser Welt die Lehrzeit für das Erwachsenwerden ungefähr im Alter von fünf Jahren beginnt. Mit vier ist man wirklich kein Kleinkind mehr, und mit fünf fängt man an, für strukturierte Lernprogramme, wenn auch nur für ganz einfache, aufnahmefähig zu sein. Großbritannien und andere westeuropäische Länder beginnen den formellen Unterricht, sobald das Kind fünf Jahre alt geworden ist. In vielen deutschen Kindergärten beginnt zu diesem Zeitpunkt ein strukturiertes Vorschulerziehungsprogramm. Für die Mehrheit der amerikanischen Kinder jedoch fängt der Unterricht schon im Alter von vier Jahren an. Die meisten Experten sind sich darin einig, daß Kinder im Alter von vier Jahren reif sind für Gruppenerfahrungen und in begrenztem Umfang auch für formellen Unterricht.

Beziehungen zu Gleichaltrigen entstehen bei Vierjährigen nur versuchsweise. Freundschaften sind oft flüchtig. Eltern brauchen sich nicht zu wundern, wenn ihr Vierjähriges nacheinander verschiedene Freunde beiderlei Geschlechts hat. In diesem Alter leben die Freundschaften der Kinder von der Zeit und den Interessen, die sie miteinander teilen, nicht von einem tieferen, psychologischen Verständnis gegenseitiger Bedürfnisse und Nöte (Berndt, 1981).

Der Geschlechtsunterschied ist im Bewußtsein der Vorschulbuben und -mädchen fest verankert. Sie wissen, wer was ist, und was wie sein soll. Jungs spielen nicht mit Puppen, jedenfalls nicht oft, aber Mädchen schon. Jungs sind stark und mutig, Mädchen nicht, obwohl Buben in diesem Alter körperlich nicht stärker sind als Mädchen. Mädchen überschreiten eher einmal die stereotypen Geschlechtergrenzen und spielen mit Buben, die sie mögen. Nichtsdestotrotz zeichnet sich bei den Vierjährigen bereits die Geschlechtertrennung ab, die in der Grundschule so beherrschend ist. Bereits im Kindergarten spielen Jungs mehr mit Jungs und Mädchen mehr mit Mädchen (Carvey, 1979), wenngleich die Geschlechtergrenze noch öfters von Freundschaften aufgelockert wird, als das in der späteren Kindheit der Fall sein wird.

Auch Vorschulkinder brauchen Erwachsene

Emotional sind die Vier- und Fünfjährigen noch sehr an Erwachsenen orientiert. Erwachsene müssen ihnen Richtlinien setzen, ihnen innige, dauerhafte Beziehungen bieten und in schweren Momenten Trost geben. Es sollte nicht überraschen, daß das Kind den Übergang von der Situation, als es den ganzen Tag bei der Mutter zu Hause sein konnte, zu der Situation, wo es den ganzen Tag mit anderen Kindern zusammen in einem Kindergarten verbringt, als sehr schwierig erleben kann. Und weil kleine Kinder ihre Gefühle nicht weiter reflektieren können, agieren sie ihre Wut und ihren Kummer über solche Veränderungen in ihrem Leben einfach aus.

Glücklicherweise halten solche Gefühle normalerweise nicht sehr lange an – Kinder finden sich schnell in neuen Situationen zurecht und entdecken überall Möglichkeiten für fröhliche Spiele –, aber es ist notwendig für ihr Gefühlsleben, daß Erwachsene rücksichtsvoll auf sie eingehen. Selbst wenn das Kind kein frohes Gesicht macht, wenn es Sie am Ende eines solchen Tages wiedersieht, können Sie trotzdem Ihre Freude darüber ausdrücken, es wiederzusehen. Sie können Verständnis dafür zeigen, was dies für eine einschneidende Veränderung in seinem Leben darstellt und was es dabei wohl fühlen mag. Solches Verständnis und die Zuversicht, daß alles gut werden wird, gibt dem Kind den Mut, den es braucht, um sich der neuen Situation anzupassen. Solches Verständnis und Vertrauen wird ihm zeigen, daß Sie seine Gefühle respektieren, seinen Kummer verstehen und daß Sie sicher sind, daß die Kindergartensituation schließlich zu einer guten Erfahrung werden kann. Auf keinen Fall hat es Sinn, sich zu benehmen, als wäre man durch die zeitweilige Ablehnung des Kindes in seinen eigenen Gefühlen verletzt. Selbst wenn es so wäre, würde es sich auf die Dauer nicht lohnen, auf Grund dieser Gefühle das Kind abzulehnen oder ärgerlich zu sein. Solche Reaktionen verschlechtern nur die Chancen dafür, daß sich das Kind seiner neuen Situation gut anpaßt.

Der Umgang mit Vorschulkindern

Wenn Babys zu Kindern werden, dann bewirkt diese Metamorphose anscheinend auch, daß Eltern sich gesprächigeren, vernünftigeren und unabhängigeren Wesen gegenübersehen. Vorschulkinder machen häufig denselben Fehler, den auch Zweijährige machen, wenn sie ihre Eltern in einer Art und Weise angehen, die diese als Provokation empfinden. Die Vorschulzeit ist die Zeit, in der das Kind versucht, sein eigenes Verhalten in den Griff zu bekommen (Erikson, 1950). Wenn sie schließlich erwachsen werden sollen, dann ist es entscheidend, daß sie lernen, sich selbst unter Kontrolle zu kriegen. Dieser Prozeß beginnt im zweiten Lebensjahr und beschleunigt sich im dritten, vierten und fünften.

Manche Eltern finden Vorschulkinder schrecklich, weil sie ihre Autorität in Frage stellen und weil sie eine dumme Frage nach der anderen stellen – endlos. Vier- und Fünfjährige sind so penetrant neugierig, daß sie ihre Eltern oft bis an den Rand der Verzweiflung treiben. Kann dieses Kind denn *niemals* den Mund halten? Der Ärger der Eltern über diese andauernde Belästigung kann durchaus gewalttätige Ausbrüche heraufbeschwören. Vorschulkinder werden häufig zum Opfer von Kindesmißhandlungen, weil sie nicht über das entsprechende Urteilsvermögen verfügen, um zu entscheiden, wann sie einhalten, sich zurückziehen oder den verärgerten Erwachsenen besänftigen müssen. Sie haben natürlich nicht die Gehirnkapazität, um solche komplexen sozialen Situationen zu beherrschen. Und weil sie das nicht können, werden sie geschlagen oder angeschrien.

Derselbe Rat, der für den Umgang mit Zweijährigen gilt, gilt hier auch für den Umgang mit Vier- und Fünfjährigen, mit der leichten Abwandlung, daß man mit ihnen schon mehr reden kann und sie weniger „behandeln“ muß. Mit einem

Zweijährigen vernünftig zu reden, ist meist eine recht undankbare Aufgabe. Mit einem größeren Vorschulkind kann man indessen durchaus vernünftig reden. Zu erklären, *warum* eine Familienregel so ist, wie sie ist, oder *warum* das Kind beim Arzt eine Spritze kriegen muß, ist bei einem Vorschulkind nicht hoffnungslos. Wenn es vielleicht auch nicht sofort darauf eingeht, so wird die Erklärung auf lange Sicht gesehen dennoch eine Wirkung haben. Zumindest richtet der Erwachsene damit einen vernünftigen Umgangsmodus mit dem Kind ein, der der Beziehung für die restliche Kindheit und die Jugendjahre hindurch noch oft zuträglich sein wird.

Wenn Vorschulkinder auf verbale Erklärungen und Instruktionen für vernünftiges Verhalten nicht reagieren („Bitte steig ins Auto, wir müssen jetzt zu Doktor Meier fahren"; „Du mußt dich jetzt anziehen, damit wir an den Strand fahren können"), dann ist es am besten, man bringt sie mit ruhigen, körperlichen Eingriffen dazu. Die Eltern sollten das Kind hochnehmen und tun, was zu tun ist. Dabei ist es entscheidend, daß sie ihre Ruhe nicht verlieren und nicht die Fassung verlieren, denn dies könnte schlechte Rückwirkungen auf die Eltern-Kind-Beziehung haben.

Es ist ebenso entscheidend, daß kleine Kinder, wenn sie widerwillig sind, keinen Sieg über die Eltern davontragen. Wenn die Eltern wichtige und vernünftige Bitten an das Kind stellen, sollte einem Vorschulkind nicht erlaubt werden, diese Bitten zu mißachten und so davonzukommen. Vorschulkinder sind nicht die besten Hüter ihres eigenen Wohlergehens, und deshalb haben sie Eltern. Eltern, die sich von Wutanfällen und trotzigem Gebrüll einschüchtern lassen, laden sich damit nur noch mehr davon auf. Wohl kaum jemand unter uns genießt es, sein brüllendes Kind in die Arztpraxis zu zerren oder aus dem Supermarkt zu schleppen, aber manchmal kommt man eben nicht darum herum. Kleine Kinder werden kooperativer, wenn ihre Eltern ihnen bestimmt die Gründe für ihre Aufforderungen erklären und sie zum Einhalten vernünftiger Regeln zwingen. Wenn es auch ein paar schlimme Momente gibt, wird die Eltern-Kind-Beziehung dennoch problemloser sein, wenn sie von den Eltern kontrolliert wird und nicht von den Kindern.

In diesem Kapitel habe ich versucht, in Kürze die Eigenheiten von Babys, Kleinkindern und Kindergartenkindern zu beschreiben – was sie verstehen, tun und ausdrücken können und was nicht. Damit wollte ich Eltern vermitteln, was sie in einem vernünftigen Rahmen von ihren kleinen Kindern erwarten können, wenn sie verschiedene Betreuungs-Möglichkeiten in Erwägung ziehen. Ich habe außerdem ein paar wirksame Möglichkeiten des Umgangs mit kleinen Kindern zum besten gegeben, so daß Eltern heftigen Kämpfen mit ihnen aus dem Weg gehen können. Der springende Punkt dabei ist, daß Eltern ihren Kindern oft viel zu viel Absichtlichkeit und Verantwortlichkeit für ihre Taten und Worte zuerkennen. Ich hoffe, daß das Verständnis für die Eigenheiten von Vorschulkindern den Eltern helfen kann, das Benehmen ihrer Kinder nicht allzu genau zu nehmen und ihre eigenen Wege zu finden, gut damit zurechtzukommen.

7. Wie Kinder gut betreut werden – von Müttern und von anderen

Angenommen, Sie verstehen nichts vom Gemüseanbau, würden Sie dann eine Handvoll Samen kaufen, sie auf die Erde streuen und für den Sommer eine Rekordernte erhoffen? Oder würden Sie Gespräche mit erfahrenen Gärtnern führen in der Hoffnung, schnell zum Experten zu werden? Würden Sie Gartenbücher lesen, die in übersichtlich gegliederten Anleitungen darlegen, wie man die Erde vorbereitet, wie man sät und pflanzt, wie man schließlich die Pflanzen pflegt und die Früchte erntet? Bücher haben den Vorteil, daß man in ihnen immer wieder nachschlagen kann, immer wieder sagen sie einem die beste Reihenfolge und zeitliche Abfolge der Schritte, die zum Erfolg führen. Fachmännischer Rat hat den Vorteil, daß er noch zusätzlich Wissen vermittelt. Dort wo ich wohne, ergänzen ansässige Gärtner die Ratschläge der Gartenbücher mit ihrem Wissen über den erfolgreichen Umgang mit schwerem Lehmboden und unvorhersehbar kalten Wintern. Natürlich gibt es auch Gärtner, die zwar viel Erfahrung haben, bei denen aber trotzdem alles nicht so richtig wächst. Nichtsdestotrotz ist es unwahrscheinlich, daß Sie mit Ihrer Gemüsegärtnerei ohne einen dieser beiden Ratgeber Erfolg haben würden.

Junge Eltern sind in einer ähnlichen Situation. Sie wollen, daß sich ihr kleines Baby zu einem richtigen Erwachsenen entwickelt, aber sie wissen oft wenig darüber, wie man Kinder großzieht. Ein Kind erfolgreich großzuziehen, erfordert Kenntnisse über die voraussichtlichen Entwicklungsschritte von der frühen Kindheit bis ins Jugendalter, Kenntnisse über die Persönlichkeit des Kindes und darüber, was es von seinen Eltern braucht. Ein Kind zu kennen heißt, seine jeweiligen Entwicklungsschritte im Denkvermögen, in der Sprache, in der körperlichen Geschicklichkeit und in seiner Persönlichkeit zu verstehen. Damit man ihm angemessene Pflege angedeihen lassen kann, muß man wissen, wie man ihm am besten Erfahrungen vermittelt, die der Entwicklung angemessen und auf die Person des jeweiligen Kindes zugeschnitten sind.

Viele angehende Eltern belegen Kurse, in denen sie lernen, wie sie die bevorstehende Geburt ihres Sprößlings angehen sollen. Solche Kurse informieren werdende Eltern über den gesamten Prozeß der Schwangerschaft und Geburt. Diese Vorbereitungskurse sind eine feine Sache, sie vermitteln schwangeren Frauen und ihren Männern, wie man mit dem Streß einer normalen Geburt gut fertig wird. Ein typischer Geburtsvorbereitungskurs vermittelt auch die Grundsätze der Säuglingspflege – wie man beim Stillen verfährt, wie man die winzigen Nägelchen schneidet, wie man einem Windelausschlag vorbeugt und wie man es verhindert, das Baby bei seinem ersten Bad zu ertränken.

Die gesamte Vorbereitung der werdenden Eltern konzentriert sich auf die Geburt und die ersten Wochen danach. Sodann ist das Baby geboren, es ist gesund und munter, die Geburt ist mehr oder weniger zufriedenstellend verlaufen. Beim

Stillen gibt es keine Probleme, es hat kurze Nägelchen und einen heilen Po, und es ist bei seinem ersten Bad nicht ertrunken. Was nun? Junge Eltern wissen so wenig von der normalen Entwicklung des Säuglings, daß jeder Tag knifflige Entscheidungen abverlangt. Ist es für ein Baby normal, daß es sechs Stunden am Stück schläft, vier Stunden lang wach ist, zwei geschlagene Stunden schreit, erschrickt, wenn ein Auto hupt, ausdauernd Ihr Ohr anstarrt, nur lächelt wenn es schläft, daß es einen Teil dessen, was es getrunken hat, wieder ausspuckt, et cetera, et cetera? Kinderärzte erhalten täglich viele, viele Anrufe von ängstlichen Eltern, die ihr erstes Baby haben. Junge Eltern wissen nicht genug über die normale kindliche Entwicklung. Junge Eltern erkennen deshalb vielleicht auch nicht, wann das Baby echte Entwicklungsprobleme hat. Wenn sie keinen Überblick über die normale Entwicklung haben, wie sollten sie dann wissen, wann sie ruhig bleiben können und wann sie sich wirklich Sorgen machen müssen?

Was gehört zu einer guten Fürsorge?

Das letzte Kapitel befaßt sich mit der wissenschaftlichen Erforschung des Wesens von Babys und Kleinkindern. Dieses Kapitel bezieht sich auf die Versorgung von Säuglingen und kleinen Kindern. Welches sind die Kriterien einer guten Kinderbetreuung, sowohl in bezug auf den gesamten Entwicklungsverlauf als auch auf die unterschiedlichen individuellen Bedürfnisse? Wie können Eltern, sowohl in der eigenen Fürsorge als auch bei der Betreuung durch andere, die sie arrangieren, sicherstellen, daß ihre Kinder gut versorgt werden? Sollten die Eltern Lehrer ihrer Babys und Kleinkinder sein? Haben Eltern, Betreuer und Lehrer verschiedene oder ähnliche Rollen im kindlichen Leben zu spielen?

Erfahrung und Ausbildung der Betreuungspersonen

Oft wird gesagt, daß die Erfahrung der beste Lehrer ist. Was man durch Erfahrung lernt, kann jedoch davon abhängen, was sie einen lehrt. Erfahrung mit Säuglingen und Kleinkindern kann Ihnen helfen, (1) das Wesen des Kindes zu verstehen, (2) das Spektrum normaler individueller Unterschiede zwischen Kindern derselben Altersstufe zu erkennen, (3) die einmalige Konstellation körperlicher, geistiger und persönlicher Eigenheiten Ihres eigenen Kindes zu erfassen, und (4) mehr Zuversicht im Umgang mit Ihrem Säugling und Kleinkind zu bekommen. Die Erfahrung, die einige Eltern mit ihren Kindern machen, scheint sie jedoch Intoleranz gegenüber Kindern und unangemessene Erwartungen gegenüber den Kleinen zu lehren.

Die meisten heutigen Eltern können nicht auf eine jahrelange Erfahrung mit Kleinen zurückblicken, besonders dann nicht, wenn sie das erste Mal Eltern geworden sind. Es kann sein, daß es im Bekanntenkreis ein Baby gibt, aber ihr Kontakt mit diesem Kind beschränkte sich auf kurze Neckereien, bevor es rasch im Bett verschwand. Mit einem Neugeborenen nach ein paar Krankenhaustagen nach Hause zu kommen und keine Schwester mehr zu haben, die man nach diesem und jenem fragen kann, ist eine vollkommen andere Erfahrung, möglicherweise eine ziemlich schwindelerregende. Wie soll man wissen, was zu tun ist, geschweige denn die Zustände und Entwicklungen dieser kleinen Person erfassen können? Die ersten paar Monate im Leben eines Babys können das Selbstvertrauen der Eltern erschüttern, ganz besonders dann, wenn das Baby es schwer hat, sich dem Leben außerhalb des Mutterleibs anzupassen.

Was wissen Sie von sechs Monate alten Babys, von Zweijährigen, von Schulkindern? Ich werde Ihnen nicht sagen, Sie sollten nur Ihren „Instinkten" vertrauen, dann würde schon alles gut werden. Im Gegenteil. Eltern müssen etwas von kindlicher Entwicklung verstehen, damit sie gewährleisten können, daß ihre Kinder vernünftig versorgt werden, während sie aufwachsen.

Wenn die meisten Eltern heutzutage auch nicht viel Erfahrung mit Babys und Kleinkindern haben, so können sie über die Entwicklung und Versorgung der Kinder doch Bücher lesen und Kurse belegen. Die Forschung über Kinderbetreuung zeigt, daß Betreuungspersonen, die mehr über die kindliche Entwicklung gelernt haben, den Babys und Kleinkindern mehr Anregungen bieten und besser ihrer jeweiligen Entwicklungsstufe entsprechend auf sie eingehen. Die meisten Betreuungspersonen sind selbst auch Eltern, folglich hilft diese Weiterbildung den Eltern auch.

Zwei landesweite Studien über Betreuung in Tagesstätten und in Betreuungsfamilien haben kürzlich Kriterien für eine gute Kinderbetreuung zusammengestellt. Forscher verbrachten viele Stunden als Beobachter in Tagesstätten und Haushalten, um beurteilen zu können, welches Verhalten der Betreuungspersonen bei den betreuten Kindern bessere und welches schlechtere Folgen hat. Die ‚National Day Care Study' (Ruopp und Travers, 1982) konzentrierte sich auf Kinderzentren. Das Team untersuchte siebenundsechzig Tagesstätten in drei Städten – Atlanta, Detroit und Seattle –, um sicherzustellen, daß verschiedenartige Betreuungsformen vertreten waren. Unter den Zentren gab es große Unterschiede im Betreuer-Kind-Verhältnis, in den Ausgaben pro Kind, in der Schulung und Erfahrung der Betreuer und in der ethnischen Zusammensetzung der Familien, deren Kinder die Zentren besuchten. Die Forscher maßen die geistige und sprachliche Entwicklung der Kinder und beobachteten ihr soziales Verhalten in den Zentren.

Eine der bedeutendsten Feststellungen betraf die Qualität des Betreuungspersonals. Erzieher mit einer Ausbildung auf dem Gebiet der kindlichen Entwicklung oder Kleinkinderziehung hatten mehr Interaktionen mit den Kindern und auch konstruktivere als andere Erzieher ohne eine solche Ausbildung. Die besser ausgebildeten Erzieher haben den Kindern eher Lob und Trost gespendet, sie mehr gefragt, ihnen mehr Anleitung gegeben, und sie sind mehr auf sie eingegangen als Erzieher mit geringerer Ausbildung. Die tatsächliche Anzahl der formalen Ausbildungsjahre, abgesehen von der direkt kindbezogenen Ausbildung, hat sich auf die Betreuungsweise nicht niedergeschlagen. Nur eine umfangreichere Ausbildung in der Theorie der Kindesentwicklung trug zu einer besseren Betreuungsweise bei. Die Kinder der besser ausgebildeten Erzieher schnitten bei den Sprach- und Intelligenztests besser ab, und sie waren in ihrem sozialen Verhalten besser angepaßt. Jahrelange Erfahrung im Umgang mit Babys und Kleinkindern haben die Betreuungsweise nicht verbessert, ausschließlich die Kenntnisse der kindlichen Entwicklung haben das vollbracht.

Eine begleitende Studie über Betreuung bei Tagesmüttern wurde unlängst abgeschlossen, ist aber noch nicht vollständig ausgewertet worden (Ruopp und Travers, 1982). Es läßt sich jedoch schon erkennen, daß die Ergebnisse denjenigen der Untersuchung von Tageszentren entsprechen. Die Ausbildung der Betreuungspersonen erweist sich als ausschlaggebend dafür, wie es den Kindern in den Betreuungsfamilien geht. Betreuungspersonen mit umfangreicherer Ausbildung in der Theorie der Kindesentwicklung engagierten sich in mehr direkten Interaktionen und lehrreicheren Beschäftigungen mit den Kindern, und die Kinder zeigten höhere Entwicklungsgrade bei den Tests und Beobachtungen.

Fast alle dieser Betreuungspersonen sind Mütter, die in ihrem Haushalt ein paar Kinder betreuen. Viele haben ihre eigenen kleinen Kinder darunter. Kenntnisse von der kindlichen Entwicklung und Kindesbetreuung wirken sich auch positiv auf den Umgang mit den eigenen Kindern aus. Anderweitige Ausbildung schien sich nicht unbedingt hilfreich niederzuschlagen. Ein abgeschlossenes Kunstgeschichtsstudium oder ein Diplom als Bauingenieurin hilft offensichtlich nichts, wenn es um angemessene Kinderbetreuung geht, eine kindesbezogene Ausbildung hingegen schon.

Gruppengröße

Genauso wie es Kindern mit gut ausgebildeten Erziehern besser geht, geht es ihnen auch in kleinen Gruppen besser als in großen Gruppen.

Die Ergebnisse waren relativ eindeutig und gleichbleibend quer durch die Teile der Studie und quer durch die Gruppen. In Gruppen, wo die Gesamtzahl der Kinder klein war, waren die Kinder kooperativer und gingen eher auf die Initiativen von Erwachsenen und anderen Kindern ein, sie ließen sich leichter auf spontane Verbalisierungen und kreative/intellektuelle Aktivitäten ein, sie liefen nicht so oft ziellos umher und blieben seltener Aktivitäten fern als Kinder in größeren Gruppen (Ruopp und Travers, S. 81).

Kleine Gruppen hatten Vorteile gegenüber größeren Gruppen, selbst wenn das Erzieher-Kind-Verhältnis dasselbe war. In einer Gruppe mit fünfzehn Dreijährigen waren die Kinder besser dran, wenn ein Erzieher sich um eine Gruppe von fünf Kindern separat kümmerte, als wenn alle fünfzehn Kinder zusammen von drei Erziehern betreut wurden. (Bei den meisten Menschen sorgt die Natur dafür, daß eine Mutter nicht mehr als drei bis vier Kinder unter fünf Jahren auf einmal hat.) In den größeren Gruppen mit mehr als einem Erwachsenen beschäftigen sich die Erzieher mehr untereinander und mit anderen Dingen als mit den Kindern.

Für Säuglinge und Krabbelkinder war die Gruppengröße genauso wichtig wie für die Kinder über drei, aber ein niedriges Kinder-Belegschafts-Verhältnis versprach auch für die kleineren Kinder eine bessere Entwicklung. Kinder unter drei brauchen mehr Eins-zu-Eins-Interaktionen mit Erwachsenen als größere Kinder. Das Spektrum der Kinder-Belegschafts-Verhältnisse in den Tageszentren umfaßte einige, die für alle Altersgruppen geeignet waren, wie vier zu vier, und einige, die nicht für alle Altersgruppen geeignet waren, wie eins zu zehn. Für Kinder über drei wäre auch ein höheres Kinder-Belegschaft-Verhältnis, wie 7:1, noch in Ordnung, aber für Babys und Krabbelkinder nicht.

Kriterien guter Betreuung

Zusätzlich zur Ausbildung der Betreuungspersonen und kleiner Gruppengröße gibt es noch andere Faktoren, die einen Unterschied in der Kinderbetreuung ausmachen. Sally Provence, Professorin für Kinderheilkunde an der Yale-Universität, behauptet, daß gute Kinderbetreuung sowohl auf Kenntnissen der Kindesentwicklung wie auch auf individueller Beachtung beruht. Obwohl sie sich ausdrücklich auf die Fremdbetreuung bezieht, glaube ich, daß diese Aussage auch innerhalb der Familie Gültigkeit hat.

Sally Provence empfiehlt, daß wir in der Beurteilung der Betreuung von Säuglingen auf zwei Aspekte achten sollten: Auf Erfahrungen, die allgemein geeignet sind, die Entwicklung von Kindern dieser bestimmten Altersgruppe zu fördern, und auf das Beachten der individuell verschiedenen Bedürfnisse der einzelnen Kinder. Was den zweiten Punkt betrifft, müssen Eltern sowie andere Betreuungspersonen sich bewußt sein, daß einige Kinder sich an fast jede Situation anpassen können, während andere speziellere Betreuungsbedingungen brauchen, damit sie sich wohlfühlen und entfalten können. Sie sagt:

> Man mag sich fragen, warum es für die Säuglingsbetreuung wichtig ist, daß Faktoren wie Erbmasse, körperliche Anfälligkeit, Reife und Begabung berücksichtigt werden, da sie auf den ersten Blick nicht eine Sache des Planers oder Leiters einer Tagesstätte sind. Die Relevanz dieser Faktoren anzuerkennen ist jedoch nützlich, denn sie erklären – teilweise –, warum es notwendig ist, die Betreuung individueller zu handhaben. Auf diese Weise werden die Erzieher toleranter gegenüber den verschiedenen Bedürfnissen normaler Säuglinge. Zum Beispiel: Ein Baby, das auf Stimulation sehr sensibel reagiert, schnell aus dem Rhythmus kommt und oft schreit, braucht eine ganz andere Zuwendung als eines, das anpassungsfähiger und weniger empfindlich ist (Provence, 1982, S. 38).

Das empfindliche Baby ist nicht unnormal oder neurotisch, nur einfach anders als das pflegeleichte, das nichts lieber hat, als wenn man es in die Luft wirft und gerade im letzten Moment, bevor es auf den Boden fallen würde, wieder auffängt. Die Dreijährige, die gerne eine Zeit lang mit einem Puzzle oder Büchern alleine ist, sollte nicht dazu gedrängt werden, die ganze Zeit bei lauter Begleitmusik mit der Gruppe herumzumarschieren und Zimbeln und Triangeln zu schlagen. In der Welt der Kinderbetreuung sollten die verschiedenen Bedürfnisse verschiedener Kinder berücksichtigt werden.

Wenn wir jetzt die Kriterien guter Kinderbetreuung untersuchen, werden wir mehrere Listen wünschenswerter Merkmale vor uns haben. Die Listen widersprechen sich nicht, sie beziehen sich auf verschiedene Aspekte guter Betreuung, je nachdem, ob sie ihr Augenmerk auf körperliche, entwicklungsmäßige oder ökonomische Fragen richten. Die meisten Listen sind aufgeführt worden, um wünschenswerte Merkmale einer Tagesbetreuung zu beschreiben, aber sie treffen auf die familiäre Umgebung genauso zu. Das Thema heißt: gute Kinderbetreuung, egal wo.

Aus ihrer Erfahrung als Leiterin einer Tagesstätte für Säuglinge und Kleinkinder listet Sally Provence die Voraussetzungen für eine gute Betreuung von Säuglingen und Kleinkindern auf, die ich hier um der Klarheit willen etwas ausführlicher beschrieben habe:

1. Körperpflege: Füttern, Wickeln, entsprechend der Tagestemperatur an- oder ausziehen, aufs Töpfchen setzen, vor Verletzungen schützen, und so weiter.
2. Kindgerechte Einrichtung: eine Umgebung, in der die Möbel und andere Gegenstände den kindlichen Interessen und Bedürfnissen angemessen sind, wo Kindergartenkinder ihre Mäntel aufhängen und ihre Sachen unterbringen können, und wo Kinder sich zurückziehen können, wenn sie Ruhe brauchen.
3. Verständnis für kindliche Bedürfnisse: ein breites Spektrum gemeinschaftlicher und nicht-gemeinschaftlicher Beschäftigungsmöglichkeiten.
4. Möglichkeiten für das Kind, auf seine Umgebung einzuwirken: Material und Gelegenheit zum Hämmern, Kleben, Färben, Schneiden, Kehren, Verkleiden, Waschen, Bauen, Kneten, Werfen, Stoßen, Mischen, Rühren, Schlagen, Treten, Rennen, Tanzen, Klimpern, Springen, Hüpfen und Spucken. Kleine Kinder brauchen das, um sich erfolgreich und tüchtig zu fühlen.
5. Eine herzliche Atmosphäre: gute Beziehungen zu den Erziehern, die ständig zur Verfügung stehen, herzlich und geduldig sind, gut zuhören und gut erzählen können und sich über die Leistungen des Kindes freuen. Wie mein Lieblingskinderarzt immer sagt: jedes Kind hat Anspruch auf jemanden, der sich mitfreut, wenn es seine ersten Schritte macht oder das erste Mal mit dem Dreirad fährt.
6. Ein sprechendes soziales Gegenüber: ein schrecklicher Begriff dafür, daß Babys und Kinder verständnisvolle Erwachsene brauchen, die mit ihnen reden. Sogar Einjährige lernen schon, wie sich zwei Leute im Gespräch abwechseln: Sie hören zu und erwidern etwas, wenn auch

nicht mit Worten, sie ergreifen die Initiative und warten, daß ihr Gegenüber darauf eingeht. Zwei- und Dreijährige brauchen jede Menge Erfahrung damit, wie man Botschaften übermittelt und anderen zuhört.

7. Erfahrungen mit Beständigkeit und Wiederholung, Abwechslung und Kontrast. Die Welt eines jeden braucht beruhigende Beständigkeit und interessante Abwechslung. Zu viel von ersterem ist langweilig; zu viel von letzterem erzeugt Angst. Auch Babys und Kleinkinder langweilen und fürchten sich durch ein Zuviel von dem einen oder anderen.
8. Spielsachen und andere Dinge zum Spielen müssen der Entwicklungsstufe und den Interessen der Kinder angemessen sein.
9. Ruhige Minuten: Amen.
10. Grenzen, Verbote und erwartete Anpassungsfähigkeit: genauso wie Kinder Gelegenheiten brauchen, sich Ausdruck zu verschaffen, müssen sie auch lernen, wo ihrem Verhalten Grenzen gesetzt sind, damit sie zu akzeptablen Mitgliedern ihrer Gesellschaft werden. Kinder kennen unsere gesellschaftlichen Normen nicht von Geburt an, wir müssen sie ihnen beibringen. Streng zu beachtende Richtlinien für das Verhalten, besonders jene Aspekte davon, die die Sicherheit und die Rechte anderer betreffen, sind wesentlich für jede Art von Kinderbetreuung.

Beachten Sie, daß Sally Provences Liste sowohl Gelegenheiten für soziale Interaktion und Zuwendung als auch für ruhige, stille Erfahrungen mit Spielsachen umfaßt. Sie umfaßt die Beschränkung wilder Tobereien und Gelegenheiten für konstruktive Beschäftigungen. Dem Kind in solcher Betreuung steht es innerhalb gewisser Grenzen frei, seine Umgebung zu erforschen und auf sie einzuwirken, doch ist es nicht gezwungen, in ständigem sozialen Kontakt mit anderen zu sein. Meiner Meinung nach ist das eine vernünftige Aufstellung allgemeiner Richtlinien für Kinderbetreuung.

Staatliche Richtlinien für Kinderbetreuung

Von den 60er Jahren bis Mitte der 80er Jahre haben sich in den USA die Befürworter einer qualitativ anerkannten Kinderbetreuung für eine Aufstellung von Standardnormen für alle staatlich geförderten Betreuungsstellen eingesetzt, ohne Erfolg. 1980 hat sich eine angesehene Gruppe von Erziehungsberatern und Experten für Kindesentwicklung aus mehreren staatlichen Einrichtungen auf eine Reihe von Normen geeinigt, denen aber noch vom Kongreß zugestimmt werden muß. Obwohl es sich um bescheidene Normen handelt, haben Tagesstättengegner die Zustimmung des Kongresses erfolgreich blockiert, sogar wo es um staatliche Tagesstätten für Mütter in Berufsausbildung und für minderbemittelte Familien geht. Die ‚Federal Interagency Day Care Requirements' berufen sich zwar nicht auf ideale Normen für Kindererziehung, basieren aber doch auf wissenschaftlichen Forschungen, wie den vorher beschriebenen. Sie würden viele Einrichtungen dieses Landes verbessern, wenn ihnen zugestimmt würde. Die vorgeschlagenen Bedingungen für angemessene Tagesbetreuung lauten:

1. Ein tägliches Programm von Beschäftigungen, die ihrem jeweiligen Entwicklungsstand entsprechend, die intellektuelle, soziale, emotionale und körperliche Entwicklung der Kinder fördern;
2. Ausgebildete Erzieher mit einer Spezialausbildung in Kinderbetreuung, Gesundheitspflege, Sicherheitsmaßnahmen und Programmplanung des einzelnen Betreuungszentrums oder Haushalts, in dem sie arbeiten;
3. Ausreichende und nahrhafte Mahlzeiten;
4. Maßnahmen, um Eltern über die Gesundheitsvorsorgemaßnahmen ihrer Gemeinde zu unterrichten, und Aufzeichnungen der Impfungen eines jeden betreuten Kindes;
5. Möglichkeiten für Eltern, sich die Aktivitäten der Tagesstätte anzusehen, an der internen Politik teilzunehmen und Zugang zu allen Gutachten über die Tagesstätte;
6. Die folgenden Gruppengrößen und Kinder-Belegschaft-Verhältnisse:

	Alter des Kindes	*Maximale Gruppen-Größe*	*Verhältnis Erz.-Kind*
Für Betreuungszentren	0–2	6	1:3
	2–3	12	1:4
	3–6	16	1:8
Für Betreuungsfamilien	0–2	10	1:5
	2–6	12	1:6

Die staatliche Interagency-Gruppe arbeitete hart und lange daran, den Interessen der Betreuer, besonders derer, die von ihrem Einkommen leben müssen, und den Interessen der betreuten Kinder gleichermaßen gerecht zu werden. Jeder, der realistisch denkt, wird einsehen, daß Kinderbetreuung von ausreichender Qualität sein muß, um gute Resultate für die Kinder zu gewährleisten, und sie muß für die Eltern bezahlbar sein, denen diese Kosten schließlich von ihrem Einkommen abgehen. Falls die Normen zu hoch angesetzt würden, könnte wegen der hohen Kosten die Nachfrage auf Null sinken, oder aber die Betreuungsstellen gingen pleite. Man muß sich besonders vor Augen halten, daß für die Betreuung von Säuglingen und Krabbelkindern in Tagesstätten eine Gruppengröße von bis zu zehn Kindern – mit nur einem Erzieher für fünf Babys – gestattet wurde. Für Betreuungsfamilien werden andere Bedingungen genannt als für Zentren, wo sehr kleine Kinder nicht in einer Gruppe mit mehr als sechs Kindern, mit einem Erzieher für drei Babys, betreut werden dürfen. Wegen der besonderen Kosten der Familienbetreuung verzichtete die Interagency-Gruppe darauf, höhere Normen für die Betreuung in Familien anzusetzen. Denn höhere Normen würden viele existierende Einrichtungen, auf die viele Eltern heute angewiesen sind, vom Markt verschwinden lassen.

Und schließlich müssen die Normen für staatlich geförderte Betreuung dem engen Rahmen staatlicher Finanzhilfe angepaßt werden. Sei's drum. Den von staatlicher Stelle vorgeschlagenen Kriterien für anerkannte Kinderbetreuung wurde niemals zugestimmt, so daß es in der Folge keine gesetzten Normen für die Betreuung gibt, die die Regierung von privaten Einrichtungen kauft. Viele Betreuungszentren und -familien, die unterhalb dieser Normen liegen, erhalten Steuergelder zur Förderung der Betreuung von Kindern, deren Eltern die vollen Kosten der Betreuung nicht selbst tragen können. In manchen Fällen dienen unsere Steuergelder dazu, Kinder wie in einem Lagerhaus aufzubewahren, während ihre Eltern arbeiten, statt daß damit eine Betreuung finanziert würde, die der kindlichen Entwicklung angemessen ist.

Die Betreuung muß auf das Kind abgestimmt sein

Babys und Kleinkinder unterscheiden sich in Gestalt, Größe, Fähigkeiten, Persönlichkeit und Interessen. Warum sollte ein Kind dazu gezwungen werden, in ein fremdes Muster zu passen, solange es sich unter einigermaßen normalen Umständen gut entfalten kann? Ist es wirklich wichtig, ob manche Kinder kontaktfreudiger sind und manche gefühlsbetonter? Manche sprechen nicht viel, und manche sind geistesabwesend. Sie sind einfach so geboren. Während die Eltern das Verhalten ihrer Kinder zu einem gewissen Grad beeinflussen können, ist es doch schon sehr viel schwieriger, die ganze Persönlichkeit und Grundeinstellung selbst eines Einjährigen zu verändern. Die Betreuungssituation, egal ob zu Hause, in der Tagesstätte oder im Kindergarten, sollte den individuellen Unterschieden der Kinder angepaßt sein, nicht umgekehrt.

Feinfühlige Eltern wissen normalerweise, worin diese individuellen Unterschiede bestehen, denn die Familie muß auf die Bedürfnisse seines jüngsten Mitglieds eingehen. Wenn das Baby leicht irritierbar ist und nachts oft aufwacht, haben sich die Eltern auf einige schlaflose Nächte einstellen müssen. Wenn das Baby jede Veränderung in seinem Rhythmus übelnimmt oder Essen, das es nicht kennt, ablehnt, haben sich die Eltern mit dieser Überempfindlichkeit des Babys abfinden müssen.

Babys, die „leicht zu haben“ sind, verlangen ihren Eltern viel weniger ab als die „schwierigen“ (Thomas und Chess, 1977). Schwierige Babys sind reizbar, weisen unbekannte Speisen, Situationen und Menschen zurück und machen furchtbar viel Aufhebens von ihren häufigen Beschwerden. Das Leben mit solchen Babys ist selten das reine Vergnügen, weder im Säuglingsalter noch später als Kleinkinder. Sie tendieren dazu, affektiert und heikel zu sein und sind keine besonders dankbare Aufgabe für ihre Eltern. Einfache Babys lächeln viel, sie sind heiter, anpassungswillig, freundlich und eine lohnenswerte Aufgabe für ihre Eltern. Alle Babys haben ihre heiklen Momente und schwierigen Phasen, wenn sie krank sind oder zahnen. Heikle Momente und Miesepeter-Zeiten genügen nicht, um ein Baby als schwierig einzustufen. Babys, die als schwierig einzustufen sind, sind vielmehr ständig reizbar und überempfindlich.

Wenn Sie ein schwieriges Baby haben, ist es weit besser für das Kind, daß Sie lernen, mit seinem Temperament zu leben. Dagegen anzukämpfen, indem Sie verlangen, daß es sich an Ihre Erwartungen anpaßt, wird nur Konflikte heraufbeschwören, die später zu Problemen in seiner Anpassungsfähigkeit führen können. Alexander Thomas und Stella Chess (1977) stellten fest, daß schwierige Babys in Familien, wo die Eltern ihren Eigenheiten gegenüber tolerant waren, sich gut entwikkelt haben, aber mit Eltern, die gegen ihre Bedürfnisse angekämpft haben, ist es ihnen nicht gutgegangen. Schwierige Babys mit intoleranten Eltern wurden im Kindergartenalter und in den ersten Schuljahren häufig an die psychologischen Beratungsstellen verwiesen, während Babys mit toleranten Eltern dies nicht nötig hatten. Einfache Babys schienen keine besonderen Probleme zu haben, ungeachtet dessen, ob sie tolerante oder intolerante Eltern hatten.

Praktisch gesehen, verlangt die gute Betreuung eines schwierigen Babys oder Kleinkinds von den Eltern besonders viel Geduld und ein gutes Gespür dafür, was wichtig ist und was nicht. Auch sehr heikle Esser können gut genährt sein. Erdnußbutter zum Frühstück, an 365 Tagen im Jahr, entspricht vielleicht nicht Ihrer Vorstellung von gutem Essen, ist aber keine schlechte Ernährung. Kinder müssen nicht Leber, Spargel und Pinienkerne essen, um sich ausreichend zu ernähren. Ein Kind, das laute Geräusche haßt, braucht keine Exkursionen durch Flughäfen, Bahnhöfe und Fabriken für seine Bildung. Manche Leute werden erwachsen, ohne nur ein einziges Mal über einen Raupenschlepper entzückt gewesen zu sein. Ein Kind, das Hunde nicht mag, wird sich zu einem normalen Erwachsenen entwickeln, der Hunde nicht mag. So sei es denn.

Respekt vor der Individualität bedeutet nicht, daß man alles akzeptiert, was das Kind tut. Es gibt ganz klar einige Punkte, wo die Eltern einen festen Stand gegenüber dem Kind einnehmen müssen – Sicherheitsmaßnahmen gehören vor allem dazu. Und Eltern sollten auch an *ein paar* Dingen nicht rütteln lassen, die für sie selbst von Bedeutung sind. Verschiedene Eltern setzen verschiedene Prioritäten. Eine meiner Freundinnen hat zum Beispiel absolut Wert darauf gelegt, daß ihre Kinder morgens beim Anziehen und Frühstücken pünktlich fertig wurden, damit sie sie rechtzeitig in den Kindergarten bringen konnte. Ihr hat es weniger ausgemacht, wenn die Kleider auf den vom Vortag her noch ungemachten Betten herumlagen, wenn Frühstücksreste den Küchenboden zierten und sich die Spielsachen über das Wohnzimmer verteilten, Hauptsache, die Kinder waren rechtzeitig fertig. Meine eigene Priorität galt der Ordentlichkeit, auch wenn es dann fünf Minuten länger dauerte. Meiner Meinung nach hat jede Mutter das Recht, in den Dingen, die ihr am wichtigsten sind, ein gewisses Entgegenkommen von kleinen Kindern zu verlangen. Aber man kann nicht in allen Dingen gleichzeitig gleich hohe Forderungen stellen, sonst macht man sich selbst und die Kinder verrückt. Schwierige Kinder mit geringer Anpassungsfähigkeit sind besonders anfällig für die kränkende Wirkung von zu vielen Forderungen seitens der Eltern.

Wenn Ihr Kind den Sicherheitskindersitz im Auto verachtet und schreit, wenn Sie es hineinsetzen – schade! Nun können Sie entweder vermeiden, es im Auto mitzunehmen, oder Sie hören ihm jedesmal eine Zeitlang beim Schreien zu, aber Sie können es nicht im Auto mitnehmen, ohne daß es im Kindersitz sitzt. Nicht nur, weil das gegen die gesetzlichen Vorschriften wäre, sondern einfach, weil Sie sonst sein Leben in Gefahr bringen würden. Und das ist eine Angelegenheit, wo Sie sich nicht auf das kindliche Beurteilungsvermögen verlassen dürfen. Andererseits: Wenn Ihr Kind zum Beispiel jeden Geschmack, außer den von Erdnußbutter, ablehnt, dann werden Sie vielleicht ein paar schmackhafte neue Rezepte für Erdnußbutter-Broccoli-Soufflé suchen müssen. Versuchen Sie, andere recht beliebte Kindergerichte zu finden, wie Grillhähnchen, bunten Kartoffelsalat mit Ei, Sellerie- und Karottenstifte mit

Quarkdip, Crunchy-Granola-Müsli oder überbackenen Werweiß-was-Toast. Sogar wenn es nicht viel Verschiedenes essen mag, kann man mit einer Auswahl von wenigen reichhaltigen Sachen eine ausgewogene Ernährung erreichen. Sie können vielleicht Erdnußbutter und Karotten mit Pommes frites nicht mehr sehen, während Ihr Kind damit ganz glücklich und auch wohlgenährt ist.

Außerdem – was bleibt Ihnen anderes übrig? Ein Löffelchen Zucker hilft vielleicht, daß die bittere Medizin genommen wird, aber von raffiniertem Zucker in der Nahrung halten heutige Eltern nicht mehr viel. Unsere eigenen Eltern haben uns oft dazu gezwungen zu essen, was auf den Tisch kam, und zwar einen ganzen Teller voll davon. Meiner Meinung nach ist einfach nichts Konstruktives daran, gehaßtes Essen in das Kind hinein zu zwingen oder von ihm zu verlangen, daß es am Tisch sitzen bleibt, bis es den Teller voll grüner Bohnen mit Auflauf (mit seinen unbekannten und sicherlich ekelhaften Zutaten) leergegessen hat. Es wird sich möglicherweise übergeben, mitten auf den Tisch, und Sie werden alles saubermachen müssen. Die nächste Mahlzeit wäre noch traumatischer für Sie beide, und bald hätten Sie ein langwieriges Essensproblem geschaffen. Zumindest hätten Sie dreimal täglich eine Tischschlacht zum Thema: „Wer kann wen wozu bringen?“ Wozu soll das gut sein, wenn das Kind auch mit altbewährten Schnellgerichten zu einer anständigen Ernährung kommt?

Die Schlafenszeit ist ein Alptraum für viele Eltern von schwierigen Kindern. Solche Kinder haben oft ihre eigenen Vorstellungen von passenden Tag- und Nacht-Beschäftigungen. Ein eigensinniges Zweijähriges kann für den Spätfilm im Fernsehen womöglich länger wach bleiben als Sie. Sie müssen morgens zur Arbeit. Ihr Kind geht in die Kindergruppe und schläft. Damit die Eltern nicht ausflippen, ist es wichtig, daß die Kinder irgendeinen vernünftigen Zeitplan einhalten, und sie müssen sich eben unter Umständen noch eine Weile alleine in ihrem Bettchen beschäftigen. Bilderbücher, Spielsachen, Kassettenrekorder und andere ungefährliche Gegenstände im

Kinderbett können Sie entlasten und dem Kind sein Nachteulenleben belassen, ohne daß beide Seiten viel dabei verlieren würden. Wenn es allerdings auch noch Gesellschaft möchte, würde ich ein paar Nächte lang mit Ohropax schlafengehen, bis das Kind begriffen hat, daß ich nicht die ganze Nacht lang mit ihm spielen kann.

Bei der Auswahl der Betreuungsform für ein schwieriges Kind müssen Sie die Betreuungsperson offen über die Eigenheiten Ihres Kindes aufklären. Wenn die Betreuungsperson viele oder alle Bedürfnisse Ihres Kindes nicht akzeptieren kann, dann müssen Sie jemand anderen finden. Es ist unvernünftig, davon auszugehen, daß das Kind plötzlich seine Persönlichkeit verändert, sobald es in die Kindergruppe kommt. Ebenso unvernünftig ist es zu hoffen, daß die neue Betreuungsperson den schwierigen Charakter des Kindes „reparieren" könnte. Schwierige Kinder haben es schwerer, sich an irgendeine neue Situation zu gewöhnen. Neue Erwartungen in bezug auf seine Eß-, Schlaf-, Spiel- und anderen Gewohnheiten wären ihm eine zusätzliche Belastung und würden seine Gewöhnung an einen fremden Betreuer noch mehr verlangsamen. Eine weit bessere Gewöhnung wäre mit einer Betreuungsperson möglich, die Verständnis dafür hat, daß Kinder Individuen sind, manche einfache und manche schwierige.

Eine Betreuungssituation außerhalb der Familie braucht nicht in gleichem Maße wie das Zuhause auf die Eigenheiten des Kindes eingehen und sich ihnen anpassen. Tagesmütter und Erzieherinnen sind schließlich nicht die Eltern. Sie müssen sich um eine ganze Gruppe von Kindern kümmern, sich an irgendeine Form von Ordnung halten und sind dafür verantwortlich, daß es allen ihren Schützlingen gutgeht. Erzieher und Betreuer können nicht parteiisch gegenüber einem Kind sein, sondern sollten sich bemühen, auf die Bedürfnisse eines jeden Kindes einzugehen, und zwar auf eine Weise, die der Gruppe als Ganzes zuträglich ist. Das bedeutet, daß Ihr Kind wahrscheinlich nicht *all* die Aufmerksamkeit bekommt, die Sie ihm zu Hause widmen können. Aber es sollte so viel Aufmerksamkeit für seine individuellen Bedürfnisse bekommen, wie es in der kleinen Gruppe von Babys oder Kindergartenkindern in der Betreuungssituation möglich ist.

Geradeso wie Erzieherinnen und Tagesmütter sich nicht wie Eltern verhalten können, ist es fraglich – und damit beschäftigt sich der nächste Abschnitt –, bis zu welchem Grad Eltern versuchen sollten, eine belehrende Erzieherposition gegenüber ihren Kindern einzunehmen.

Eltern kontra Erzieher

Lilian Katz, eine bekannte Erzieherin für Kleinkinder, stellt die Rollen der Eltern und Erzieher einander gegenüber.

> Es scheint der Druck auf Müttern zu lasten, ihre Kinder zu unterweisen, daß sie besser auf die Einschulung vorbereitet sind ... Auf der anderen Seite hört man nicht selten die Erzieherinnen kleiner Kinder klagen, daß sie den Kindern erst einmal die warme und zärtliche Zuwendung geben müssen, die sie anscheinend brauchen, bevor sie aufnahmebereit für einen Lernstoff werden. Während Mütter oft glauben, daß ihre Kinder höhere akademische Grade erreichen könnten, wenn ihre Erzieher tüchtiger wären, glauben die Erzieher oft, daß ihre eigenen Anstrengungen mehr Erfolg hätten, wenn die Mütter sich den psychosozialen Bedürfnissen ihrer Kinder endlich einmal richtig widmen würden (Katz, 1980, S. 10).

Eltern und Erzieher tragen gegenüber Babys und Kindern *nicht* die gleiche Verantwortung. Eltern werden ihrer Rolle als liebevolle Helfer, als treue Freunde ihres einzelnen Kindes nicht gerecht, wenn sie die gemeinsame Zeit mit Lernstoff füllen. Und eine Erzieherin erfüllt ihre Rolle als unparteiische Vermittlerin der Welt außerhalb der Eltern-Kind-Beziehung nicht, wenn sie ihre ganze Zeit damit verbringt, sich einzelnen Kindern zärtlich und ermutigend zuzuwenden. Selbstverständlich ist der Unterschied zwischen dem *Verhalten* von Eltern und Erziehern um so kleiner, je jünger das Kind ist. Wenn man ein Baby wickelt und es löffelchenweise mit geriebenem Apfel füttert, dann sieht das zu Hause nicht anders aus als in der Tagesstätte. Trotzdem unterscheiden sich die Beziehungen, denn der grenzenlosen Hingabe der Eltern zu ihrem Kind steht die zeitlich begrenzte Verpflichtung der Erzieherin gegenüber. Bei Kindergarten- oder Vorschulkindern ist auch das tatsächliche Verhalten von Eltern und Erziehern verschieden oder sollte es zumindest sein.

Lilian Katz gibt zu, daß Interaktionen mit kleinen Kindern notwendigerweise einen sowohl liebevollen als auch belehrenden Charakter haben, aber sie betont die unterschiedlichen Rollen von Eltern und Erzieherinnen. In der Tabelle sind ihre Gesichtspunkte aufgeführt:

Der Unterschied zwischen mütterlicher Betreuung und Betreuung in der Tagesstätte in ihren grundlegenden Tendenzen, aufgezeigt an sieben Dimensionen

Dimension der Betreuerrolle	*mütterliche Betreuung*	*Betreuung in der Tagesstätte*
1. Spektrum der Funktionen	Diffus & grenzenlos	Spezifisch & begrenzt
2. Intensität der Zuwendung	stark	gering
3. Bindung	optimale Bindung	optimale Loslösung
4. Rationalität	optimal irrational	optimal rational
5. Spontaneität	optimal spontan	optimal vorgeplant
6. Parteilichkeit	parteiisch	unparteiisch
7. Verantwortungsbereich	Individuum	ganze Gruppe

Aus: Katz, L.G. (1980), Contemporary perspectives on the roles of mothers and teachers. In: *Parenthood in a changing society* 8–26. Urbana: ERIC Clearinghouse on Elementary and Early childhood Education, University of Illinois.

Die Verantwortung einer Familie für ihr Kind hat ein grenzenloses Spektrum; es gibt nichts im Leben eines kleinen Kindes, das die Familie nichts angehen würde. Die Rolle der Eltern hat auch etwas Diffuses, sie müssen alle und jegliche Bedürfnisse des Kindes erfüllen. Erzieher und andere Betreuungspersonen tragen bei weitem nicht solche Verantwortung, und wenn sie es versuchen würden, würden die meisten Eltern dies als Übergriff auf ihre legitime Rolle empfinden. Erzieherinnen, die zu enge Beziehungen zu Kindern aufnehmen, werden oft von Kolleginnen und Eltern beschuldigt, damit nur ihre eigenen Bedürfnisse befriedigen zu wollen.

Zärtliche Zuwendung ist ein Bestandteil jeder guten Betreuung von Babys und kleinen Kindern, aber Eltern verbinden besonders intensive zärtliche Bande mit ihren Kindern. Erzieher und Betreuungspersonen haben eine eher beruflich bedingte Beziehung zu ihren kleinen Schützlingen. John und Elizabeth Newson (1976), führende britische Psychologen, vergleichen Eltern- und Erzieherbeziehungen wie folgt:

> Eine gute Eltern-Kind-Beziehung ist tatsächlich sehr verschieden von einer guten Erzieher-Kind-Beziehung; weil jedoch die Rollen bestimmte *Bestandteile* gemeinsam haben, wenn auch in verschiedenem anteilsmäßigem Verhältnis (zum Beispiel Pflege, Disziplinierung, Versorgung mit Informationen), werden sie manchmal von den Beteiligten selbst verwechselt, was bei allen Betroffenen ein Mißverständnis schafft ... (S. 401–402).

Eltern nützen Babys und Kindergartenkindern mehr, wenn sie relativ wenig verlangen und die Versuche des Kindes zu lernen, was andere ihm beizubringen versuchen, unterstützen. Wenn Eltern die lehrende Rolle übernehmen, belastet das oft ihre zärtliche Beziehung schwer. Umgekehrt brauchen Erzieherinnen und andere Betreuungspersonen einen gewissen Abstand, der sie vor starkem emotionalen Engagement für jedes Kind bewahrt. Wenn sie zu jedem Baby und zu jedem Kind eine intensive Bindung entwickeln würden, wären sie schnell „ausgebrannt" (Katz, 1980, S. 14–15). Betreuerinnen von Babys und kleinen Kindern müssen emotional damit fertigwerden, daß ihre Schützlinge häufig wechseln, daß neue dazukommen, vertraute sie verlassen und daß Kinder, wenn sie größer werden, auf andere Betreuungsgruppen oder -formen umsteigen. Anna Freud brachte das Dilemma der Betreuungsperson auf einen Nenner, als sie sagte, daß eine Erzieherin warmherzig genug auf ein Kind eingehen sollte, um seine Bedürfnisse zu befriedigen, ohne sich selbst gefährlich nahe auf die Beziehung einzulassen (1946, S. 232).

Wie Urie Bronfenbrenner, führender Entwicklungspsychologe und Kinderfreund, gesagt hat: Jedes Kind hat Anspruch auf jemanden, der nach ihm verrückt ist. Das ist Elternrolle.

Genauso verdient jedes Kind jemanden, der objektiv beurteilen kann, wie gut es sich entwickelt und wie gut es lernt. Das ist die Rolle der Erzieherin oder Betreuerin. Was Lilian Katz optimale Loslösung nennt, ist dieser Grad an Objektivität, der der Erzieherin oder Betreuerin erlaubt, die Entwicklung und die Lernschritte des Kindes zu beurteilen. Kinder brauchen beide Arten von Beziehungen, denn es sind verschiedene.

Eine Mutter, die Abstand hat, die rational und planend in ihrem Verhalten zum Kind ist, vermittelt dem Kind Kühlheit und mangelnde emotionale Beteiligung. Ich will nicht behaupten, daß Eltern ihre Kinder immer blind verteidigen sollten. Mit Kenntnissen von der kindlichen Entwicklung versteht man sein Kind und seine Probleme und kann ein *besserer Verteidiger* sein. Als informierter Verteidiger seines Kindes kann man die rationalen Bewertungen und zweckorientierten Belehrungen ausgleichen, denen das Kind durch den Rest der Welt ausgesetzt ist. Die hauptsächliche Verantwortung der Erzieherinnen von Kindergarten- und Vorschulkindern besteht andererseits darin, ihren Schützlingen etwas beizubringen, unter Verwendung von Material. Rationalität und Planung sind ihr Rüstzeug. Ein Erzieher oder eine Vorschullehrerin ohne Beschäftigungsprogramme für die Kinder ist wie ein Schauspieler ohne Stück. Nicht so die Eltern. Eine Mutter oder ein Vater mit einem Lehrplan ist wie Cyrano de Bergerac – er drückt seine Liebe durch fremde Worte aus.

Eltern als Lehrer

Befürworter von Baby-Unterricht verwirren Eltern. Sie lassen die Eltern wissen, daß intensive lehrreiche Beschäftigungen notwendig sind, wenn aus dem Kind im Leben etwas werden soll. Wenn es diese frühen Lektionen nicht gelernt habe, sei mit drei alles vorbei, wie Ellen Goodman im 1. Kapitel absichtlich übertreibend bemerkte. Meiner Ansicht nach kann dieser Druck auf die Eltern, daß sie die Lehrer ihrer Babys und Kleinkinder sein sollen, die Eltern-Kind-Beziehung enorm stören. Man braucht nicht einmal etwas gegen die einzelnen

Lernspiele vorzubringen, man braucht sich bloß zu fragen, was die Eltern aufgeben, wenn sie ihre Kontakte zum Baby auf diese Weise strukturieren. Wenn Vater mit dem einjährigen Maxi Klötzchen zählt, würde er dann nicht im Leben des Kindes eine wichtigere Rolle spielen, wenn er sich dabei auf Maxi konzentrierte, statt auf das Zählen? Eltern, denen die Albernheiten und witzigen Überraschungen des Alltags mit ihren Kindern Spaß machen, haben, so glaube ich, eine gesündere Beziehung zu ihnen als jene todernsten Lehrmeister.

Stellen Sie sich einmal vor, Sie kommen nach einem anstrengenden Tag im Büro nach Hause zu Ihrem Ehemann/Freund, der meint, es sei seine primäre Aufgabe, Ihnen etwas beizubringen. Heute abend beginnen wir mit Grafik-Design, damit fahren wir fort bis Mitte nächster Woche. Danach wirst du deine Abendstunden der Kalligraphie widmen, gefolgt von Iris-Zucht, Geologie und den Krankheiten der Bauchspeicheldrüse. Was für eine intime Beziehung soll das denn sein? Nichts gegen gemeinsame Interessen; da genießt man es, miteinander Poker zu spielen oder alte Filme anzuschauen. Das nennt man Erholung. Vielleicht genießen Sie es, zusammen die Vogelkunde zu studieren; das ist ein gemeinsames Interesse, nicht formelles Unterrichten des einen Partners durch den anderen. Innige, liebevolle Beziehungen vertiefen sich normalerweise nicht durch ein Übergewicht schulmäßiger Interaktionen, wo ein Partner Informationen in den anderen hineinstopft und seine Leistungen bewertet.

Und so, denke ich, ist es auch mit Eltern-Kind-Beziehungen. Babys lernen das meiste von dem, was sie wissen, aus den Interaktionen mit ihren Eltern, aber nicht aus denen von der formellen, unterrichtsartigen Sorte. Babys lernen durch spontane, alltägliche Ereignisse – wenn der Briefträger an der Tür steht mit einem Paket, das geöffnet werden muß, wenn der Nachbarshund eine Katze jagt, wenn der Zucker sich im warmen Wasser auflöst, durch eine Bahnfahrt – alles Dinge, die der Interpretation durch Erwachsene bedürfen. Das sind reale Ereignisse, die Babys und kleine Kinder interessieren und beschäftigen. Aus diesem Grunde konzentrieren sich Bilderbücher auf lebensnahe Geschehnisse. Im Gegensatz dazu sind Baby-Lernspiele etwas Künstliches und haben keinen Bezug zu ihrer Realität. Wie kann man einem Einjährigen erklären, warum es sich auf den Unterschied zwischen den Buchstaben aus dem oberen und unteren Setzkasten konzentrieren sollte?

Größere Kindergartenkinder profitieren von gewissen formalen Unterweisungen, denn Drei-, Vier- und Fünfjährige haben einen Verstand, der über ihre eigene unmittelbare Erfahrung hinausreicht. Sie können durch die Gedanken- und Bilderwelt anderer lernen. Die größten Superman- und Astronautenfans sind Vorschulkinder. Ihnen macht es Spaß, ihre Fantasie in den Weltraum fliegen zu lassen, im Spiel eine Safari zu erleben und Schlösser zu bauen. Deshalb sind Vorschulprogramme mit gutem Recht so beliebt.

Dennoch brauchen selbst Eltern von Kindergartenkindern keine Lehrerhaltung anzunehmen. Geschichten vorlesen kann eine beiderseits geliebte Eltern-Kind-Beschäftigung sein. Sie ist für ein Kindergartenkind von großem Nutzen, solange es daran interessiert ist, der Geschichte zuzuhören und über sie zu plaudern. Hat das Kind kein Interesse mehr daran, dann merken die Eltern schnell, daß es sinnlos ist, weiter vorzulesen. Wenn gemeinsame Beschäftigungen von Eltern und Kindern emotional befriedigend sein sollen, setzt dies voraus, daß beide Parteien Lust haben, sich auf diese Weise miteinander zu beschäftigen. Vorschullehrer brauchen keinerlei solche Voraussetzungen. Wenn die Zeit zum Vorlesen herangerückt ist, hören alle Kinder still zu. Informeller Unterricht ist immer angebracht zwischen Eltern und einem wißbegierigen Kind. Formeller Unterricht, der die Motivation des Kindes außer acht läßt, ist dies nicht.

Wozu Baby-Unterricht?

Wofür sollen all diese Baby-Lernspiele wirklich gut sein? Es gibt nichts, was Sie Ihrem Baby mittels großer Anstrengung beibringen können, das es nicht sowieso, ganz natürlich und ohne spezielle Unterweisung, ein paar Monate später lernen würde. Bei Vorschulkindern kann intensives Lesen üben bewirken, daß sie schneller und früher lesen lernen, aber mit zehn wird das Kind nicht flüssiger oder mit mehr Ausdruck lesen als ein gleich intelligentes Kind, das mit sechs oder sieben lesen gelernt hat. In der Zwischenzeit haben die Gourmet-Eltern einen großen Teil ihrer Zeit damit verbracht, dem Kind Lesen beizubringen, anstatt mit ihm auf andere Weise Kontakt zu haben. Eltern zahlen einen hohen Preis dafür, wenn sie Lehrer sind statt Eltern.

Edward Zigler, ehemaliger Direktor des US-Ministeriums für Kindesentwicklung und ausgesprochener Fürsprecher des Kindes, drückte seine Bestürzung über die Baby-Lernspiel-Hysterie so aus:

In Anbetracht der Vorliebe unserer Nation für technische Neuerungen könnte man sich darüber amüsieren, wie Eltern sich auf Bücher und Spielsachen stürzen, die augenblicklich ein Genie versprechen, wenn diese Mentalität nicht so entsetzliche Folgen für die Kinder und das Familienleben gehabt hätte. Die Überbetonung des Geistestrainings hat zu einer verzerrten Sicht der elterlichen Aufgaben geführt. Die Aufgabe der Eltern wurde immer mehr dem Programmieren eines Computers gleichgesetzt. Währenddessen haben wir das Kind als ganze Person, mit einer einmaligen Persönlichkeit, einmaligen Fähigkeiten und Bedürfnissen, aus den Augen verloren. Heute müssen Eltern wieder lernen, daß es ihr Ziel sein sollte, ihren Kindern dabei zu helfen, sich in allen Bereichen optimal zu entwickeln – sozial und emotional ebenso wie intellektuell (Zigler und Cascione, 1980, S. 83).

Weiter sagt Zigler, daß Kinder mehr lernen können, wenn sie mit Töpfen und Pfannen spielen, besonders wenn ihre Eltern dabei mitspielen, als mit den teuren Spielsachen, die ihre Eltern kaufen, in der Hoffnung, den Intelligenzquotienten ihres Kindes anzuheben.

Außerdem ist die Forschung, die angeblich die Wichtigkeit frühen Lernens vertritt, von den Gourmet-Baby-Verfechtern grob mißverstanden worden. Lassen Sie mich das anhand einer Statistik-Parabel demonstrieren.

Haben Sie gewußt, daß die Vereinigten Staaten mehr Bohnenkaffee importieren, wenn die Geburtenrate steigt? Dies ist eine Tatsache. Nun wollen wir einmal versuchen zu erklären, wie es kommt, daß Babys und Kaffeebohnen in der Gunst des Volkes gleichzeitig steigen und fallen. Erstens könnte es sein, daß Kaffeegenuß potentielle Eltern abends lange wach hält, woraufhin sie sich in die Betten verziehen und Babys machen (Kaffeegenuß verursacht Babys). Zweitens könnte es sein, daß Babys ihre Eltern dazu bringen, nachts öfter aufzustehen, wobei diese dann mehr Kaffee trinken (Babys verursachen Kaffeegenuß). Drittens gibt es vielleicht überhaupt keine kausale Verbindung zwischen Babys und Kaffeegenuß. Vielleicht geht es mit ihrem Schicksal auf und ab gemäß den Bewegungen einer ganz anderen ursächlichen Macht. Vielleicht kommen Babys und Kaffeebohnen einfach nur gleichzeitig vor, sind sozusagen Co-Ereignisse. Die Welt ist voll von Co-Ereignissen, die man oftmals Korrelationen (Wechselbeziehungen) nennt.

Wenn wir von Co-Ereignissen zu kausalen Aussagen springen, kann es uns sehr leicht passieren, daß wir dabei in einen logischen Abgrund stürzen. Es sind oftmals andere Faktoren, die die Korrelation solcher Ereignisse verursachen. Die Korrelation zwischen Bohnenkaffee und Babys ist nur eines von solchen Beispielen. Wenn die Wirtschaft blüht, bekommen die Leute mehr Babys, kaufen mehr Bohnenkaffee, Kleidung, Autos, Fernsehgeräte und so fort. Während einer Wirtschaftsflaute neigen die Leute eher dazu, ihren Kinderwunsch aufzuschieben und auf den Luxus des Kaffeegenusses zu verzichten. Die Korrelation zwischen Babys und Bohnenkaffee hat einen viel weitreichenderen, wirtschaftlichen Grund.

Betrachten wir noch ein anderes Beispiel. Wie Sie wissen, haben kluge Eltern in der Regel kluge Kinder. Kluge Eltern sind meistens auch dazu in der Lage, anregendere Kontakte mit ihren Kindern zu pflegen. Helle Eltern gehen meistens verbal mehr auf ihre kleinen Kinder ein als weniger helle Eltern. Weniger kompetente Eltern gehen eher über die Fragen und Kommentare ihrer Kinder hinweg. Folglich schließen Unlogische daraus, daß die Art der Interaktionen von Eltern mit ihren kleinen Kindern die *Ursache* dafür sei, daß die Kinder geistig hell oder träge sind.

Die Baby-Stimulierer haben eine *Korrelation* von intensiven

Lernanleitungen und guter Entwicklung als *kausale* Verbindung mißinterpretiert. Nur weil wir alle beobachten, daß kluge Eltern sowohl helle Kinder haben als auch in stimulierender Weise mit ihnen umgehen, haben wir noch lange kein Recht, daraus zu schließen, daß es die Interaktion ist, die das Kind veranlaßt, helle zu sein. Wir könnten genauso gut daraus schließen, daß helle Kinder stimulierende Interaktionen mit ihren Eltern hervorrufen, weil sie so munter und interessiert sind, und weil es Spaß macht, mit ihnen zu plaudern. Wir könnten auch daraus schließen, daß die Korrelation von elterlichen Interaktionen und kindlicher Intelligenz primär durch einen dritten Faktor bedingt ist – vielleicht durch Vererbung einer hohen oder niedrigen Intelligenz von den Eltern an die Kinder, die zu klugen oder schwerfälligen Interaktionen zwischen ihnen führt.

Weniger kluge Eltern haben weniger kluge Kinder aus genetischen Gründen: Intelligenz als Entwicklungspotential wird von den Eltern auf die Kinder übertragen, als verschlüsselte Information in den Genen. In einer normal stimulierenden Umgebung werden die Kinder intelligenter Eltern meistens eine überdurchschnittliche Intelligenz entwickeln. In derselben normal stimulierenden Umgebung werden die Kinder von weniger klugen Eltern, in der Regel, niedrigere Intelligenzquotienten entwickeln. Sogar innerhalb derselben Familie unterscheiden sich die Geschwister jedoch wesentlich in ihren IQs, weil jedes eine andere Genkombination mitbekommen hat. Erwarten Sie also nicht, daß alle Ihre Kinder Genies werden, egal wer Sie sind und was Sie tun. Denn obwohl es eine *Korrelation* der elterlichen Intelligenz und der Art ihrer Erziehung gibt, können wir nicht daraus schließen, daß solche Interaktionen alle Kinder klug machen.

Tatsächlich zeigen Studien über Adoptivfamilien, daß das Maß dessen, wieviel Kinder von der intellektuellen Stimulation innerhalb ihrer Familie profitieren, mehr von ihrer Lernfähigkeit abhängt als von der Intensität der Lernanleitungen der Eltern. Adoptierte Kinder profitieren von der günstigen Atmosphäre ihrer Adoptivfamilie, aber die Höhe ihrer Intelligenzquotienten hängt mehr von ihrem genetischen Hintergrund ab als von den einzelnen erzieherischen Praktiken der Adoptiveltern (Scarr und Weinbert, 1983; Scarr und McCartney, 1983). Familien, die mit ihren adoptierten Kindern mehr Zeit mit Lernspielen verbringen, bekommen keine klügeren Jugendlichen als Familien mit einer lockereren Einstellung zum Lernen. Aber Adoptivkinder mit klugen biologischen Eltern, von denen sie bei der Geburt zur Adoption freigegeben worden sind, erwiesen sich als klüger als Adoptivkinder mit weniger klugen biologischen Eltern, unabhängig davon, in welcher Art von Adoptivfamilie sie aufwuchsen.

Das Fazit aus diesem Exkurs über Korrelationen, Kausalitäten und Adoptivfamilien ist, daß es keinen Beweis dafür gibt, daß Eltern systematisch vorgehende Lehrer ihrer Kinder sein sollen. Wenn sie einfach sind, wie sie sind, und auf vollkommen normale Art mit ihren Kindern umgehen, gewährleisten Eltern ausreichende Stimulation für die Entwicklung eines jeden normalen Babys. Wenn Ihr Kind keine besonderen Bedürfnisse hat, wie vielleicht im Falle von körperlicher, geistiger oder emotionaler Behinderung, genügt es, wenn es einfach mit Ihnen zusammen ist. Es gibt keinen Beweis dafür, daß detaillierte Lernprogramme für Babys und Kleinkinder auf lange Sicht *irgendeine* Auswirkung auf ihre intellektuelle Entwicklung hätten. Edward Zigler faßt es noch einmal zusammen:

> Es muß Eltern auch zu der Erkenntnis verholfen werden, daß es nicht gänzlich in ihren Händen liegt, die Entwicklung ihrer Kinder zu gestalten, sondern daß ein Kind von der Natur mit seiner Individualität und seinem einzigartigen Potential ausgestattet ist. Man *kann* einem Kind Erfahrungen ermöglichen, die sein volles intellektuelles Wachstum unterstützen. Aber Eltern müssen sich vollkommen klar darüber sein, daß es individuelle Unterschiede unter Kindern gibt, sogar unter Kindern derselben Familie, und daß der Ausschlag, den die kindlichen Erfahrungen geben, zu einem großen Teil von der eigenen Natur des Kindes bestimmt wird (Zigler und Cascione, 1980, S. 83).

Eine gute Kinderversorgung hängt davon ab, wieviel die Eltern und Betreuungspersonen von der Kindesentwicklung verstehen, von der einzigartigen Persönlichkeit und Befähigung eines jeden Kindes, und wieweit sie bereit sind, eine Versorgung zu gewährleisten, die der jeweiligen Entwicklungsstufe angemessen und die auf das jeweilige Kind individuell zugeschnitten ist. Eignen Sie sich also Wissen an, aber bleiben Sie, wer Sie sind. Egal ob Sie mit Ihrem Kind lachen oder ihm ein interessantes Ereignis erklären – genießen Sie die gemeinsame Zeit. Wozu würde man sich sonst Kinder wünschen?

Warum wünscht man sich Kinder?

Bei den Überlegungen, wie man eine gute Betreuung für sein Kind gewährleisten kann, kann es nützlich sein, sich einmal zu fragen, warum man sich Kinder gewünscht hat. Die Antwort kann auf der Hand liegen, oder auch nicht. Heutzutage haben Eltern immer weniger Kinder. Viele gebildete Eltern planen höchstens noch ein Kind. „Kinderfreie" Paare haben kürzlich eine Organisation gegründet, die die Vorteile der Kinderlosigkeit verficht. Durch meinen Kopf tanzen verlokkende Bilder von Wochenenden auf den Bahamas und Restaurants, wo ich jeden Abend essen gehe . . .

Ganz ohne Frage sind Kinder in den 80er Jahren des zwanzigsten Jahrhunderts eine katastrophale ökonomische Last, ein zeitraubender Zeitvertreib und ein Hemmschuh für ein aktives gesellschaftliches Leben. Wie sich erwiesen hat, bringt die Geburt des ersten Kindes den meisten jungen Paaren vermehrt Streßerfahrungen und verminderte eheliche Befriedigung (Belsky, 1979). Eine rationale Abschätzung des Kosten-Gewinn-Verhältnisses, das heute durch Kinder entsteht, ergibt ein fast lachhaftes Übergewicht auf der Kostenseite – wenn man von der emotionalen Befriedigung absieht, die Eltern durch ihre Sprößlinge erleben können. Trotz der hohen Kosten, die die Kindererziehung heute verursacht, haben die meisten Paare, nach Plan oder durch Zufall, immer noch Kinder. Egal mit welcher Methode Sie Ihre Kinder bekommen haben, die Entscheidung dafür bedeutet praktisch eine Verpflichtung auf Lebenszeit. Und um die Bürde der Elternschaft nicht noch zu vergrößern, könnten wir unsere Kinder ebensogut auch genießen.

Diese starken Konflikte wegen des Kosten-Gewinn-Verhältnisses oder den lebenslänglichen Verpflichtungen gegenüber einem einzelnen Kind kennen Betreuungspersonen und Erzieherinnen nicht. Sie können ihre jeweilige Stellung kündigen oder das Kinderbetreuen überhaupt sein lassen. Eltern hingegen haben keine andere Wahl, als mit ihrem Kind bis zu seiner Reife zusammen zu sein. Wenn Sie also nun schon mal ein Kind haben, dann entspannen Sie sich doch lieber, und genießen Sie es. Wenn Sie sich außerdem Kenntnisse über die kindliche Entwicklung angeeignet haben, können Sie es wahrscheinlich sogar noch mehr genießen.

IV. Die Betreuung der Kinder

8. *Wer fürchtet sich vor Fremdbetreuung?*

In unserer Kultur wirkt der Gedanke, daß Babys und Kleinkinder auch außerhalb des engsten Familienkreises glücklich aufwachsen könnten, auf Eltern sowohl abstoßend als auch anziehend. Wir haben gelernt, daß elterliche – soll heißen: mütterliche – Fürsorge für die gesunde emotionale Entwicklung der Kinder unentbehrlich ist. Kollektive oder institutionalisierte Kinderbetreuung ist die Antithese zu dem, was die Mittelschicht über Kinder und Elternschaft denkt.

Nichtsdestotrotz übt die Idee, daß man der geisttötenden Plackerei der Kinderversorgung teilweise entkommen könnte, ohne die optimale Entwicklung des Babys zu gefährden, eine heimliche Faszination auf die meisten Eltern aus. Reiche Familien schaffen es immer irgendwie, um die Kinderversorgung herumzukommen, sie haben Putzfrauen, Kindermädchen, Haushälterinnen, aber in Mittelschichtsfamilien bleibt alles an den Eltern hängen. Für die meisten Eltern liegt die Beschäftigung eines Kindermädchens nicht im Bereich des Möglichen, aber Gemeindeeinrichtungen für die Betreuung der Kinder berufstätiger Eltern sind denkbar, ebenso ein Gemeinwesen, das einen Großteil der Kinderversorgung übernimmt. Eine wesentliche Verlagerung der Kinderversorgung von den Eltern auf andere Personen – selbst wenn es nur während der Arbeitszeit ist –, macht jedoch viele Eltern wirklich sehr nervös.

Institutionalisierte Betreuung kontra Fremdbetreuung

Argumente gegen Kinderbetreuung außerhalb der Familie klingen allzu oft so, als ob es außer „alles oder nichts“ keine

Möglichkeiten gäbe. Als ob, wenn der Damm der totalen Elternbetreuung erst einmal gebrochen ist, das Kind aus den Armen der Eltern geradewegs in das Niemandsland einer unpersönlichen Institution geschwemmt würde. Zwei Dinge werden dabei übersehen: Berufstätige Eltern lassen ihre Kinder nur zeitweise betreuen – sie lassen ihre Babys nicht im Stich –, und Fremdbetreuung ist nicht gleich Institutionalisierung.

Die Gleichsetzung von ‚institutionalisierten Kindern' und Kindern in Tagesbetreuung hat viele Eltern verschreckt. Kinder in Institutionen, von den Eltern im Stich gelassen oder ihnen weggenommen, sind der Gnade der Betreuer ausgeliefert, die manchmal unpersönlich sind und so häufig wechseln, daß die Babys nicht einmal zu einigen eine Bindung entwickeln können. Kinder, die in einer Familie leben und zeitweise fremdbetreut werden, machen eine vollkommen andere Erfahrung, denn sie haben dauerhafte Beziehungen und täglichen Umgang sowohl mit ihren Eltern als auch mit ihren Betreuungspersonen. Dennoch haben manche Experten Säuglinge, die tagsüber betreut werden, mit ‚institutionalisierten' Säuglingen verglichen. Diese Unglücklichen wurden als Beispiel dafür hergenommen, was passieren kann, wenn einem Baby Vollzeit-Bemutterung vorenthalten wird. Wer solche Vergleiche anstellt, mißachtet den Unterschied zwischen schlechter, minderwertiger Betreuung und Teilzeit-Bemutterung.

Um die Auswirkungen der Teilzeit-Bemutterung und die Auswirkungen der minderwertigen Betreuung wieder auseinanderzudividieren, wollen wir einmal geeignetere Beispiele für hochqualifizierte, nicht-mütterliche Betreuung betrachten – Kindererziehung in Kommunen. Wie schneiden die Kinder dabei ab? Kollektiv erzogene Kinder sind in den Vereinigten Staaten selten, doch es gab, hier und anderswo, Beispiele von Gemeinschaften, die aus ideologischen Gründen Mütter von der primären Kinderversorgung befreit haben. Im nächsten Kapitel werden wir realistische Alternativformen der Kinderbetreuung und ihre Vor- und Nachteile für Kinder verschiedener Altersstufen und Temperamente betrachten. In diesem Kapitel wollen wir uns eine extreme Form nicht-mütterlicher

Versorung und ihre Auswirkung auf Kinder anschauen. Ist es schädlich, wenn man sein Baby oder Kleinkind einer Gemeinschaftserziehung überläßt, wo die primäre Verantwortung anderen übertragen wird, auch wenn sie liebevolle, anregende Betreuung gewährleistet?

Niemands-Kinder

Ungefähr ab 1850 wurden amerikanische Kinder, deren Familien sich nicht um sie kümmern konnten, oftmals in Institutionen untergebracht, die man Waisenhäuser oder Kinderheime nannte. Zu dieser Zeit betrachteten die Betreuungspersonen in Kindereinrichtungen es als ihre Hauptaufgabe, ihre Schützlinge sauber, satt und fromm zu halten. Säuglinge füllten zu Hunderttausenden die Waisenhäuser, wo sie aus Mangel an menschlichem Kontakt dahinvegetierten. Dutzende von Bettchen säumten die Wände von dutzenden Zimmern. In jedem Bettchen lag ein einsames Baby und starrte apathisch an die weiße Decke. Einige der besseren Institutionen beschlossen, um der Sauberkeit willen die Innenwände der Gitterbettchen mit weißem Stoff auszuschlagen – und schränkten damit die visuellen Erfahrungsmöglichkeiten der Säuglinge noch mehr ein. Selten wurden die Kinder hochgenommen, kaum jemals spielte jemand mit ihnen, und dementsprechend blieben sie in ihrer Entwicklung zurück.

Wie ich in diesem Buch immer wieder betont habe, brauchen kleine Kinder den anregenden Kontakt mit vertrauten Erwachsenen, die in liebevoller Weise mit ihnen umgehen. Michael Rutter (1982) faßte die Literatur über „Mutter"-Entzug in der Überzeugung zusammen, die ich teile, daß es der Entzug menschlichen Kontakts war, nicht der Mutter per se, der eine solch armselige emotionale, motorische und geistige Entwicklung der hospitalisierten Kinder bewirkte.

Dessenungeachtet wurde die Forschung über institutionalisierte Kinder von den Verfechtern der ausschließlich mütterlichen Betreuung zur Abschreckung benutzt, damit die Mütter zu Hause blieben und sich ganztags ihren Babys widmeten.

Obwohl es reichlich gegensätzliche Forschungsergebnisse gibt, macht sich diese Abschreckung in den Köpfen derjenigen noch bemerkbar, die den Unterschied zwischen der Situation, wo kleine Kinder ausschließlich in Institutionen versorgt werden, womöglich von Betreuern, die keinerlei Anregungen geben, und der Situation, wo Kinder in einer freundlichen Familie oder Gemeinschaftseinrichtung betreut werden und zusätzlich noch hingebungsvolle Eltern haben, nicht verstehen (oder nicht verstehen wollen).

Kinderheime

Kinderheime riechen fast ein bißchen nach Institutionen. Das bedeutet, daß das Kind nur gerade körperlich versorgt wird und keine wirkliche Stimulation oder Liebe bekommt. Manche Tagesstätten in Amerika funktionieren in dieser Weise, vor allem, wenn zu viele Babys und Kleinkinder auf eine Betreuungsperson kommen, so daß sie nicht anders versorgt werden können. Können Sie sich vorstellen, wie es wäre, wenn Sie sich gleichzeitig um zwölf Babys und Kinder unter zwei Jahren kümmern möchten? Stellen Sie sich vor, Sie müßten ihnen Mittagessen kochen, sie auf den Schoß nehmen, um ihnen das Fläschchen zu geben, und sie wickeln. Da bliebe keine Zeit zum Plaudern, Singen und Spielen.

Wenn ein Kinderheim die einzig bezahlbare oder verfügbare Möglichkeit ist, vergeht ein großer Teil des Tages ungenutzt für das Kind, es lernt nichts über Menschen oder über seine Umwelt – eine arge Verschwendung der wertvollen Zeit des Babys. In den heutigen Kinderheimen fehlt den Kindern zwar tagsüber Stimulation, aber sie haben Eltern, die sie nach der Arbeit abholen und an Abenden, Wochenenden und arbeitsfreien Tagen mit ihnen zusammen sind. Heutzutage sollten Babys nicht ausschließlich in Kinderheimen leben. Es ist ein Schandfleck unserer Kultur, daß wir nicht für alle unsere Kinder eine Betreuung gewährleisten, die ihrer Entwicklung förderlich ist. Jedoch sind selbst die Kinder in Kinderheimen nicht institutionalisiert wie in früheren Zeiten.

In den vergangenen zwei Jahrhunderten wurde durch verschiedene ideologische Gruppen immer wieder die Idee vertreten, daß Kinder nicht ausschließlich zu ihren biologischen Eltern gehören müßten. Solche Gruppen hofften, daß Kinder, die von liebevollen Bezugspersonen, nicht von den Eltern, kollektiv großgezogen wurden, weniger Persönlichkeitsprobleme hätten als Kinder, die primär bei ihren Eltern aufwachsen. Es wurde angenommen, daß auch die Eltern davon profitieren, wenn sie ihre Erziehungspflichten mit der Gemeinschaft teilen. So wurden also Formen kollektiver Kindererziehung viele Male unabhängig voneinander erfunden.

Aus den politischen Unruhen im Europa des neunzehnten Jahrhunderts gingen mehrere dauerhafte experimentelle Gemeinschaftsformen hervor, wie zum Beispiel die Hutterianer, die Bruderhof- und die Amana-Gemeinschaft. Nach dem Ersten Weltkrieg traten auch andere ideologische Gemeinschaften auf, viele waren kurzlebig, aber mehrere bestehen erfolgreich bis in die heutige Zeit. Ein gutes Beispiel für erfolgreiches Zusammenleben in Gemeinschaften sind die Kibbuzim, die in der ersten Hälfte unseres Jahrhunderts in Palästina gegründet wurden, sowie die Bruderhof-Gemeinschaften im Osten der Vereinigten Staaten. Während der sozialen Revolution der 60er und der frühen 70er Jahre bildeten junge Leute an beiden Küsten der Vereinigten Staaten solche Gemeinschaften. Manche davon waren lockere Zusammenschlüsse von Hasch-Rauchern, andere hingegen waren seriöse Nachbildungen der älteren, ideologisch motivierten Gemeinschaften. Eine solche Nachbildung ist Twin Oaks in Virginia (Komar, 1983).

Wegen der in unserer Kultur traditionellen Betonung der Mutter-Kind-Beziehung in den ersten Lebensjahren ist die Forschung über kollektiv erzogene Kinder – für die Debatte über die Bedeutung der Mutter als besondere Bezugsperson – besonders relevant. Freudianer prophezeiten, daß gemeinschaftlich erzogene Kinder emotional verarmen würden. Das

Fehlen einer ausschließlichen Bindung zur Mutter, oder wenigstens intensiver Beziehungen zu den eigenen Eltern, müßte zu einem oberflächlichen Gefühlsleben führen. Schlimmstenfalls würden solche Kinder kein Vertrauen zu anderen Menschen entwickeln können. Bestenfalls würden sie emotional kühl und gleichgültig werden.

Der „Mutter-Entzug" der kollektiv erzogenen Kinder sollte angeblich häufigere seelisch-geistige Störungen, mehr emotionale Unreife, schwächere Identifikation mit Eltern und übermäßiges Vertrauen zu Gleichaltrigen nach sich ziehen (Beit-Hallahmi und Rabin, 1977). Kollektive Erziehung, wie liebevoll auch immer, stand in dem Verdacht, sie lasse es darauf ankommen, was aus den Kindern würde – irgend etwas zwischen den glücklichen Gören der traditionellen Familien mit Vater und Vollzeit-Mutter und bedauernswerten Waisen (Goldfarb, 1943, 1955; Spitz, 1945).

Die Befreiung von Eltern und Kindern

Utopiegemeinschaften versuchen ihre Ideale meistens dadurch zu verwirklichen, daß sie die Rechte und die Verantwortung abschwächen, die die einzelnen Eltern in bezug auf die Kinder innehaben. Geteilte Verantwortung für die Kindererziehung soll Frauen aus konventionellen Familienbanden lösen. Frauen sollen von ihrem Ehemann ökonomisch unabhängig und von der unablässigen Kinderversorgung frei sein. Kinder müssen ebenso aus den emotionalen Banden der Kernfamilie befreit werden, indem ihnen die Liebe der größeren Gemeinschaft zuteil wird.

Da die Mitgliedschaft freiwillig ist, kann damit gerechnet werden, daß alle Mitglieder der Gemeinschaft die gemeinsamen Glaubenssätze vom gemeinsamen Leben teilen. Eltern in Interessengemeinschaften, die die Kinderbetreuung teilen, haben nicht das Gefühl, daß sie ihre Kinder vernachlässigen, und sie tun es auch nicht. In ideologischen Gemeinschaften werden die Kinder gut versorgt, denn als zukünftige Generation gelten sie etwas. Nur wird ihre Versorgung nicht in erster Linie von den Eltern geleistet, oder von irgendeiner anderen Einzelperson, die sich konstant um sie kümmert, bis sie groß sind. Und auch die Kinder fühlen sich nicht vernachlässigt, denn wie Eltern und Kinder ihre Erziehungssituation einschätzen, hängt sehr davon ab, wie diese von der größeren Gemeinschaft bewertet wird.

Wie die Kinder einer Interessengemeinschaft es empfinden, wenn sie ein paar Stunden am Tag bei ihren Eltern zu Besuch sind und ansonsten in einem Kinderhaus wohnen, muß sich zwangsläufig davon unterscheiden, wie Kinder in der normalen Gesellschaft sich fühlen, die zum Beispiel bei Pflegeeltern sind, weil ihre Eltern mit den Anforderungen der Kindererziehung nicht fertig werden. Die eigenen Eltern der Pflegekinder haben als Eltern versagt. Auch wenn die Pflegefamilie liebevolle und gute Betreuung gewährleistet, wissen die Kinder doch, daß ihre wirklichen Eltern unzulänglich sind. Wie diese Situation von der normalen Gesellschaft bewertet wird, ist vollkommen verschieden von der Bewertung der kollektiven Kinderbetreuung in Interessengemeinschaften, und dementsprechend leiden Pflegekinder darunter.

Kibbuz-Kinder

Wir werden nun die Kindererziehung in Interessengemeinschaften einmal eingehender betrachten, beginnend mit den vielen Studien über die Kibbuzim, den erfolgreichen Kommunen in Israel. Die kollektive Besiedlung Palästinas begann 1910 und erlebte ab 1920 ihren Höhepunkt durch eine Flut europäischer Auswanderer. Kibbuzim sind nicht nur ökonomische Einrichtungen, die dafür geschaffen sind, die Wüste fruchtbar zu machen. Vielmehr streben die Kibbuzim danach, das Ideal des ökonomischen Kollektivs und der sozialen Gleichheit von Männern und Frauen zu verwirklichen. Männer und Frauen verteilen ihre Aufgaben deshalb nach dem Rotationsprinzip, einschließlich derjenigen Aufgaben, die in Europa und in den Vereinigten Staaten normalerweise ausschließlich Männern oder Frauen zugeteilt werden.

Um Frauen von der ausschließlichen Verantwortung für die Kinder zu befreien, errichteten die Kibbuzim Kinderhäuser mit professionellen Betreuern. Von Vätern wird erwartet, daß sie sich im gleichen Ausmaß wie die Mütter als Eltern engagieren. Die Begründer der Kibbuz-Bewegung beabsichtigten, „die traditionelle Familienform der Bourgeoisie abzuschaffen, die, mit ihren engen Mutter-Kind-Banden, als eine Brutstätte des Egoismus und Individualismus angesehen wurde" (Beit-Hallahmi und Rabin, 1977, S. 533). Obwohl sie nicht alle ihre Ideale verwirklichen konnten – tatsächlich haben sie in den vergangenen zehn Jahren viele ihrer früheren sozialistischen Ideale umgestoßen –, sind die Kibbuzim ein Beispiel für erfolgreiche kollektive Kindererziehung (Beit-Hallahmi und Rabin, 1977).

Der typische Kibbuz hat etwa 500 Einwohner, einschließlich der Kinder und einiger Jugendgruppen in Ausbildung. Manche umfassen sogar 2000 Einwohner. Sie sind als Dorf, mit einer bemerkenswerten Demokratie, organisiert. Alle Mitglieder leisten ihren Arbeitsanteil in der zentralen Küche und im Speisesaal. Diese bilden das Zentrum des gemeinsamen Lebens im Kibbuz, denn Familien kochen nicht für sich selbst. Die Erwachsenen essen dreimal täglich zusammen, die Kinder essen in ihren eigenen Räumlichkeiten.

Das Familienleben im Kibbuz ist sehr verschieden von dem in europäischen und amerikanischen Familien. Die Familien bilden keine ökonomische Einheiten, und sie tragen nicht die ausschließliche Verantwortung für die Sozialisierung und Beaufsichtigung ihrer Kinder. Dies zeugt von einem Prinzip des Kibbuz-Lebens: die Befreiung der Frauen und Kinder aus der Unterdrückung in der traditionellen Familie, welche von den Kibbuz-Begründern als vollkommen unbefriedigend angesehen wurde (Beit-Hallahmi und Rabin, 1977, S. 7). Die emotionale Versklavung von Kindern durch Exklusiv-Eltern, und die Versklavung der Frauen im Haus sollte durch die Bildung egalitärer Gemeinschaften mit kollektiver Kindererziehung abgeschafft werden.

In den ersten Lebensmonaten eines Babys verbringt die

Mutter normalerweise einen großen Teil der Zeit mit ihrem Kind im Säuglingshaus. Sie wird dazu ermuntert, es nach Bedarf zu stillen, also muß sie während der ersten sechs Lebenswochen des Kindes zur Verfügung stehen. Auch Mütter, die nicht stillen, nehmen sich in den ersten sechs Wochen vollständig ihrer Babys an, denn es wird nicht von ihnen erwartet, daß sie vor Ablauf dieser Zeitspanne an ihren Arbeitsplatz zurückkehren.

Ungefähr ab der sechsten Woche bis zum vierten Monat arbeitet die Mutter halbtags. Jetzt steht sie dem Kind täglich ungefähr vier Stunden zur Verfügung, füttert und wickelt es, und spielt mit ihm. Nachts wird der Säugling von der Kinderschwester seiner Gruppe versorgt. Von dieser Zeit an bis zum Ende des ersten Jahres bleiben die Mütter beständig an der täglichen Betreuung ihres Babys beteiligt. Aber die Schwester und ihre Assistentin, die einer regulären Gruppe von vier bis sechs Kindern zugeordnet sind, sind für sein Wohlbefinden da. Sie kümmern sich um seine körperliche Gesundheit und achten auf jedes Problem.

In den traditionellen Kibbuzim sind Eltern mit ihren Babys ungefähr zwei Stunden am Spätnachmittag zusammen, normalerweise in ihrer eigenen Wohnung. Dann sind auch die Geschwister da und spielen mit dem Baby. Die Eltern können während dieser Familienzeiten ihre Aufmerksamkeit ihren Kindern ungeteilt zuwenden, denn in dieser Zeit werden sie nicht zusätzlich von Haushaltsarbeiten in Anspruch genommen. Kibbuz-Eltern verbringen ungefähr genauso viel Zeit in direkter Interaktion mit ihren Kindern wie typische amerikanische Eltern, die sich auch noch um Mahlzeiten, Wäsche, Putzen und dergleichen kümmern müssen.

Im Säuglingshaus bleiben die Kinder ungefähr, bis sie fünfzehn Monate alt sind, dann ziehen sie um ins Kleinkinderhaus. Ihre Säuglingsschwester kommt mit und bleibt für die nächsten drei Jahre bei ihnen. Das Kleinkinderhaus hat viele Spieleinrichtungen, Schlafzimmer für jeweils vier bis sechs Kinder und ein Eßzimmer. Im Kleinkinderhaus übernimmt die Schwester die primäre Verantwortung für ihre Schützlinge.

Die Eltern übernehmen allmählich weniger Verantwortung für ihre Kinder, obwohl sie sie täglich zu Besuch zu sich nach Hause holen. Die Schwester übernimmt die Sauberkeitserziehung, sie bringt ihnen bei, selbst zu essen, sich selbst an- und auszuziehen und alles andere, was Kleinkinder so können. In den meisten Kibbuzim bringen die Eltern ihre Kinder abends im Kleinkinderhaus zu Bett, in manchen anderen übernimmt das die Schwester. Das Kleinkinderhaus hat außerdem eine Nachtschwester, die dafür sorgt, daß alle gut aufgehoben sind, und versucht, diejenigen zu trösten, die nachts aufwachen.

Mit etwa fünf Jahren werden drei Kleinkindergruppen zu einer Gruppe von achtzehn Kindergartenkindern zusammengefaßt, die für die nächsten zwei bis drei Jahre zusammenbleiben wird. Jetzt übernehmen zwei Vorschulerzieherinnen die tägliche Betreuung, die sowohl einen gewissen formalen Gruppenunterricht umfaßt als auch individuelle Beschäftigungen. Der Kindergarten ist in einem eigenen Haus untergebracht, mit Schlafzimmern für jeweils vier oder fünf Kinder, Spielzimmer, einem kleinen Garten und Gehege für Haustiere. Die Erzieherinnen sind nun deutlich die ausschlaggebenden Sozialisierungshelfer im Leben der Kinder.

Während der gesamten Zeit, in der ihre Kinder aufwachsen, haben die Eltern sie täglich zu Besuch. Die meisten Eltern richten in ihrer Wohnung eine Ecke oder einen Schrank für die Kinder ein, damit diese ein paar von ihren Sachen bei ihnen lassen können. Die meisten Spielsachen und Kleidungsstücke haben die Kinder in ihren eigenen Zimmern im Kinderhaus. Nach Rabin (1965) beginnen sich die Eltern ungefähr zur selben Zeit darüber zu beklagen, daß ihre Kinder mehr an Kontakten zu Gleichaltrigen interessiert sind als an Familienaktivitäten, zu der auch amerikanische Familien diesen Wandel bemerken – nämlich wenn die Kinder ungefähr sieben oder acht Jahre alt sind.

Wenn die Kinder sieben Jahre alt sind, bilden sie neue Gruppen, die für die nächsten elf Jahre, beziehungsweise bis zum Schulabschluß, in gleicher Besetzung bestehenbleiben werden. Die Kinder teilen zu dritt oder viert ein Zimmer, setzen sich für Gespräche und Diskussionen zusammen, feiern Geburtstage zusammen und bilden also eine kooperative Gemeinschaft, die zusammen arbeitet, schläft, ißt und spielt. Normalerweise bewirtschaften die Kinder eine eigene kleine Farm mit Feldern und Tieren, für die sie die Verantwortung tragen. Diese koedukativen Gruppen leben ihre ganze Jugendzeit hindurch zusammen. Das schockiert Gymnasiasteneltern der 80er Jahre weit weniger als Eltern der 60er Jahre.

Die Eltern von größeren Kindern und Jugendlichen zeigen gewöhnlich Interesse an ihnen, treffen sich täglich mit ihnen und verbringen die wichtigsten Feiertage mit ihnen zusammen. Mit Ausnahme des intensiven Mutter-Säugling Kontakts während der Stillzeit haben Väter dieselben Kontaktmuster mit ihren Kindern wie Mütter – sie sehen sie nach der Arbeit und an Ruhetagen. Der Umstand, daß die Kinder mit einer gleichbleibenden Gruppe Gleichaltriger unter der Aufsicht von Schwestern und Erziehern leben, reduziert jedoch die elterliche Macht.

Als Zusammenfassung der psychologischen Besonderheiten der kollektiven Kindererziehung im Kibbuz bringen Beit-Hallahmi und Rabin (1977) folgendes vor:

Die Anzahl von anderen wichtigen Personen, die mit dem Kind in Interaktion stehen, ist höher als in der traditionellen Familie, aber die Beziehungen mit einigen dieser Personen sind nicht von ausschließlicher und kontinuierlicher Art. Die *Metapelet* (Betreuungsperson) betreut eine Gruppe von Kindern und wird während der Kindheit wahrscheinlich mehrere Male wechseln. In der Säuglings- und Kindergruppe ist das Kind einer uniformen, weniger persönlichen Behandlung ausgesetzt, und seine Bedürfnisse werden weniger unmittelbar erfüllt als in der traditionellen Familie. Wir könnten sagen, daß das Kind im Kibbuz in zwei Welten lebt: die eine ist seine Familieneinheit, wo es einen Teil seiner Zeit in kontinuierlichen, ausschließlichen und persönlichen Interaktionen verbringt, und die andere ist das Kinderhaus, wo Interaktionen mit Erwachsenen unbeständig, nicht-ausschließlich und weniger persönlich sind. ...

Vom psychologischen Standpunkt aus von großer Bedeutung, ist das Vorhandensein von mehreren Bezugspersonen in einem sehr frühen Stadium der kindlichen Entwicklung. Diese Eigenheit und besonders der beschränkte Kontakt zur Mutter hat mehrere Fragen über mögliche Folgen aufkommen lassen. Sollte multiple Betreuung als eine Art Mutter-Entzug betrachtet werden oder als Mutter-Ersatz oder als multiple Bemutterung? Auf der Grundlage der verfügbaren Forschung ... können wir zu dem Schluß kommen, daß die letzte Bezeichnung am ehesten zutrifft (S. 534).

Die Sozialwissenschaft blickt auf den Kibbuz

Während der Hochblüte der Psychoanalyse trieb das Konzept und die Praxis der kollektiven Kinderbetreuung manche Experten fast zur Hysterie. Theoretisch *mußte* es die Persönlichkeitsentwicklung in die Katastrophe führen, wenn sich mehrere Erwachsene, wie liebevoll auch immer, die Erziehung teilten. Mehrere Experten reisten tatsächlich kurz einmal nach Israel, um zu „beobachten". Die Betrachter waren schockiert vom Anblick, der sich ihnen bot (zum Beispiel Bettelheim, 1969).

Beobachter, die an die ausschließliche Bemutterung und die Bedeutung der frühesten Erfahrungen glaubten, bemerkten Anzeichen von Mutter-Entzug unter den Säuglingen und Kleinkindern. Von Säuglingen wurde gesagt, sie seien teilnahmslos. Von kleinen Kindern wurde gesagt, sie seien extreme Daumenlutscher, Bettnässer und aggressiv in ihrem Benehmen. Größere Kinder wurden als introvertiert, überheblich, feindselig und unsicher (Spiro, 1958) charakterisiert, sowie als egozentrisch und neidisch, mit wenig Fähigkeit zu herzlichen Beziehungen, aber einem großen Maß an Mißtrauen und erheblicher gegenseitiger Geringschätzung (Kardiner, 1954). Keine dieser Schlußfolgerungen gründete sich auf eine systematische Untersuchung der kollektiven Kindererziehung oder ihrer Ergebnisse.

Wieder andere, der Psychoanalyse weniger verschriebene Beobachter, bemerkten, daß das angeblich gestörte Gefühlsleben der Vorschulkinder (durch Mangel an ausschließlicher Bemutterung) an der Stabilität der Jugendlichen oder Erwachsenen anscheinend keinerlei Narben hinterläßt (Caplan, 1954; Irvine, 1952). Ihre Schlußfolgerungen wichen ab von den Schlüssen derer, die glaubten, daß frühe Erfahrungen die spätere Persönlichkeit bestimmen.

Im Jahre 1953 wurde eine Konferenz einberufen, um die Gefahren abzuwägen, die Kindern von kollektiver Erziehung drohen. Die berichteten Eindrücke von Teilnahmslosigkeit bei Säuglingen und Störungen bei Kleinkindern, die dem Mutter-Entzug in den frühen Jahren zugesprochen wurden, fügten sich in den theoretischen Rahmen ein; die Beobachtungen von gut angepaßten größeren Kibbuzniks nicht (Rabin, 1965). Die Experten diskutierten zwei Fragen über die Gemeinschaftserziehung, beide belastet von psychoanalytischen Vorurteilen:

1. Wird die Persönlichkeit der Kinder durch die Gemeinschaftserziehung „homogenisiert"? Läßt sich ein Verlust an Individualität feststellen?
2. Kann man größere, im Kibbuz aufgewachsene Kinder und Erwachsene emotional *wirklich* als reif betrachten?

Die Psychologen der viktorianischen Gedankenwelt haben sich den Kopf darüber zerbrochen, wieso es an Hinweisen auf die erwarteten katastrophalen Folgen für die Kinder des Kibbuz mangelte. Es wurden Vergleiche gezogen zwischen Waisen in unpersönlichen Institutionen und Kindern in Kibbuzim, denn beiden war das Fehlen einer ausschließlichen Mutterbeziehung gemeinsam. Andere Eigenschaften der Institutionen, wie etwa der Mangel an sensorischer oder intellektueller Stimulation jeglicher Art und die unpersönliche Betreuung sind kaum einem der Experten als bedeutender Unterschied zwischen Waisenhäusern und Gemeinschaftseinrichtungen aufgefallen. Es war ganz offensichtlich, daß Kibbuz-Kinder von ihrer Gemeinschaft geliebt und umsorgt wurden, aber es schien der Aufmerksamkeit der Psychologen zu entgehen.

Spätere Studien straften die früheren unsystematischen „Beobachtungen" Lügen. Kaffman (1965) leitete eine Untersuchung über 403 im Kibbuz erzogene Kinder, die aus drei Kibbuzim *alle* Kinder im Alter von einem bis zwölf Jahren umfaßte. Er verglich das Auftreten gestörten Verhaltens, einschließlich Daumenlutschen, Bettnässen und aggressivem Verhalten, zwischen den Kibbuzniks und einer breiteren Auswahl amerikanischer Kinder. Er fand keine Unterschiede in der Häufigkeit von Störungen im Kindesalter, mit Ausnahme des oralen Verhaltens. Kibbuz-Kinder hielten länger am Daumenlutschen fest als amerikanische Kinder, hatten aber wesentlich weniger Eßstörungen. Rabin (1965) erklärt, daß Erwachsene in Kibbuzim dem Daumenlutschen größerer Kinder gegenüber tolerant eingestellt sind, so daß sie wenig Druck von außen erleben, um damit aufzuhören. Die Eßstörungen der von ihren Müttern erzogenen amerikanischen Kinder ließ man auf sich beruhen.

Caplan (1954) berichtete, daß es unter den größeren Kibbuzkindern nicht mehr Persönlichkeitsstörungen gab als unter vergleichbaren amerikanischen Kindern, und daß junge Erwachsene im Kibbuzim bemerkenswert unneurotisch waren. Die ausführlicheren Tests und Beobachtungen von Rabin stützen dieses Ergebnis. Rabin (1965, 1971; Rabin und Beit-Hallahmi, 1982) untersuchte acht traditionelle Kibbuzim. Seine Studie umfaßte die Entwicklung von Intellekt und Persönlichkeit bei Säuglingen, Kindern, Jugendlichen und jungen Erwachsenen, und sie verwendete die konventionellen Meßverfahren der westlichen Gesellschaft. Bei Säuglingen wurde eine entwicklungspsychologische Skala und eine Skala für soziale Reife benutzt; bei Kindern, Jugendlichen und jungen Erwachsenen wurden verschiedene projektive Meßverfahren und Beobachtungen von Interaktionen zwischen Erwachsenen und Kindern benutzt.

Rabin verglich die im Kibbuz erzogenen Kinder mit denen in vier israelischen landwirtschaftlichen Dörfern, wo die Eltern ihre eigenen Kinder selbst erzogen, die ökonomische Produktion jedoch kollektiv betrieben. So wurden viele äußere Faktoren, wie zum Beispiel städtische kontra ländliche Umgebung, israelische kontra amerikanische Gemeinde, die möglicherweise die Ergebnisse beeinflußt hätten, ausgeschaltet. Der Witz bei der Sache ist, daß die Kibbuzsprößlinge zu netten Erwachsenen heranwuchsen, genauso gut angepaßt und gescheit wie die Kinder aus traditionellen israelischen Familien.

Neueste Forschungen (Bar-Tal, Raviv, und Shavit, 1981) bestätigen die altersgemäße Entwicklung von Kibbuzkindern im Kindergartenalter und in den ersten Schuljahren. Verglichen mit Kindern, die in konventionellen Familien aufgewachsen sind, sind kollektiv erzogene Kinder nicht mehr und nicht weniger hilfsbereit gegenüber anderen und die Kinder beider Gruppierungen führen ihre Einstellungen gleichermaßen auf ihre Eltern zurück. In anderen Studien haben Kibbuzkinder bei Messungen der sozialen Verantwortungsfähigkeit und der moralischen Vernunft besser abgeschnitten als konventionell erzogene Kinder.

Alles in allem sind die kollektiv erzogenen Kinder Israels weit entfernt von der emotionalen Katastrophe, die die psychoanalytische Theorie weissagte. Andererseits blieben ihnen nicht alle Persönlichkeitsprobleme erspart, so wie es die Begründer der Kibbuzbewegung gehofft hatten, als sie die Kinder von ihren Eltern befreiten. Es scheint, daß Kinder in jeder einigermaßen vernünftigen Umgebung glücklich aufwachsen und sich zu ihrem Besten entfalten können. Offenbar führt kollektive Erziehung durch anregende, sorgende Erwachsene, weder zum Ruin noch zur Erlösung der Kinder.

„Die fröhliche Gemeinschaft"

Nachdem die erste Bruderhof-Gemeinschaft im Jahre 1920 gegründet worden war, gehörte es zu ihren ersten Unternehmungen, nach dem Beispiel der frühen Christen, all ihren Besitz und Reichtum zu Gemeineigentum zu machen. Seit dieser Zeit leben die Mitglieder dieser Gemeinschaft immer noch nach diesem Prinzip. Drei Bruderhof-Gemeinschaften im nordöstlichen Teil der Vereinigten Staaten leben von der Produktion hochqualitativer Holzspielsachen, die hauptsächlich an Schulen verkauft werden, und haben sich dabei gut entwikkelt. Die Mitglieder sind vorwiegend Christen aus der Mittelschicht mit akademischer Ausbildung, die sich dafür entschieden haben, gemeinschaftlich zu leben und ihre Kinder kollektiv zu erziehen. Selbst wenn man in der Gemeinschaft aufgewachsen ist, muß man als Erwachsener die Bruderschaft erwerben, indem man seine religiöse und persönliche Überzeugung ausdrückt, daß der Bruderhof der gewählte Lebensweg sein soll. Die Mehrzahl der Kinder, die in „der fröhlichen Gemeinschaft" aufgewachsen sind, kehren nach ihrem Universitätsstudium wieder in die Gemeinschaft zurück.

Das gemeinsame Leben im Bruderhof ist wie in den Kibbuzim mehr als nur eine ökonomische Einrichtung. Die Mitglieder arbeiten zusammen, essen zusammen, verbringen fast jeden Abend zusammen, erziehen ihre Kinder gemeinsam und teilen ihr gesamtes Leben (Zablocki, 1971). Kollektive Kindererziehung ist nur ein, wenn auch ein wesentlicher, Teil des gesamten, gemeinsam verbrachten Lebens im Bruderhof.

Die Männer und Frauen heiraten fürs Leben, Scheidung oder Wiederverheiratung sind nicht statthaft. Von verheirateten Paaren wird erwartet, daß sie so viele Kinder zeugen, wie Gott es erlaubt, so daß die Familien oft sehr groß sind. Die Geburt eines Babys ist ein Freudenfest. Beide Eltern verbringen die ersten sechs Wochen im Leben des Babys mit ihm gemeinsam im Mutterhaus, während jemand anders aus der Gemeinschaft sich voll um ihre größeren Kinder kümmert. Sobald das Baby sechs Wochen alt ist, gehen die Eltern nach Hause, und der Säugling zieht ins Babyhaus. Die Mutter nimmt ihre Arbeit fast vollständig wieder auf, sie hat aber Freistunden, um das Babyhaus aufzusuchen und ihr Kind zu stillen. Wenn es hungrig wird, während sie bei der Arbeit ist, wird sie von den Betreuerinnen gerufen, damit sie es stillen kann.

Eine Schwester kümmert sich um eine Gruppe von vier Babys, bis sie ungefähr ein Jahr alt sind. Vom zweiten bis zum vierten Lebensjahr werden sie in Gruppen von acht Kindern einer Schwester anvertraut. Das Babyhaus ist gut ausgestattet, es hat genügend Schlaf- und Spielzimmer und Zimmer, in denen die Eltern mit ihren Sprößlingen zusammensein können. Säuglinge und Kinder werden von ihren Eltern zu Bett gebracht, aber sie verbringen fast all ihre Wachstunden in kollektiver Betreuung.

Mit vier ziehen die Kinder um ins Vorschulhaus, wo sie zwei Jahre lang leben, bis sie in die Grundschule eintreten. Zu allen Zeiten und in allen Altersstufen haben die Kinder engen Kontakt mit ihren Eltern und mit anderen Erwachsenen der Gemeinschaft. Wenn sich ein Kind nicht gut entwickelt oder wenn es die Regeln der Gemeinschaft mißachtet, wird es jemandem zugeteilt, der besonders mit ihm üben kann und ihm ein gutes Beispiel gibt. Für die Zeitspanne bis zur Besserung wird dem Kind manchmal wenig Kontakt zu anderen Kindern oder zu seinen Eltern erlaubt. Die Gemeinschaft ist zu all ihren Kindern streng und liebevoll.

Als Jugendliche treten die Bruderhof-Kinder in das örtliche Gymnasium ein, was eine deutliche Veränderung zu dem behüteten Leben, das sie bis dahin geführt haben, bedeutet.

Die meisten scheinen sich an die veränderte Situation gut anzupassen und entpuppen sich als überdurchschnittlich gute Schüler. Manche kehren dann mit achtzehn in die Gemeinschaft zurück, aber die meisten nehmen ein Universitätsstudium auf. Die Erfahrung des Aufwachsens in der Gemeinschaft wird nicht als traumatisch erlebt; seit drei Generationen sind die Kinder als Erwachsene zurückgekehrt, um in der Gemeinschaft zu leben. Fünfundsiebzig Prozent der Kinder, die im Bruderhof aufgewachsen sind, entscheiden sich dafür, in der Gemeinschaft zu bleiben und ihre eigenen Kinder dort aufwachsen zu lassen.

Nach Zablocki wachsen die Kinder glücklich auf. Sie sind liebevolle Erwachsene mit wenigen aus der Kindheit resultierenden Problemen.

> Das Leben eines Bruderhof-Kindes ist erfüllt und glücklich, trotz des mangelnden Kontakts mit der Außenwelt. Jeder Sabra (Erwachsener, der selbst in der Gemeinschaft aufgewachsen ist), mit dem ich gesprochen habe, erinnerte sich mit Freude an seine (vorpubertäre) Kindheit: ‚Ich glaube schon, daß die Gemeinschaft eigentlich sehr gut für die Kinder ist ... Man ist die ganze Zeit mit Gleichaltrigen zusammen. Man ist tagsüber von seinen Eltern getrennt, nur nachts nicht. Man ist nicht dauernd mit seiner Mutter zusammen. ...‘

Diese kurze Betrachtung zweier Interessengemeinschaften illustriert gleichzeitig die Prinzipien vieler anderer. Kollektiv erzogene Kinder brauchen weder vorübergehenden noch dauerhaften Schaden zu erleiden. Der Glaube, daß Mütter die ausschließlichen oder primären Bezugspersonen ihrer Kinder sein sollen, wird nicht überall geteilt. Wenn eine Gemeinschaft eine andere Überzeugung hat, scheinen die Kinder genau so gut aufzuwachsen wie in einer traditionellen Familie, oder dem, was wir darunter verstehen.

Gute Kindererziehung ist einfach

Es gibt viele Parallelen in der Kindererziehung der Interessengemeinschaften, denn sie teilen sich die Erziehung, und ihre Kinder sind ihnen wertvoll. Die Betreuung, die sie gewährleisten, ist theoretisch gesehen vielleicht nicht besser oder schlechter als die Betreuung in der Kernfamilie, wo sich hauptsächlich die Mutter um ihre Kinder kümmert. Gemeinschaften wie die Kibbuzim und der Bruderhof tun das Beste für ihre Kinder, genauso wie viele Kernfamilien auch. In der Entwicklung der Kinder zu Erwachsenen gibt es weit mehr Parallelen als Differenzen, was für die Gesellschaft nicht schlecht ist. Das eröffnet uns Wahlmöglichkeiten für die Kindererziehung, wenn wir erst einmal herausgefunden haben, wie geteilte Verantwortung für die Kindererziehung zum Leben des späten zwanzigsten Jahrhunderts paßt.

Da die Mehrheit der Frauen mit kleinen Kindern in den USA jetzt schon berufstätig ist und 75 Prozent von ihnen 1990 voraussichtlich berufstätig sein werden, ist es vielleicht an der Zeit, daß wir über Alternativen nachdenken. Die Hauptintention dieser kurzen Beschreibung kollektiver Erziehung ist es, nahezulegen, daß gute Kinderbetreuung durchaus mit der Berufstätigkeit der Mutter vereinbar sein kann. Daß Kinder tagsüber von liebevollen Erwachsenen, die nicht ihre Eltern sind, betreut werden, ist für ihre emotionale Entwicklung nicht so bedrohlich, wie einmal angenommen wurde. Sogar das Wohnen in Kinderhäusern kann der psychischen Stabilität von Kindern nichts anhaben, wenn die Eltern und die Gemeinschaft diese Einrichtung akzeptieren.

Ich mache mich nicht zum Anwalt von Fremdbetreuung

oder kollektiver Erziehung als solcher. Die Kinderbetreuung muß in das Muster passen, das Arbeit und Familienleben bilden und das von den Eltern und von der größeren sozialen Gruppe, zu der man gehört, anerkannt wird. Jedoch möchte ich zu verstehen geben, daß wir offener und umfassender über Alternativen nachdenken können, wenn wir wissen, daß sie nicht notwendigerweise schlecht für die Kinder sind.

9. Kindermädchen, Tagesmütter und Kinderzentren

Wo sind unsere Kinder?

In den Vereinigten Staaten werden die meisten Babys und Kleinkinder von berufstätigen Müttern in Familien betreut, sei es in der eigenen oder in einer fremden. Die Kinder von ganztägig berufstätigen Müttern werden, solange sie unter drei sind, zu 19 Prozent einem Kindermädchen im eigenen Haushalt, zu 54 Prozent einer Tagesmutter in deren Haushalt und zu 27 Prozent Kinderzentren (Kinderkrippen und Kindergärten) anvertraut. Die Mehrheit der Kinder von drei bis fünf (57 Prozent) sind in Kinderzentren untergebracht, während 32 Prozent bei Tagesmüttern und 11 Prozent mit einem Kindermädchen zu Hause sind (Ruopp und Travers, 1982). Diese Zahlen stammen aus dem Jahre 1975, sie sind also total veraltet. Die aktuellsten Zahlen, die dem US-Sonderausschuß für Kinder, Jugend und Familien für seinen Bericht 1983 zur Verfügung standen, stammten aus dem Jahre 1977, das heißt, es besteht ein unglaublicher Rückstand in der Datensammlung zu einem dermaßen wichtigen Thema. Die Tabellen in diesem Bericht zeigen, daß Kinder unter sechs mit voll berufstätigen Müttern im eigenen Haushalt (29 Prozent), bei Tagesmüttern (47 Prozent), in Kinderzentren (15 Prozent) oder in „anderen Einrichtungen“ (9 Prozent) betreut werden. Die letzte, mysteriöse Kategorie bleibt undefiniert, aber ich nehme an, daß sie die Kinder miteinbezieht, die unter keinerlei Aufsicht irgendeiner Art stehen.

Kinder unter sechs, deren Mütter einer Teilzeitarbeit nachgehen, werden vorwiegend zu Hause betreut, vor allem von Vätern (23 Prozent) und anderen Verwandten. Eltern finden es einfacher, mit verschiedenen Tagesabläufen zu jonglieren, wenn die Mütter weniger als zwanzig Stunden pro Woche arbeiten. Von den Kindern, deren Eltern beide voll berufstätig sind, werden nur 11 Prozent von ihren Vätern betreut. In solchen Familien geht wahrscheinlich einer der Eltern gerade zu Bett, wenn der andere das Haus verläßt, um in die Arbeit zu gehen; gelegentlich begegnet man sich am Frühstückstisch.

Unser Land hat enorme Probleme mit der Betreuung kleiner Kinder von berufstätigen Eltern. Warum ist die Einrichtung einer angemessenen Betreuung ein so großes Problem in der reichsten Wohlstandsgesellschaft der Welt, während andere, weit weniger wohlhabende Länder, durchaus die Betreuung der jüngsten Generation sicherstellen? Die verschiedenen Probleme mit der Quantität, der Qualität, und der Betreuungsart führen zu verschiedenen Fragen. Betrachten wir als erstes die Quantität.

Mindestens 3 000 000 amerikanische Kinder unter vierzehn Jahren erhalten *keinerlei* Betreuung, obwohl ihre Eltern berufstätig sind. Die günstigsten Schätzungen sprechen von ungefähr 7 Prozent Kleinkindern, die zumindest während eines Teils der Arbeitszeit ihrer Eltern ganz auf sich alleine gestellt sind. Bei den annähernd 8 000 000 Kindern unter sechs Jahren, deren Eltern berufstätig sind, sind es mehr als eine halbe Million Kinder, die einen großen Teil des Tages allein gelassen werden. Manche von uns würden das einen nationalen Skandal nennen. Es gibt einfach nicht genug finanziell erschwingliche Fremdbetreuung für all die Kinder, die sie bräuchten. Kinderbetreuungs-Experten, wie der Sachverständige für Sozialpolitik, Gary Winget, stimmen dem zu:

> Die Frage lautet nicht, ob es ein Problem mit der Kinderbetreuung gibt, sondern vielmehr, wie dieses Problem gelöst werden kann ... Kinderbetreuung ist derzeit, und so wird es wohl auch bleiben, eine Notwendigkeit für Amerikas Ökonomie, Amerikas Familien und Amerikas Kinder (1982, S. 351–52).

Zweitens ist die Qualität der verfügbaren Fremdbetreuung eine weitere Streitfrage. Sogar wenn genügend Betreuungsplätze geschaffen werden könnten, könnten viele arme Familien sich die Art der Betreuung, die für kleine Kinder geeignet ist, nicht leisten. Geeignete Betreuung ist gegeben, wenn auf eine Betreuungsperson nur wenige Babys und Krabbelkinder kommen, das heißt, daß nur wenige berufstätige Eltern für das Gehalt der Betreuer aufkommen müssen. Zu geeigneter Betreuung gehört auch eine angenehme, anregende und sichere Umgebung, und die kostet mehr Geld als ein feuchter Kellerraum in einem Mietshaus.

Jemand könnte auf die Idee kommen, finanziell erschwingliche Zentren einzurichten, in denen Kinder aufbewahrt werden können, während ihre Eltern arbeiten. Die Betreuung in solchen Zentren würde den Eltern weniger Kosten verursachen als geeignetere Einrichtungen, indem sie die Anzahl und Qualität der Betreuungspersonen niedrig halten, an Spielsachen und Spielgeräten, an sonstigem Inventar und an den Mahlzeiten sparen. Da würden die Babys vor sich hin vegetieren, neun Stunden am Tag, fünf Tage die Woche.

Manche Zentren kommen diesem Alptraum recht nahe, besonders in Gegenden, wo Leute mit geringem Einkommen leben. Obwohl in den meisten amerikanischen Bundesstaaten Minimalnormen für die Betreuungsbedingungen gesetzlich vorgeschrieben sind, werden Babys und Kleinkinder nur gerade sauber, satt und in sicherer Verwahrung gehalten. Es werden keinerlei Anstalten gemacht, ihnen liebevolle Zuwendung oder Anregungen zukommen zu lassen. Was könnten die Erwachsenen in solchen Einrichtungen auch tun, wenn sie zweibis dreimal zuviele Kinder unter ihrer Obhut haben? Für manche Zentren besteht die einzige Möglichkeit, um ökonomisch lebensfähig zu bleiben, darin, jede bezahlte Betreuerin zur „Mutter" von Achtlingen zu machen.

Drittens ist die Art von Betreuung, die für größere Kinder geeignet ist, für kleinere Kinder unpassend. Während es für die meisten Vierjährigen annehmbar ist, in einer Gruppe von acht Kindern zu sein, können sich Säuglinge unter einem Jahr in einer solchen Gruppe nicht entfalten. Dennoch können viele berufstätige Mütter es sich nicht leisten, mehr als ein Achtel des Gehalts einer Betreuungsperson und die anderen Kosten der Kinderbetreuung, die noch hinzukommen, zu tragen. Wehe der berufstätigen Mutter mit zwei kleinen Kindern!

Welche Art von Betreuung für kleine Kinder geeignet ist, muß danach beurteilt werden, was für die kindliche Entwicklung von Bedeutung ist. Kinder unter drei Jahren brauchen die aufmerksame Zuwendung einer Bezugsperson. Sie muß mit dem vier Monate alten Baby freundlich plappern, dem Einjährigen Gegenstände benennen und dem Zweijährigen das Verhalten von Zootieren beschreiben. Auch ein Lächeln und eine Umarmung ab und zu sind allen kleinen Kindern eine große Hilfe – wie wohl überhaupt allen Menschen.

Kinder über drei Jahren brauchen ebenfalls eine Bezugsperson. Aber sie profitieren auch vom Austausch mit anderen Kindern und von formaleren Anleitungen. Sie interessieren sich schon mehr für die Außenwelt als kleinere Kinder, sie sind bereit, größere Gebiete zu erforschen, sie stellen mehr Fragen und lernen schon mehr aus Erfahrungen außerhalb des Hauses oder der Betreuungssituation. Sie lieben Ausflüge zu Feuerwehrhäusern, Fabriken und Tiergärten. Sie orientieren sich schon stärker an der aufregenden Welt der tatsächlichen Ereignisse als die kleineren Kinder, deren Hauptbedürfnisse noch auf kleinerem Raum und mit kleineren Ereignissen leicht zu erfüllen sind.

Kindergartenkinder, also Kinder im Alter von drei bis sechs Jahren, *reden* mit anderen Kindern. Nach den Maßstäben der Erwachsenen sind ihre Gespräche zwar rudimentär, denn sie mißachten viele Regeln der Erwachsenenunterhaltung. Sie unterbrechen, sie können nicht beim Thema bleiben, wenn das Gespräch verschiedene Wendungen nimmt, und sie führen lange Monologe, trotz des Desinteresses ihrer gleichaltrigen Zuhörer. Aber sie nehmen sich gegenseitig wahr, und sie nehmen Kontakt miteinander auf, in einer Weise, die zeigt, daß sie von jetzt ab ihr Verhalten gegenseitig beeinflussen werden.

Kinder im Kindergartenalter können bereits minutenlang zuhören, wenn eine Erzieherin eine Geschichte vorliest oder vormacht, wie man töpfert. Jüngere Kinder sind mit so viel Konzentration noch überfordert. Kinder unter drei Jahren sind mehr darauf eingestellt, in den Supermarkt mitgenommen zu werden oder auf dem Schoß eines Erwachsenen zu sitzen, während er ihnen einen kurzen Reim vorsagt. Es kommt darauf an, daß die Kinderbetreuung der sozialen, emotionalen und intellektuellen Entwicklungsstufe eines jeden Kindes angepaßt ist.

Ein anderer Umstand, den dieses Buch immer wieder betont hat, ist, daß Kinder sehr verschieden voneinander sind, was ebenfalls die Wahl der Betreuung beeinflussen sollte. Manche Kinder sind relativ scheu und brauchen engen Kontakt mit wenigen Erwachsenen, andere würden von solch intensiven Beziehungen erdrückt werden. Manche Kinder sind ihrem Alter voraus und reif für Erfahrungen, die ihre Gleichaltrigen unwichtig oder verwirrend finden würden. Andere Kinder sind in der Entwicklung zurück und brauchen eine Betreuung, die eher für jüngere Kinder angemessen wäre. Genauso wie manche Kinder körperlich kleiner sind als andere, so sind manche auch emotional oder sozial „kleiner". Wir brüllen ein kleingeratenes Kind nicht an „Wachse endlich!"; warum sollten wir ein anderes wegen seiner langsamen emotionalen Entwicklung anschreien? Wenn man entscheidet, welche Art der Betreuung in welchem Alter am besten sein wird, ist es wichtig, jedes Kind als Person zu betrachten.

Und man braucht nicht zu fürchten, daß die besten Möglichkeiten der Kinderbetreuung immer auch die teuersten sind. Im Gegenteil. Einige der besten gehören zu den billigsten, denn sie beschäftigen andere Frauen, die sich entschieden haben, mit ihren kleinen Kindern zu Hause zu bleiben. Eine Tagesmutter verdient ungefähr fünfundsiebzig Cent pro Kind und Stunde. Da sie sich auf nur drei oder vier Säuglinge oder Krabbelkinder konzentrieren kann, arbeitet eine Tagesmutter normalerweise für weniger als einen Minimallohn. Würde Sie nicht bei ihren eigenen Sprößlingen zu Hause bleiben (die meistens zu den drei oder vier Kleinkindern, die sie betreut, dazugehören), hätte sie finanziell mehr davon, Zeitungen auszutragen oder Adressen zu sortieren.

Der Umstand, daß die Tagesmütter und die Erzieherinnen in den Kinderzentren (wie die meiste traditionelle Frauenarbeit) so miserabel bezahlt werden, führt zu einem ideologischen Konflikt für die anderen berufstätigen Mütter, ein Konflikt, der von einzelnen Müttern nicht gelöst werden kann. Man fühlt sich vielleicht wie eine Heuchlerin, weil man zu denen gehört, die diejenigen, die sich um die Kinder kümmern, ausbeuten. Aber was läßt uns unsere Gesellschaft anderes übrig? Nicht berufstätig zu sein ist wahrscheinlich die einzige Alternative zur Ausbeutung anderer Frauen als Betreuungsperson. Und das ist für die meisten berufstätigen Frauen keine Alternative.

Einige Überlegungen zur Kinderbetreuung

Angenommen, es wurde für ein Kind die falsche Art der Betreuung gewählt, bedeutet das dann den Verlust seiner Chancen im Leben? Wohl kaum. Kinder sind in Wirklichkeit nicht so zerbrechlich, wie manche Experten es uns glauben machen wollen, noch sind die Erfahrungen der ersten paar Lebensjahre so bedeutend für die spätere Entwicklung, wie manche früheren Psychologen geglaubt haben. Kleine Kinder sind flexible kleine Organismen, die von der Evolution her für viele verschiedene Verhältnisse ausgerüstet sind. Wenn wir durch jede unglückliche Wende der Lebensumstände zerstört werden könnten, dann wäre unsere Art längst ausgelöscht. Wenn der Umstand, daß man in seiner Kindheit nicht vollkommen geliebt wurde, zur Folge hätte, daß man für immer liebesunfähig und ungeliebt bleibt, dann wäre die Geschichte der Reproduktion der Menscheit nicht so erfolgreich gewesen. Die Explosion der Weltbevölkerung im zwanzigsten Jahrhundert läßt annehmen, daß wir bisher weder emotional noch sexuell zu Invaliden geworden sind, trotz der verschiedenartigsten Kinderbetreuung.

Kinder können jedoch glücklicher sein, wenn die gewählte Betreuung für sie geeignet ist. Wenn aus den meisten Betreuungsarten auch keine bleibenden Schäden entstehen, so steht es Kindern doch zu, einigermaßen glücklich zu sein. Und daß die Eltern mit ihrer Wahl der Betreuung zufrieden sind, mag für die Kinder genauso wichtig sein wie die Art der Betreuung selbst. Sally Provence (1982) behauptet, der Schlüssel zu einer funktionierenden Fremdbetreuung sei das Zusammenwirken zwischen Eltern und Betreuern in dem Bemühen um eine beständige und angenehme Umgebung für das Kind.

Wie können Sie entscheiden, wo Ihr Baby am besten aufgehoben sein wird, zu Hause mit einem Kindermädchen, bei einer Tagesmutter oder in einem Kinderzentrum? Die Vor- und Nachteile all dieser Einrichtungen variieren je nach dem Entwicklungsstand Ihres Kindes und je nach seiner individuellen Persönlichkeit. Wenn Sie jetzt etwas über die besonderen Eigenarten jeder dieser Einrichtungen lesen, dann bedenken Sie dabei bitte, wie gut oder wie schlecht diese den besonderen Bedürfnissen Ihres Kindes gerecht werden könnten.

Sicherlich unterscheidet sich jedes Kinderzentrum von jedem anderen, genauso wie das Zuhause einer Tagesmutter nicht dasselbe wie irgendein anderes sein wird. Aber es gibt für jede Form der Betreuung jeweils ein paar allgemeine Grundzüge. Hier wollen wir zunächst qualitativ *hochwertige* Betreuung vergleichen, wie sie jeweils für Kinderzentren beziehungsweise für Tagesmütter typisch sind. Im nächsten Abschnitt werde ich dann beschreiben, woran man erkennen kann, ob die Betreuung hochwertig ist.

Die Kinderzentren (Kinderkrippen und Kindergärten) der USA bieten üblicherweise organisierte Lernprogramme, geplante Unternehmungen und große Kindergruppen für jede Altersstufe an. Die Betreuungspersonen werden hier eher Kurse über Kindesentwicklung oder Kleinkinderziehung absolviert haben. In Kinderzentren wird es auch eher eine große Auswahl an Spielmaterial, eine kindgerechte Einrichtung und einen Garten mit Spielgeräten geben, und es wird eine schulähnlichere Atmosphäre herrschen. Gute Kinderzentren bieten alle Vorteile einer guten Vorschulsituation für Kinder über drei. Zu den möglichen Nachteilen eines Kinderzentrums scheinen einige der Vorteile zu gehören, dann nämlich, wenn es sich um jüngere Babys und Krabbelkinder handelt oder um schüchterne Kinder. Denn diese Kinder brauchen eine individuellere Betreuung. Während die meisten Kinder über drei von den Vorteilen eines guten Zentrums profitieren können, sind organisierte Gruppenaktivitäten für Säuglinge und Kleinkinder viel weniger nützlich als individueller Kontakt mit Erwachsenen. Und schüchterne Kinder können in einer Gruppe extrovertierter Kinder leicht untergehen, deren Lärmen und Ausgelassenheit oft die meiste Aufmerksamkeit der Erwachsenen auf sich lenken, so daß das schüchterne Kind nicht genügend beachtet wird.

Für Kinder, die in Gruppen von Gleichaltrigen gut zurechtkommen, bietet ein Kinderzentrum mehr Gelegenheiten zur Entwicklung von

- Selbständigkeit beim Anziehen, im Umgang mit Werkmaterial, beim Aufräumen seiner Sachen und dergleichen;
- intellektuellen Fähigkeiten, wie zum Beispiel das Erkennen von Buchstaben und Zahlen, die Erweiterung des Wortschatzes und des Schatzes an Märchen und Fabeln und dergleichen mehr;
- sozialen Fähigkeiten, wie zum Beispiel, daß es zurechtkommt mit dem Geben und Nehmen innerhalb der Kindergruppe, mit den Anweisungen der Erwachsenen, mit dem Zusammenarbeiten und dem Rivalisieren.

Das Zuhause einer Tagesmutter dagegen bietet normalerweise eine gemütlichere, familienähnlichere Atmosphäre mit mehr Aufmerksamkeit von Erwachsenen und weniger gleichaltrigen Kindern. Im allgemeinen gibt es hier weniger organisierte Aktivitäten, das Augenmerk liegt weniger auf lehrhaften Anleitungen, und es kommt häufiger zu spontanen Interaktionen. Die individuelle Erziehung und das Gehorchenlernen schneidet bei Tagesmüttern besser ab als in den Zentren. In einem Haushalt kommt man eben nicht so leicht mit „schlechtem“ Benehmen davon wie in einem Kinderzentrum. Eine Tagesmutter hat selten ein komplexes theoretisches Wissen über Kindesentwicklung, aber dafür oft schon jahrelange gute Erfahrung mit ihren eigenen und mit fremden Kindern. Die Betreuung durch Tagesmütter eignet sich besonders gut für Säuglinge und Kleinkinder und für größere Kinder mit langsamer Entwicklung, die mehr Aufmerksamkeit von Erwachsenen brauchen und weniger wilde Spiele mit Gleichaltrigen. Es versteht sich von selbst, daß die meisten Merkmale der Tagesmutterbetreuung auch auf die Betreuung durch ein Kindermädchen in Ihrem eigenen Haushalt zutreffen. Mit dem Unterschied, daß das Kindermädchen sich um noch weniger Kinder kümmern muß.

Unsere eigenen Untersuchungen über Kinderzentren, Tagesmütter und Kindermädchen haben ergeben, daß Babys und Kleinkinder im Durchschnitt mit Kindermädchen und Tagesmüttern besser dran sind, weil Kinderzentren für die ganz Kleinen normalerweise nicht genügend Kontakt zu Erwachsenen gewährleisten. Kinder über drei zeigen andererseits, wenn sie in vorbildlichen Kinderzentren mit einem guten Vorschulprogramm betreut werden, eine bessere Entwicklung als Kinder im Kindergartenalter, die in einem Haushalt betreut werden, egal ob im eigenen oder in dem einer Tagesmutter (Schwarz, Scarr, und McCartney, 1983).

Kindermädchen im eigenen Haushalt

Kinder, die mit einem Kindermädchen alleine zu Hause sind, haben die beste Gelegenheit zu Eins-zu-eins-Interaktionen mit einem einzelnen Erwachsenen. Und das Kindermädchen kann seinerseits die Babys oder Kleinkinder optimal betreuen, weil sie nicht allzu viele Kinder gleichzeitig hüten muß. Andererseits unterliegt diese Situation am wenigsten irgendeiner Kontrolle. Es ist niemand da, der beobachten würde, was im Verlauf des Tages tatsächlich alles geschieht. Niemand merkt es, wenn das Kindermädchen den ganzen Tag nur fernsieht. Wenn man am Abend ein glückliches und fröhliches Baby antrifft, können die Dinge nicht allzu schlecht stehen. Aber man kann niemals wissen, ob das Baby nicht den größten Teil des Tages alleine in seinem Bettchen verbracht hat. Kindermädchen sind außerdem die teuerste Art der Kinderbetreuung, es sei denn, man hat mehrere kleine Kinder.

Ich selbst habe drei von meinen insgesamt vier Kindern bei mir zu Hause von einem Kindermädchen betreuen lassen, als sie noch Babys und Vorschulkinder waren. Im allgemeinen waren meine Erfahrungen mit Kindermädchen mittelmäßig bis gut. Manche wurden von den Kindern geliebt, andere nicht. Keine entsprach dem, was ich ein „Super-Kindermädchen" nennen würde. Aber meine unregelmäßige Arbeitszeit und die vielen Reisen, die ich als Universitätsprofessorin nicht vermeiden konnte, ließen diese Lösung als die praktikabelste für mich erscheinen.

Einmal erlebte ich allerdings einen Alptraum. Ich kam eines Nachmittags nach Hause und fand mein drittes Kind, Rebecca, heftig weinend vor. Sie war damals achtzehn Monate alt, ein redseliges und fröhliches Kind. Das Kindermädchen rannte zur Türe hinaus und verließ das Haus, so schnell es nur konnte. Bevor ich noch hätte fragen können, was denn los sei, war sie schon verschwunden. Rebecca schluchzte „Kathy hat mich geschlagen! Kathy hat mich geschlagen!". Ich beruhigte sie und nahm sie mit nach oben, um sie zu baden. Als ich sie ausgezogen hatte, sah ich, wie sich quer über ihren Po und ihre Oberschenkel große, rote Striemen zogen. Das Kindermädchen hatte sie richtig schlimm geschlagen.

Ich rief die Polizei, die auch sofort kam und meine Anzeige aufnahm. Die Beamten untersuchten Rebecca vorsichtig und photographierten ihre schwellenden Blessuren. Unglücklicherweise konnten sie, wie sie sagten, ohne Zeugen nichts unternehmen. Eineinhalbjährige Kinder sind anscheinend als Zeugen nicht zulässig. Jawohl, diese junge Frau sei ihnen bekannt, sie sei eine Kinderschwester in Ausbildung. Zwei andere Familien hätten schon Anzeige gegen sie erstattet, ebenfalls wegen Kindesmißhandlung. Der Polizei waren jedoch die Hände gebunden, die Beamten hätten nicht einmal die anderen Anzeigen erwähnen dürfen, weil die Anschuldigungen juristisch nicht bewiesen waren. Sie wollten mich nur wissen lassen, daß ich nicht die erste Mutter sei, deren Kind von dieser Frau geschlagen worden war.

Kathy hatte schon bei so vielen Familien gearbeitet, daß sie Referenzen von Eltern vorweisen konnte, deren Kinder sie nicht geschlagen hatte. So bekam sie immer wieder eine neue Stellung. Im Nachhinein erschienen alle Gründe, aus denen heraus sie die anderen Stellungen angeblich aufgegeben hatte, als erlogen: um zu heiraten (als ich sie einstellte, sagte sie, sie sei geschieden), um ihre alte Großmutter zu pflegen, die später starb (wer weiß?), und um eine besser bezahlte Stellung zu finden (kann sein). Die Erfahrung mit Kathy werde ich nie vergessen. Es war niemand da gewesen, der die Mißhandlung verhindern oder Zeuge dafür hätte sein können. Wir waren alle machtlos, niemand konnte verhindern, daß sie womöglich noch mehr Kinder mißhandelte.

Im Prinzip kann ich nichts gegen Kindermädchen im eigenen Haushalt sagen. Meine eigenen Erfahrungen waren manchmal gut, öfters mittelmäßig und dieses eine Mal katastrophal. Meiner Meinung nach ist ein Hauptproblem dabei, daß das Geschehen im Hause nicht kontrollierbar ist. Es gibt keine Möglichkeit, es zu überprüfen oder zu überwachen. Dieses Problem hat bei mir dazu geführt, daß ich mein jüngstes Kind zu einer Tagesmutter brachte. Eine Tagesmutter betreut die Kinder von mehreren Eltern, die untereinander Erfahrungen austauschen können und die zu verschiedenen Tageszeiten aus und ein gehen. Kurz gesagt unterliegt eine Tagesmutter mehr der Beobachtung als ein Kindermädchen.

Tagesmütter

Tagesmütter bieten im allgemeinen die billigste Art von Betreuung, es sei denn, eine bestimmte Tagesmutter am Ort hat sich einen ganz besonderen Namen gemacht. (Ich habe hier schon Preise erlebt, die sich mit denen für Nachhilfeunterricht an Privatschulen für Abiturienten messen konnten. Wenn man sein Kind zu Frau So und so bringen konnte, war das ungefähr soviel wert, wie wenn es das renommierteste Internat besuchen würde.) Die typische Tagesmutter ist indes eine Frau in der Nachbarschaft, die Babys und kleine Kinder mag, selbst welche hat und ein bißchen Extrageld verdienen will. Oder sie ist etwas älter, ihre eigenen Kinder sind dem Nest schon entschlüpft, und sie hat einfach so gern kleine Kinder im Haus. Tagesmütter werden normalerweise nicht mehr Kinder annehmen, als sie verkraften können, auch wenn sie nicht gemeldet sind (Ruopp und Travers, 1982). Wenn sie gemeldet sind, begrenzt der Staat normalerweise die Anzahl der Kinder einer jeden Altersstufe, die zu ihnen kommen können. Die Ziffer mag unrealistisch hoch sein, abhängig vom Bundesstaat, aber auch dann werden Tagesmütter normalerweise weder sich selbst noch ihren Haushalt überfordern.

Diese Art der Betreuung in einer Familie ist oft eine ausgezeichnete Situation für Kinder unter drei Jahren, die viele individuelle Interaktionen mit Erwachsenen brauchen. Wenn die Tagesmutter nur zwei Babys und ein Krabbelkind zu betreuen hat, hat sie wahrscheinlich mit jedem einzelnen Kind viel Kontakt und kann alle Bedürfnisse erfüllen. Individuelle Zuwendung ist möglich, weil es im Haushalt einer Tagesmutter keinen strikten, institutionalisierten Tagesablauf gibt. Mein jüngstes Kind wurde im Alter zwischen einem und drei Jahren von einem Rentnerehepaar gut betreut, das in meines und noch ein anderes Kleinkind ganz vernarrt war. Mit drei ging es dann in einen Kindergarten.

Die meisten Tagesmütter haben allerdings wenig oder überhaupt keine Ausbildung auf dem Gebiet der Kindesentwicklung. Man muß Tagesmütter ausfragen, und sich selbst ein Urteil darüber bilden, ob ihre Erfahrungen mit Kindern zu Ergebnissen geführt haben, denen man seine Kinder aussetzen will. Manche Eltern mögen es, daß ihre Kinder von einer weichherzigen, nachsichtigen, großmütterlichen Frau verwöhnt werden; andere wissen ihre Kinder lieber bei einer anregenden Erzieherin, die sich von ihnen nichts vormachen läßt. Wieder andere wollen eine Tagesmutter mit einer „Gelobt-sei-was-hart-macht"-Philosophie. Sollte das Ihre Philosophie sein, dann wäre eine strenge, aber herzliche Frau genau das, was Sie suchen.

Fragen Sie, und beobachten Sie. Fragen Sie die Tagesmutter, worin sie ihre Aufgaben mit den Kindern sieht. Fragen Sie sie, wie ein typischer Tagesablauf in ihrer Familie aussieht – was die Kinder machen, womit sie sich beschäftigen können, ob sie Ausflüge in den Supermarkt, zum Feuerwehrhaus, zur Bücherei unternimmt. Wieviel läßt sie die Kinder fernsehen? Bei der Wahl der Tagesmutter macht es sich auch bezahlt, danach zu fragen, wieviele Kinder den ganzen Tag da sind und wieviele, wenn überhaupt, nur nachmittags kommen. Manche angenehmen Vormittagsfamilien verwandeln sich in ein Tollhaus, wenn sich am Nachmittag vier Kindergartenkinder und drei ABC-Schützen unter die drei Kleinen im Wohnzimmer mischen.

Tagesmütter, die einer unterstützenden und beratenden Netzorganisation angeschlossen sind, gewährleisten eine bessere Betreuung für die Kinder als weniger professionelle Tagesmütter. Solche Netzorganisationen sind in den vergangenen zehn Jahren in mehreren Städten der USA entstanden. Sie sind meistens einer Gemeindebehörde angegliedert und bieten den Tagesmüttern oft Spielmaterial, Beratung für den Umgang mit schwierigen Kindern, Aushilfe bei Krankheit oder während des Urlaubs der Tagesmutter, Schulungen, und Beratung für Eltern mit Familienproblemen. Die Tagesmutter, die einer solchen Netzorganisation angehört, ist keine einsame, anonyme Mutter irgendwo außerhalb. Sie bekommt Unterstützung, und sie erfährt etwas über angemessene Kinderbetreuung. Es gibt sogar eine Karriereleiter, auf der sie zur Supervisorin für andere Tagesmütter aufsteigen kann. Die „National Day Care Home Study“ (Ruopp and Travers, 1982) hat erwiesen, daß Tagesmütter, die sich weiterbilden, „ihre“ Kinder im Durchschnitt besser betreuen als Tagesmütter, die ganz alleine wirtschaften.

Alles in allem bieten Haushalte, die von einer tüchtigen und freundlichen Tagesmutter ordentlich geführt werden, für Babys und Kleinkinder die ideale Art der Betreuung. Für die meisten etwas älteren Kinder sind sie nicht unbedingt das Beste, denn diese können von den größeren Gruppen mit Gleichaltrigen und von den interessanten und lehrreichen Programmen, die normalerweise in Kinderzentren angeboten werden, viel profitieren.

Kinderzentren

In den Kinderzentren (Kinderkrippen und Kindergärten) werden die Kinder normalerweise in Altersgruppen eingeteilt, die ungefähr eine Spanne von zwei Jahren umfassen. Im Haushalt einer Tagesmutter gibt es natürlich keine solche Einteilung. Für Kleinkinder kann es mehr Aufregung als Nutzen bringen, wenn sie größere Kinder um sich haben, weil diese in den Interaktionen dominieren (Clarke-Stewart, 1982). Deshalb kann ein Kleinkind in einer Kinderkrippe mit kleinen, altersgemäßen Gruppen besser aufgehoben sein als bei einer Tagesmutter, die mehrere Drei-, Vier- und Fünfjährige gleichzeitig in Ganztagsbetreuung hat.

Für Kinder über drei Jahren hat ein guter Kindergarten manche Vorteile gegenüber einer guten Tagesmutter. Täglich wird ein Teil der Zeit mit typischen Kindergartenaktivitäten verbracht: singen, etwas ausschneiden, Dreiradfahren, mit der Kindergärtnerin plaudern, zählen, malen, mit Bauklötzchen bauen, Rollenspiele, und all diese unzähligen Dinge, die Kindergartenkinder so gerne tun. Kaum ein Haushalt, ob Ihrer oder irgendein anderer, kann eine solch reiche Auswahl an Spielmaterial und Beschäftigungsmöglichkeiten bieten und dazu noch zweckmäßig ausgebildete Betreuungspersonen und so viele Gleichaltrige, wie ein guter Kindergarten.

Kinderzentren sind institutionalisierter als Tagesmutterfamilien oder Ihr eigener Haushalt mit Kindermädchen. Institutionen sind nicht unbedingt schlecht, wenn sie zweckmäßig strukturierte Lernprogramme, geräumige Einrichtungen, Spielsachen und fachverständige Betreuungspersonen bieten. All dies ist für Kinder im Kindergarten- oder Vorschulalter vorteilhaft und empfehlenswert. Babys und Kleinkinder können in einer Kinderkrippe, die darauf Wert legt, eine angenehme Atmosphäre für ihre Kleinen zu schaffen, wunderbar zurechtkommen. Manche Kinderkrippen haben Familiengruppen aus vier Kindern und einer Erzieherin und kleine, separate Zimmer für jede Gruppe. Der Umstand, daß sich im ganzen Kinderzentrum 100 Babys und Kinder aufhalten, bleibt für die Erfahrung Ihres Kindes unbedeutend, wenn es ausschließlich in einer kleinen Familiengruppe betreut wird.

Das einzige echte Problem für Babys und kleine Kinder in Kinderzentren ist die Ansteckungsgefahr. Erkältung, Grippe und andere ansteckende Krankheiten verbreiten sich in großen Zentren wie ein Lauffeuer. Da gibt es dauernd Kinder mit Windpocken und Virusinfektionen, Sie können praktisch damit rechnen, daß Ihr Kind mit allen Krankheiten in Kontakt kommt, die es gibt. Ein Kindermädchen bringt nur seine eigenen Krankheiten in Ihren Haushalt, bei einer Tagesmutter sind vielleicht noch zwei oder drei andere Keuchhustenkinder, aber in einem Kinderzentrum werden tagtäglich unzählige neue Krankheitserreger eingeschleppt.

Für Babys ist es wichtig, daß sie gegen verschiedene ansteckende Krankheiten Immunstoffe bilden. Viele der ernsthaften Krankheiten, wie Masern, Mumps und Polio, sind heutzutage durch Impfungen unter Kontrolle gebracht. Diese Impfungen wird Ihr Baby bereits bekommen haben, wenn es ins Kinderzentrum kommt, oder es bekommt sie kurz danach. Die Hauptüberträger der ernsthaften Infektionskrankheiten, nämlich die größeren Kindergartenkinder, haben in jedem Fall bereits ihre Impfungen bekommen und werden die gefürchteten Krankheiten nicht an Ihr Baby herantragen. Die weniger ernsthaften Erkrankungen, so wie Husten, Schnupfen und Grippe, muß man eben tolerieren. Windpocken ist bis heute eine unausweichliche Krankheit im Kindesalter und sie bringt, sofern sie nicht in den ersten Lebenswochen auftritt, normalerweise keine Komplikationen mit sich. Wahrscheinlich wird Ihr Kind in einem Kinderzentrum mit den leichten Infektionskrankheiten in einem früheren Alter in Kontakt kommen, als das bei anderen Arten von Betreuung der Fall wäre.

Offenheit und Struktur

Der Betreuungsstil der einzelnen Kinderzentren variiert von ganz nachgiebig bis ganz streng. Die „offene" Gruppe kann ein reiches Angebot an Beschäftigungsmöglichkeiten bieten, wenn sie von kompetenten Kleinstkind-Erzieherinnen geleitet wird, die auf das eingehen können, was die Kinder mit ihrer Zeit gerade anfangen mögen. Wenn diese Gruppe schlecht geleitet wird, kann das totale Chaos entstehen, in dem Planlosigkeit und Streitigkeiten wegen Spielsachen die Oberhand gewinnen. Im schlimmsten Fall schaut es in einer offenen Gruppe aus wie im Film *Herr der Fliegen* – die Grobiane unterdrücken und terrorisieren die weniger aggressiven Kinder. In einer gut geleiteten offenen Gruppe können die Kinder frei entscheiden, was sie mit ihrer Zeit anfangen wollen, sie können ihren ganz persönlichen Neigungen mehr nachgehen, als das in einer strukturierteren Gruppe möglich ist.

Stark strukturierte Gruppen leiten die Aufmerksamkeit der Kinder auf eine geplante Folge von Beschäftigungen, die der Entwicklung des durchschnittlichen Gruppenkindes dienlich sein sollen. Gut geleitete strukturierte Gruppen beschäftigen die Kinder ununterbrochen mit nützlichen und unterhaltsamen Aktivitäten. Sie fordern sie in ihren Fähigkeiten heraus, indem sie sicherstellen, daß die Kinder verschiedene und neue Dinge und Verhaltensweisen kennenlernen. Ein Kind, das Angst hat, sich schmutzig zu machen, lernt hier vielleicht trotzdem, mit Fingerfarben zu malen; ein anderes, das Angst hat, sauber zu werden, lernt vielleicht trotzdem, sich sorgfältig die Hände zu waschen. Andererseits funktionieren schlecht geleitete strukturierte Gruppen oft wie Zwangslager, wo die Insassen durch festgelegte Abläufe getrieben werden, ohne Rücksicht auf ihre individuellen Interessen oder Wünsche. Ein Kind, das große Bausteine haßt, wird vielleicht dazu gedrängt, eine Burg zu bauen, während es viel lieber Bilderbücher anschauen möchte.

Ein gewisser Grad an Struktur *und* Offenheit bildet normalerweise den besten Kompromiß im Betreuungsstil eines Kinderzentrums. Wenn die Kinder zu bestimmten Zeiten dem nachgehen können, was sie gerade interessiert, und zu anderen Zeiten mit neuen und möglicherweise interessanten Beschäftigungen vertraut gemacht werden, dann findet der Betreuungsstil die Balance zwischen zwei Extremen. Wie Sally Provence im 7. Kapitel sagt, ist es für Kinder wichtig, daß sie lernen, sowohl selbstbestimmt zu sein als auch auf andere zu hören. Denn im Leben wird beides verlangt.

Woran man die Qualität der Betreuung erkennt

Die meisten Eltern erfahren von befreundeten Familien und Nachbarn oder über das Anschlagbrett im Supermarkt etwas über die Betreuungsmöglichkeiten für ihr Baby oder Kleinkind. Sich auf diese Weise umzuhören hat den Vorteil, daß man Einrichtungen in der Nachbarschaft findet. Das ist bequem, bietet jedoch keine Qualitätsgarantie. Eltern, denen die Qualität der Betreuung wichtig ist, wenden sich manchmal an Experten, wie zum Beispiel an ihren Kinderarzt oder an ihren Pfarrer. Leider sind die meisten Experten, die Betreuungseinrichtungen empfehlen, selbst nie dort gewesen und wissen deshalb eigentlich nichts über deren Qualität (Clarke-Stewart, 1982). Kaum eine Mutter fragt bei ihrem örtlichen Sozialdienst nach Adressen von gemeldeten Tagesmüttern und Kinderzentren. Wenn man es tut, hat man damit die Garantie für die Einhaltung von ein paar Minimalnormen, die die räumlichen Verhältnisse und die Sicherheitsmaßnahmen betreffen – mehr nicht. Aber wenigstens ist sichergestellt, daß es einen Notausgang gibt und siebeneinhalb Quadratmeter Raum pro Kind.

Wir können uns auf zweckdienlich festgelegte Normen freuen, die die Räumlichkeiten, das Erziehungsprogramm und die Mitarbeiter betreffen, sobald die Zulassung für Kleinkinderzentren der „National Association for the Education of Young Children" (NAEYC) in Kraft tritt. Die NAEYC repräsentiert die Mehrheit der Betreuungspersonen und Erzieherinnen von kleinen Kindern in Kinderzentren und ist eine machtvolle Stimme für die Interessen der Kinder. Sie hat einen Kriterienkatalog herausgegeben, der Qualitätsmerkmale guter Kinderbetreuung umreißt und über den momentan diskutiert wird (Center Accreditation Project 5, Progress Report on the Center Accreditation Project, 1983). Ihre Vorschläge für qualitativ hochwertige Betreuung stimmen mit den hier beschriebenen überein. Derzeit ist die einzige Möglichkeit, sich der Qualität einer Betreuungsmaßnahme zu versichern, daß man sie selbst beurteilt. Und die einzige Möglichkeit, sie zu beurteilen, ist, daß man hingeht und beobachtet. Das Problem für die meisten Eltern liegt darin, daß sie nicht genau wissen, worauf sie achten sollten, wenn sie eine Betreuungseinrichtung besuchen, um sie zu beurteilen. Wenn die Erzieherin zu den Eltern nett ist, darf man dann daraus schließen, daß das Kind bei ihr gut aufgehoben sein wird? Schauen wir uns einmal einige Kriterien für qualitativ hochwertige Kinderbetreuung an.

Der Besuch bei der Betreuungseinrichtung

Es gibt keine staatlich sanktionierten Normen für gute Betreuung, aber es gibt Richtlinien, auf die man sich in Fachkreisen generell geeinigt hat. Um einzuschätzen, ob die Betreuung für Ihre Kinder geeignet ist, können Ihnen sowohl die feinfühligen Empfehlungen von Sally Provence als auch die etwas bodenständigeren Empfehlungen der Interagency-Gruppe, die im 7. Kapitel beschrieben wurden, eine Hilfe dabei sein, die richtigen Fragen zu stellen und auf die richtigen Punkte zu achten. Alison Clarke-Stewart (1982), in den Vereinigten Staaten eine Autorität auf dem Gebiet der Fremdbetreuung, sagt, daß die persönliche Beobachtung der Einrichtung durch die Eltern die beste Qualitätsgarantie abgibt. Nichts geht über die Augen und den Verstand informierter Eltern.

Nutzen Sie Ihr Wissen über die Kindesentwicklung, über entwicklungsfördernde Betreuung und über Ihr eigenes Kind, um potentielle Betreuungssituationen einzuschätzen. Niemand kann besser beurteilen als Sie, welche Betreuung zu Ihrem

Kind paßt. Hier sind jedoch einige Richtlinien aufgeführt, die die Wahl einer entwicklungsfördernden Betreuung für das durchschnittliche Kind im Baby- und Vorschulalter erleichtern.

Die Richtlinien stammen aus der *Skala zur Einstufung der Bedingungen der Frühen Kindheit* (Early Childhood Environment Rating Scale, Harms und Clifford, 1980), aus Alison Clarke-Stewarts *Fremdbetreuung* (1982), und aus unserer eigenen Forschung über Betreuungseinrichtungen. Die einzelnen Punkte verweisen auf bestimmte Aspekte der Betreuungseinrichtung, die wichtig für die Beurteilung der Betreuungsqualität sind. Die meisten können während eines halbstündigen Besuchs durch Beobachtung abgeklärt werden. Andere werden durch ein Gespräch mit den Erzieherinnen in Erfahrung gebracht. Und wieder andere verweisen auf Dinge, die es, sobald Ihr Kind die Betreuungseinrichtung besucht, beim Abliefern und Abholen und während gelegentlicher Besuche zu beachten gilt. Ich fasse die wichtigen und beobachtbaren Grundzüge von Kinderbetreuung zusammen, von denen die meisten Fachleute glauben, daß sie für das Wohlergehen und die Entwicklung von Kindern von höchster Bedeutung sind. Das Geheimnis einer guten Betreuung liegt wie immer darin, daß sie entwicklungsgemäß ist, und daß sie individuelle Unterschiede berücksichtigt.

Die Versorgung: Werden regelmäßige und appetitliche Mahlzeiten und Zwischenmahlzeiten serviert? Für Kinder unter zwei Jahren heißt das, daß Erwachsene die Babys auf den Schoß nehmen, sobald sie Hunger haben, und ihnen die Flasche geben und daß sie die Kinder, die bereits feste Speisen essen können, regelmäßig füttern und dabei mit ihnen plaudern. Für Kindergartenkinder sind Ausgewogenheit der Ernährung, Regelmäßigkeit der Mahlzeiten und Zwischenmahlzeiten und ein angenehmer Kontakt mit den Erwachsenen während des Essens von Bedeutung. Die Vorlieben, die die Kinder in bezug auf das Essen haben, sollten respektiert werden, auch wenn die Kinder ermutigt werden, neue Gerichte auszuprobieren. Eine weniger wünschenswerte Situation ist vielleicht gekennzeichnet durch unregelmäßige Mahlzeiten, minderwertige Nahrungsmittel, wenig Aufmerksamkeit der Erwachsenen, eine bedrückende Atmosphäre, oder all dies auf einmal. Stellen Sie sich vor, Sie wären ein Baby oder ein Kleinkind – würden Sie es genießen, hier zu essen?

Wird für angemessene Ruhepausen und rechtzeitigen Mittagsschlaf gesorgt? Der Raum für den Mittagsschlaf sollte großzügig bemessen, ruhig, gut durchlüftet und beaufsichtigt sein. Den Kindern sollte beim Einschlafen geholfen werden, indem sie ihre Schmusedecke oder Kuscheltiere bekommen. Das größere oder geringere Schlafbedürfnis mancher Kinder sollte respektiert werden, indem sie ihren Mittagsschlaf früher beginnen oder später beenden dürfen. Schlechte Schlafgelegenheiten sind gekennzeichnet durch überfüllte, stickige, laute Räume, strikt eingehaltene Schlafenszeiten und keine Beachtung der persönlichen Unterschiede im Schlafbedürfnis.

Werden die Kinder einigermaßen zur Sauberkeit erzogen? Es ist ganz schön für Kinder, wenn sie mit Fingerfarben malen und Sandburgen bauen und auf dem Boden herumkriechen können, aber es muß dann auch der Punkt kommen, an dem Sauberkeit angesagt ist, zum Beispiel vor dem Essen und Heimgehen. Wenn Kinder den ganzen Tag dort verbringen, sollten sie gelegentlich dazu angehalten werden, sich die Hände zu waschen, vielleicht auch das Gesicht, sich nach dem Essen die Zähne zu putzen, und überhaupt zu bestimmten Tageszeiten gewisse Hygienedinge zu beachten. Im Kindergartenalter sollten Kinder in diesen Dingen Selbständigkeit üben können. Entsprechend Ihrer Einstellung kann Sie Sauberkeit mehr oder weniger interessieren, aber zumindest sollten die Babys gewickelt werden, so oft das nötig ist. Vernachlässigte Hygiene oder unregelmäßige Sauberkeitsroutine kann für Ihr Kind gesundheitsschädlich sein. Eine übereifrige Betonung von Ordnung und Sauberkeit, meiner Meinung nach, ebenfalls.

Das Spielmaterial: Stehen genügend Spielsachen, Bücher, Gesellschaftsspiele und sonstige Spielgelegenheiten zur Verfügung? Zum Spielmaterial für Babys und kleine Kinder sollten solche

Spielsachen gehören, mit denen ein Kind ruhig und für sich alleine spielen kann, so wie Bücher, Puzzles, Bauklötzchen in verschiedenen Größen und Formen; solche für mehr gesellige Spiele, wie zum Beispiel Sachen zum Verkleiden, Haushaltsgeräte, Puppen und Stofftiere, Kasperlpuppen; und solche für kreative Beschäftigungen, wie Ton, Farben, Kreiden. Die Kinder sollten zu ungefährlichem Spielmaterial Zugang haben und beim Umgang mit Säge, Hammer, Messer und dergleichen ausreichend beaufsichtigt sein. Babys sollten verschiedene Erfahrungen mit ineinanderpassenden Schachteln, weichen und harten Spielsachen, Behältern, Klötzchen und ungefährlichen Gegenständen aller Art machen können.

Die Einrichtung als Ganzes: Ist der Raum, der den Kindern zur Verfügung steht, sowohl für harmonische Gruppenspiele als auch für individuellen Zeitvertreib geeignet? Überfüllte Räume lassen nicht die Vielzahl an Beschäftigungen zu, die wünschenswert ist. Räume für kleine Kinder sollten mit Teppichen ausgelegt sein, auf denen sie sitzen und krabbeln können; die Möbel sollten stabil und möglichst der Kindergröße angepaßt sein; es sollte gemütliche Ecken geben, wo es Spaß macht, Bilderbücher anzuschauen, Puzzles zu legen, Vater-Mutter-Kind zu spielen, mit Bauklötzchen zu bauen; und es sollte einen Garten geben, wo die Kinder Dreirad fahren, schaukeln, klettern, Versteckspielen, laufen und springen können. Überfüllte und eintönige Räumlichkeiten schaffen keine guten Bedingungen für die Betreuung von Kindern.

Sind die Räume hübsch und kinderfreundlich eingerichtet? Können die Kinder die Bilder und Anschlagtafeln betrachten, oder befinden sich diese in Augenhöhe der Erwachsenen? Wenn die Räume kindgerecht sein sollen, werden sie mit niedrigen Regalen für die ungefährlichen Spielsachen ausgestattet sein, mit geschlossenen Oberschränken für Spielmaterial, das die Betreuerinnen in Verwahrung haben, und mit leuchtenden, bunten Wanddekorationen an Stellen, wo die Kinder sie sehen können. Der Haushalt einer Tagesmutter kann natürlich nicht nach den gleichen, ausschließlich am Kind orientierten Kriterien beurteilt werden, aber man kann durchaus erwarten, daß er angenehme, gemütliche, sichere und saubere Räume bietet. Wenn die Wandfarbe abblättert, wenn es nur geschlossene Schränke gibt, wenn viele Spielsachen beschädigt sind oder wenn das Durcheinander vom Tag davor noch herrscht, dann sollten Sie sich fragen, ob dies die Umgebung ist, die Sie sich für Ihr Kind wünschen.

Die Betreuungspersonen: Besitzen die Betreuungspersonen genügend Kenntnisse über die Kindesentwicklung, um eine gute Betreuung zu gewährleisten? Eine Ausbildung auf dem Gebiet der Kindesentwicklung oder Kleinstkindererziehung ist die beste Garantie dafür, daß die Betreuungspersonen wissen, was sie von Babys und kleinen Kindern erwarten dürfen und daß sie die individuellen Unterschiede zwischen den Kindern respektieren werden. Mütter, die selbst mehr als ein Kind haben, sind, meiner Erfahrung nach, ebenfalls eher dazu in der Lage. Versuchen Sie, von den Betreuungspersonen etwas über ihre Ausbildung und über ihre Erfahrung mit Babys und kleinen Kindern zu erfahren, bevor Sie ihnen Ihr Kind anvertrauen.

Werden die Kinder genügend beaufsichtigt, ohne daß ihr Freiraum eingeschränkt wird? Wenn die Räume mit sicheren Materialien und Möbeln ausgestattet sind, können die Betreuungspersonen die Kinder darin beaufsichtigen, ohne in ihre Spiele und Unterhaltungen einzugreifen, solange diese friedlichen Charakter haben. Wenn kleine Kinder in einen nicht enden wollenden Streit geraten, sollten die Bezugspersonen eingreifen und dabei helfen, daß die Sache beigelegt wird, ohne daß einer der Beteiligten dabei Schaden nimmt. Streitigkeiten können wichtige Lernerfahrungen für kleine Kinder sein, wenn die Bezugspersonen ihnen helfen zu lernen, wie man den Gebrauch der begehrten Gegenstände aushandelt (abwechselnd damit spielen), wie man mit Prioritätsstreitigkeiten umgeht (ich komme zuerst dran), und Beteiligungsprobleme löst (ich will auch mitmachen). Es ist nicht hilfreich, wenn die Betreuungspersonen die Streitigkeiten nach den Richtlinien Erwachsener schlichten, denn Kinder denken nicht wie Erwachsene, und sie verstehen die Prinzipien von Handlungsweisen nicht, die ihnen von Erwachsenen aufgedrängt werden. Sie müssen nach ihren kindlichen Regeln verhandeln dürfen, aber dabei davor bewahrt werden, daß sie sich gegenseitig übel mitspielen.

Werden die Kinder in potentiell gefährlicher Umgebung und beim Hantieren mit potentiell gefährlichen Gegenständen genug beaufsichtigt? Es versteht sich von selbst, daß Sie Ihr Kind in Sicherheit wissen wollen. Kleinkinder muß man davor schützen, daß sie Treppen hinunterstürzen oder von Erwachsenenmöbeln fallen. Bei etwas größeren Kindern muß darauf geachtet werden, daß sie sich nicht mit scharfen und spitzen Gegenständen verletzen und daß ihnen andere, körperlich aggressive Kinder, nicht weh tun. Es mag für Kinder ganz richtig sein, daß sie ausprobieren dürfen, wie man Nägel hämmert oder Sellerie schneidet, aber dabei müssen Erwachsene in nächster Nähe sein, um Verletzungen zu verhindern. Babys müssen auspobieren können, wie man sich an Möbeln hochzieht und wie man Stufen hinaufsteigt, aber sie brauchen Erwachsene, die sie im Notfall auffangen.

Nutzen die Betreuungspersonen jede Gelegenheit, um mit den großen und kleinen Kindern zu plaudern? Das meiste, was Kinder über die Welt erfahren, erfahren sie durch Gespräche mit Erwachsenen. Sowohl Erfahrungen mit materiellen wie immateriellen Dingen bedürfen der Interpretation durch Erwachsene – das Benennen von Gegenständen, Gefühlen, Beziehungen und Wünschen. Die Sprache ist das wichtigste Medium, um den Dingen Bedeutung zu verleihen und um Ansichten auszutauschen, die sich Kinder in ihren Kleinkindjahren aneignen. In einer empfehlenswerten Einrichtung verbringen die Bezugspersonen den größten Teil der wachen Zeit der Kinder in verbaler Kommunikation mit ihnen, ob sie nun Geschichten vorlesen, beschreiben, wie sich Sand anfühlt, oder erklären, wie man mit einem Besen kehrt. Sie sollten die Fragen der Kinder beantworten und auf die deutenden Fingerchen der Babys eingehen, indem sie den Namen der bezeichneten Gegenstände nennen oder kurz beschreiben, was dort, wo es hinzeigt, vor sich geht. Erwachsene sollten auch zuhören, wenn die Kinder etwas zu sagen oder zu fragen haben, und in angemessener Weise antworten. Wenn die Betreuerinnen reden, reden, reden und zuhören, zuhören, zuhören, ist das ein Indiz dafür, daß die Stelle gut ist.

Der Tagesablauf: Gibt es jeden Tag bestimmte Zeiten für Musik und Gesang, Vorlesen, Spiel im Freien, Malen, freien Zeitvertreib und Ruhe? Ein gutes Tagesprogramm sieht sowohl bestimmte eingeteilte Beschäftigungen vor als auch einen bestimmten Freiraum, der der individuellen Gestaltung überlassen bleibt. Freies Spiel sollte mit beaufsichtigten, von Erwachsenen gelenkten Aktivitäten abwechseln, damit die Kinder eine Struktur haben, die den Tag „trägt", und trotzdem genügend freie Zeit, in der sie persönliche Entscheidungen treffen können.

Gibt es feste Zeiten für die große Gruppe, für die kleine Gruppe und für freie Wahl? Für Babys und Kleinkinder ist eine Gruppe von begrenztem Wert, Interaktionen mit Erwachsenen sind nützlicher für sie. Den größeren Kindern jedoch verlangt das Zusammensein mit Gleichaltrigen soziale Fähigkeiten ab, die sie lernen sollten – in kleinen Dosierungen. Sie müssen lernen, einer Kindergärtnerin zuzuhören, wenn sie gleichzeitig zu zehn Kindern spricht; still zu sitzen und einer Geschichte zu lauschen; zu lauschen, wie ein Besucher etwas von Gitarrensaiten erzählt; in Reih und Glied durch eine Ausstellung über Naturgeschichte zu gehen. Dies sind für Kindergartenkinder wichtige soziale Fähigkeiten. Kleine Gruppen sind leichter zu verkraften, sowohl für die Kinder als auch für die Erwachsenen. Wenn eine Gruppe von zwei oder drei Vierjährigen etwas zusammen macht, ist das weniger anstrengend und weniger frustrierend für die Kinder selbst und für die Erwachsenen, als eine größere Gruppe, weil jedes Kind mehr Gelegenheit hat, mitzumachen und sich zu äußern. Der größte Teil des Tages sollte in kleinen Gruppen und mit frei gewählten Beschäftigungen verbracht werden.

Die Beziehung zu den Eltern: Reden die Mitarbeiter mit den Eltern über die Aktivitäten, Entwicklungsschritte, Probleme und besonderen Talente ihrer Kinder? Es sollten regelmäßige Elternsprechzeiten und Elternabende angesetzt sein, wo Eltern und

Mitarbeiter sich sowohl in der Gruppe als auch einzeln austauschen können. Eltern müssen Bescheid wissen über die Aktivitäten im Kinderzentrum und welche Fortschritte ihr Kind dabei macht. Betreuerinnen haben oft einen wertvollen Blick für die besonderen Belange der einzelnen Kinder, weil sie mit vielen Kindern Erfahrung haben. Die Erfahrung der meisten Eltern beschränkt sich auf die eigenen Kinder und auf die im Bekanntenkreis. Je nach Ausbildung und Erfahrung der Betreuerin kann ihre Perspektive mehr oder weniger psychologisch fundiert sein. Aber unabhängig von ihrer Kompetenz werden Sie doch zumindest wissen müssen, wie sie Ihr Kind sieht. Fragen Sie die Mitarbeiter, ob es regelmäßige Gespräche mit den Eltern gibt, in der Gruppe und auch einzeln.

Erleichtern die Mitarbeiter dem Kind den Abschied beim Gebracht- und Abgeholtwerden? Bei seiner Ankunft am Morgen sollte das Kind freudig begrüßt werden, auch wenn es selbst keine Freude darüber zeigt, abgeliefert zu werden. Genauso sollte es am Nachmittag herzlich verabschiedet werden, voll Vorfreude auf den nächsten Tag, egal ob es die Herzlichkeit erwidert oder nicht. Die Mitarbeiter sollten mit ihrer Zuversicht, daß über kurz oder lang alles gutgehen wird, die Eltern darin unterstützen, ihr Kind an die Betreuungssituation zu gewöhnen. Und sie sollten die Eltern darin unterstützen, ihr Kind ans Nach-Hause-gehen zu gewöhnen, auch wenn es scheinbar lieber vierundzwanzig Stunden am Tag im Kindergarten spielen möchte. Der Schlüssel liegt hier in der Kommunikation. Eltern, Mitarbeiter und Kinder müssen über ihre jeweiligen Erwartungen reden. Also – etwas sagen und fragen.

Fröhliche Kinder: Wirken Babys und Kinder in dieser Einrichtung fröhlich und ausgelastet? Der wichtigste Lackmus-Test einer jeden Kinderbetreuung ist wahrscheinlich der Eindruck, den die Kinder auf den Beobachter machen. Unter guten Betreuungsbedingungen werden die Kinder fröhlich wirken und mit ganzem Herzen bei ihrer Beschäftigung sein, während sie unter weniger guten Betreuungsbedingungen viel mehr weinen, miteinander streiten und sinnlos herumlaufen, weil sie nicht wissen, was sie tun sollen. Da wirken sie nicht nur gelangweilt, sie sind es auch. Lassen Sie sich durch die Ausrede, es handele sich um eine „offene Gruppe", nicht irreführen; eine gute offene Gruppe ist keine chaotische, desolate Situation, sondern eine gut organisierte Umgebung, in der die Kinder selbst entscheiden können, womit sie sich beschäftigen wollen.

Worauf man achten soll

Alison Clarke-Stewart (1982) bietet uns eine Checkliste zur Beurteilung der Qualität von Betreuungseinrichtungen. Diese Liste wurde von Marilyn Bradbard und Richard Endsley entwickelt. Sie entnahmen der Forschungsliteratur eine Liste von wichtigen Punkten und legten sie einer Gruppe von Experten für Kindesentwicklung vor, mit der Frage, welche Punkte ihrer Meinung nach die besten Betreuungsbedingungen widerspiegelten. Danach überprüften sie die Liste durch eigene Feldforschungen, indem sie verschiedene Kinderzentren anhand dieser Liste von Müttern und Studenten testen ließen. Die Zentren waren bereits unabhängig davon von Experten beurteilt worden. Jetzt wurden nur die Punkte, von denen sich herausstellte, daß sie den Unterschied aufzeigten zwischen den Zentren, die die Experten als gut befanden, und denen, die von ihnen als minderwertig bezeichnet wurden, in eine revidierte Form der Liste eingesetzt.

Im Unterschied zu den bisher aufgezählten Kriterien, die qualitativ hochwertige Betreuungsbedingungen beschreiben, egal ob in einem Kinderzentrum oder bei einer Tagesmutter, sind die Punkte dieser Checkliste speziell auf die Situation eines Kinderzentrums zugeschnitten. Trotzdem lassen sich einige davon natürlich ebensogut auf jede andere Betreuungsart beziehen. Die Liste ist zum Gebrauch während des Besuchs in einem Zentrum gedacht.

Gesundheit und Sicherheit

- Erwachsene rauchen nicht in Räumen, in denen sich Kinder aufhalten.
- Die Fußböden sind sauber.

- Die Fußböden sind mit Teppichen oder rutschfestem Belag ausgelegt.
- Die Eßräume sind sauber und ansprechend.
- Kein Kind hat schmutzige Windeln oder Höschen an.
- Es ist jederzeit mindestens ein Erwachsener anwesend, um die Kinder zu beaufsichtigen.
- Putzmittel, Medikamente und giftige Chemikalien sind außer Reichweite der Kinder aufbewahrt (auf einem hohen Regal oder in einem verschließbaren Schrank).
- Die Steckdosen haben Kindersicherungen.
- Eine Hausapotheke (Jod, Pflaster, Verbandmull, Thermometer) ist vorhanden (nachfragen).
- Spielsachen und sonstige Einrichtung sind in gutem Zustand (keine scharfen Kanten; kein splitterndes Holz; keine abblätternde Farbe; keine schadhaften elektrischen Leitungen; keine losen Teile an Spielsachen, die verschluckt oder eingeatmet werden könnten).
- Schwere Möbelstücke (Wandschränke, Bücherregale) stehen oder hängen sicher und fest, sie können nicht umkippen und auf die Kinder fallen.
- Die Mitarbeiter führen Aufzeichnungen über jedes Kind (Notfall-Telefonnummern, medizinische Einzelheiten).
- Handwerkszeug oder Küchengeräte (Hämmer, Scheren) und andere scharfe Gegenstände werden nur unter Beaufsichtigung benutzt.

Räumlichkeiten

- Jedes Kind hat einen eigenen Platz, um seine persönlichen Dinge aufzubewahren (verschließbares Fach, Schublade, Bord).
- Ein dunkler und ruhiger Raum steht für den Mittagsschlaf zur Verfügung (Vorhänge können zugezogen werden, Kinderbettchen können in separatem Raum aufgestellt werden, oder es sind Schlafzimmer vorhanden).
- In den Regalen ist genug Platz, damit die Kinder ihre Spielsachen wieder wegräumen können.
- Die Fenster sind tief genug, daß die Kinder hinausschauen können.
- Temperatur und Luftfeuchtigkeit sind angenehm (durchschnittlich 20 bis 22 Grad Celsius, 40 bis 60 Prozent Luftfeuchtigkeit).
- Verschiedene Bilder, Poster und Mobiles sind in Sichthöhe der Kinder aufgehängt.
- Die sanitären Anlagen sind den Kindern leicht zugänglich.
- Das Haus hat einen direkten Zugang zu einem umzäunten Hof oder Garten.
- Es gibt einen überdachten Hof- oder Gartenanteil, wo auch an Regentagen im Freien gespielt werden kann.
- Der Hof beziehungsweise Garten ist leicht überschaubar (keine versteckten Ecken, wo die Kinder nicht gesehen werden können).

- Der Hof beziehungsweise Garten hat teilweise einen trockenen und weichen Boden (Sand, Gras zum Balgen, Laufen, Sitzen) und teilweise einen harten Belag (zum Dreiradfahren).
- In den Innenräumen gibt es einen Spielbereich mit weichen Flächen (Kissen, Matten, Teppiche, Sessel, Sofas).
- Die Innenräume sind nicht mit Möbeln ausgestattet, die die Kinder nicht anfassen dürfen.
- Der Raum ist nicht überfüllt (zu viele Kinder, zu viele große Gegenstände).

Spielmaterial, Ausstattung und Aktivitäten

- Ansprechende und gut geschriebene Kinder- und Bilderbücher sind vorhanden.
- Spielmaterial und Ausstattung gestatten sowohl ruhiges Spiel (Bücher, Puzzles) als auch aktives Spiel (Dreiräder und ähnliches, Klettergerüste).
- Es gibt genug Spielsachen und -material, so daß Kinder nicht länger als ein paar Minuten warten müssen, um sie benutzen zu können.
- Die Kinder haben in den Räumen und auch im Freien die Möglichkeit, zu laufen und zu klettern.
- Die Kinder können einen Großteil der Zeit (außerhalb der Zeiten für Mittagsschlaf, Essen und Übungen) zwischen mehreren Beschäftigungen wählen (Vorlesen, Musik, Malen, Puzzles).
- Sowohl Buben als auch Mädchen steht das ganze Spektrum von Beschäftigungen offen (Verkleiden, Familie spielen, Puppen für Buben; Autos und Lastwägen, Werkzeuge, Spielfahrzeuge und Klettergerüste für Mädchen).
- Die Kinder können mit einigen oder mit allen der folgenden Materialien arbeiten: Farben, Kreiden, Stifte, Kleber, Ton oder Teigmasse, Sand, Wasser, Scheren, Papier, Knöpfe.
- Zwei oder mehr der folgenden Ausstattungsgegenstände stehen zur Verfügung: Spielfahrzeuge (Dreiräder und ähnliches), Klettergerüste, Spielsachen, die man hinter sich herziehen kann, Balancebalken, Sachen zum Schlagen und Hämmern, Sachen zum Auffädeln, ineinander passende Schachteln.
- Zwei oder mehr der folgenden Ausstattungsgegenstände stehen zur Verfügung: Gesellschaftsspiele (Mensch-ärgere-Dich-nicht, Domino und ähnliches), Musikspielzeuge oder -instrumente, Spielsachen, mit denen man Lesen, Schreiben und Rechnen üben kann (Spielkarten, Puzzles, Bücher, Zeichenblöcke).
- Die Kinder können mit Bau- und Konstruktionsmaterial arbeiten (Holz, Pappe, Kartons, Klötzchen, Lego, Fischer-Technik).
- Der Spielbereich im Freien verfügt über zwei oder mehr der folgenden

Dinge: Bauklötze, Pappe oder Kartons zum Bauen, Sandkasten und Sandspielsachen, Rutschbahn, Spielfahrzeuge, Schaukel, Turnstange, Reifen.
- Die Spielsachen und -materialien sind zugänglich, ohne daß man fragen muß (in niedrigen, offenen Regalen, in Spielzeugtruhen).
- Sowohl die Kinder als auch die Erwachsenen beteiligen sich am Aufräumen (Tisch abräumen, Wäsche zusammenlegen, Farben wegräumen).

Mitarbeiter

- Es sind genug Erwachsene da, um individuelle Zuwendung zu gewährleisten (wahrscheinlich mindestens ein Erwachsener für jeweils sechs Kinder, mehr für Kinder unter drei Jahren).
- Es gibt sowohl männliche als auch weibliche Mitarbeiter (oder Erwachsene im Haus).
- Die Erwachsenen haben eine gewisse Ausbildung auf dem Gebiet der Kindesentwicklung und Kinderbetreuung (nachfragen).
- Die Erwachsenen betrachten die Kinderbetreuung als ihren Beruf (sie nehmen an Tagungen teil, lesen Fachbücher, gehören einer unterstützenden Netzorganisation der Betreuer an, haben Verbindung zu anderen Gemeindestellen), und nicht bloß als vorübergehende Beschäftigung (nachfragen).
- Die Erwachsenen erklären, was sie möchten, ausführlich und für Kinder verständlich, sie knien sich dabei hin oder beugen sich zu den Kindern hinunter, wenn sie mit ihnen sprechen.
- Die Erwachsenen gehen auf die Fragen der Kinder ein.
- Die Erwachsenen belehren die Kinder manchmal, aber nicht immerzu (das kann auf formlose Weise geschehen – sie erklären, benennen, lesen vor).
- Es gibt irgendeine Art von Unterrichtsprogramm.
- Die Erwachsenen verbringen nicht ihre ganze Zeit mit einem einzigen Kind, während die anderen Kinder nicht wissen, was sie tun sollen.
- Es werden keine körperlichen Strafen angewendet.

Kinder

- Die Kinder wirken fröhlich (lachen, scherzen) in Gegenwart der Erwachsenen.
- Die Kinder sind beschäftigt und werden beteiligt (sie stehen oder sitzen nicht gelangweilt herum, sie warten nicht lange Zeit auf etwas).
- Jedes Kind verbringt einige Zeit mit Interaktionen mit anderen Kindern (spielen, plaudern, arbeiten miteinander).

- Die Kinder scheinen einander zu mögen (helfen sich gegenseitig, lächeln, bestätigen einander, spielen).
- Die Kinder sind nicht böse miteinander (schlagen, knuffen, zwicken, stoßen, Spielzeug wegnehmen).
- Die Kinder sind in relativ kleine Gruppen aufgeteilt (nicht mehr als achtzehn Kindergartenkinder oder elf Kleinkinder oder sieben Babys).
- Es gibt sowohl Buben als auch Mädchen.
- Der Altersunterschied innerhalb einer Gruppe beträgt ungefähr zwei Jahre.
- Die Kinder suchen sich selbst neue Beschäftigungen aus.

Eltern

- Die Mitarbeiter ermutigen die Eltern dazu, zu Besuch zu kommen, wann immer sie wollen.
- Die Mitarbeiter beantworten bereitwillig die Fragen der Eltern oder erzählen gerne von ihren Unternehmungen.
- Die Mitarbeiter sind in Fragen der Disziplin oder des Umgangs mit Kindern einer Meinung mit den Eltern.

Individualität

- Die Betreuungseinrichtung ist in der Lage, auf individuelle Bedürfnisse und das Temperament Ihres Kindes einzugehen.

Zu Besuch bei der Betreuungseinrichtung – und was nun?

Nehmen Sie diese Checkliste zu Ihren Besuchen bei Betreuungseinrichtungen, die in Frage kommen, mit, sie wird Ihnen bei Ihren Beobachtungen helfen. Sie werden feststellen, genau wie wir bei unseren Forschungen festgestellt haben, daß ein guter Punkt bei einer Betreuungseinrichtung selten alleine steht (McCartney et al., 1982; McCartney et al., 1983). Gutes kommt selten allein – und Schlechtes kommt ebenfalls selten allein. Das trifft auf so viele Dinge zu. Unzulängliche Betreuung ist auf der ganzen Linie vernachlässigend, nicht sicher genug und nicht besonders anregend und fördernd. Ausgezeichnete Betreuung ist individuell auf die einzelnen Kinder zugeschnitten, sie ist entwicklungsgemäß, zeigt Respekt gegenüber kindlichen Gefühlen, sie ist anregend und macht Spaß; die Erzieherinnen widmen einen großen Teil ihrer Zeit den einzelnen Kindern, sowie auch den Bedürfnissen der Gesamtheit der Kinder in ihrer Obhut.

In Betreuungseinrichtungen, wo konstruktive Interaktionen zwischen Erwachsenen und Kindern möglich sind, wo die Erzieherinnen eine Ausbildung auf dem Gebiet der Kindesentwicklung haben, wo gutes Spielmaterial zur Verfügung steht, da gibt es auch gutes, hochwertige Nahrung, geplante Aktivitäten, individuelle Zuwendung beim Füttern, Wickeln und so weiter. Schlechte Betreuungseinrichtungen haben überarbeitete und nicht-ausgebildete Betreuungspersonen, wenig Spielmaterial, schlechtes Essen und einen unstrukturierten Tagesablauf, wo die Kinder ihre Zeit vergeuden oder verwildern. Wenn Sie in einem Kinderzentrum oder bei einer Tagesmutter mitten am Vormittag beobachten, daß die Kleinkinder herumhängen und nicht wissen, was sie tun sollen, und daß die Babys in ihren Bettchen herumliegen, dann können Sie ziemlich sicher sein, daß dieser Ort nicht die Betreuung bieten wird, die Sie Ihren Kindern zukommen lassen möchten. Wenn jedoch die Kinder begeistert bei der Sache sind, die Betreuungsperson innerhalb von etwa einer halben Stunde mit jedem Kind einmal Kontakt hatte, wenn reichlich verschiedene Spielsachen vorhanden sind, dann brauchen Sie gar nicht bis zum Mittagessen zu warten, um herauszufinden, ob es gutes Essen gibt. Wahrscheinlich wird eine so gesunde und ausgewogene Mahlzeit serviert, wie sie Ihr Kind zu Hause gar nicht kriegen würde.

Nehmen wir einmal an, Sie verabreden einen Besuch in einer Betreuungseinrichtung. Verabreden Sie sich nicht für den frühen Nachmittag – da schlafen alle. Mittagsruhe ist in einer Kinderbetreuungseinrichtung so normal wie in einem spanischen Dorf. Die Zeit während des Mittagessens bietet hingegen eine gute Gelegenheit, um formlose Interaktionen zwischen den Kindern und Mitarbeitern zu beobachten. Allerdings werden Sie dabei nicht viel über das Erziehungsprogramm erfahren. Die besseren Zeiten für einen Besuch sind der Vormittag oder der späte Nachmittag, nach drei Uhr, wenn die Kinder ihren Mittagsschlaf hinter sich haben. Die erste Stunde morgens, von 8 bis 9 Uhr etwa, kann sehr aufschlußreich sein. Wie begrüßen die Erzieherinnen die Kinder, und wie helfen sie den Kindern mit dem Abschied von den Eltern, besonders den Kindern, die sich dagegen wehren, daß Papi weggeht? Werden die Kinder freudig begrüßt? Warten schon interessante Beschäftigungen auf sie, mit denen es Spaß macht, den Tag zu beginnen? Werden weinende Kleinkinder getröstet?

Zu jeder frühen Vormittags- und späten Nachmittagsstunde sollte es möglich sein zu beobachten, wie mit den Bedürfnissen der Kinder umgegangen wird, und zwar sowohl in der Gruppe als auch einzeln. Die Checkliste wird Ihre Aufmerksamkeit auf bestimmte Aspekte der Betreuung lenken. Zum Beispiel: werden die Babys von Zeit zu Zeit hochgenommen und unterhalten? Gibt es einen warmen und ungefährlichen Raum, wo die Kleinen mit ihren Spielsachen herumkullern und krabbeln können? Ist ein Erwachsener da, der mit jedem einzelnen Krabbelkind einmal redet und lacht und sich um es kümmert? Gibt es für die Kinder, die groß genug dazu sind, im Freien etwas zum Spielen und Gelegenheit zum Malen oder Modellieren? Werden an Regentagen Geschichten vorgelesen oder Gruppenspiele inszeniert? Eine gute Betreuungseinrichtung wird den ganzen Tag interessante und geeignete Betätigungen für jedes Kind bereithalten.

Sprechen Sie mit der Leiterin über ihre Ansichten über Kindererziehung. Fragen Sie sie nach den Prioritäten an ihrer Einrichtung: Was ist ihrer Meinung nach das Wichtigste bei der Betreuung von Babys und kleinen Kindern? Wenn sie gar nicht versteht, was Sie meinen, dann können Sie diese Stelle vergessen. Eine gut ausgebildete Leiterin oder Tagesmutter weiß, daß jede Betreuung die eine oder andere Anschauung über Kindererziehung vertritt, je nachdem, worin die Leiterin ihre Verantwortung gegenüber den Kindern sieht. Legt sie viel Wert auf Ordnung und Gehorsam, auf Freiheit und Selbstbestimmung, oder eher auf ein harmonisches Zusammenwirken dieser beiden Aspekte? Sieht sie die Vorschuljahre als eine sorglose Zeit der Entdeckungsreisen oder als eine immens wichtige Lernperiode? Sicherlich werden Sie sich eine Fremdbetreuung wünschen, die zu Ihren eigenen Anschauungen über Kindererziehung paßt, ob sie nun Kontrolle oder Nachgiebigkeit, Unbekümmertheit oder frühes Lernen betont. All diese Erziehungsstile können für Kinder vollkommen in Ordnung sein, wenn sie nicht bis ins Extrem getrieben werden. Indem Sie mit der Leiterin über ihre Erziehungsphilosophie plaudern und den praktischen Teil der Betreuung selbst beobachten, können Sie sich in weniger als einer Stunde ein ziemlich klares Bild von einer Betreuungseinrichtung machen. Da Ihr Kind Hunderte von Stunden in Fremdbetreuung verbringen wird, ist es eine lohnende Investition, wenn Sie sich eine Stunde Zeit nehmen, um jede Einrichtung, die in Frage kommt, auf diese Weise zu prüfen.

Notfallsysteme

Egal welche Art der Kinderbetreuung Sie wählen, es wird garantiert von Zeit zu Zeit Probleme geben. Kindermädchen werden manchmal krank, nehmen Urlaub, haben sterbende Verwandte und kommen nicht, wenn es schneit. Tagesmütter werden ebenfalls manchmal krank, nehmen Urlaub, haben sterbende Verwandte, und Sie können Ihre Kinder nicht zu ihnen bringen, wenn es schneit. Wenn die Kinder einmal krank sind, was sich nicht vermeiden läßt, werden Tagesmütter nicht so leicht wie Kindermädchen dazu bereit sein, sie trotzdem zu versorgen, weil bei ihnen andere Kinder angesteckt werden könnten. Kinderzentren sind wegen der großen Ansteckungsgefahr sogar noch empfindlicher bei leichten Erkrankungen, aber sie schließen nicht gleich, wenn eine einzelne Erzieherin krank geworden ist. Erst kürzlich sind in mehreren Städten der USA Krankenhäuser auf die Idee gekommen, daß die Eltern kranker Kinder weiter arbeiten müssen, und daß sie ihnen eine Krankenschwester oder ausgebildete Pflegerin ins Haus schicken können, damit sich jemand um das kranke Kind kümmert. Für eine Gebühr von etwa 5 Dollar pro Stunde kann man sich also im Notfall eine Hilfe nehmen – nicht schlecht, wenn man die Alternativen bedenkt.

Kinderzentren sind normalerweise am wenigsten flexibel in ihren Öffnungszeiten; die Kinder dürfen nicht vor soundsoviel Uhr gebracht oder nach soundsoviel Uhr abgeholt werden. Was macht man dann, wenn man einmal länger arbeiten muß, oder wenn man eine Autopanne hat? Tagesmütter sind normalerweise flexibler; wenn Sie eine Stunde zu spät kommen, richtet die Tagesmutter vielleicht bereits das Abendessen für ihre Familie her, aber sie hat Ihr Kind nicht in den Regen hinausgeschickt oder dem Kinderheim übergeben.

Für die Kinder-Fremdbetreuung braucht man Notfallsysteme, wie für die Raumfahrt auch, die dafür sorgen, daß alles weiterläuft, wenn die Hauptversorgung ausfällt. Sogar die Organisationsgenies unter den Eltern – und ich rechne mich dazu – können ohne einen vorher geregelten Notfallplan mit manchen Fremdbetreuungsproblemen nicht fertig werden. Was können berufstätige Eltern also unternehmen, um ein Familiensystem für den Notfall abzusichern, das in so hohem Maße von der Unermüdlichkeit und der Gesundheit all seiner Mitglieder abhängt? Eine Möglichkeit besteht darin, den eigenen Tagesablauf flexibel zu halten. Eltern, deren Arbeit es erlaubt, daß sie sich im Notfall *ad hoc* freinehmen, können sich normalerweise ablösen, wenn das Kindermädchen oder die Tagesmutter indisponiert ist oder wenn das Kind krank ist. Verständnisvolle Arbeitgeber, Freiberuflichkeit, Selbständigkeit und Teilzeitarbeit machen es einem leichter, wenn die Fremdbetreuung gelegentlich einmal ausfällt.

Ein weiteres Notfallsystem ist die Kooperation mit anderen Eltern, deren Ersatzteile für Ihr Raumschiff passen und umgekehrt. Wenn Ihr Kindermädchen deren Kinder mitbetreuen kann, wenn sie gerade einmal in einer Klemme sind, dann kann deren Kindermädchen auch Ihre Kinder einmal hüten, wenn Sie sich in einer ähnlichen Notlage befinden. Das geht gut, solange die Eltern sich darüber einig sind, daß eine leichte Ansteckungsgefahr für die Kinder weniger schlimm ist, als wenn Sie die Nerven verlieren. Wenn Sie bereit sind, deren Kinder vom Zentrum abzuholen, wenn sie selbst es einmal nicht schaffen, werden sie gleichfalls bereit sein, Ihnen in der gleichen Weise auszuhelfen.

Auch Freundinnen, die Ganztags-Mütter sind, werden in einer wirklichen Notlage einmal Ersatzbetreuerin spielen. Aber sie sind oft von vorneherein nicht gut auf Ihre Berufstätigkeit zu sprechen und deshalb, verständlicherweise, nicht gerade scharf darauf, Sie von Ihren Schuldgefühlen zu befreien oder Ihr wackeliges Fremdbetreuungssystem zu unterstützen. Dieses Notfallsystem kann also unter Umständen einen psychischen Aufwand erfordern.

Manchmal gibt es Nachbarinnen, die zwar keine regelmäßigen Verpflichtungen eingehen wollen, die jedoch bereit sind auszuhelfen, wenn man sie einmal wirklich braucht. Wenn man mit ihnen ausmacht, daß man die Kinder bringen kann, wenn das Zentrum einmal geschlossen ist oder das Kindermädchen nicht kommen kann, hält man das Familienraumschiff auf Kurs.

Nur wenige unter uns können ihre Kinder auch einmal mit zur Arbeit bringen, wenn es nicht anders geht. Von meinen Kindern hat jedes schon Vorlesungen beigewohnt, Besprechungen miterlebt und mittags in der Mensa gegessen, wenn alle Stricke gerissen sind. Ausgerüstet mit Malbüchern, Schmusedecken und Spielsachen sind sie alle schon mit Vater oder Mutter zur Arbeit gegangen, weil nichts anderes mehr möglich war. Nicht viele Eltern teilen dieses Privileg, aber bei denen, die die Möglichkeit dazu haben, funktioniert es gut. Die Kinder genießen die außergewöhnliche Situation, und die Eltern haben wieder einmal eine Fremdbetreuungs-Krise überstanden.

Das wirkliche Problem bei all diesen Regelungen liegt darin, daß es sich bei allen um ganz individuelle, hausgeschneiderte Lösungen für ein universelles Elterndilemma handelt: Wie kann Kindern eine vorbildliche Betreuung gewährleistet werden, während ihre Eltern ihrem Beruf nachgehen? Es sollte eigentlich eine öffentlich geregelte Kinderbetreuung mit eingebautem Notfallsystem geben, so daß Eltern berufstätig sein können, ohne sich um das Wohl ihrer Kinder Sorgen machen zu müssen. Weil wir solche koordinierten Systeme nicht haben, muß jeder einzelne von uns sein eigenes kleines Raumschiff bauen. Und jedes Raumschiff braucht sein Notfallsystem. Berufstätige Eltern werden wirklich als Sozialingenieure auf die Probe gestellt.

10. Kinderbetreuung geht alle an

Wie die Mehrheit der Amerikaner, so hegte auch ich einen gewissen Argwohn gegenüber „Kinderbetreuung". Vor ein paar Jahren betrachtete man sie noch als eine Einrichtung für Mütter, die es sich nicht leisten konnten, zu Hause zu bleiben (trotz des immer wiederkehrenden Refrains vom Zuhause als dem Ort, „wo sie hingehörten"). In jenen Tagen war Kinderbetreuung eine Sache für die Armen und Unterprivilegierten.

Glücklicherweise hat sich die Einstellung zu den Bedürfnissen der Frauen und den Bedürfnissen der Berufstätigen im allgemeinen, egal ob Männer oder Frauen, weitgehend geändert. Ich habe an vielen Diskussionen zu diesem Thema teilgenommen, und ich habe eine Menge gelernt. Meine beste Informationsquelle hatte ich im eigenen Haus – Betty ist jederzeit aktiv und offen gewesen, wenn es um die Rechte und Rolle der Frauen ging. Manchen Männern in meinem „großväterlichen" Alter ist es meiner Meinung nach schwergefallen zu begreifen, was mit „unseren" Frauen vor sich gegangen ist. Durch Bettys Führung ist es mir jedoch leichtgefallen, das zu verstehen.

Mir ist klar geworden, daß heutzutage die Bereitstellung einer qualitativ hochwertigen Kinderbetreuung für die Allgemeinheit ein unbedingtes Erfordernis in unseren Gemeinden ist – ob groß- oder kleinstädtisch, ländlich, industriell, mittelständisch oder arm. Um diese Betreuung zu ermöglichen, bedarf es unserer gemeinsamen Anstrengung. Und zwar ab sofort (Gerald Ford, 1983, S. 16).

Netzorganisationen für Kinderbetreuung

In der eigenen Gemeinde etwas auf die Beine zu stellen, um gute Kinderbetreuung zu gewährleisten, ist der direkteste, wenn auch nicht der einzige Weg, auf dem man für kleine Kinder gute Betreuung organisieren kann. Eltern können einen beachtlichen Beitrag zu erstklassiger Kinderbetreuung leisten, indem sie sich mit anderen Eltern zusammenschließen und gemeinsam Gelder beschaffen, Räumlichkeiten suchen, Anzeigen aufgeben, um Erzieherinnen zu finden, sowie, und das ist das beste, dabei mithelfen, ein Netzwerk von Betreuungseinrichtungen zu schaffen.

> Malen Sie sich einmal eine Gemeinde aus, wo ungefähr die Hälfte aller Frauen mit Kindern ganztags außer Haus arbeiten, und wo etwa die Hälfte der Mütter es vorzieht – und dazu in der Lage ist – als Vollzeit-Hausfrauen zu Hause zu bleiben. Unter denen, die zu Hause bleiben, sind Mütter, die sich um die Betreuung der Kinder von den Müttern kümmern, die berufstätig sind ...
>
> Manche kommen in die Wohnung der Kinder und nehmen sich der Kinder von nur einer Familie an. Andere betreuen fremde Kinder in ihrem eigenen Haushalt. Manche hüten nur ein anderes Kind, andere nehmen mehrere in ihre Obhut. Manche bilden Vereinigungen, mieten Räumlichkeiten, kaufen eine Ausstattung und organisieren auf diese Weise private Kindergruppen. Andere wiederum schaffen sich die Voraussetzungen, um speziellere Gruppen und anspruchsvollere Lernprogramme zu organisieren. Und in jeder Gemeinde gibt es zusätzlich für alle an der Kinderbetreuung Beteiligten ein besonderes, zentrales Betreuungszentrum, mit einer professionellen Belegschaft und anderen Mitarbeitern, die nachmittags oder abends Workshops zu einer Vielzahl von Themen für Mütter und Erzieherinnen leiten ... Dieses Zentrum verleiht auch Spielsachen, Bücher und dergleichen an Tagesmütter, es unterhält eine Notrufzentrale und ist mit teureren Spezialgeräten und Anlagen ausgestattet, die Mütter benutzen können, wenn sie mit ihren Kindern für ein paar Stunden hinkommen (Beck, 1982, S. 323).

Ein solches Koordinationszentrum könnte auch Informationen über Ernährung sowie über medizinische und soziale Dienststellen weiterleiten, und es könnte eine Vermittlungsstelle für Kinderbetreuung unterhalten, für Eltern wie für arbeitsuchende Betreuer.

Ist das nur ein Wunschtraum, eine Utopie für die Zukunft? Keineswegs. In den Vereinigten Staaten wurde 1982 die National Association for Family Day Care ins Leben gerufen, die es sich zur Aufgabe gemacht hat, die Qualität der Kinderbetreuung zu verbessern, ihren Mitgliedern bestimmte Dienstleistungen anzubieten, wie zum Beispiel ein vierteljährliches Nachrichtenmagazin, Versicherungen für die betreuten Kinder und alle zwei Jahre eine Konferenz. Solche Zentren gibt es bereits in mehreren Gemeinden, vor allem in Kalifornien und New York. Ich habe einmal mit einem solchen Zentrum in New Haven, Connecticut, zusammengearbeitet. Es hatte Mitarbeiter mit einer Ausbildung auf dem Gebiet der Kindesentwicklung, die als Beraterinnen für die „Satelliten“-Haushalte dienten, wo Tagesmütter mehrere Kinder betreuten. Das Zentrum unterhielt auch eine Ausleihstelle für Spielsachen, Bücher und Gesellschaftsspiele, die durch die Satelliten-Haushalte rotierten, sowie eine Informationsstelle für medizinische und soziale Dienststellen und Beratung für Betreuerinnen mit schwierigen Kindern.

Für die meisten Tagesmütter, die in ihrer Familie Kinder betreuen, gibt es keine Abwechslung zur Alltagsmühle der Kinderbetreuung. Immerzu müssen sie für ihre Schützlinge da sein, fast so wie richtige Mütter. Ein Netzwerk mit einem Zentrum kann eine erfreuliche Abwechslung in diese Monotonie bringen und bei manchen eine gefährliche Überlastung vermeiden, die Probleme für alle Beteiligten, Kinder und Tagesmutter, schaffen würde. In New Haven übernahm das Zentrum die Kinder, wenn die Tagesmütter einmal weg mußten, krank oder aus sonstigen Gründen nicht verfügbar waren. Abwechslung brachte auch eine andere Form von wöchentlichem Zwischenspiel. Jede Woche konnte die Tagesmutter an einem bestimmten Vormittag oder Nachmittag mit den Kindern kommen, die dann mit den kostspieligeren Sachen spielen konnten und dabei beaufsichtigt wurden, während die Tagesmütter an einem Workshop über Kinderbetreuung und verwandte Themen teilnahmen. Die persönlichen wie auch beruflichen Vorteile, die solche Workshops für die Mütter mit sich bringen, liegen auf der Hand. Sie sind mit anderen Erwachsenen zusammen und lernen durch den gegenseitigen Erfahrungsaustausch über Kinderbetreuung. Außerdem verleiht die Verbindung zum Zentrum den Tagesmüttern einen höheren Status – Kinderbetreuung bekommt etwas Professionelleres – und es verringert ihre Isolation. Zentren, die ihren Satelliten-Haushalten Supervision geben und sie gelegentlich besuchen, verringern auch das Risiko von Kindesmißhandlung. Sie entlasten Mütter, die unter Druck stehen, die dem Nervenzusammenbruch nahe, krank, oder sonstwie in Nöten sind.

Kinderbetreuung in Betrieben

Die Betriebe würden mehr Kinderbetreuungseinrichtungen schaffen, wenn das für sie die einzige Möglichkeit wäre, ihre Angestellten bei der Stange halten und die Fehlzeiten ihrer Mitarbeiter zu verringern. Während der 70er Jahre gab es in den USA wenig Krankenschwestern, also haben viele Krankenhäuser Betreuungseinrichtungen für die Kinder von Krankenschwestern eingerichtet. Wegen ihres geringen Einkommens gab es für die Schwestern wenig Ansporn, außer Haus zu arbeiten, besonders dann, wenn sie dafür eine Kinderbetreuung auf dem freien Markt hätten bezahlen müssen. Die Vorstellung, sein Baby während der Schicht von Mitternacht bis 7 Uhr morgens zu einer Tagesmutter zu bringen, ist alles andere als verlockend, wenn dazu noch das Nettoeinkommen nur 2 Dollar die Stunde beträgt. Aber die Krankenhäuser brauchten die Schwestern, also richteten sie Kinderzentren ein.

In Japan, China und Südkorea sind die Kinderbetreuungseinrichtungen normalerweise in einem Teil des Fabrik- oder Bürogebäudes untergebracht. Die Mütter nehmen ihre Kinder mit zur Arbeit, sie können sie tagsüber besuchen, um mit ihnen zu spielen und sie zu füttern. Es ist ein Teil der lebenslangen Verpflichtungen der Arbeitgeber gegenüber ihren Arbeitnehmern, für Kinderbetreuung zu sorgen, genauso wie für Schulerziehung, Erholung, Urlaub und Ruhestand. Besonders in China wird von den Frauen erwartet, daß sie berufstätig sind, und Kinderbetreuung ist nichts weiter als eine der Sozialleistungen für berufstätige Frauen, genauso wie bei uns die Krankenversicherung, Arbeitslosenversicherung und Rentenversicherung.

Während der Rezession der frühen 80er Jahre gab es nicht den geringsten Mangel an Arbeitskräften, der die Arbeitgeber dazu motiviert hätte, Kinderbetreuungseinrichtungen zu schaffen. So gab es in den letzten fünf Jahren praktisch keine Erweiterung der gewerblich geförderten Kinderbetreuung. Da die Wirtschaft gegenwärtig wieder angekurbelt wird und Arbeitgeber auf fachkundige Frauen angewiesen sind, bei denen es sich oft um Mütter handelt, werden wir wahrscheinlich bald wieder mehr gewerbliche Förderung von Kinderbetreuung erleben.

Möglichkeiten des Gesetzgebers

Heute macht sich ein tiefer Pessimismus über die nächste Zukunft der Kinderbetreuungs-Gesetzgebung breit (Zigler und Gordon, 1982). Die Koalition zwischen Frauengruppen, Kinderanwälten, Liberalen und Minderheiten, die in den 70er Jahren Gesetzesvorlagen zustande gebracht hatte, hat sich aufgelöst. Regelungen, die sie dem Gesetzgeber vorgeschlagen hatte, versprechen jetzt auf staatlicher Ebene mehr Erfolg, denn unter Reagans „Neuem Föderalismus“ sind die meisten Mittel für Kinderbetreuung in den Zuschußpaketen enthalten, die die Regierungen der Einzelstaaten von der amerikanischen Bundesregierung erhalten. Auf bundesstaatlicher Ebene gibt es Regelungen für die Kinderbetreuung, die verbessert werden können. Auf nationaler Ebene entsteht gerade ein neues Interesse an Kinderbetreuung, das zur Bildung von Kongreßkomitees für Kinder, Jugend und Familie geführt hat, sowohl im Repräsentantenhaus als auch im Senat. Diese Aufsichtskomitees werden ein Auge auf die bundesweiten Probleme von Kindern und Familien werfen, und dazu gehört Kinderbetreuung.

Innerhalb dieser Komitees herrscht, wie in unserer Gesellschaft allgemein, eine Übereinstimmung in vielen Fragen bezüglich Kindern und Familien: Jedermann ist gegen Drogenmißbrauch, Alkoholismus, Teenager-Schwangerschaften, schlechte Schulbildung, mangelhafte medizinische Versorgung und Väter, die ihre Familien verlassen. Über Lösungen für diese Probleme kann man sich nicht einigen, aber jedermann weiß, auf welcher Seite er steht. Das ist beim Thema Kinderbetreuung nicht der Fall. Solange viele Menschen glauben, daß sich Mütter ausschließlich selbst um ihre Kinder kümmern sollen, werden die Gesetzgeber daran festhalten, daß Kinderbetreuung keine Sache der Regierung ist.

Die Wurzel des Problems, glaube ich, liegt in der mangelnden staatlichen Verpflichtung gegenüber dem Recht der Frau auf Berufstätigkeit, wenn sie diese wünscht. Europäische Nationen sind diese Verpflichtung gegenüber dem Recht der Frauen auf Berufstätigkeit eingegangen, und die Kinderbetreuung hat sich in der Folge ganz natürlich daraus entwikkelt, entsprechend den Gesetzen der Logik. In den Vereinigten Staaten nahm die Diskussion den umgekehrten Verlauf: Wenn die Regierung eine Zunahme von geeigneten Kinderbetreuungsstellen unterstützen würde, dann würden mehr Frauen ihre Babys verlassen, um zur Arbeit zu gehen; ein Resultat, das viele nicht für wünschenswert halten. Wenn ihnen Kinderbetreuung vorenthalten wird, werden die Mütter zu Hause bleiben, nicht wahr? Nicht wahr! Die Hälfte der Mütter von Babys und Vorschulkindern sind berufstätig, trotz des Mangels an guter Kinderbetreuung, und einige ihrer Kinder leiden darunter. Wenn eine geeignete Kinderbetreuung allen Müttern zugänglich wäre, die es vorziehen, berufstätig zu sein, dann würden vielleicht 60 statt 50 Prozent der Mütter mit Kindern im Vorschulalter einen Beruf ausüben. Keine besonders aufregende Veränderung also.

Die gleiche Argumentation wird in bezug auf den Sexualkundeunterricht an den Schulen verwendet: Wenn man die Jugendlichen über Verhütungsmittel aufklärt, dann werden sie vermehrt sexuell aktiv werden. Tatsache ist, daß die Mehrheit der jungen Leute von heute im Alter von achtzehn Jahren sexuell aktiv geworden ist, mit oder ohne den Segen der Verhütungsmittel. Aber der Vergleich zwischen Sexualkundeunterricht und Kinderbetreuung hinkt sowieso. Die Kernfrage in der Debatte über Kinderbetreuung betrifft berechtigterweise nicht die angeblichen Konsequenzen mütterlicher Berufstätigkeit, wie auch immer diese aussehen mögen, sondern die Rechte der Frauen. Solange den Frauen gleichwertige Möglichkeiten der Berufstätigkeit verwehrt werden, werden uns unsere verfassungsmäßig garantierten Rechte vorenthalten, ob Berufstätigkeit für Mütter kleiner Kinder nun gut ist oder nicht. Die Vereinigten Staaten haben sich noch nicht so ganz damit abgefunden, daß Frauen dieses Recht haben, und so ist die Kinderbetreuung das Opfer eines aussichtslosen – und ich denke illegitimen – Versuchs, die Mütter ans Haus zu binden.

Eltern bestimmen über die Kinderbetreuung

Niemand kann ein besserer Anwalt der Kinder sein als ihre eigenen Eltern. Unter der Wählerschaft des Landes machen Eltern als Gruppe die Mehrheit aus. Wenn die Sache der Kinderbetreuung gut vertreten würde, dann könnten wir bekommen, was wir wünschen und brauchen. Der Mythos von Elternschaft und „Bemutterung" vereitelt unsere Einigkeit. Mütter sollten bei ihren Kindern zu Hause bleiben, nicht wahr? Gute Väter schaffen es alleine, den finanziellen Bedarf ihrer Familien zu decken, nicht wahr? Familien tragen die totale Verantwortung für die Versorgung ihrer eigenen Kinder, nicht wahr? Wir sind einem Mythos aufgesessen, der schon zum neunzehnten Jahrhundert nicht besonders gut paßte, und jetzt, da wir uns dem einundzwanzigsten nähern, wird er völlig unbrauchbar.

Horatio Alger, der mythische Held, der es von Lumpen zu Goldgewändern brachte, versprach jedem arbeitenden Menschen, daß es möglich sei, es aus sich selbst heraus zu schaffen. Supermama II ist das derzeitige Bild der emanzipierten Frau, die es geschafft hat, der Küche zu entfliehen und einen Platz in der Vorstandsetage einzunehmen. Horatio wurde von Geschäftemachern dazu hergenommen, die Anstrengungen von Generationen von Gewerkschaftsführern zunichte zu machen, die große Schwierigkeiten hatten, Arbeiter davon zu überzeugen, daß sie sich zusammenschließen müßten, um ihre gemeinsamen Interessen geltend zu machen. Jeder einzelne glaubte, er könnte es mit ein bißchen Glück auch zum Millionär bringen. Und wenn er es nicht zum Millionär brachte, dann schrieb er das seiner persönlichen Unfähigkeit zu, statt seinen unrealistischen Vorstellungen.

So sieht es aus. Der Familienmythos von heute hält Eltern davon ab, ihre gemeinsamen Interessen geltend zu machen und gute Betreuung für ihre Kinder sicherzustellen. Jeder von uns glaubt, er könnte es unabhängig von den anderen schaffen. Wenn wir Probleme damit haben, die unmöglichen Forderungen der Rollen von Supermama und Superpapa zu erfüllen, suchen wir die Schuld bei uns selbst. Die Märchen vom Versorger-Vater und von der Schürzen-Mutter bringen die Eltern von ihren vereinten Bemühungen um eine erstklassige Betreuung für ihre Kinder ab. Jeder von uns bleibt allein, mit seinen Schuldgefühlen und dem Bewußtsein der eigenen Unzulänglichkeit, und bastelt an seiner eigenen Lösung für ein so universelles Problem wie das berufstätiger Eltern: Betreuung für unsere Kinder, während wir alle unserem Beruf nachgehen.

Wir brauchen ein paar neue Mythen von Eltern, die sich zusammentun und der Untätigkeit der Gesetzgeber ein Ende setzen, die sich so stark engagieren, daß sie es der Frauen- oder der Friedensbewegung gleichtun. Selbst wenn wir in diesem Jahr noch nicht die Politik bestimmen, erobern wir vielleicht schon ein paar Vorposten.

V. Anhang

Mutterschutz, staatliche Hilfen und Mütterinitiativen in der Bundesrepublik Deutschland

1. Mutterschutz für erwerbstätige Mütter Das Mutterschutzgesetz

In der Bundesrepublik Deutschland gelten für erwerbstätige Schwangere und Mütter die Bestimmungen des Mutterschutzgesetzes (MuSchG vom 18.4. 1968. Seither zahlreiche Änderungen, so 1979 BGBl.I S.797 – Einführung des Mutterschaftsurlaubs; s.a. weiterführende Literatur).

Schutz für die Gesundheit von Mutter und Kind

Während und nach der Schwangerschaft gelten nach dem Mutterschutzgesetz Schutzbestimmungen zugunsten der Gesundheit von erwerbstätigen Müttern und ihren Kindern.

§ 3 (1) Werdende Mütter dürfen nicht beschäftigt werden, soweit nach ärztlichem Zeugnis Leben oder Gesundheit von Mutter oder Kind bei Fortdauer der Beschäftigung gefährdet ist.

Schwangere dürfen keine schweren körperlichen Arbeiten verrichten, brauchen keine Akkord- oder Fließbandarbeit zu leisten und dürfen weder Unfallgefahren noch gesundheitsgefährdenden Einflüssen ausgesetzt werden (Staub, Gase, Dämpfe, Lärm, Kälte etc.).

Die Mutterschutzfrist

In den letzten sechs Wochen vor dem voraussichtlichen Geburtstermin brauchen Schwangere nur dann zu arbeiten, wenn sie das selbst ausdrücklich wollen.

§ 3 (2) Werdende Mütter dürfen in den letzten sechs Wochen vor der Entbindung nicht beschäftigt werden, es sei denn, daß sie sich zur Arbeitsleistung ausdrücklich bereit erklären; die Erklärung kann jederzeit widerrufen werden.

Für die Zeit nach der Geburt gilt:

§ 6 (1) Wöchnerinnen dürfen bis zum Ablauf von acht Wochen nach der Entbindung nicht beschäftigt werden. Für Mütter nach Früh- und Mehrlingsgeburten verlängert sich diese Frist auf zwölf Wochen.

Nach Rückkehr der Mutter an den Arbeitsplatz nach dieser Frist muß ihr Gelegenheit gegeben werden, das Kind zu stillen.

§ 7 (1) Stillenden Müttern ist auf ihr Verlangen die zum Stillen erforderliche Zeit, mindestens aber zweimal täglich eine halbe Stunde oder einmal täglich eine Stunde freizugeben (Auszug).

Das Mutterschaftsgeld

Während der Mutterschutzfrist erhalten erwerbstätige Mütter ein Mutterschaftsgeld von bis zu DM 25 je Kalendertag. Die Arbeitgeber zahlen einen Zuschuß zum Mutterschaftsgeld bis zur Höhe des bisherigen Nettoarbeitsentgelts.

Bezugsberechtigt sind Mütter, die in der gesetzlichen Krankenkasse versichert sind. Frauen, die nicht gesetzlich krankenversichert sind, jedoch bei Beginn der Schutzfrist „in einem Arbeitsverhältnis stehen oder in Heimarbeit beschäftigt sind oder ihr Arbeitsverhältnis während ihrer Schwangerschaft vom Arbeitgeber zulässig aufgelöst worden ist", erhalten während der Schutzfrist das Mutterschaftsgeld vom Bundesversicherungsamt (siehe § 13 MuSchG).

Zusätzlich zum Mutterschaftsgeld: Mutterschaftshilfe

a) ärztliche Betreuung und Hebammenhilfe
b) Versorgung mit Arznei-, Verband- und Heilmitteln
c) Pauschbeträge für die im Zusammenhang mit der Entbindung entstehenden Aufwendungen
d) Pflege in einer Entbindungs- oder Krankenanstalt sowie Hilfe und Wartung durch Hauspflegerinnen.

2. *Das Erziehungsgeldgesetz*

Das Erziehungsgeldgesetz (BErzGG) gilt seit dem 1.1. 1986 für *alle* nach dem 31.12. 1985 geborenen Kinder. Das Erziehungsgeld wird im Gegensatz zum Mutterschaftsgeld auch an nicht erwerbstätige und arbeitslose Mütter sowie an die verheirateten Väter bis zum 10. Lebensmonat des Kindes ausbezahlt. (Für detaillierte Informationen siehe Winterfeld, R: Mutterschutz und Erziehungsurlaub [=Beck'sche Gesetzestexte mit Erläuterungen] München 1986.)

Erwerbstätige Eltern

Für erwerbstätige Mütter gilt nach wie vor die Mutterschutzfrist (sechs Wochen vor und acht Wochen nach der Geburt). In dieser Zeit wird das Mutterschaftsgeld in Höhe des bisherigen Nettoarbeitsentgelts weiterhin ausbezahlt. Das Erziehungsgeld wird mit dem Mutterschaftsgeld verrechnet und entfällt somit für die Zeit der Mutterschutzfrist. Doch die Mindestsumme, die Mütter bekommen, beträgt immer DM 600. Hat eine Mutter während ihrer Erwerbstätigkeit vor der Geburt des Kindes weniger als DM 600 verdient, so stehen ihr dennoch DM 600 während der Mutterschutzfrist zu. Nach Ablauf der Mutterschutzfrist sind erwerbstätige ebenso wie die nicht erwerbstätigen Mütter erziehungsgeldberechtigt. Die Erwerbstätigen können bis einschließlich zum 18. Lebensmonat (vgl. § 4 BErzGG) des Kindes Erziehungsurlaub beantragen. Dabei können verheiratete Eltern entscheiden, wer von beiden für die restliche Zeit bis zum 18. Lebensmonat des Kindes die Betreuung übernehmen will.

Während des Erziehungsurlaubs bleibt das Arbeitsverhältnis von erwerbstätigen, erziehungsgeldberechtigten Eltern bestehen. Das heißt, daß alle mit einer Erwerbstätigkeit verbundenen sozialversicherungsrechtlichen Regelungen bestehenbleiben. Renten- und Arbeitslosenversicherungsbeiträge werden während des Erziehungsurlaubs angerechnet. Die Krankenversicherung ist beitragsfrei.

Dennoch ist während des Erziehungsurlaubs eine Erwerbstätigkeit unter 19 Stunden/Woche beim selben Arbeitgeber möglich. Eine Arbeitsplatzgarantie soll eine problemlose Rückkehr an den Arbeitsplatz ermöglichen.

Die Höhe des Erziehungsgeldes

Der Grundbetrag des Erziehungsgeldes beläuft sich auf DM 600. Dieser Betrag wird nicht mit Sozialhilfe, Wohngeld, Arbeitslosenhilfe, Kindergeld oder Bafög verrechnet.

Kürzungen des Erziehungsgeldes nach dem 6. Lebensmonat des Kindes

Beziehen Verheiratete zusammen ein jährliches Einkommen, das sich nach Abzug von Lohn-, Einkommens- und Kirchensteuer sowie von Vorsorgeaufwendungen und Unterhaltsleistungen auf mehr als DM 29 400 beläuft, so erhalten sie weniger Erziehungsgeld. Kürzungen dieser Art werden nach dem 6. Lebensmonat des Kindes vorgenommen.

Bei Alleinerziehenden liegt die Einkommensgrenze bei DM 23 700. Diese Zahlen beziehen sich auf Ein-Kind-Familien. Bei jedem weiteren Kind erhöht sich die Einkommensgrenze für Verheiratete und Alleinerziehende um je DM 4200.

Für den Fall, daß das Erziehungsgeld aufgrund von zu hohem Einkommen ganz gestrichen wird, bleibt der Erziehungsurlaub für erwerbstätige Frauen trotzdem erhalten.

Daten zum Erziehungsgeldgesetz: ein Jahr danach

Zur Zeit liegen leider nur bayerische Daten vor, die jedoch nach Aussagen des bayerischen Sozialministeriums von den erwarteten bundesweiten Zahlen nur geringfügig abweichen dürften.

Quote der Inanspruchnahme des Erziehungsgeldes bezogen auf die Geburten (in Bayern)	94,0%
davon Männer:	0,7%
davon Frauen:	99,3%
Zahl der vor der Geburt Erwerbstätigen:	53,1%
Zahl der vor der Geburt nicht Erwerbstätigen	46,9%
Zahl der Alleinerziehenden	8,4%
Erwerbstätigkeit während des Erziehungsurlaubs (unter 19 Std./Woche)	1,0%
Reduzierung des Erziehungsgeldes aufgrund zu hohen Einkommens	9,0%

Wer kann Erziehungsgeld beantragen?

Wer das Sorgerecht für das Kind hat, ist berechtigt, Erziehungsgeld zu erhalten und Erziehungsurlaub zu beanspruchen. Es kann immer nur eine Person die Leistungen in Anspruch nehmen, doch die Eltern können sich die Zeit und das Geld auch teilen. Ledige Väter, die kein Sorgerecht für ihr Kind haben, sind nicht erziehungsgeld- bzw. urlaubsberechtigt. Stief- und Adoptiveltern erhalten Erziehungsgeld und -urlaub.

Wo wird das Erziehungsgeld beantragt?

Baden-Württemberg	: Landeskreditbank
Bayern	: Versorgungsamt
Hamburg	: Arbeitsamt
Niedersachsen	: Arbeitsamt
Rheinland-Pfalz	: Jugendamt
Schleswig-Holstein	: Arbeitsamt
Bremen	: Arbeitsamt
Berlin	: Bezirksamt
Hessen	: Versorgungsamt
Nordrhein-Westfalen	: Versorgungsamt
Saarland	: Arbeitsamt

Gesetz über die Gewährung von Erziehungsgeld und Erziehungsurlaub (Bundeserziehungsgeldgesetz – BErzGG)

In der Fassung der Bekanntmachung vom 25. Juli 1989

Erster Abschnitt. Erziehungsgeld

§ 1. Berechtigte

(1) Anspruch auf Erziehungsgeld hat, wer
1. einen Wohnsitz oder seinen gewöhnlichen Aufenthalt im Geltungsbereich dieses Gesetzes hat,
2. mit einem Kind, für das ihm die Personensorge zusteht, in einem Haushalt lebt,
3. dieses Kind selbst betreut und erzieht und
4. keine oder keine volle Erwerbstätigkeit ausübt.

Für den Anspruch eines Ausländers ist Voraussetzung, daß er im Besitz einer Aufenthaltsberechtigung oder Aufenthaltserlaubnis ist, die nicht nur für einen bestimmten, seiner Natur nach vorübergehenden Zweck erteilt worden ist.

(2) Anspruch auf Erziehungsgeld hat auch, wer, ohne eine der Voraussetzungen des Absatzes 1 Nr. 1 zu erfüllen,
1. von seinem im Geltungsbereich dieses Gesetzes ansässigen Arbeitgeber oder Dienstherrn zur vorübergehenden Dienstleistung in ein Gebiet außerhalb dieses Geltungsbereiches entsandt, abgeordnet, versetzt oder kommandiert ist,
2. als Bediensteter der deutschen Bundesbahn, der Deutschen Bundespost oder der Bundesfinanzverwaltung in einem der Bundesrepublik Deutschland benachbarten Staat beschäftigt ist,
3. Versorgungsbezüge nach beamten- oder soldatenrechtlichen Vorschriften oder Grundsätzen oder eine Versorgungsrente von einer Zusatzversorgungsanstalt für Arbeitnehmer des öffentlichen Dienstes erhält, oder
4. Entwicklungshelfer im Sinne des § 1 des Entwicklungshelfer-Gesetzes ist.

Dies gilt auch für den Ehegatten einer hiernach berechtigten Person, wenn die Ehegatten in einem Haushalt leben.

(3) Einem in Absatz 1 Nr. 2 genannten Kind steht gleich
1. ein Kind, das mit dem Ziel der Annahme als Kind in die Obhut des Annehmenden aufgenommen ist,
2. ein Stiefkind, das der Antragsteller in seinen Haushalt aufgenommen hat.

(4) Anspruch auf Erziehungsgeld hat auch, wer als
1. Angehöriger eines Mitgliedstaates der Europäischen Gemeinschaften oder

2. Grenzgängerin aus Österreich oder der Schweiz
ein Arbeitsverhältnis im Geltungsbereich dieses Gesetzes hat und die Voraussetzungen des Absatzes 1 Nr. 2 bis 4 erfüllt.

(5) Der Anspruch auf Erziehungsgeld bleibt unberührt, wenn der Antragsteller aus einem wichtigen Grund die Betreuung und Erziehung des Kindes nicht sofort aufnehmen kann oder sie unterbrechen muß.

§ 2. Nicht volle Erwerbstätigkeit

(1) Der Antragsteller übt keine volle Erwerbstätigkeit aus, wenn
1. die wöchentliche Arbeitszeit 19 Stunden nicht übersteigt,
2. bei einer Beschäftigung, die nicht die Beitragspflicht nach dem Arbeitsförderungsgesetz begründet, die durch Gesetz oder auf Grund eines Gesetzes festgelegte Mindestdauer einer Teilzeitbeschäftigung nicht überschritten wird,
3. eine Beschäftigung zur Berufsausbildung ausgeübt wird.

(2) Einer vollen Erwerbstätigkeit stehen gleich:
1. der Bezug von Arbeitslosengeld,
2. der Bezug von Krankengeld, Verletztengeld, Versorgungskrankengeld, Übergangsgeld und Unterhaltsgeld, wenn der Bemessung dieser Leistung ein Arbeitsentgelt für eine Beschäftigung mit einer wöchentlichen Arbeitszeit von mehr als 19 Stunden oder ein entsprechendes Arbeitseinkommen zugrunde liegt; diese Regelung gilt nicht für die zu ihrer Berufsbildung Beschäftigten.

(3) Während des Bezugs von Arbeitslosengeld wird Erziehungsgeld gewährt, wenn dem Arbeitnehmer nach der Geburt eines Kindes aus einem Grund gekündigt worden ist, den er nicht zu vertreten hat, die Kündigung nach § 9 des Mutterschutzgesetzes oder § 18 zulässig war und der Wegfall des Erziehungsgeldes für ihn eine unbillige Härte bedeuten würde.

(4) Während des Bezugs von Erziehungsgeld wird der Anspruch auf Arbeitslosenhilfe nicht dadurch ausgeschlossen, daß der Arbeitnehmer wegen der Betreuung und Erziehung eines Kindes die Voraussetzungen des § 103 Abs. 1 Satz 1 Nr. 1 und 2 des Arbeitsförderungsgesetzes nicht erfüllt; insoweit ist § 136 Abs. 2 Satz 2 des Arbeitsförderungsgesetzes nicht anzuwenden.

§ 3. Zusammentreffen von Ansprüchen; Änderung in der Person des Berechtigten

(1) Für die Betreuung und Erziehung eines Kindes wird nur einer Person Erziehungsgeld gewährt. Werden in einem Haushalt mehrere Kinder betreut und erzogen, wird für jedes nach dem 30. Juni 1989 geborene Kind Erziehungsgeld gewährt.

(2) Erfüllen beide Ehegatten die Anspruchsvoraussetzungen, so wird das Erziehungsgeld demjenigen gewährt, den sie zum Berechtigten bestimmen. Dabei kann jeder Ehegatte für einen zusammenhängenden Teil des Zeitraums, für den Erziehungsgeld gewährt wird, zum Berechtigten bestimmt werden. Die Bestimmung ist schriftlich gegenüber der zuständigen Stelle zu erklären. Wird diese Bestimmung nicht bis zum Ablauf des dritten Lebensmonats des Kindes getroffen oder wird keine Einigung erzielt, ist die Ehefrau die Berechtigte.

(3) Die Bestimmung nach Absatz 2 kann nur geändert werden, wenn aus einem wichtigen Grund die Betreuung und Erziehung des Kindes durch die Person, die Erziehungsgeld bezieht, nicht mehr sichergestellt werden kann.

(4) Der Wechsel in der Anspruchsberechtigung wird mit Beginn des folgenden Lebensmonats des Kindes wirksam.

§ 4. Beginn und Ende des Anspruchs

(1) Erziehungsgeld wird vom Tag der Geburt bis zur Vollendung des zwölften Lebensmonats gewährt. Für Kinder, die nach dem 30. Juni 1989 geboren werden, wird Erziehungsgeld bis zur Vollendung des fünfzehnten Lebensmonats, für Kinder, die nach dem 30. Juni 1990 geboren werden, bis zur Vollendung des achtzehnten Lebensmonats gewährt. Für angenommene und Kinder im Sinne des § 1 Abs. 3 Nr. 1 wird Erziehungsgeld von der Inobhutnahme an für die jeweils geltende Bezugsdauer, längstens bis zur Vollendung des dritten Lebensjahres gewährt, wenn das Kind nach dem 30. Juni 1989 geboren ist; Erziehungsgeld, das den leiblichen Eltern gewährt worden ist, wird angerechnet.

(2) Das Erziehungsgeld wird auf schriftlichen Antrag gewährt, rückwirkend höchstens für sechs Monate vor Antragstellung.

(3) Vor Erreichen der Altersgrenze (Absatz 1) endet der Anspruch mit dem Ablauf des Lebensmonats, in dem eine der Anspruchsvoraussetzungen entfallen ist. In den Fällen des § 16 Abs. 4 wird das Erziehungsgeld bis zur Beendigung des Erziehungsurlaubs weitergewährt.

§ 5. Höhe des Erziehungsgeldes; Einkommensgrenze

(1) Das Erziehungsgeld beträgt 600 Deutsche Mark monatlich.

(2) Vom Beginn des siebten Lebensmonats an wird das Erziehungsgeld gemindert, wenn das Einkommen nach § 6 bei Verheirateten, die von ihrem Ehegatten nicht dauernd getrennt leben, 29 400 Deutsche Mark und bei anderen Berechtigten 23 700 Deutsche Mark übersteigt. Diese Beträge erhöhen sich um 4200 Deutsche Mark für jedes weitere Kind des Berechtigten oder seines nicht dauernd von ihm getrennt lebenden Ehegatten, für das ihm oder seinem Ehegatten Kindergeld gewährt wird oder ohne

Anwendung des § 8 Abs. 1 des Bundeskindergeldgesetzes gewährt würde. Maßgeblich sind die Verhältnisse am Beginn des siebten Lebensmonats.

(3) Übersteigt das Einkommen die Grenze nach Absatz 2, mindert sich das Erziehungsgeld um den zwölften Teil von 40 vom Hundert des die Grenze übersteigenden Einkommens (§ 6).

(4) Das Erziehungsgeld wird im Laufe des Lebensmonats gezahlt, für den es bestimmt ist. Soweit Erziehungsgeld für Teile von Monaten zu leisten ist, beträgt es für einen Kalendertag ein Dreißigstel von 600 Deutsche Mark. Ein Betrag von monatlich weniger als 40 Deutsche Mark wird ab dem siebten Lebensmonat des Kindes nicht gewährt. Auszuzahlende Beträge sind auf Deutsche Mark zu runden, und zwar unter 50 Deutsche Pfennige nach unten, sonst nach oben.

§ 6. Einkommen

(1) Als Einkommen gilt die Summe der im vorletzten Kalenderjahr vor der Geburt oder bei angenommenen Kindern vor der Inobhutnahme erzielten positiven Einkünfte im Sinne des § 2 Abs. 1 und 2 des Einkommensteuergesetzes des Berechtigten und seines nicht dauernd von ihm getrennt lebenden Ehegatten, und zwar so, wie sie der Besteuerung zugrunde gelegt worden sind. Ein Ausgleich mit Verlusten aus anderen Einkunftsarten und mit Verlusten des Ehegatten ist nicht zulässig. Steht das Einkommen des vorletzten Kalenderjahres vor der Geburt nicht fest, so kann der Berechtigte das Einkommen glaubhaft machen; Absatz 4 Satz 3 ist anzuwenden.

(2) Vom Einkommen nach Absatz 1 werden abgezogen

1. die Einkommensteuer und die Kirchensteuer für das nach Absatz 1 oder 4 maßgebliche Kalenderjahr,
2. die steuerlich anerkannten Vorsorgeaufwendungen für das nach Absatz 1 oder 4 maßgebliche Kalenderjahr, soweit sie im Rahmen der Höchstbeträge nach § 10 des Einkommensteuergesetzes abziehbar sind, zumindest die Vorsorgepauschale oder der Vorsorge-Pauschbetrag (§ 10c des Einkommensteuergesetzes),
3. die Unterhaltsleistungen des Berechtigten oder seines nicht dauernd von ihm getrennt lebenden Ehegatten in dem nach Absatz 1 oder 4 maßgeblichen Kalenderjahr
   a) an Kinder, für die die Einkommensgrenze nicht nach § 5 Abs. 2 Satz 2 erhöht worden ist, jedoch nur bis zu dem durch Unterhaltstitel oder durch Vereinbarung festgelegten Betrag,
   b) an sonstige Personen, soweit die Leistungen nach § 10 Abs. 1 Nr. 1 oder § 33a Abs. 1 des Einkommensteuergesetzes berücksichtigt werden,
4. die Beträge, die in dem nach Absatz 1 oder 4 maßgeblichen Kalenderjahr wie Sonderausgaben nach § 10e des Einkommensteuergesetzes berücksichtigt worden sind, soweit sie die Summe der positiven Einkünf-

te, die der Berechtigte und sein nicht dauernd von ihm getrennt lebender Ehegatte in diesem Jahr aus Vermietung und Verpachtung hatten, nicht übersteigen.

(3) Ist der Berechtigte in der Zeit, in der das Erziehungsgeld einkommensabhängig ist, nicht erwerbstätig, bleiben sein im vorletzten Kalenderjahr erzieltes Erwerbseinkommen und die darauf entfallende Einkommen- und Kirchensteuer unberücksichtigt.

(4) Auf Antrag ist das Einkommen des Kalenderjahres zugrunde zu legen, in dem der siebte Lebensmonat des Kindes beginnt, wenn es voraussichtlich geringer ist als im vorletzten Kalenderjahr vor der Geburt. Hierbei ist Absatz 3 entsprechend anzuwenden. Für diesen Fall wird das Erziehungsgeld unter dem Vorbehalt der Rückforderung gewährt.

§ 7. Vorrang von Mutterschaftsgeld und entsprechenden Bezügen während der Schutzfrist

Für die Zeit vor oder nach der Geburt laufend zu zahlendes Mutterschaftsgeld, das der Mutter nach der Reichsversicherungsordnung, dem Gesetz über die Krankenversicherung der Landwirte oder dem Mutterschutzgesetz gewährt wird, wird auf das Erziehungsgeld angerechnet. Das gleiche gilt für die Dienstbezüge und Anwärterbezüge, die nach beamten- oder soldatenrechtlichen Vorschriften für die Zeit der Beschäftigungsverbote gezahlt werden. Soweit die Mutter, die mit dem Vater des Kindes in einem Haushalt lebt, Leistungen (Sätze 1 und 2) erhält, werden diese auch auf das Erziehungsgeld des Vaters angerechnet.

§ 8. Andere Sozialleistungen

(1) Das Erziehungsgeld und vergleichbare Leistungen der Länder sowie das Mutterschaftsgeld nach § 7 Satz 1 und Leistungen nach § 7 Satz 2, soweit sie auf das Erziehungsgeld angerechnet worden sind, bleiben als Einkommen bei Sozialleistungen, deren Gewährung von anderen Einkommen abhängig ist, unberücksichtigt. Bei gleichzeitiger Gewährung von Erziehungsgeld und vergleichbaren Leistungen der Länder sowie von Sozialhilfe findet § 15 b des Bundessozialhilfegesetzes keine Anwendung.

(2) Auf Rechtsvorschriften beruhende Leistungen anderer, auf die kein Anspruch besteht, dürfen nicht deshalb versagt werden, weil in diesem Gesetz Leistungen vorgesehen sind.

(3) Leistungen, die außerhalb des Geltungsbereiches dieses Gesetzes in Anspruch genommen werden und dem Erziehungsgeld oder dem Mutterschaftsgeld vergleichbar sind, schließen Erziehungsgeld aus.

§ 9. Unterhaltspflichten

Unterhaltsverpflichtungen werden durch die Gewährung des Erziehungsgeldes und anderer vergleichbarer Leistungen der Länder nicht berührt. Dies gilt nicht in den Fällen des § 1361 Abs. 3, der §§ 1579, 1603 Abs. 2 und des § 1611 Abs. 1 des Bürgerlichen Gesetzbuchs.

§ 10. Zuständigkeit, Verfahren bei der Ausführung

(1) Die Landesregierungen oder die von ihnen bestimmten Stellen bestimmen die für die Ausführung dieses Gesetzes zuständigen Behörden.

(2) Bei der Ausführung des Ersten Abschnitts ist das Erste Kapitel des Zehnten Buchs Sozialgesetzbuch anzuwenden.

§ 11. Kostentragung

Der Bund trägt die Ausgaben für das Erziehungsgeld.

§ 12. Einkommens- und Arbeitszeitnachweis; Auskunftspflicht des Arbeitgebers

(1) § 60 Abs. 1 des Ersten Buches Sozialgesetzbuch gilt auch für den Ehegatten des Antragstellers.

(2) Soweit es zur Durchführung des § 5 Abs. 2 und 3 und des § 6 erforderlich ist, haben die Arbeitgeber ihren Arbeitnehmern Bescheinigungen über den Arbeitslohn und die geleistete Arbeitszeit sowie die einbehaltenen Steuern und Sozialabgaben auszustellen.

(3) Die nach dem Bundeskindergeldgesetz erhobenen Daten können auch für die Ausführung des Ersten Abschnitts dieses Gesetzes verwendet werden.

§ 13. Rechtsweg

Über öffentlich-rechtliche Streitigkeiten in Angelegenheiten der §§ 1 bis 12 entscheiden die Gerichte der Sozialgerichtsbarkeit. Die für Rechtsstreitigkeiten in Angelegenheiten der Rentenversicherung anzuwendenden Vorschriften gelten mit Ausnahme des § 78 Abs. 2 des Sozialgerichtsgesetzes entsprechend. § 85 Abs. 2 Nr. 2 des Sozialgerichtsgesetzes gilt mit der Maßgabe, daß die zuständige Stelle nach § 10 Abs. 1 Satz 1 bestimmt wird. Entscheidungen, die abweichend von den Regelungen in den Sätzen 2 und 3 vor dem 31. Dezember 1986 ergangen sind, können deswegen nicht angefochten werden.

§ 14. Bußgeldvorschrift

(1) Ordnungswidrig handelt, wer vorsätzlich oder fahrlässig entgegen
1. § 60 Abs. 1 Nr. 1 oder 3 des Ersten Buches Sozialgesetzbuch in Verbindung mit § 12 Abs. 1 auf Verlangen die leistungserheblichen Tatsachen nicht angibt oder Beweisurkunden nicht vorlegt.
2. § 60 Abs. 1 Nr. 2 des Ersten Buches Sozialgesetzbuch eine Änderung in den Verhältnissen, die für den Anspruch auf Erziehungsgeld erheblich ist, der nach § 10 zuständigen Behörde nicht, nicht richtig, nicht vollständig oder nicht rechtzeitig mitteilt oder
3. § 12 Abs. 2 auf Verlangen eine Bescheinigung nicht, nicht richtig oder nicht vollständig ausstellt.

(2) Die Ordnungswidrigkeit kann mit einer Geldbuße geahndet werden.

(3) Verwaltungsbehörden im Sinne des § 36 Abs. 1 Nr. 1 des Gesetzes über Ordnungswidrigkeiten sind die nach § 10 zuständigen Behörden.

Zweiter Abschnitt. Erziehungsurlaub für Arbeitnehmer

§ 15. Anspruch auf Erziehungsurlaub; Teilzeitbeschäftigung neben dem Bezug von Erziehungsgeld

(1) Arbeitnehmer haben Anspruch auf Erziehungsurlaub, wenn sie einen Anspruch auf Erziehungsgeld haben oder nur deshalb nicht haben, weil die Voraussetzungen des § 1 Abs. 1 Satz 2 nicht vorliegen oder das Einkommen (§ 6) die Einkommensgrenze (§ 5 Abs. 2) übersteigt. Der Erziehungsurlaub wird nach Maßgabe des § 16 für denselben Zeitraum wie das Erziehungsgeld gewährt.

(2) Ein Anspruch auf Erziehungsurlaub besteht nicht, solange
1. die Mutter als Wöchnerin bis zum Ablauf von acht Wochen, bei Früh- und Mehrlingsgeburten von zwölf Wochen, nicht beschäftigt werden darf oder
2. der mit dem Erziehungsgeldberechtigten in einem Haushalt lebende Ehegatte nicht erwerbstätig ist; das gilt nicht, wenn der Ehegatte arbeitslos ist oder sich in Ausbildung befindet.

Satz 1 Nr. 1 gilt nicht, wenn ein Kind in Adoptionspflege genommen ist, oder wegen eines anderen Kindes Erziehungsurlaub in Anspruch genommen wird.

(3) Kann die Betreuung und Erziehung des Kindes in den Fällen des Absatzes 2 nicht sichergestellt werden, so hat auch der erwerbstätige Ehegatte einen Anspruch auf Erziehungsurlaub.

(4) Der Anspruch kann nicht durch Vertrag ausgeschlossen oder beschränkt werden.

(5) Während des Erziehungsurlaubs darf eine nach § 1 Abs. 1 Nr. 4 und § 2 Abs. 1 zulässige Teilzeitarbeit nicht bei einem anderen Arbeitgeber geleistet werden.

§ 16. Inanspruchnahme des Erziehungsurlaubs

(1) Der Arbeitnehmer muß den Erziehungsurlaub spätestens vier Wochen vor dem Zeitpunkt, von dem ab er ihn in Anspruch nehmen will, von dem Arbeitgeber verlangen und gleichzeitig erklären, bis zu welchem Lebensmonat des Kindes er den Erziehungsurlaub in Anspruch nehmen will. Eine Verlängerung kann nur verlangt werden, wenn ein vorgesehener Wechsel in der Anspruchsberechtigung aus einem wichtigen Grund nicht erfolgen kann.

(2) Kann der Arbeitnehmer aus einem von ihm nicht zu vertretenden Grund einen sich unmittelbar an das Beschäftigungsverbot des § 6 Abs. 1 des Mutterschutzgesetzes anschließenden Erziehungsurlaub nicht rechtzeitig verlangen, kann er dies innerhalb einer Woche nach Wegfall des Grundes nachholen.

(3) Der Erziehungsurlaub endet nicht dadurch, daß der Anspruch auf Erziehungsgeld entfällt. Er kann jedoch mit Zustimmung des Arbeitgebers vorzeitig beendet werden. Satz 1 gilt nicht, wenn ein Wechsel nach § 3 Abs. 3 erfolgt ist. Hat der Arbeitgeber für den bisherigen Anspruchsberechtigten befristet eine Ersatzkraft eingestellt, so endet der Erziehungsurlaub, vorbehaltlich des Satzes 2, jedoch erst zu dem Zeitpunkt, zu dem der Arbeitgeber das Arbeitsverhältnis mit der Ersatzkraft nach § 21 Abs. 4 frühestens kündigen könnte. Ein erneuter Antritt des Erziehungsurlaubs ist ausgeschlossen.

(4) Stirbt das Kind während des Erziehungsurlaubs, endet dieser spätestens drei Wochen nach dem Tod des Kindes. Absatz 3 Satz 4 gilt sinngemäß.

(5) Anspruchsvoraussetzungen für den Erziehungsurlaub können durch Vorlage des Bewilligungsbescheides über das Erziehungsgeld dargelegt und bewiesen werden. Eine Änderung in der Anspruchsberechtigung hat der Arbeitnehmer dem Arbeitgeber unverzüglich mitzuteilen und einen Bescheid über den Wegfall des Erziehungsgeldes vorzulegen.

§ 17. Erholungsurlaub

(1) Der Arbeitgeber kann den Erholungsurlaub, der dem Arbeitnehmer für das Urlaubsjahr aus dem Arbeitsverhältnis zusteht, für jeden vollen Kalendermonat, für den der Arbeitnehmer Erziehungsurlaub nimmt, um ein Zwölftel kürzen. Satz 1 gilt nicht, wenn der Arbeitnehmer während des Erziehungsurlaubs bei seinem Arbeitgeber Teilzeitarbeit leistet.

(2) Hat der Arbeitnehmer den ihm zustehenden Urlaub vor dem Beginn des Erziehungsurlaubs nicht oder nicht vollständig erhalten, so hat der

Arbeitgeber den Resturlaub nach dem Erziehungsurlaub im laufenden oder im nächsten Urlaubsjahr zu gewähren.

(3) Endet das Arbeitsverhältnis während des Erziehungsurlaubs oder setzt der Arbeitnehmer im Anschluß an den Erziehungsurlaub das Arbeitsverhältnis nicht fort, so hat der Arbeitgeber den noch nicht gewährten Urlaub abzugelten.

(4) Hat der Arbeitnehmer vor dem Beginn des Erziehungsurlaubs mehr Urlaub erhalten, als ihm nach Absatz 1 zusteht, so kann der Arbeitgeber den Urlaub, der dem Arbeitnehmer nach dem Ende des Erziehungsurlaubs zusteht, um die zuviel gewährten Urlaubstage kürzen.

§ 18. Kündigungsschutz

(1) Der Arbeitgeber darf das Arbeitsverhältnis während des Erziehungsurlaubs nicht kündigen. Die für den Arbeitsschutz zuständige oberste Landesbehörde oder die von ihr bestimmte Stelle kann in besonderen Fällen ausnahmsweise die Kündigung für zulässig erklären. Der Bundesminister für Arbeit und Sozialordnung wird ermächtigt, mit Zustimmung des Bundesrates allgemeine Verwaltungsvorschriften zur Durchführung des Satzes 2 zu erlassen.

(2) Absatz 1 gilt entsprechend, wenn der Arbeitnehmer

1. während des Erziehungsurlaubs bei seinem Arbeitgeber Teilzeitarbeit leistet oder
2. ohne Erziehungsurlaub in Anspruch zu nehmen, bei seinem Arbeitgeber Teilzeitarbeit leistet und Anspruch auf Erziehungsgeld hat oder nur deshalb nicht hat, weil das Einkommen (§ 6) die Einkommensgrenze (§ 5 Abs. 2) übersteigt. Der Kündigungsschutz nach Nummer 2 besteht nicht, solange kein Anspruch auf Erziehungsurlaub nach § 15 besteht.

§ 19. Kündigung durch den Erziehungsurlaubsberechtigten

Zum Ende des Erziehungsurlaubs kann der Erziehungsgeldberechtigte das Arbeitsverhältnis nur unter Einhaltung einer Kündigungsfrist von drei Monaten kündigen.

§ 20. Zur Berufsbildung Beschäftigte; in Heimarbeit Beschäftigte

(1) Die zu ihrer Berufsbildung Beschäftigten gelten als Arbeitnehmer im Sinne dieses Gesetzes. Die Zeit des Erziehungsurlaubs wird auf Berufsbildungszeiten nicht angerechnet.

(2) Anspruch auf Erziehungsurlaub haben auch die in Heimarbeit Beschäftigten und die ihnen Gleichgestellten (§ 1 Abs. 1 und 2 des Heimarbeitsgesetzes), soweit sie am Stück mitarbeiten. Für sie tritt an die Stelle des Arbeitgebers der Auftraggeber oder Zwischenmeister und an die Stelle des Arbeitsverhältnisses das Beschäftigungsverhältnis.

§ 21. Befristete Arbeitsverträge

(1) Ein sachlicher Grund, der die Befristung eines Arbeitsvertrages rechtfertigt, liegt vor, wenn ein Arbeitgeber einen Arbeitnehmer zur Vertretung eines Arbeitnehmers für die Dauer der Beschäftigungsverbote nach dem Mutterschutzgesetz oder für die Dauer eines zu Recht verlangten Erziehungsurlaubs oder für beide Zeiten zusammen oder für Teile davon einstellt.

(2) Über die Dauer der Vertretung nach Absatz 1 hinaus ist die Befristung für notwendige Zeiten einer Einarbeitung zulässig.

(3) Die Dauer der Befristung des Arbeitsvertrages muß kalendermäßig bestimmt oder bestimmbar sein.

(4) Das befristete Arbeitsverhältnis kann unter Einhaltung einer Frist von drei Wochen gekündigt werden, wenn der Erziehungsurlaub ohne Zustimmung des Arbeitgebers nach § 16 Abs. 3 Satz 3 und 4 vorzeitig beendet werden kann und der Arbeitnehmer dem Arbeitgeber die vorzeitige Beendigung seines Erziehungsurlaubs mitgeteilt hat; die Kündigung ist frühestens zu dem Zeitpunkt zulässig, zu dem der Erziehungsurlaub endet.

(5) Das Kündigungsschutzgesetz ist im Falle des Absatzes 4 nicht anzuwenden.

(6) Absatz 4 gilt nicht, soweit seine Anwendung vertraglich ausgeschlossen ist.

(7) Hängt die Anwendung arbeitsrechtlicher Gesetze oder Verordnungen von der Zahl der beschäftigten Arbeitnehmer ab, ist bei der Ermittlung dieser Zahl der Arbeitnehmer, der Erziehungsurlaub zu Recht verlangt hat, für die Zeit bis zur Beendigung des Erziehungsurlaubs nicht mitzuzählen, solange für ihn auf Grund von Absatz 1 ein Vertreter eingestellt ist. Dies gilt nicht, wenn nach diesen Vorschriften der Vertreter nicht mitzuzählen ist. Die Sätze 1 und 2 gelten entsprechend, wenn die Anwendung arbeitsrechtlicher Gesetze oder Verordnungen von der Zahl der Arbeitsplätze abhängt.

Dritter Abschnitt (Änderung von Gesetzen)

(§§ 22 bis 38)

Vierter Abschnitt. Übergangs- und Schlußvorschriften

§ 39. (Übergangsvorschrift)

§ 40. Berlin-Klausel

Dieses Gesetz gilt nach Maßgabe des § 13 Abs. 1 des Dritten Überleitungsgesetzes auch im Land Berlin.

§ 41. (Inkrafttreten)

3. *Was wollen Mütter?*

In einer Studie vom Deutschen Jugendinstitut (DJI), das in fünf Ländern (BRD, Ungarn, Schweden, Österreich und Finnland) zum Thema Mutterschaftsurlaub geforscht hat, finden sich folgende Ergebnisse:

Generell besteht bei Müttern der Wunsch nach einer *familienpolitisch gut abgesicherten Familienphase* von einer Dauer bis zu drei Jahren. Die Mütter wollen miterleben, wie ihre Kinder aufwachsen. Doch bleibt der Wunsch nach Erwerbstätigkeit bestehen. Mütter wollen beides: Beruf und Familie. Wichtig ist dabei eine ausreichende finanzielle und soziale Absicherung. Je besser diese Absicherung gewährleistet ist, um so eher finden sich die Mütter bereit, wieder in den Beruf zurückzukehren.

Mütter wünschen sich eine Arbeitswelt, die ihren Bedürfnissen entgegenkommt, indem sie *mehr Teilzeitarbeit* sowie flexible Arbeitsmodelle anbietet. Dadurch können Frauen Doppelbelastungen leichter ausbalancieren.

Erfahrungen in Kindererziehung und Haushalt müssen sich nicht unbedingt negativ auf die *berufliche Qualifikation* auswirken. Selbständigkeit, Organisationstalent und Flexibilität können auch im Erwerbsleben eine wichtige Qualität darstellen.

Frauen sollen die Wahl haben: Alle Frauen, berufsorientierte, Familienfrauen sowie diejenigen, die versuchen, zwischen Beruf und Familie eine Balance zu finden, sollen für ihre Entscheidungen die nötige Unterstützung in *familienpolitischen Maßnahmen* finden.

Die *Betreuung von Kleinkindern* findet in fast allen Ländern vorwiegend in den Familien selbst statt. Erst wenn dort keine Spielräume mehr bestehen, weicht man auf öffentliche Kinderbetreuung aus. Doch Krippenplätze fehlen überall in großem Maße. *Partnerschaft* findet nach wie vor weder in der Kinderbetreuung noch im Haushalt statt. Sogar in Schweden, wo Elternurlaub bei 90% Gehaltsausgleich möglich ist, beteiligt sich nur eine geringe Anzahl von Vätern. Das nur langsame Ansteigen der Väterbeteiligung bedeutet „nicht nur eine Renitenz der Männer, sondern auch eine Familienidentität der Frauen“. Die väterlichen Kompetenzen werden dabei gleichzeitig nicht angezweifelt. Dort, wo hohe Ansprüche an eine ausgewogene Partnerschaft bezüglich der Kinder und des Haushalts bestehen, ist zugleich die Unzufriedenheit der Frauen sehr groß, da die Mehrheit der Männer sich nicht zu gleichen Teilen engagiert.

4. Weitere Unterstützung während der Erziehung

a) steuerliche Entlastung

Seit dem 1.1. 1990 ist der Steuerfreibetrag für Kinder von DM 2484 auf DM 3024 erhöht (Auskunft dazu geben die Finanzämter).

Nachgewiesene Betreuungskosten können bis zu DM 4000 für das erste und für jedes weitere Kind um weitere DM 2000 (unter 16 Jahren) von der Steuer abgesetzt werden. Bei Krankheit oder Behinderung von Vater oder Mutter von über drei Monaten kann eine Pauschale von DM 480 steuerlich abgesetzt werden. Voraussetzung ist, daß der jeweilige andere Elternteil erwerbstätig ist oder ebenfalls krank oder behindert ist.

Auch die Ausbildungsfreibeträge sind seit 1.1. 1986 erhöht. Für Kinder unter 18 Jahren wurden sie von DM 1200 auf DM 1800 erhöht, wenn sie auswärts wohnen. Wohnen die Kinder zuhause, so gelten nun Steuerfreibeträge von DM 1800 (erhöht von DM 1200). Für Kinder über 18 Jahren, die auswärts wohnen, wurde der Steuerfreibetrag von DM 3000 auf DM 4200 erhöht. *Für Alleinstehende* mit mindestens einem Kind besteht ein Haushaltsfreibetrag von DM 5616.

Ab 1990 können bis zu 12000 DM Kosten für *hauswirtschaftlich Beschäftigte,* die sozialversicherungspflichtig angestellt sind, als Sonderausgaben abgezogen werden, wenn zum Haushalt des Steuerpflichtigen bei Alleinerziehenden mindestens 1 Kind, bei Ehegatten mindestens 2 Kinder bis zum 10. Lebensjahr oder ein Schwerpflegebedürftiger gehören. Zur wirksameren Förderung der Bildung von Wohneigentum bei Familien wird das sogenannte *„Baukindergeld"* (§ 34f EStG) auf 750 DM (von 600 DM) erhöht.

b) Kindergeld

Für das erste Kind werden DM 50 Kindergeld, für das zweite DM 100 (ab 1. Juli 1990: 130 DM), für das dritte DM 220 und für das vierte und jedes weitere Kind DM 240 bezahlt. Je nach Einkommen kann das Kindergeld für das zweite und jedes weitere Kind gekürzt werden. Das Kindergeld wird bei den Kindergeldstellen der Arbeitsämter beantragt. (Informationen dazu in der Broschüre: „Kindergeld für 14 Mio. Kinder", BMJFG, Kennedyallee 105–107, 5300 Bonn 2.)

Kindergeldzuschlag

Für Familien mit niederem Einkommen, die den erhöhten Steuerfreibetrag für Kinder nicht ausschöpfen können, gilt ein Kindergeldzuschlag.

c) Weitere Hilfen

„Familie in Not"

Diese Unterstützung wird in den Bundesländern Baden-Württemberg, Schleswig-Holstein, Niedersachsen, Rheinland-Pfalz, Bayern und in Berlin gewährt. Sie besteht vor allem für kinderreiche Familien, bei hoher Verschuldung und Arbeitslosigkeit. Ansprechpartner sind die Kirchen und Verbände in den einzelnen Gemeinden (DRK, Arbeiterwohlfahrt, Diakonisches Werk u.a.). Auskünfte geben auch die Sozialämter.

„Mutter-Kind-Stiftung"

Diese als Zusatzhilfe gedachte Unterstützung wird für ein Jahr bezahlt. Verlängerung ist möglich. Die Höhe des Betrages ist vom Einkommen abhängig (DM 200–300 pro Monat). Bei einem Jahresetat von DM 60 Mio. können allerdings nur wenige Mütter davon profitieren.

„Hilfe für Mutter und Kind"

Diese Hilfe erstattet Schwangeren und jungen Müttern Ausstattungs- und Betreuungskosten. Je nach Bedarf werden bis zu DM 20000 bezahlt. Hier wird vor allem eine Lücke geschlossen, die beim Erziehungsgeld für *selbständig Erwerbstätige* entsteht. Diese sind nach der Geburt ihres Kindes meist gezwungen, über 19 Stunden in der Woche weiterzuarbeiten und erhalten aus diesem Grunde kein Erziehungsgeld.

Zusätzliche Hilfen für Alleinerziehende

Alleinerziehende müssen meist ganz oder zu großen Teilen für den eigenen Lebensunterhalt und den des Kindes selbst aufkommen. Um ihr Kleinkind ausreichend betreuen zu können, erhalten sie zum Erziehungsgeld Sozialhilfe, Wohngeld, Arbeitslosenhilfe und Kindergeld. Da diese Gelder nicht miteinander verrechnet werden, können Alleinerziehende auf einen monatlichen Betrag von DM 1600 kommen.

Hier ein Beispiel:	DM	384	Sozialhilfe/Mutter
		173	Sozialhilfe/Kind
		77	Mehrbedarfszuschlag
		400	Wohngeld
		600	Erziehungsgeld
	DM	1634	

Unterhaltszahlungen

Bleiben Unterhaltszahlungen für die Kinder Alleinerziehender aus, so bezahlen die Jugendämter für höchstens 3 Jahre einen Unterhaltszuschuß (Regelsatz DM 228) für Kinder unter sechs Jahren. (Information dazu in der Broschüre: „Wenn der Vater nicht zahlt, zahlt Vater Staat", Bundesministerium für Jugend, Familie und Gesundheit, (BMJFG), Kennedyallee 105–107, 5300 Bonn 2.)

5. *Berufstätigkeit von alleinerziehenden/verheirateten Müttern/Vätern*

a) Zahlen zur Erwerbstätigkeit

(Die zur Zeit verfügbaren Daten stammen aus dem Jahre 1982)

Die Erwerbstätigkeit von verheirateten Müttern liegt bei 40%, bei alleinerziehenden Müttern bei 56%. 1982 gab es in der BRD 764 000 alleinerziehende Mütter und 141 000 alleinerziehende Väter.

Erwerbstätigkeit von Müttern mit Kindern	
unter 3 Jahren:	34,0%
unter 6 Jahren:	36,4%
unter 15 Jahren:	42,6%

Aus der Sicht der Kinder

Kinder, deren Mütter erwerbstätig sind

unter 3 Jahren	27,0%
3– 6 Jahre	27,6%
6–10 Jahre	28,7%
10–15 Jahre	32,6%
15–18 Jahre	33,7%

Teilzeit arbeitende Frauen

88% aller Teilzeit arbeitenden Frauen sind verheiratet. 1982 ging ein Drittel aller erwerbstätigen Frauen einer Teilzeitbeschäftigung unter 40 Stunden pro Woche nach. Ein Fünftel arbeitete unter 21 Stunden pro Woche.

Teilzeit arbeitende Mütter

Ein Drittel aller erwerbstätigen Frauen sind Mütter. 60% davon arbeiten Teilzeit. Davon wiederum arbeiten zwei Drittel unter 21 Stunden pro Woche.

Erwerbstätigkeit von Frauen zwischen 1950–1982

(Information dazu: „Familie und Arbeitswelt" = Schriftenreihe des Bundesministers für Jugend, Familie und Gesundheit, Bd. 143, Kohlhammer Verlag.)

1950	1970	1982
7944000	9335000	10000000

b) Beruf und Familie

Vor allem berufstätige Mütter leiden unter der Doppelbelastung von Beruf und Familie. Die verschiedenen Anforderungen der zwei Bereiche führen oft zu Nervenkrieg und Überlastung. Die Lebensläufe von Frauen mit Kindern verlangen nach flexibler Arbeitszeitgestaltung, die allerdings die Arbeitswelt bis jetzt nur in Ausnahmen anbietet.

Eine Studie des Deutschen Jugendinstitutes über das Beck-Modell (Kaufhaus Beck, München) zeigt, daß Frauen, wenn ihre *familiären Bedürfnisse am Arbeitsplatz* berücksichtigt werden, sich viel stärker mit ihrem Beruf identifizieren.

Gleitzeitmodelle verbreiten sich immer mehr und schaffen somit Spielräume für die Kinderbetreuung (bringen und abholen zu und von den Tagesbetreuungen z. B.). Doch im Einzelhandel und in Banken z. B. bleiben Modelle mit größerer Flexibilität eine Ausnahme (Beck, Karstadt). Die *Öffnungszeiten* diktieren einen festen Rhythmus. Viele Mütter wollen Teilzeit arbeiten und zwar oft vormittags, wenn es sich um Mütter von Schulkindern handelt. Die Nachfrage ist allerdings weit größer als das Angebot. Seit 1986 gilt eine neue *Teilzeitarbeitsregelung,* die die Benachteiligung von Teilzeitarbeit gegenüber der Vollzeitarbeit aufheben soll.

Teilzeitbeschäftigte sollen proportional zu ihren Arbeitsstunden an der Sozialversicherung, am Urlaubsanspruch und an den Betriebsregelungen beteiligt werden. (Information dazu: „Teilzeitarbeit", Hg. Bundesminister für Arbeit und Sozialordnung, Öffentlichkeitsreferat, 5300 Bonn.)

Doch es bestehen nach wie vor Barrieren. Die Gewerkschaften müßten sich für eine stärkere soziale Absicherung der Teilzeitarbeit einsetzen. Die Arbeitgeber müßten mehr qualifizierte und besser bezahlte Teilzeitarbeitsplätze anbieten. Job-sharing, Teilzeitarbeit im Wochen- und Monatsrhythmus, flexible Teilzeitarbeit bei gleichem Monatslohn und Zeitkonten, die innerhalb längerer Fristen erst wieder ausgeglichen werden müssen, wären mögliche familiengerechte Arbeitsmodelle. Diese Freiräume beginnen langsam zu wachsen, weil auch die Entwicklungen in der Arbeitswelt ein Interesse auf seiten der Unternehmer zur Abkoppelung von Arbeitszeiten und Betriebszeiten sowie nach mehr Flexibilität in der Arbeitsorganisation entstehen lassen.

6. Kinderbetreuung und Erwerbstätigkeit

Die Versorgung

Nur für 4% aller Kleinkinder mit erwerbstätigen Müttern steht ein *Krippenplatz* zur Verfügung.

Die Versorgung mit *Kindergartenplätzen* verteilt sich wie folgt:
57,9% aller 6jährigen und älteren, die noch nicht zur Schule gehen
75,8% aller 5jährigen
63,1% aller 4jährigen
34,9% aller 3jährigen

Nur 7% aller Grundschulkinder mit erwerbstätigen Müttern können in *Kinderhorten* untergebracht werden (Zahlen: Mikrozensus 1982).

Kleinkind- und Vorschulbetreuung

Aus den obigen Zahlen wird ersichtlich, daß die 4–6jährigen Kinder einigermaßen untergebracht werden können, während für Kleinkinder ein großer Mangel an Betreuungsplätzen besteht. Für Krippen- und Kindergartenplätze gibt es lange Wartelisten, und wenn manche Kindergärten über Belegungsprobleme klagen, so liegt dies selten an einem Überangebot, sondern eher am ungünstigen Standort, an zu hohen Kosten und ungünstigen Öffnungszeiten etc.

Schulkindbetreuung

Eine weitere Lücke besteht in der Betreuung von Schulkindern, da sich die Schulen ausschließlich als Lehranstalten verstehen und sich somit nicht für die Betreuung der Kinder verantwortlich fühlen. Die Gesamtschulen, vor allem in den 70er Jahren diskutiert, konnten sich nicht durchsetzen und eine weiterreichende Betreuung der Schulkinder übernehmen.

Berufstätige Mütter und Väter mit Kindern in öffentlichen Tagesbetreuungsstätten stehen vor dem Problem, ihre Kinder nicht zu passenden Zeiten abgeben und abholen zu können, da die Arbeitszeiten oft identisch mit den Öffnungszeiten der Betreuungsstätten sind. Somit bestehen kaum Spielräume für die Fahrtwege.

Zu den Kosten öffentlicher Tagesbetreuung in der BRD

Beispiele für monatliche Elternbeiträge in Tageseinrichtungen für Kinder (in DM) in verschiedenen Bundesländern[1]

	Kinderkrippe		Kindergarten		Hort	
	halbtags	ganztags	halbtags	ganztags	halbtags	ganztags
Baden-Württemberg			75– 85	166–260	20– 80	145–250
Bayern	320	50–600	10–105	86–250	00–112	90–202
Berlin[2]		70–280		70–140		70–140
Bremen		900	5–115	25–210	25–135	
Hamburg[2]		70–345	75–Selbstkosten	70–345		70–345
Hessen	160	229	85	93–164	85	112–164
Niedersachsen		300–320	20–105	130–203		152–233
Nordrhein-Westfalen	35–100		35–100	35–100[3]		130–140
Rheinland-Pfalz			40– 45	63[3]	17	77
Schleswig-Holstein			28–132			

[1] Aufgrund der großen Unterschiede bei der Festlegung der Elternbeiträge auch innerhalb einzelner Bundesländer kann keine vollständige Übersicht gegeben werden. Die hier aufgeführten Angaben sind einer Zusammenstellung der Angaben von Fachberatern in Einrichtungen in der Trägerschaft der Arbeiterwohlfahrt (1985, 13ff.) entnommen. Die Angaben sind daher nicht ohne weiteres verallgemeinerbar und auf Einrichtungen unter anderer Trägerschaft übertragbar. Dabei wurden bei Halbtagsgebühren evtl. zusätzliche Essensgebühren nicht berücksichtigt, während bei den Angaben für Ganztagsbetreuung bis auf zwei Ausnahmen die Kosten für Mittagessen enthalten sind. Zu diesen Gebühren kommen in einigen Einrichtungen oft noch zusätzliche Abgaben (z.B. das sog. „Spielgeld", Unkostenbeiträge für Frühstücksgetränke und/oder sonstige Materialien). Die Gebührenspannen ergeben sich meist aus der Praxis, bei der Festlegung der Elternbeiträge die Einkommensverhältnisse mitzuberücksichtigen und Nachlässe für Geschwister zu gewähren.

[2] Beispiele für Staffelungen der Elternbeiträge
- Berlin: niedrigster Satz bis DM 66000 Bruttojahreseinkommen; Verdoppelung des Mindest-Gebührensatzes bei Jahreseinkommen zwischen DM 66000 und 78000; in Krippen nochmalige Verdoppelung bei höherem Einkommen als DM 78000.
- Hamburg: bei monatl. Bruttoeinkommen bis DM 5000 Elternbeitrag für Ganztagsplatz in Kindertagesstätte DM 75,–; bis zu mtl. DM 8500 Gebührenhöhe DM 150,–, bei höherem Einkommen in Höhe des Selbstkostenpreises.

[3] ohne Mittagessen

Quelle: nach Arbeiterwohlfahrt (1985, S. 13ff.)
(aus: L. Berger u. D. von Derschau, „Einrichtungen für Kinder im Wohnumfeld", DJI-Studie)

Tagesmütterbetreuung

(Informationen zum Thema Tagesmütter: Tagesmütterstudie des DJI: „Das Modellprojekt ‚Tagesmütter' – Abschlußbericht der wissenschaftlichen Begleitung" = Schriftenreihe des Bundesministers für Jugend, Familie und Gesundheit Bd. 85, Kohlhammer Verlag)

Der Mangel an Koordination zwischen Arbeitswelt und öffentlicher Kinderbetreuung läßt viele Eltern auf Tagesmütter oder andere private Initiativen, z. B. Kinderhäuser ausweichen. Etwa 25% der Kinderbetreuung wird von Tagesmüttern übernommen. Der offizielle Satz für Tagesmütterbetreuung beträgt pro Kind DM 250–300 im Monat. Doch der Betrag kann bis zu DM 700 hochschnellen.

Innerfamiliäre Betreuung

Überraschenderweise wird vor allem in der Bundesrepublik ein Großteil der Kinderbetreuung (40%) von den Großmüttern übernommen. Dies weist auf eine relativ stabile Wohnsituation hin, in der die Familienmitglieder nicht allzuweit voneinander entfernt wohnen.

Mütterzentren

(Adressenliste über: DJI, Freibadstr. 30, 8000 München 90. Anleitungen und Erfahrungsberichte in: „Mütter im Zentrum – Mütterzentren", Goldmann TB 10 959, München 1985)

Die Entstehung der Mütterzentren ging auf die „Spielkreisbewegung" zurück, in der nicht-erwerbstätige Familienfrauen in Selbsthilfegruppen ihr Bedürfnis nach Kinderbetreuung befriedigten. Seit 1980 gibt es nun immer mehr Mütterzentren (37 und etwa 100 Initiativen), so daß man mittlerweile schon von einer sozialen Bewegung sprechen kann.

Kontakte, Kommunikation, Fortbildung

In Mütterzentren finden Frauen die Möglichkeit, eigene Erfahrungen auszutauschen und mit anderen über ihre Fragen und Probleme zu sprechen. Dadurch können sie der Isolation an Heim und Herd entgehen.

Keine Trennung zwischen Laien und Profis

Die Mütterzentren werden nicht von Fachkräften geleitet, sondern von den Frauen selbstverwaltet und selbstbestimmt.

Der gewerbliche Ansatz

Neu ist, daß Frauen, die zum aktiven Stamm eines Mütterzentrums gehören (durchschnittlich etwa 100–150; Besucherinnen etwa 300–350) die Möglichkeit haben, gewerblich tätig zu sein und damit auch Geld zu verdienen. Serviceleistungen, wie Laienberatung, Gesprächskreise, Kursangebote, Buchführung, Kinderbetreuung, Putzen etc. entlasten andere Mütter und bieten die Möglichkeit zu einem kleinen Nebenverdienst (DM 5–10/Stunde). Der flexible Arbeitsrhythmus läßt eine Verbindung von Arbeit und Kindern zu, die mit weniger Streß belastet ist, als dies sonst in der Arbeitswelt üblich ist.

Familien- und Nachbarschaftszentren

Seit Ende 1986 gibt es in der BRD einen neuen Modellversuch: „Familien helfen Familien". Diese Selbsthilfeprojekte funktionieren ebenfalls auf der Ebene von Selbstbestimmung und -organisation und werden vom „Institut für Frau und Gesellschaft" (Hannover) und vom DJI (München) wissenschaftlich betreut. (Nähere Informationen sind bei den Instituten (siehe Adressenliste) erhältlich.)

Die Modellversuche finden in Reutlingen, Amberg, Emden und Hannover statt.

Staatliche Hilfen für Mütter in Österreich

So wie in allen Industriestaaten gab es für Frauen als Folge der ersten Welle der Frauenbewegung, bzw. des Kampfes der Arbeiterbewegung für menschlichere Arbeitsbedingungen, Mutterschutzbestimmungen, die Bestimmungen für Schwangere und für stillende Mütter mitumfaßten. Diese enthielten Regelungen zum Schutz vor Akkordarbeit, vor dauerndem Stehen, vor Überstunden und vor Nachtarbeit und garantierten eine arbeitsfreie Zeit vor und nach der Niederkunft samt Einkommensersatz. Für stillende Mütter wurden bezahlte Stillpausen von mindestens 45 Min/Tag durchgesetzt. Auch die Kündigungsverbote während der Schwangerschaft und des Karenzurlaubes und die Ausweitung der Mutterschutzfristen (sukzessive Verlängerung der arbeitsfreien Zeiten vor und nach der Geburt bis auf jeweils 8 Wochen, nach Frühgeburten, Mehrlingsgeburten und Kaiserschnitt bis auf 12 Wochen nach der Geburt) gehören noch zu diesem ursprünglichen Mutterschutz.

1973 wurde das vom Einkommen des Mannes unabhängige Karenzurlaubsgeld bis zum ersten Geburtstag des Kindes eingeführt und – als flankierende Maßnahme zur Straffreiheit des Schwangerschaftsabbruches in den ersten 3 Monaten – ein erhöhtes Karenzurlaubsgeld für alleinstehende Mütter. Letztere können (wenn die Mutter das Kind selbst betreut) im Anschluß an das Karenzurlaubsgeld bis zum dritten Geburtstag des Kindes die Sondernotstandshilfe (in Höhe des Arbeitslosengeldes) erhalten. Die österreichischen Mütter beziehen etwa für die Hälfte ihrer Kinder Karenzurlaubsgeld und für etwas weniger als ein Zehntel der Kinder Sondernotstandshilfe.

Für selbständig erwerbstätige Mütter (die keinen Anspruch auf Karenzurlaubsgeld haben) wird für die Dauer der 16-wöchigen Schutzfrist vor und nach der Geburt eine Beihilfe für die Inanspruchnahme einer Vertretung gewährt.

Seit 1977 gibt es eine Woche bezahlter Pflegefreistellung für im gemeinsamen Haushalt lebende Angehörige.

Mütter mit weniger als 30 Versicherungsjahren erhalten bei der Pensionsberechnung einen Kinderzuschlag von 3% der Bemessungsgrundlage. Für Mütter oder Väter besteht auch die Möglichkeit, sich in der Pensionsversicherung begünstigt selbst- oder weiterzuversichern.

Im öffentlichen Dienst können Mütter aus Anlaß der Geburt eines Kindes Teilzeit arbeiten, Vätern *kann* Teilzeit gewährt werden.

Die jahrelangen Diskussionen um die Möglichkeit des (kündigungsgeschützten und bezahlten) Karenzurlaubes auch für Väter brachten bislang keine gesetzliche Regelung, da die tatsächlich erfolgte Einigung zwischen den Sozialpartnern um Haaresbreite an den vorverlegten Neuwahlen 1986 scheiterte.

In Forschungsaufträgen wurden die Auswirkungen des Karenzurlaubes auf die Berufstätigkeit der Frauen untersucht: trotz des Kündigungsschutzes kehren nur 2 von 10 Frauen an ihren alten Arbeitsplatz zurück. Andererseits beträgt der Unterschied in der Erwerbstätigkeit, der unter 30-jährigen und unter 40-jährigen Frauen nur mehr etwa 9%, d.h. immer weniger Frauen unterbrechen die Berufstätigkeit für längere Zeit, wenn sie (ein) Kind(er) haben.

In einem anderen Forschungsprojekt wurden die Schwierigkeiten der Harmonisierung von Beruf und Familie aufgezeigt: die fehlende (geringe) Mithilfe der männlichen Partner, die Auswirkungen ungünstiger Arbeitszeiten, die Zunahme der Schichtarbeit, die Betriebszeiten der öffentlichen Verkehrsmittel, auf die Frauen meist angewiesen sind, der größere Zeitaufwand, den die Benützung der öffentlichen Verkehrsmittel bedeutet und – vor allem – die nicht an die Erfordernisse der berufstätigen Eltern angepaßten Öffnungszeiten der Kinderbetreuungseinrichtungen.

Zum Ergebnis dieser (für Frauen keine neuen Erkenntnisse erbringenden) Dokumentation wurden Stellungnahmen von allen gesellschaftlich relevanten Vertretungen eingeholt (Arbeitnehmer, Arbeitgeber, Parteien, Kirchen), die sich samt und sonders diesen Harmonisierungsproblemen gegenüber verständnisvoll äußerten. Ein Förderungsprogramm der Arbeitsmarktverwaltung, das auf die Einstellung zusätzlicher Arbeitskräfte zur Verlängerung der Öffnungszeiten zielte, wurde jedoch bisher eher boykottiert als angenommen – ein Zeichen dafür, daß die Frage der Betreuung der Kinder und die (teilweise) Entlastung der Mütter durch staatliche Hilfen, die in vielen Gewerkschaftsanträgen seit Jahren eingeklagt wird, eine politische Frage ist, die sich weitab von der gesellschaftlichen (patriarchalischen) Akzeptanz bewegt.

Finanzielle Leistungen in Österreich (Stand 1987)

- Abfertigungsanspruch der Arbeitnehmerin, die nach der Entbindung ihr Arbeitsverhältnis löst, in der Höhe der halben Arbeitnehmerabfertigung.
- Wochengeld (während der mindestens 16-wöchigen Schutzfrist) in der Höhe des durchschnittlichen Nettoverdienstes der letzten 13 Wochen.
- Geburtenbeihilfe (nach vorgeschriebenen ärztlichen Untersuchungen) nach der 1. Woche, dem 1. Lebensjahr, dem 2. Lebensjahr des Kindes jeweils S 5000 und nach dem 4. Lebensjahr weitere S 2000.
- Karenzurlaubsgeld für Arbeitnehmerinnen bis zum 1. Geburtstag des Kindes für verheiratete Mütter in der Höhe von S 4.330 und für alleinstehende Mütter S 6.470 /monatlich.
- Sondernotstandshilfe für alleinstehende Mütter bis zum 3. Geburtstag des Kindes in der Höhe des Arbeitslosengeldes (d. i. zwischen 50 und 70% des letzten Arbeitsentgelts); diese Leistung erhalten Ausländerinnen nicht.
- Betriebshilfe für selbständig erwerbstätige Mütter für 16 Wochen, S 250/Tag.
- Familienbeihilfe für jedes Kind S 1200, ab dem 10. Lebensjahr S 1450/monatl, bis max. 27 Jahre bei Ausbildung.
- Erhöhte Familienbeihilfe für behinderte Kinder: S 1450/mtl, für erheblich behinderte unter 10 Jahren S 2650, über 10 Jahren S 2900.
- Diverse steuerliche Erleichterungen.
- Unterhaltsvorschuß des Staates, wenn die zum Unterhalt verpflichtete Person ihn nicht leistet, in der Höhe des vereinbarten oder gerichtlich festgelegten Unterhalts, jedoch max. S 3206 mtl. (Regreßpflicht des Unterhaltspflichtigen).
- Schulfreifahrt, kostenlose Schulbücher, Schulbeihilfen.
- Studienbeihilfen für bedürftige österreichische Studenten.

Literaturverzeichnis

1. Zitierte Literatur

Ainsworth, M. D. S. (1973) The development of infantmother attachment. In Caldwell, B. M. and Ricciuti, H. N. (eds.) *Review of Child Development Research,* Vol 3. New York: Academic Press.

Ainsworth, M. D. S., Blehar, M., Waters, E. (1978) *Patterns of attachment: A psychological study of the strange situation.* Hillsdale, N. J.: Erlbaum.

Barnett, R. C., and Baruch, G. K. (1984) Women's involvement in multiple roles, role strain, and psychological distress. Unpublished manuscript, Wellesley College Center for Research on Women.

Bar-Tal, D., Raviv, A., and Shavit, N. (1981) Motives for helping behavior: Kibbutz and city children in kindergarten and school. *Developmental Psychology,* 17: 766–72.

Baxandall, R., Gordon, L., and Reverby, S. (1976) *America's working women.* New York: Random House.

Beck, R. (1982) Beyond the stalemate in child care public policy. In Zigler, E. F., and Gordon, E. W. (eds.) *Day care: scientific and social policy issues,* 307–337. Boston: Auburn House.

Beecher, C. E., and Stowe, H. B. (1975) *The American woman's home, or, Principles of domestic science.* Hartford, Conn.: Stowe-Day Foundation.

Beit-Hallahmi, B., and Rabin, A. I. (1977) The kibbutz as a social experiment and as a child-rearing laboratory. *American Psychologist,* 32: 533–41.

Belsky, J. (1979) The interrelation of parental and spousal behavior during infancy in traditional nuclear families: An exploratory analysis. *Journal of Marriage and the Family* 41: 62–68.

Belsky, J. (1984) Two waves of day care research: Developmental effects and conditions of quality. In Ainslie, R. (ed.) *The child and the day care setting.* New York: Praeger.

Belsky, J., Lerner, R. M., and Spanier, G. B. (1984) *The child in the family.* Reading, Mass.: Addison-Wesley.

Belsky, J., and Steinberg, L. D. (1978) The effects of daycare: A critical review. *Child Development,* 49: 929–49.

Belsky, J., Steinberg, L. D., and Walker, A. (1982) The ecology of day care. In Lamb, M. (ed.) *Nontraditional families: Parenting and child development,* 71–116. Hillsdale, N. J.: Erlbaum.

Berndt, T. J. (1981) Relations between social cognition, nonsocial cognition, and social behavior: The case of friendship. In Flavell, J. H. and Ross, L. (eds.) *Social Cognitive Development: Frontiers and Possible Futures,* 176–199. New York: Cambridge University Press.

Bettelheim, B. (1969) *The children of the dream.* New York: Macmillan.
Biller, H.B. (1981) Father abscence, divorce, and personality development. In Lamb, M.E. (ed.) *The role of the father in child development.* Second edition. 489–552. New York: Wiley.
Borstelmann, L.J. (1983) Children before psychology: Ideas about children from antiquity to the late 1800s. In Mussen, P. (ed.) *Handbook of child psychology,* 1: 1–40. New York: Wiley.
Bowlby, J. (1969) Attachment. *Attachment and Loss,* Vol. 1. New York: Basic Books.
Bronfenbrenner, U., Alvarez, W.F., and Henderson, C.R., Jr. (1983) *Working and watching: Maternal employment status and parents' perceptions of their three-year-old children.* Unpublished manuscript, Cornell University.
Bruner, J. (1983) *Child's talk: Learning to use language.* New York: Norton.
Cairns, R.B. (1983) The emergence of developmental psychology. In Mussen, P. (ed.) *Handbook of child psychology,* 1: 1–102. New York: Wiley.
Caldwell, B.M., Wright, C.M., Honig, A.S., and Tannenbaum, J. (1970) Infant care and attachment. *American Journal of Orthopsychiatry,* 40: 397–412.
Caplan, G. (1954) Clinical observations on the emotional life of children in the communal settlements of Israel. In Senn, M.S.E. (ed.) *Problems of infancy and childhood.* New York: Josiah Macy Foundation.
Center Accreditation Project 5, Progress Report on the Center Accreditation Project (1983) *Young Children,* Nov.
Child Care Action Campaign, P.O. Box 313, New York, N.Y. 10185.
Clarke, A.M., and Clarke, A.D.B. (1976) *Early experience: Myth and evidence.* London: Open Books.
Clarke-Stewart, A. (1982) *Daycare.* Cambridge, Mass.: Harvard University Press. Daycare criteria reprinted by permission of Harvard University Press.
Cohen, L.B. (1979) Our developing knowledge of infant perception and cognition. *American Psychologist,* 34: 894–899.
Cott, N. (1977) *The bonds of womanhood: „Woman's sphere" in New England, 1780–1835.* New Haven: Yale University Press.
Cowan, R.S. (1983) *More work for mother: The ironies of household technology from the open hearth to the microwave.* New York: Basic Books.
Crosby, F. (1982) *Relative deprivation and working women.* New York: Oxford University Press.
Degler, C.N. (1980) *At odds: Women and the family in America from the revolution to the present.* New York: Oxford University Press.
Dervin, B. (1976) The everyday information needs of the average citizen: A taxonomy for analysis. In Kochen, M., and Donahue, C. (eds.) *Information for the community.* Chicago: American Library Association.

Dinnerstein, D. (1976) *The mermaid and the minotaur: Sexual arrangements and human malaise.* New York: Harper and Row.
Dunn, J., and Kendrick, C. (1982) *Siblings: Love, hate, and envy.* Cambridge, Mass.: Harvard University Press.
Easterbrooks, M.A., and Goldberg, W. (1984) Early maternal employment: Can families adapt? *Developmental Psychology.*
Eckerman, C.O., and Whatley, J.L. (1977) Toys and social interaction between infant peers. *Child Development,* 48: 1645–1656.
Eckerman, C.O., Whatley, J.L., and Kutz, S.L. (1975) The growth of social play with peers during the second year of life. *Developmental Psychology,* 11: 42–49.
Ehrenreich, B., and English, D. (1979) *For her own good: 150 years of the experts' advice to woman.* New York: Doubleday/Anchor Press.
Eiduson, B.T., Kornfein, M., Zimmerman, I.L., and Weisner, T.S. (1982) Comparative socialization practices in traditional and alternative families. In Lamb, M. (ed.) *Nontraditional families: Parenting and child development,* 315–46. Hillsdale, N.J.: Erlbaum.
English, O.S., and Foster, C.J. (1953) *Fathers are parents too.* London: George Allen and Unwin.
Epstein, C.F. (1970) *Woman's place: Options and limits in professional careers.* Berkeley: University of California Press.
Erikson, E.H. (1950) *Childhood and society.* New York: Norton.
Etaugh, C. (1980) Effects of nonmaternal care on children: Research evidence and popular views. *American Psychologist,* 35: 309–319.
Feuerstein, R. (1980) *Instrumental enrichment: An intervention program for cognitive modifiability.* Baltimore: University Park Press.
Flavell, J.H., Speer, J.R., Green, F.L., and August, D.L. (1981) The development of comprehension monitoring and knowledge about communication. *Monographs of the Society for Research in Child Development,* Whole No. 192.
Ford, Gerald (1983) Childcare is for everybody. *Parade Magazine,* October 23, 15–16.
Freud, A. (1946) *The ego and the mechanisms of defense.* New York: International Universities Press.
Fried, Y. (1960) Psychomotor development of kibbutz children. *Ofakim,* 41: 303–312.
Garland, C., and White, S. (1980) *Children and day nurseries: Management and practice in nine London day nurseries.* London: Grant McIntyre.
Garvey, C. (1979) *Play.* Cambridge, Mass.: Harvard University Press.
Gelman, R. (1979) Preschool thought. *American Psychologist,* 34: 900–905.
Gelman, R., and Gallistel, C.L. (1978) *The child's understanding of number.* Cambridge, Mass.: Harvard University Press.
Gesell, A. (1928) *Infancy and human growth.* New York: Macmillan.

Gewirtz, J.L. (1965) The course of infant smiling in four child rearing environments in Israel. In Foss, B.M. (ed.) *Determinants of infant behavior III.* London: Methuen.

Goldfarb, W. (1943) Infant rearing and problem behavior. *American Journal of Orthopsychiatry,* 13: 249–65.

Goldfarb, W. (1955) Emotion and intellectual consequences of psychological deprivation in infancy: A re-evaluation. In Hoch, P.H., and Zubin, J. (eds.) *Psychopathology of childhood.* New York: Grune and Stratton.

Goldstein, J., Freud, A., and Solnit, A. (1973) *Beyond the interests of the child.* New Haven: Yale University Press.

Goodman, E. (1979) *Turning points.* New York: Random House.

Goodman, E. (1980) Observations on parenting and the women's movement. In the National Institute of Education, *Parenthood in a changing society,* 4–7. Urbana, Ill.: ERIC Clearinghouse on Elementary and Early Childhood Education, University of Illinois.

Hagen, E. (1975) Child care and women's liberation. In Roby, P. (ed.) *Child care – who cares?* 117–32. New York: Basic Books.

Harlow, H.F., and Harlow, M.K. (1969) Effects of various mother-infant relationships on rhesus monkey behaviors. In Foss, B.M. (ed.) *Determinants of infant behavior.* Vol. 4. London: Methuen.

Harlow, N. (1975) *Sharing the children: Village rearing within the city.* New York: Harper and Row.

Harms, T., and Clifford, R. (1980) *The early childhood environment rating scale.* New York: Teachers College Press.

Hartup, W.W. (1983) Peer relations. In Mussen, P. (ed.) *Handbook of child psychology,* 4: 103–196. New York: Wiley.

Haskins, R., and Gallagher, J.J. (eds.) (1980) *Care and education of young children in America: Policy, politics, and social science.* Norwood, N.J.: Ablex.

Heins, M., Stillman, P., Sabers, D., and Mazzeo, J. (1983) Attitudes of pediatricians toward maternal employment. *Pediatrics,* 72: 283–90.

Hetherington, M., Cox, M., and Cox, R. (1982) Effects of divorce on parents and children. In Lamb, M.E. (ed.) *Nontraditional families: Parenting and child development,* 248–58. Hillsdale, N.J.: Erlbaum

Hoffman, L.W. (1983) *The study of employed mothers over half a century.* Paper presented at the annual meeting of the American Psychological Association, Los Angeles, Calif.

Honig, A.S. (1983) Meeting the needs of infants. *Dimensions,* January, 4–7.

Irvine, E.E. (1952) Observations on the aims and methods of child-rearing in communal settings in Israel. *Human Relations,* 5: 247–276.

James, W. (1890) *Principles of psychology,* Vol. 1. New York: Holt, Rinehart and Winston.

Kaffman, M.A. (1965) A comparison of psychopathology: Israeli children

from kibbutz and from urban surroundings. *American Journal of Orthopsychiatry,* 35: 509–530.
Kagan, J. (1981) *The second year.* Cambridge, Mass.: Harvard Univ. Press.
Kagan, J. (1980) Perspectives on continuity. In Brim, O. G., and Kagan, J. (eds.) *Constancy and change in human development,* 26–74. Cambridge. Mass.: Harvard University Press.
Kagan, J. (1983) Classifications of the child. In Mussen, P. (ed.) *Handbook of child psychology,* 1: 527–60. New York: Wiley.
Kagan, J., Kearsley, R., and Zelazo, P. R. (1978) *Infancy: Its place in human development.* Cambridge, Mass.: Harvard University Press.
Kamerman, S. B., and Hayes, C. D. (eds.) (1981) *Families that work: Children in a changing world.* Washington, D. C.: National Academy Press.
Kardiner, A. (1954) The roads to suspicion, rage, apathy, and social disintegration. In Galdston, I. (ed.) *Beyond the Germ Theory.* New York: Health Education Council.
Karre, M., Leijon, A. G., Fors, A., Palme, O., Sandlund, M. B., and Thorsell, S. (1975) Social rights in Sweden before school starts. In Roby, P. (ed.) *Child care – who cares?* 137–53. New York: Basic Books.
Katz, L. G. (1980) Contemporary perspectives on the roles of mothers and teachers. In *Parenthood in a changing society,* 8–26. Urbana: ERIC Clearinghouse on Elementary and Early Childhood Education, University of Illinois.
Kellam, S. G., Brown, C. H., Rubin, B. R., and Ensminger, M. E. (1983) Paths leading to teenage psychiatric symptoms and substance use: Developmental epidemiological studies in Woodlawn. In Guzz, S. N., Earl, F. J. and Barrett, J. W. (eds.) *Childhood Psychopathology and Development.* New York: Raven Press.
Kerr, V. (1975) One step forward – two steps back: Child care's long American history. In Roby, P. (ed.) *Child care – who cares?* 85–99. New York: Basic Books.
Kessen, W. (1965) *The child.* New York: Wiley.
Key, E. (1909) *The century of the child,* 100–101. New York: Putnam.
Klaus, M. H., and Kennell, J. H. (1976) *Maternal-infant bonding.* St. Louis, Mo.: Mosby.
Kohen-Raz, R. (1968) Mental and motor development of kibbutz, institutionalized, and home-reared infants in Israel. *Child Development,* 39: 489–504.
Komar, I. (1983) *Living the dream: A documentary study of the Twin Oaks Community.* Norwood, Pa.: Norwood Editions.
Lamb, M. E. (1975) *The role of the father in child development.* New York: Wiley.
Lamb, M. E. (1979) Paternal influences and the father's role: A personal perspective. *American Psychologist,* 34: 940–41.
Lamb, M. E. (1982 a) Early contact and maternal-infant bonding: One decade later. *Pediatrics,* 70: 763–68.

Lamb, M.E. (1982b) Parental behavior and child development in nontraditional families: An introduction. In Lamb, M. (ed.) *Nontraditional families: Parenting and child development,* 1–14. Hillsdale, N.J.: Erlbaum.
Lamb, M.E., and Campos, J.J. (1983) *Development in infancy: An introduction.* New York: Random House.
Lamb, M.E., Frodi, A.M., Hwang, C.P., and Frodi, M. (1982) Varying degrees of paternal involvement in infant care: Attitudinal and behavioral correlates. In Lamb, M. (ed.) *Nontraditional families: Parenting and child development,* 117–38. Hillsdale, N.J.: Erlbaum.
Lasch, C. (1979) *Haven in a heartless world: The family besieged.* New York: Basic Books.
Levine, J.A. (1982) The prospects and dilemmas of child care information and referral. In Zigler, E.F., and Gordon, E.W. (eds.) *Day care: Scientific and social policy issues,* 378–401. Boston: Auburn House.
Lipsitt, L.P. (1977) Taste in human neonate: Its effect on sucking and heart rate. In Weiffenbach, J.M. (ed.) *Taste and development.* Washington, D.C.: U.S. Department of Health, Education, and Welfare.
Main, M., and Weston, D.R. (1981) Security of attachment to mother and father: Related to conflict behavior and readiness to establish new relationships. *Child Development,* 52: 932–940.
Masters, J., and Wellman, H. (1974) The study of human infant attachment: A procedural critique. *Psychological Bulletin,* 81: 218–37.
McCartney, K., Scarr, S., Phillips, D., and Grajek, S. (1983) Day care as intervention: Comparisons of varying quality programs. Paper presented at the biennial meeting of the Society for Research in Child Development, Detroit, Mich.
McCartney, K., Scarr, S., Phillips, D., Grajek, S., and Schwarz, J.C. (1982) Environmental differences among day care centers and their effects on children's development. In Zigler, E.F., and Gordon, E.W. (eds.) *Day care: Scientific and social policy issues,* 126–51. Boston: Auburn House.
Moynihan, D.P. (1965) *The Negro family: The case for national action,* Washington, D.C.: U.S. Department of Labor.
Nash, J. (1956) It's time father got back into the family. Cited in Nash, J. (1976) Historical and social changes in the perception of the role of the father. In Lamb, M. (ed.) *The role of the father in child development,* 62–88. New York: Wiley.
Nash, J. (1976) Historical and social changes in the perception of the role of the father. In Lamb, M. (ed.) *The role of the father in child development,* 62–88. New York: Wiley.
National Academy of Science (1982) *Families that work: Children in a changing world.* Washington, D.C.: National Academy Press.
National Institute of Education (1980) *Parenthood in a changing society.* Urbana, Ill.: ERIC Clearinghouse on Elementary and Early Childhood Education, University of Illinois.

Newson, J., and Newson, E., (1976) *Seven years old in the home environment.* New York: Halsted Press.
O'Connell, J.C. (1983) Children of working mothers: What the research tells us. *Young children: Research in review,* 38: 63–70.
Ostrovsky, E.S. (1959) *Father to the child.* New York: Putnam.
Parke, R.D. (1981) *Fathers.* Cambridge, Mass.: Harvard University Press.
Parke, R.D., and Sawin, D.B. (1980) The family in early infancy: Social and interactional and attitudinal analyses. In Pederson, F.A. (ed.) *The father-infant relationship: Observational studies in a family context.* New York: Praeger.
Provence, S. (1982) Infant day care: Relationship between theory and practice. In Zigler, E.F., and Gordon, E.W. (eds.) *Day care: Scientific and social policy issues,* 33–55. Boston: Auburn House.
Provence, S., Naylor, A., and Patterson, J. (1977) *The challenge of daycare.* New Haven: Yale University Press.
Rabin, A.I. (1965) *Growing up in the kibbutz.* New York: Springer.
Rabin, A.I. (1971) *Kibbutz studies.* East Lansing, Mich.: Michigan State University Press.
Rabin, A.I., and Beit-Hallahmi, B. (1982) *Twenty years later: Kibbutz children grown up.* New York: Springer.
Radin, N. (1982) Primary caregiving and role-sharing fathers. In Lamb, M. (ed.) *Nontraditional families: Parenting and child development,* 173–204. Hillsdale, N.J.: Erlbaum.
Roby, P. (1975) What other nations are doing. In Roby, P. (ed.) *Child care – who cares?* 133–36. New York: Basic Books.
Rodes, T., and Moore, J. (1976) *National childcare consumer study: 1975,* Vol. 3. Washington, D.C.: Unco.
Rosenberg, R. (1982) *Beyond separate spheres: Intellectual roots of modern feminism.* New Haven: Yale University Press.
Rothman, S.M. (1978) *Woman's proper place.* New York: Basic Books.
Ruopp, R.R., and Travers, J. (1982) Janus faces day care: Perspectives on quality and cost. In Zigler, E.F., and Gordon, E.W. (eds.) *Day care: Scientific and social policy issues,* 72–101. Boston: Auburn House.
Russell, G. (1982) Shared-caregiving families: An Australian study. In Lamb, M. (ed.) *Nontraditional families: Parenting and child development,* 139–171. Hillsdale, N.J.: Erlbaum.
Rutter, M. (1982) Social-emotional consequences of day care for preschool children. In Zigler, E.F., and Gordon, E.W. (eds.) *Day care: Scientific and social policy issues,* 3–32. Boston: Auburn House.
Rutter, M. (1982) *Maternal deprivation reassessed.* Second edition. London: Penguin.
Sagi, A. (1982) Antecedents and consequences of various degress of paternal involvement in child rearing: The Israeli project. In Lamb, M. (ed.) *Nontraditional families: Parenting and child development,* 139–171. Hillsdale, N.J.: Erlbaum.

Santrock, J.W., Warshak, R.A., and Elliott, G.L. (1982) Social development and parent-child interaction in father-custody and stepmother families. In Lamb, M. (ed.) *Nontraditional families: Parenting and child development,* 289–314. Hillsdale, N.J.: Erlbaum.

Scarr, S. (1983) The danger of having pet variables. Paper presented at the Nags Head, North Carolina, Conference on Women, Children, and Social Policy.

Scarr, S., and McAvay, Gail (1983) Predicting the occupational status of young adults: A longitudinal study of brothers and sisters in biological and adoptive families. Unpublished manuscript.

Scarr, S., and McCartney, K. (1983) How people make their own environments: A theory of genotype – environment effects. *Child Development,* 54: 424–35.

Scarr, S., and Weinberg, R.A. (1978) The influence of „family background" on intellectual attainment. *American Sociological Review,* 43: 674–92.

Scarr, S., and Weinberg, R.A. (1983) The Minnesota adoption studies: Malleability and genetic differences. *Child Development,* 54: 260–67.

Schaffer, H.R. (1977) *Mothering.* Cambridge, Mass.: Harvard University Press.

Schaffer, H.R., and Emerson, P. (1964) The development of social attachments in infancy. *Monographs of the Society for Research in Child Development,* Whole No. 94.

Schwarz, J.C., Scarr, S., and McCartney, K. (1983) Center, sitter, and home day care before age two: A report on the first Bermuda infant care study. Paper presented at the annual meeting of the American Psychological Association, Los Angeles, Calif.

Select Committee on Children, Youth, and Families, 98th Cong., 1st Sess. (1983) *U.S. children and their families: Current conditions and recent trends.* Washington, D.C.: U.S. Government Printing Office.

Siegel, E., Bauman, K.E., Schaefer, E.S. (1980) Hospital and home support during infancy: Impact on maternal attachment, child abuse, and neglect, and health care utilization. *Pediatrics,* 66: 183.

Singer, J.L., and Singer, D.G. (1982) Psychologists look at television: Cognitive, developmental, personality, and social policy implications. *American Psychologist,* 38: 826–34.

Spiro, M. (1958) *Children of the kibbutz.* Cambridge, Mass.: Harvard University Press.

Spitz, R.A. (1945) Hospitalism: An inquiry into the genesis of psychiatric conditions in early childhood. *Psychoanalytic Study of the Child,* 1: 153–72.

Steinfels, M.O. (1973) *Who's minding the children? The history and politics of day care in America.* New York: Simon and Schuster.

Stern, W. (1930) *Psychology of early childhood up to the sixth year of age.* A. Barwell, trans. New York: Holt, Rinehart and Winston.

Svejda, M., Campos, J., and Emde, R.N. (1980) Motherinfant „bonding": Failure to generalize. *Child Development,* 51: 775–79.

Takanishi, R. (1977) Federal involvement in early education (1933–1973): The need for historical perspectives. In Katz, L.G. (ed.) *Current topics in early childhood education,* 1: 139–63.

Tavris, C., and Wade, C. (1984) *The longest war: Sex differences in perspective* (2nd ed.). New York: Harcourt Brace Jovanovich.

Thomas, A., and Chess, S. (1977) *Temperament and development.* New York: Brunner/Mazel.

Thomas, A., Chess, S., and Birch, H. (1968) *Temperament and behavior disorders in children.* New York: New York University Press.

Timmer, S.G. (1983) *How children use their time.* Paper presented at the biennial meeting of the Society for Research in Child Development, Detroit, Mich.

U.S. Department of Health, Education, and Welfare (1976) *Statistical highlights from the national day care consumer study.* DHEW Publication Number OHD 76–31096. Washington, D.C.: Office of Human Development.

Wachs, T.D., and Gruen, G.E. (1982) *Early experience and human development.* New York: Plenum Press.

Watson, J. (1928) *Psychological care of infant and child.* New York: Norton.

White, B.L. (1981) Viewpoint: Should you stay home with your baby? *Young Children,* 37: 11–17.

Winget, W.G. (1982) The dilemma of affordable child care. In Zigler, E.F., and Gordon, E.W. (eds.) *Day care: Scientific and social policy issues,* 351–77. Boston: Auburn House.

Wolfenstein, M. (1955) Fun morality: An analysis of recent American child-training literature. In Mead, M., and Wolfenstein, M. (eds.), *Childhood in Contemporary Cultures.*

Zablocki, B.D. (1971) *The joyful community: An account of the Bruderhof, a communal movement now in its third generation.* Chicago: University of Chicago Press.

Ziegler, M.E. (1983) *Assessing parents' and children's time together.* Paper presented at the annual meeting of The Society for Research in Child Development, Detroit, Mich.

Zigler, E.F., and Cascione, R. (1980) On being a parent. In National Institute of Education, *Parenthood in a changing society.* Urbana, Ill.: ERIC Clearinghouse on Elementary and Early Childhood Education, University of Illinois.

Zigler, E.F., and Gordon, E.W. (eds.) (1982) Day care: Scientific and social policy issues, 3–32. Boston: Auburn House.

Zuckerman, M. (1975) Dr. Spock: The confidence man. In Rosenberg, C.E. (ed.) *The family in history.* Philadelphia: University of Pennsylvania Press.

2. *Weiterführende Literatur*

Arbeitsgruppe Tagesmütter (1974) Das Modellprojekt „Tagesmütter". Stellungnahme zu einigen Argumenten der Kritik. Vervielfältigtes Manuskript, DJI, München.

Arbeitsgemeinschaft Tagesmütter, Bundesverband für Eltern, Pflegeeltern und Tagesmütter e.V. (Hg.).
Tagesmütter-Zeitung 1–7.
Tagesmütter-Informationen:
Info 1: Tätigkeitsbericht der AG Tagesmütter, 1978
Info 2: Die Tagesmüttergruppen nach Modellende 1979a)
Info 3: Fortbildung, Beratung und Selbsthilfe in und mit Pflege- und Tagesmüttergruppen 1979b)
Info 4: Musterverträge 1979c)
Info 5: Leitfaden für Pflegeeltern 1979d)
Info 6: Die Situation der Frau und Mutter in der Gesellschaft 1979e)

Bader, K./Otte, G./Stoklossa, D. (1977) Handbuch für Kindertagesstätten. Informationen zur öffentl. Kindererziehung. Praktische, pädagogische Arbeitshilfen für Erzieher, Eltern, Lehrer und Sozialwissenschaftler, Reinbek.

Bartscher, U./Dahme, G. (1975) Auswirkungen der Erziehung im Kinderladen auf Selbständigkeit und Abhängigkeitsverhalten 3–5-jähriger Kinder in: Psychologie und Praxis 19/1975/4, S.158–171.

Baumrind, D. (1981) Kindererziehung zwischen Biologie und Emanzipation. Neue Trends in der Entwicklungspsychologie. In: Psychologie heute 8/1981/2, S.66–74.

Bettelheim, B. (1977) Gespräche mit Müttern, München.

Bienek, B. (1978) Elternarbeit im Blick auf den Übergang zur Schule, Beratung in Kindertagesstätten. In: Theorie und Praxis der Sozialpädagogik 86/1978/6, S.430–447.

Bolle, M./Grottian, P. (1984) Arbeit schaffen – jetzt! Konzepte gegen Arbeitslosigkeit, Texte für Arbeitnehmer. Neue Arbeits- und Arbeitszeitmodelle.

Bronnen, B. (1978) Mütter ohne Männer, Düsseldorf.

Bulla/Buchner (1981) Mutterschutzgesetz, München.

Büttner, Ch. (1980) Die Methode Leboyer – Fragen und Anregungen zum Verstehen der Mutter-Kind-Beziehung. In: Kindheit, Zeitschrift zur Erforschung der psychischen Entwicklung 2/1980/3, S.257–261.

Chartchew, A.G. (1972) Berufstätige Frau und Familie, Berlin (Ost).

Deissler, H. (1981) Familie und Kindergarten, Leben die Kindergartenkinder in mehreren Welten? in: Kindergarten heute 11/1981/1, S.3–7.

Erler, G. (1979) Selbstorganisation versus staatliche Intervention in der amerikanischen Sozialpolitik. Das Beispiel Familientagespflege. Info 17 der Arbeitsgruppe Tagesmütter im DJI, München.

Erler, G. (1979) Einige vielleicht gar nicht feministische Anmerkungen zur Familienpolitik. In: Beiträge zur feministischen Theorie und Praxis 2/1979.

Erler, G. (1985) Frauenzimmer – Für eine Politik des Unterschieds – Frauen sind anders als Männer und brauchen auch eine andere Politik, Wagenbach TB 118.

Frauen als bezahlte und unbezahlte Arbeitskräfte (1978) Beiträge zur 2. Berliner Sommeruniversität, Berlin.

Frauenknecht, B. (1978) Situation in der Tagesbetreuung für 0–3jährige Kinder erwerbstätiger Mütter. Nationaler Bericht der BRD für die OECD, Info 12 der Arbeitsgruppe „Tagesmütter" im DJI.

Gores-Pieper, E./Voss, A. (1981) Krippen: Entwicklung – gegenwärtige Situation – pädagogische Arbeit. In: Theorie und Praxis der Sozialpädagogik 89/1981/2, S. 82–88.

Gudat, U./Permien, H. (1979) Auswirkungen der Tagesfremdbetreuung auf die Mutter-Kind-Beziehung und die kindliche Persönlichkeitsentfaltung, Info 18 der Arbeitsgruppe „Tagesmütter" im DJI, München.

Gudat, U./Permien, H. (1979) Die kinderpsychologischen Untersuchungen im Modell „Tagesmütter", DJI-Forschungsbericht.

Haug, G. (1981) Das Leben beginnt nicht erst mit drei. Bedeutung der Familie und des Kindergartens für die ersten Lebensjahre. In: Kindergarten heute 11/1981/2, S. 68–76.

Heiliger, A./Jaeckel, M. (1978) Ich kann viel besser verstehen, was mit Kindern los ist, weil ich gelernt habe zu verstehen, was mit mir los ist. In: Sozialmagazin 3/1978/9 S. 39–42.

Henke, H./Kosmale, A. (1972) Berufstätige Mütter – Mutter als Beruf? In: Theorie und Praxis der sozialen Arbeit 4/1972.

Kitzinger, S. (1980) Frauen als Mütter. Mutterschaft in verschiedenen Kulturen, München.

Klein, V./Myrdal, A. (1960) Die Doppelrolle der Frau in Familie und Beruf, Köln.

Koch, R. (1975) Berufstätigkeit der Mütter und Persönlichkeitsentwicklung des Kindes, Köln.

Köbl, U. (1983) Meine Rechte und Pflichten als berufstätige Frau. Arbeitsrecht, Arbeitssicherheit, Mutterschutz, Gleichbehandlung (= Beck-Rechtsberater im dtv).

Koliadis, E. (1978) Mütterliche Erwerbstätigkeit und kindliche Sozialisation. Analyse und Auswertung von Befunden empirischer Untersuchungen, Weinheim.

Krapp, H.-M. (1975) Zur Berufstätigkeit von Müttern. Aus der Sicht einer Kinderärztin. In: Der Kinderarzt 6/1975/2, S. 139–150.

Kuhn, D. (1971) Krippenkinder – eine empirische, sozialpädagogische Untersuchung zur Problematik der Kinderkrippen, Wien.

Langenmayer, A. (1975) Unterschiede in den Ursachen mütterlicher Be-

rufstätigkeit bei Jungen und Mädchen. In: Praxis der Kinderpsychologie und der Kinderpsychiatrie 24/1975/8, S. 293–297.
Lausch, E. (1974) Mutter wo bist Du? Auch kleine Kinder haben Rechte. Versorgung und Betreuung kleiner Kinder, Hamburg.
Leben und Lernen in Kindertagesstätten (1984) Bericht über ein Kooperationsprojekt des DJI mit der Arbeiterwohlfahrt (Ganztagseinrichtungen: Familie, Umfeld, Politik), DJI-Materialien, München.
Lehr, U. (1974) Die Rolle der Sozialisation des Kindes, Darmstadt.
Mütter im Zentrum – Mütterzentrum. Eine neue Ebene für weibliche und mütterliche Selbstbestimmung (1985), Goldmann TB.
Pettinger, R. (1977) Die Erwerbstätigkeit von Müttern mit Kindern in den ersten Lebensjahren, DJI, München.
Pfeil, E. (1961) Die Berufstätigkeit von Müttern, Tübingen.
Pross, H. (1975) Die Wirklichkeit der Hausfrau, Hamburg.
Rückert, G.-R. (1979) Geburtenrückgang und Erwerbstätigkeit der Frauen und Mütter in der BRD im internationalen Vergleich DJI, München.
Schmidt-Kolmer, E. (1977) Zum Einfluß von Familie und Krippe auf die Entwicklung von Kindern, Berlin (Ost).
Spitz, R.A. (1967) Vom Säugling zum Kleinkind, Stuttgart.
Wagnerowa, A. (1976) Mutter-Kind-Beruf, Reinbek.
Wahl, K./Tüllmann, G./Gravenhorst, L. (1980) Familien sind anders! rororo Hamburg.
Winterfeld, R. (1986) Mutterschutz und Erziehungsurlaub (= Beck'sche Gesetzestexte mit Erläuterungen), München.

Adressen

Parteien

Frauenvereinigung der CDU. Konrad-Adenauer-Haus, Friedrich-Ebert-Allee 73–75, 5300 Bonn 1

Frauen-Union der CSU. Nymphenburger Str. 64, 8000 München 2

Arbeitsgemeinschaft Sozialdemokratischer Frauen. Ollenhauerstr. 1, 5300 Bonn 1

Kommission Gleichberechtigung u. Familienpolitik der FDP. Thomas-Dehler-Haus, Baunschneidtstr. 15, 5300 Bonn 1

Die GRÜNEN im Bundestag. Arbeitskreis Frauenpolitik, Bundeshaus, 5300 Bonn 1

Organisationen und Verbände

Deutscher Frauenrat, Südstr. 125, 5300 Bonn 2 = Bundesvereinigung dt. Frauenverbände/Dachorg. für rechtl. polit. Interessen von Frauen

Bundeszentrale für gesundheitliche Aufklärung, Ostmerheimer Str. 200, 5000 Köln 91 (für Gesundheit und Entwicklung des Kindes)

Diakonisches Werk, Stafflenbergstr. 76, 7000 Stuttgart 1 (Familienerholung u. a.)

Deutsche Katholiken, Familienbund, Kolpingplatz 5–11, 5000 Köln 1

Deutscher Paritätischer Wohlfahrtsverband e. V., Heinrich-Hoffmann-Str. 3, 6000 Frankfurt 71

Bundesverband Neue Erziehung, Oppelner Str. 130, 5300 Bonn 1

Bundeskonferenz für Erziehungsberatung e. V., Amalienstr. 6, 8510 Fürth (auch Verzeichnis d. Erziehungs- u. Familienberatungstellen erhältlich)

Deutscher Landfrauenverband, Godesberger Allee 142–148, 5300 Bonn 2 (Ausbildung u. Weiterbildung)

Verband Alleinstehender Mütter und Väter e. V. (VAMV), Von-Groote-Platz 20, 5300 Bonn 2

Bundesinstitut für Berufsbildung, Fehrberliner Platz 3, 1000 Berlin 31

Arbeitsgemeinschaft Tagesmütter, Bödeckerstr. 62, 3000 Hannover

Informationsdienst des Forschungsinstituts, Frau und Gesellschaft, Goethestr. 29, 3000 Hannover 1 (Arbeitsergebnisse in Familien- u. Frauenforschung)

Deutsches Jugendinstitut, Freibadstr. 30, 8000 München 90 (Familien- u. Frauen-/Jugendforschung Verlag)

Vereinigung von Unternehmerinnen e. V., Gustav-Heinemann-Ufer 94, 5000 Köln 51

Deutscher Bundesjugendring, Haager Weg 44, 5300 Bonn 1

Deutscher Caritasverband, Karlstr. 40, 7800 Freiburg

Deutsches Rotes Kreuz, Friedrich-Ebert-Allee 71, 5300 Bonn 1

Einrichtungen der Bundesregierung

Arbeitsstab Frauenpolitik beim Bundesministerium für Jugend, Familie und Gesundheit (BMJFG), Kennedyallee 105–107, 5300 Bonn 2

Bundesministerium des Innern, Graurheindorfer Str. 198, 5300 Bonn 1 (verfassungsrechtl. Belange von Frauen im öffentl. Dienst, Medienpolitik)

Bundesministerium für Arbeit und Sozialordnung, Rochusstr. 1, 5300 Bonn 1 (Beruf, Arbeitswelt, soziale Sicherung)

Bundesministerium für Bildung und Wissenschaft, Heinemannstr. 2, 5300 Bonn 2 (Bildung und Ausbildung)

Bundesministerium für Ernährung, Landwirtschaft und Forsten, Rochusstr. 1, 5300 Bonn 1 (Landfrauen)

Presse- und Informationsamt der Bundesregierung, Welckerstr. 11, 5300 Bonn 1

Auf der Suche
nach einer neuen Identität

Schluß mit der Männerwirtschaft
Frauen in Beruf und Ausbildung
Herausgegeben von Christa van Winsen
Mit einem Vorwort von Rita Süssmuth
1990. 154 Seiten. Paperback
Beck'sche Reihe Band 406

Ute Gerhard
Gleichheit ohne Angleichung
Frauen im Recht
1990. 267 Seiten. Paperback
Beck'sche Reihe Band 391

Sibylle Meyer/Eva Schulze
Balancen des Glücks
Neue Lebensformen: Paare ohne Trauschein
Singles und Alleinerziehende
1989. 240 Seiten. Paperback
Beck'sche Reihe Band 381

Susanne von Paczensky
Gemischte Gefühle
von Frauen, die ungewollt schwanger sind
2., durchgesehene Auflage. 1989. 91 Seiten. Paperback
Beck'sche Reihe Band 343

Elisabeth Beck-Gernsheim
Die Kinderfrage
Frauen zwischen Kinderwunsch und Unabhängigkeit
2. Auflage 1989. 193 Seiten. Paperback
Beck'sche Reihe Band 362

Heinz Bonorden
Mann wird Vater
Anmerkungen, Berichte, Nachfragen
1989. 169 Seiten. Paperback
Beck'sche Reihe Band 387

Verlag C. H. Beck, München